FinTech Para leigos

O que é FinTech? Uma empresa FinTech é qualquer uma que fornece serviços financeiros, software ou tecnologia para pessoas, empresas, governos ou instituições financeiras. Se você está interessado em saber mais sobre FinTech, pode conhecer algumas definições básicas, entender os benefícios de trabalhar com um provedor FinTech e ter uma noção das tecnologias essenciais.

© Wright Studio/Shutterstock.com

DEFINIÇÕES FINTECH ESSENCIAIS

As seguintes definições são geralmente associadas às tecnologias utilizadas pelas empresas FinTech envolvidas na modernização de instituições financeiras e de seguros:

- **Desenvolvimento Agile:** Um processo de desenvolvimento rápido e iterativo baseado em casos de uso e definições mínimas de produto viável coordenadas por meio de um processo scrum diário e com colaboração atenta das equipes de vários departamentos.

- **Interface para Programação de Aplicações (API):** Um conjunto de funções, procedimentos e outras ferramentas reutilizáveis encapsuladas em um tipo de atalho de desenvolvimento que permite ao codificador chamar um código nativo sem conhecê-lo. Sempre que fazemos uma compra na Amazon, estamos usando uma interface orientada por API para uma compilação vaga do código chamado em sequência para entregar um produto por um determinado preço na hora, na data e no local determi

- **Inteligência Artificial (IA):** Máquinas programadas para pensar como seres humanos, chegar a conclusões e agir de modo independente de acordo com essas conclusões.
- **Criptomoeda:** Um tipo de transação financeira da internet que usa ativos digitais altamente criptografados, em geral por meio de tecnologias blockchain.
- **Transformação digital:** Uso de novas tecnologias para modificar os dados armazenados de modos tradicionais com objetivo de torná-los mais significativos, facilmente consumidos, consistentes e transparentes em setores inteiros de uma organização. Chatbots que respondem a perguntas de suporte são exemplos do uso transformador de antigos dados.
- **Livro contábil distribuído:** Dados compartilhados que existem sem propriedade, controle ou centralização, mas requerem consenso em torno de sua validação, replicação e sincronização em diversos nós. Por exemplo, as transações Bitcoin são registradas em um livro contábil distribuído.
- **Aprendizado de Máquina (AM):** Um subconjunto de inteligência artificial; permite que sistemas identifiquem automaticamente padrões e aprendam os resultados esperados a partir de conclusões históricas e mudem o sistema para melhorar esses futuros resultados. Quando o Yelp oferece para encontrar uma nova sugestão de restaurante ou a Netflix sugere um filme de que você pode gostar, estão usando o aprendizado de máquina para escolher essas ofertas.
- **Metadados:** O roteiro que direciona e define os aspectos dos dados; fornece informações sobre a estrutura básica dos dados e os melhores modos de utilizá-los. Por exemplo, dados como seu nome, data de nascimento, hora de nascimento, hospital, cidade e estado onde nasceu podem ser reunidos em uma exibição que representa sua certidão de nascimento. Essa mesma estrutura pode ser usada para quaisquer outras pessoas.

VANTAGENS DE USAR UM PROVEDOR FINTECH

Os provedores FinTech auxiliam instituições financeiras e de seguro identificando áreas problemáticas e oferecendo soluções a elas ou determinando futuras oportunidades de crescimento. Fazem isso porque têm um amplo alcance em todo o setor. Tal alcance existe porque eles:

- Trabalham com muitos clientes em todo o setor e veem os mesmos problemas repetidas vezes.
- São focados nas operações e na infraestrutura de uma organização.
- Normalmente podem tomar decisões difíceis que são políticas demais para que a equipe interna as veja com objetividade.
- Adotam uma abordagem global para resolver os problemas de tecnologia da empresa cliente.
- Podem focar 100% o cliente e agregar valor.

FinTech

para leigos

FinTech
Para leigos

Susanne Chishti, Steven O'Hanlon, Brendan Bradley, James Jockle e Dawn Patrick

ALTA BOOKS
EDITORA
Rio de Janeiro, 2021

FinTech Para Leigos®

Copyright © 2021 da Starlin Alta Editora e Consultoria Eireli.
ISBN: 978-65-5520-496-4

Translated from original FinTech For Dummies®. Copyright © 2020 by John Wiley & Sons, Inc., ISBN 978-1-119-42726-1. This translation is published and sold by permission of Wiley, the owner of all rights to publish and sell the same. PORTUGUESE language edition published by Starlin Alta Editora e Consultoria Eireli, Copyright © 2021 by Starlin Alta Editora e Consultoria Eireli.

Todos os direitos estão reservados e protegidos por Lei. Nenhuma parte deste livro, sem autorização prévia por escrito da editora, poderá ser reproduzida ou transmitida. A violação dos Direitos Autorais é crime estabelecido na Lei nº 9.610/98 e com punição de acordo com o artigo 184 do Código Penal.

A editora não se responsabiliza pelo conteúdo da obra, formulada exclusivamente pelo(s) autor(es).

Marcas Registradas: Todos os termos mencionados e reconhecidos como Marca Registrada e/ou Comercial são de responsabilidade de seus proprietários. A editora informa não estar associada a nenhum produto e/ou fornecedor apresentado no livro.

Impresso no Brasil — 1ª Edição, 2021 — Edição revisada conforme o Acordo Ortográfico da Língua Portuguesa de 2009.

Erratas e arquivos de apoio: No site da editora relatamos, com a devida correção, qualquer erro encontrado em nossos livros, bem como disponibilizamos arquivos de apoio se aplicáveis à obra em questão.

Acesse o site **www.altabooks.com.br** e procure pelo título do livro desejado para ter acesso às erratas, aos arquivos de apoio e/ou a outros conteúdos aplicáveis à obra.

Suporte Técnico: A obra é comercializada na forma em que está, sem direito a suporte técnico ou orientação pessoal/exclusiva ao leitor.

A editora não se responsabiliza pela manutenção, atualização e idioma dos sites referidos pelos autores nesta obra.

Dados Internacionais de Catalogação na Publicação (CIP) de acordo com ISBD

O36f	O'Hanlon, Steven FinTech Para Leigos / Steven O'Hanlon, Susanne Chishti ; traduzido por Eveline Vieira Machado. - Rio de Janeiro : Alta Books, 2021. 400 p. : il. ; 17cm x 24cm. Tradução de: FinTech For Dummies Inclui índice. ISBN: 978-65-5520-496-4 1. Economia. 2. FinTech. 3. Serviços financeiros. I. Chishti, Susanne. II. Machado, Eveline Vieira. III. Título.
2021-3933	CDD 330 CDU 33

Elaborado por Vagner Rodolfo da Silva - CRB-8/9410

Rua Viúva Cláudio, 291 — Bairro Industrial do Jacaré
CEP: 20.970-031 — Rio de Janeiro (RJ)
Tels.: (21) 3278-8069 / 3278-8419
www.altabooks.com.br — altabooks@altabooks.com.br

Produção Editorial
Editora Alta Books

Gerência Comercial
Daniele Fonseca

Editor de Aquisição
José Rugeri
acquisition@altabooks.com.br

Diretor Editorial
Anderson Vieira

Coordenação Financeira
Solange Souza

Produtores Editoriais
Illysabelle Trajano
Maria de Lourdes Borges
Thales Silva

Produtor da Obra
Thiê Alves

Marketing Editorial
Livia Carvalho
Gabriela Carvalho
Thiago Brito
marketing@altabooks.com.br

Equipe Ass. Editorial
Brenda Rodrigues
Caroline David
Luana Rodrigues
Mariana Portugal
Raquel Porto

Equipe de Design
Larissa Lima
Marcelli Ferreira
Paulo Gomes

Equipe Comercial
Adriana Baricelli
Daiana Costa
Fillipe Amorim
Kaique Luiz
Victor Hugo Morais
Viviane Paiva

Atuaram na edição desta obra:

Tradução
Eveline Vieira Machado

Copidesque
Alessandro Thomé

Revisão Técnica
Esdras Carmo
Especialista em Fintech

Revisão Gramatical
Thaís Pol
Thamiris Leiroza

Diagramação
Lucia Quaresma

Ouvidoria: ouvidoria@altabooks.com.br

Editora afiliada à:

Sobre os Autores

Susanne Chishti é CEO e fundadora do FINTECH Circle, a principal comunidade FinTech global focada em investimentos FinTech e estratégias de inovação corporativa, e fundadora do FINTECH Circle Institute, uma plataforma de aprendizado FinTech que promove workshops de inovação e cursos FinTech para executivos seniores de alto escalão. Também é coeditora do best-seller *The FinTech Book*, que foi traduzido para dez idiomas e vendido em 107 países, e dos livros *The WealthTech Book*, *The InsurTech Book*, *The PayTech Book*, *The AI Book* e *The LegalTech Book*.

Após concluir seu MBA, ela iniciou sua carreira trabalhando para uma empresa FinTech (antes de este termo ter sido inventado) no Vale do Silício, há 25 anos. Depois trabalhou por mais de quinze anos no Deutsche Bank, Lloyds Banking Group, Morgan Stanley e Accenture, em Londres e Hong Kong.

Susanne é uma empreendedora premiada e investidora bastante especializada em FinTech. É juíza e coach em eventos e competições FinTech globais e a principal oradora em conferências, e lidera uma comunidade global de 130 mil empreendedores, investidores e profissionais do setor financeiro FinTech (www.fintechcircle.com — conteúdo em inglês). Siga Susanne no LinkedIn e no Twitter/Instagram: @SusanneChishti @FINTECHCircle @FTC_Institute.

Steven R. O'Hanlon é CEO e presidente da Numerix, o principal provedor FinTech de soluções tecnológicas inovadoras para mercados de capital e aplicações de inteligência em tempo real para transações e gerenciamento de risco. Como visionário dedicado, o Sr. O'Hanlon dirige a Numerix com a missão de romper com as tecnologias existentes e os processos comerciais via software de vanguarda, dando aos clientes uma vantagem estratégica em seus mercados, permitindo que eles vençam no presente e no futuro. Seu objetivo básico como empreendedor premiado e líder FinTech ultrapassa limites para criar soluções inovadoras que ajudam os clientes a gerenciar melhor seus riscos, basicamente ajudando a criar um setor mais seguro nos mercados de capital.

O Sr. O'Hanlon entrou para a Numerix em 2002 e foi nomeado presidente e COO em 2004. Ele conduziu a transformação da empresa, que era uma firma sem visão, com uma linha de produtos muito diferentes e presença em apenas cinco localizações, para se tornar uma empresa de software de análise global operando a partir de uma simples plataforma com presença em 26 países e distribuição igual de receita nas Américas, EMEA e regiões APAC.

O Sr. O'Hanlon impulsionou seu negócio, uma pequena firma de análises, para se tornar um líder global de software de análises financeiras e a primeira empresa FinTech na área de gerenciamento de preços e risco.

Por meio de investimentos contínuos da Numerix em tecnologias inovadoras, capacidades analíticas incomparáveis e uma abordagem de venda de soluções para o cliente, a empresa se estabeleceu bem como a líder mais produtiva e dominante em risco e precificação. Até o momento, a empresa recebeu mais de duzentos prêmios globais como reconhecimento, inclusive foi eleita uma das empresas de crescimento mais rápido na América do Norte pela *Inc.* Magazine's 500|5000 e Deloitte's Technology Fast 500™.

O Sr. O'Hanlon teve participação em sete startups, negociou ativamente a venda de várias empresas por quase US$500 milhões e contribuiu com três Ofertas Públicas Iniciais bem-sucedidas.

Brendan Bradley é atualmente presidente não executivo (Fregnan e iPushPull) no conselho consultivo (FINTECH Circle, HUBX, Limeglass, RISE Financial Technologies e Waymark Tech) para muitas empresas FinTech em estágio inicial, assim como cofundador do Seismic Foundry, um grupo de capital de risco em fase inicial. Com todas essas empresas, ele foca o desenvolvimento de novas ideias em torno de mudar a estrutura do mercado, regulação e tecnologia como investidor, empreendedor e consultor.

Antes, ele foi administrador executivo e CIO na Eurex, a maior bolsa de operações com derivativos da Europa, na qual foi responsável por promover e "intermediar" novas ideias, interna e externamente, buscando novas oportunidades no ambiente de mercado sempre em movimento. Ele trabalhou no setor de serviços financeiros por mais de trinta anos, focando o desenvolvimento de negócios e produtos, e teve um papel de destaque no desenvolvimento do mercado europeu de futuros e opções com LIFFE, DTB e Eurex.

James Jockle é CMO e vice-presidente executivo na Global Marketing & Corporate Communications for Numerix. Nessa função, o Sr. Jockle chefia esforços de marketing global e comunicações corporativas da empresa, estendendo um conjunto diversificado de soluções e públicos. Ele supervisiona comunicações de marketing integradas para clientes nos maiores mercados financeiros globais e para a rede de parceiros da Numerix por meio de marca, marketing eletrônico, pesquisas, eventos, relações públicas, publicidade e marketing de relacionamento da empresa.

Antes de entrar para a Numerix, trabalhou como diretor executivo da Global Marketing and Communications for Fitch Ratings. Durante sua gestão na Fitch, o Sr. Jockle desenvolveu o programa de relações públicas, supervisionou as relações com investidores e chefiou planos de marketing e comunicações para diversas aquisições. Antes da Fitch, ele era membro da equipe de comunicações no Serviço de Investidores da Moody.

Dawn Patrick é COO e vice-presidente executiva de Operações Globais da Numerix, o principal provedor de soluções de tecnologia inovadoras para mercados de capital e aplicações de inteligência em tempo real para o gerenciamento de negociações e risco. Como COO, a Sra. Patrick supervisiona as operações diárias da empresa. Nessa função, ela tem acesso a todo departamento que requer controle operacional e foca a redução de custos, a previsão e a eficiência dos departamentos. Como chefe de Operações de Campo Globais, supervisiona o atendimento ao cliente global, controle de qualidade, TI, RH, suporte interno para a aplicação, treinamento e operações de campo. Ela tem recebido muitos reconhecimentos do setor desde 2014.

Antes de entrar para a Numerix em 2004, a Sra. Patrick trabalhou na Incognito Software, onde aperfeiçoou as operações e desenvolveu um ambiente de autoatendimento centrado no cliente. Ela também foi vice-presidente de Serviço ao Cliente e Operações na Net Exchange. E mais, ela faz parte da equipe de gerentes sênior responsável pela Oferta Pública Inicial no Register.com, o primeiro Registro de DNS a protocolar com sucesso nomes de domínio no registro internacional.

A Sra. Patrick iniciou sua carreira como empreendedora na área da Baía de São Francisco, onde era proprietária e gerenciou duas lojas de varejo e uma pequena fábrica por treze anos. A experiência que ganhou administrando seus próprios negócios, em uma época em que havia poucas mulheres empreendedoras, marcou sua abordagem no gerenciamento do mundo corporativo.

Dedicatória

Gostaríamos de dedicar este livro a todos que se interessam pelo futuro financeiro. Às pessoas que fizeram parte do setor financeiro por muito tempo e sabem que é hora de mudar. E àquelas que usam soluções financeiras, de modo privado, como clientes ou compradores corporativos, e esperam mais em termos de experiência do cliente, facilidade de uso e valor agregado.

Assim, não importa se você é principiante, fundador de uma startup FinTech, investidor FinTech, profissional de serviços financeiros ou usuário de serviços financeiros, este livro é para você.

Agradecimentos dos Autores

De Susanne e Brendan: Nossa comunidade FINTECH Circle global, com mais de 130 mil seguidores e membros, está ansiosa para aprender sobre o futuro financeiro. Nada é mais empolgante do que encontrar startups FinTech que desenvolveram soluções de ponta e ajudá-las a ampliar ou trabalhar igualmente com grandes instituições financeiras e a inovar e mudar sua cultura interna, permitindo que melhorem suas equipes de gerenciamento. FinTech é uma oportunidade para todos nós, e gostaríamos de agradecer a todos os empreendedores FinTech, investidores, coeditores e coautores de nosso *FinTech Book* ("Livro FinTech", em tradução livre), e às grandes instituições financeiras que nos inspiraram pessoalmente a coescrever este livro. Como leitor, você pode se tornar membro em `fintechcircle.com/member ship-registration/` e participar de nosso painel de pesquisa online em `fintechcircle.com/research-panel/` (conteúdos em inglês).

De Steve O'Hanlon e da equipe Numerix: A Numerix gostaria de agradecer a todos que apoiaram internamente e aos colaboradores, como Satyam Kancharla, chefe de estratégia e vice-presidente executivo da Numerix; Chris Etienne, vice-presidente sênior de Suporte Global; Ben Meyvin, vice-presidente sênior da Global Services; e a todos os parceiros e colaboradores externos, como Ron Coleman, professor no Marist College, inventor que fez parte da equipe na IBM e que trouxe para nós a Deep Blue, que é apenas um dos muitos usuários finais das mais de trezentas empresas que possibilitam nossa compreensão do setor FinTech e seu lugar no futuro.

Sumário Resumido

Introdução 1

Parte 1: Conhecendo a FinTech 5

CAPÍTULO 1: Examinando o Cenário da FinTech 7

CAPÍTULO 2: Entendendo o que Faz a Disrupção do Setor Financeiro (e Por quê) 23

CAPÍTULO 3: Entendendo o Papel da Regulação na FinTech 41

Parte 2: Aprendendo a Tecnologia 59

CAPÍTULO 4: Definindo a Tecnologia por Trás da FinTech 61

CAPÍTULO 5: Encarando o Enigma da Computação 97

CAPÍTULO 6: Acessando a Nuvem 115

CAPÍTULO 7: Entendendo o Blockchain Além do Bitcoin 141

CAPÍTULO 8: Habituando-se à Mentalidade App 157

CAPÍTULO 9: Analisando as Ferramentas da BI 169

CAPÍTULO 10: Examinando o Papel do Código Aberto 183

CAPÍTULO 11: Entendendo o Básico do Gerenciamento de Dados 205

CAPÍTULO 12: Adaptando-se às Futuras Tecnologias 221

Parte 3: Trabalhando com FinTechs 233

CAPÍTULO 13: Decidindo Quando Criar, Comprar ou Fazer Parceria 235

CAPÍTULO 14: Gerenciando a Integração com os Sistemas de Herança 257

CAPÍTULO 15: Preparando Sua Equipe para um Projeto Bem-sucedido 271

CAPÍTULO 16: Investindo nas FinTechs 289

CAPÍTULO 17: Entendendo o Objetivo da FinTech 305

Parte 4: A Parte dos Dez 323

CAPÍTULO 18: Dez Sintomas de uma Tecnologia de Herança Ruim 325

CAPÍTULO 19: Dez Perguntas para Determinar entre a Criação ou a Compra 337

CAPÍTULO 20: Dez Considerações ao Usar uma Tecnologia de Código Aberto 347

Apêndice: Criando uma FinTech do Zero 361

Índice 371

Sumário

INTRODUÇÃO 1

Sobre Este Livro. 1

Penso que... 2

Ícones Usados Neste Livro 2

Além Deste Livro 3

De Lá para Cá, Daqui para Lá 3

PARTE 1: CONHECENDO A FINTECH 5

CAPÍTULO 1: Examinando o Cenário da FinTech 7

O que É FinTech, Afinal? 9

Analisando as Dimensões da FinTech 10

Entendendo o que Mudou na FinTech .13

Destacando o Tamanho da FinTech Global 16

Descobrindo os Termos FinTech Importantes. 20

CAPÍTULO 2: Entendendo o que Faz a Disrupção do Setor Financeiro (e Por quê) 23

Fornecendo Confiança e Valor 24

Confiança 25

Valor 25

Comparando Wall Street e o Vale do Silício: Onde Ficam
os Disruptores. 28

Examinando o Papel da BigTech 31

BigTech e plataformas de pagamento 31

Oportunidades de parcerias das BigTechs 33

Como a BigTech ajuda no uso de dados 33

Barreiras para uma maior participação da BigTech 34

Entendendo Onde as Disrupções Acontecem. 35

Bancos. 36

Gestores de ativos 37

Seguros. 37

Regulação e questões legais. 38

Pagamentos 39

Buscando Oportunidades 39

Oportunidades de parcerias. 40

Explorando a digitalização com IA 40

Aumentando a portabilidade dos dados 40

CAPÍTULO 3: **Entendendo o Papel da Regulação na FinTech** 41

Supervisionando a FinTech 42

Entendendo que o local importa 42

Reconhecendo as próximas regulações 44

Equilibrando o jogo 44

Examinando os Riscos de Fornecedores 46

Introduzindo os Reguladores 47

Estados Unidos da América 47

Reino Unido e Europa 49

Investigando as Mudanças Regulatórias 52

Diretivas dos Serviços de Pagamento .53

Lei Geral de Proteção de Dados 55

Oportunidades RegTech em Destaque 57

PARTE 2: APRENDENDO A TECNOLOGIA 59

CAPÍTULO 4: **Definindo a Tecnologia por Trás da FinTech** 61

Correção na FinTech 62

Qual é o problema? 62

Por que FinTech agora? 63

Criando Estratégias de API 64

Entendendo o conceito 65

Examinando os benefícios da API 66

Desenvolvendo uma estratégia de API 66

Incluindo REST e RAML 67

Dicas para o sucesso da API 68

Examinando as APIs e as vulnerabilidades da segurança 68

Software Baseado em Eventos 69

Testando e implementando 71

Suporte da linguagem 72

Aproveitando o Agile: Microsserviços e Outros 73

Desenvolvimento em cascata 74

Design Agile 76

Microsserviços 76

Agrupando Eficiências: Processamento em Batch 83

Melhorando o Gerenciamento de Dados 84

Diferenciando os tipos de dados 85

Validando, melhorando e limpando os dados 86

Tornando mais eficiente o gerenciamento de dados
corporativos 87

Trabalhando com CPUs e GPUs 88
    Comparando CPUs e GPUs 88
    Planejando o sucesso 90
    Estimando a melhoria em potencial 91
Escolhendo uma Linguagem de Programação 92
    Python 93
    Julia 95
    R 96

CAPÍTULO 5: **Encarando o Enigma da Computação** 97

Determinando os Requisitos Computacionais 98
    Computação na memória 98
    Virtualização 99
Entendendo os DApps 100
    Comparando DApps com aplicações tradicionais 101
    Entendendo o blockchain 103
    Sabendo onde encontrar DApps 105
    Conectando DApps, Inteligência Artificial e FinTech 107
    Analisando o blockchain permissionado 108
Entendendo a Computação Quântica 109
    Como funciona a computação quântica 110
    Desvantagens da computação quântica 112
    Como a computação quântica se encaixa na FinTech 112

CAPÍTULO 6: **Acessando a Nuvem** 115

Conhecendo a Nuvem 116
    Principais características da nuvem 117
    Conferindo os benefícios do ambiente de nuvem 118
    Apresentando tipos de serviços de nuvem 118
    Escolhendo entre nuvens privadas e públicas 123
    Cloud bursting 126
Desenvolvendo uma Estratégia de Nuvem Ideal 127
    Examinando a segurança dos dados e a criptografia 128
    Examinando os estados dos dados 130
    Considerando a escalabilidade da nuvem 131
    Virtualização baseada na nuvem 132
    Provisionamento de autoatendimento 134
    Monitorando o desempenho 134
    Avaliando o potencial risco de segurança na nuvem 135

Conformidade de Privacidade e Exigências do Governo 137

Leis de proteção de dados 138

Leis de localização de dados. 138

Leis de soberania de dados 139

Leis de acesso à informação. 139

Como a FinTech Ajuda nas Estratégias de Nuvem 139

CAPÍTULO 7: **Entendendo o Blockchain Além do Bitcoin** 141

Fundamentos do Blockchain. 142

Mineração e consenso. 143

Contratos inteligentes e DApps 144

Tipos de rede blockchain. 146

Descobrindo como Funciona a Tecnologia Blockchain 147

Descentralização. 147

Segurança. 149

Transparência 153

Examinando o Papel do Blockchain na FinTech. 155

CAPÍTULO 8: **Habituando-se à Mentalidade App** 157

Tipos de Aplicativos FinTech 158

Cenário do App FinTech. 159

Banco digital. 159

Gestão de patrimônio 160

Pagamentos e transferência de dinheiro P2P 160

Empréstimo 161

Examinando o Lado Não Varejista das Aplicações FinTech. 161

RegTech 161

Transações dos mercados de capital 162

Criando uma Estrutura GUI. 164

Introduzindo a GUI 164

Conseguindo a GUI certa. 165

Requisitos Necessários no Desenvolvimento de um App 167

CAPÍTULO 9: **Analisando as Ferramentas da BI** 169

Adotando uma Abordagem Estratégica para a BI 170

Explorando as Ferramentas de BI 171

Processamento analítico online 172

Consulta e relatório 173

Mineração de dados. 174

Visualização de dados 175

Monitoramento da atividade comercial 176

Data warehouse 176

Painéis digitais 178

Escolhendo as Ferramentas Certas da BI para a FinTech 179
    Aplicações gerais da BI. 179
    Aplicações BI de nicho 181

CAPÍTULO 10: Examinando o Papel do Código Aberto 183

Definindo Código Aberto 184
    Comunidade de código aberto. 184
    Gratuito versus código aberto 185
Examinado os Processos de Desenvolvimento do Código Aberto. . . 187
    Iniciando um projeto 187
    Discussão e documentação 187
Examinando os Prós do Código Aberto 189
    Custo reduzido 190
    Flexibilidade 191
    Liberdade 192
    Velocidade de desenvolvimento. 192
Considerando os Contras do Código Aberto 194
    Modelo de suporte pouco tradicional. 194
    Tempo e recursos para manutenção 195
    A possibilidade de documentação desigual. 195
    Riscos à segurança 196
    Questões de sustentabilidade 199
    Questões de licença 199
    Outras preocupações a considerar 200
Examinando as Soluções de Código Aberto. 200
    Desenvolvendo sua própria solução 201
    Encontrando ajuda para a solução certa de código aberto 202
    Introdução da inovação aberta 204

CAPÍTULO 11: Entendendo o Básico do Gerenciamento de Dados. 205

Papel da FinTech ao Ajudar as Empresas a Gerenciar
Seus Dados 206
Entendendo o ETL: Extrair, Transformar e Carregar. 207
    Examinando as etapas. 207
    Requisitos do software ETL. 209
Gerenciando os Dados do Mercado 210
    Limpando e normalizando dados do mercado. 210
    Segmentando e armazenando dados do mercado 211
Lidando com Bancos de Dados 212
    Data warehouses 212
    Data lakes. 213

Sumário   **xvii**

Mantendo a Linhagem dos Dados 215
Analisando o Big Data. 216
Diferenciando Dados Estruturados e Não Estruturados 217
Comparando SQL e NoSQL 218
Bancos de dados SQL 218
Bancos de dados NoSQL. 219

CAPÍTULO 12: **Adaptando-se às Futuras Tecnologias**. 221

Aproveitando o Poder da Inteligência Artificial 221
Definindo a IA. 223
Analisando redes neurais artificiais 224
Explorando como a IA entra na FinTech. 226
Aproveitando o Aprendizado de Máquina 226
Aprendizado supervisionado 227
Aprendizado por reforço. 227
Aprendizado não supervisionado 227
Tirando o Máximo dos Chatbots 228
Verificando Fontes de Dados Alternativas 228
Empresas e dispositivos envolvidos nos dados alternativos. 230
Dados alternativos no setor financeiro. 230
Aquisição, conformidade e regulação. 231

PARTE 3: TRABALHANDO COM FINTECHS 233

CAPÍTULO 13: **Decidindo Quando Criar, Comprar ou Fazer Parceria**. 235

Transformação Digital da Empresa 236
Motivos para Criar ou Comprar 239
Examinando os motivos para criar 239
Examinando os motivos para comprar. 241
Equilíbrio entre software novo e existente. 243
Encontrando um Parceiro FinTech. 244
Pesando os prós e os contras da parceria. 245
Pesquisando e explorando parceiros FinTech em potencial 248
Trabalhando com parceiros no desenvolvimento
de soluções 251
Descrevendo os Modelos de Licença 251
Assinatura. 252
Vitalícia 253
Prazo 253
Transações do código-fonte 254
Abordagem de código aberto. 254

xviii   FinTech Para Leigos

CAPÍTULO 14: Gerenciando a Integração com os Sistemas de Herança............257

Entendendo e Resolvendo os Desafios das Infraestruturas
de Herança..............................258
    Comparando sistemas antigos e modernos 258
    Determinando se um sistema de herança é velho demais......259
    Estimando o custo de não fazer nada.......................261
    Descobrindo como a FinTech pode ajudar 261
    Planejando o sucesso.......................262
Percorrendo as Etapas Técnicas da Atualização do Sistema
de Herança..............................263
    Áreas importantes de preocupação 263
    Montando seu plano 263
    Montando a equipe 264
    Implementando o plano 266
    Evitando armadilhas.......................267
Simplificando a Integração com a Arquitetura de Microsserviços ...268
    Vantagens do microsserviço.......................268
    Opções da estratégia de migração 269

CAPÍTULO 15: Preparando Sua Equipe para um Projeto Bem-sucedido............271

Montando uma Equipe Transformadora 272
    Recrutando os membros certos da equipe 273
    Contando com a comunicação.......................274
    Mudando o paradigma da liderança.......................274
    Atribuindo funções.......................275
Definindo Expectativas e Cronogramas Realistas 278
Apoiando Agentes de Mudança 279
Retendo Bons Funcionários Durante a Mudança..................282
    Por que os funcionários vão embora 283
    Estratégias de retenção que funcionam......................283
    Planos de carreira e mudança organizacional.................284
Entendendo a Tomada de Decisão Orientada por Dados.........285
Dividindo os Silos.......................287

CAPÍTULO 16: Investindo nas FinTechs............289

Entendendo os Participantes 290
    Desafiando as instituições financeiras 291
    Oferecendo soluções colaborativas para instituições
    financeiras 291

Sumário **xix**

Navegando o Cenário do Investidor 292
  Financiamento coletivo 292
  Investidores anjo. 294
  Capital de risco 295
  Capital de risco corporativo 296
  Capital privado. 298
Fazendo uma Diligência Prévia 298
  Realizando uma pesquisa primária 299
  Fazendo uma pesquisa secundária 300
  Analisando os dados 301
Avaliando as Estratégias de Crescimento de uma Empresa 302
  Estudando a concorrência 302
  Ouvindo os clientes 302
  Perguntando sobre a tecnologia 302
  Inspirando inovação 303
Considerando a Cultura de uma Empresa 303

CAPÍTULO 17: **Entendendo o Objetivo da FinTech** 305
Explicando a FinTech para a Diretoria 306
  Observando os desafios que a diretoria financeira enfrenta 307
  Adotando a transformação digital 308
  Desenvolvendo habilidades digitais. 310
  Entendendo como participar 312
Investigando o Futuro da FinTech 313
  Métodos de autenticação 313
  Tecnologia de voz 314
  Inteligência artificial 315
Identificando Redes do Setor, Aceleradoras e Incubadoras 316
  FinTech Innovation Lab 316
  FinTech Startupbootcamp. 317
  Techstars 317
  FINTECH Circle. 318
  Level39 318
Reflexões sobre Fusões e Aquisições 319
  Consolidação 319
  Estratégias do capital corporativo 321

PARTE 4: A PARTE DOS DEZ 323

CAPÍTULO 18: **Dez Sintomas de uma Tecnologia de Herança Ruim** 325

Sobrecarga Improvisada 326
Falta de Compatibilidade Reversa 327
Incompatibilidade com Outros Sistemas 328
Dados Diferentes 329
Risco da Planilha 330
Latência 332
Aumentando a Demanda por Suporte e Manutenção 333
Ganhos de Curto Prazo e Problemas de Longo Prazo 334
Um Pool de Talentos que Diminui 334
Oportunidades de Mercado Perdidas 335

CAPÍTULO 19: **Dez Perguntas para Determinar entre a Criação ou a Compra** 337

Esta Funcionalidade É Essencial para o Negócio? 338
A Aplicação É Exclusiva? 338
Qual Abordagem É Mais Econômica? 339
Esta Aplicação Deve Ser Criada? 339
Quais São os Riscos de Criar versus Comprar? 340
Quando o Código Aberto Faz Sentido? 341
Quando a Criação Faz Sentido? 343
Como Podemos Acelerar a Criação? 343
Quando a Compra Faz Sentido? 344
Como Escolhemos um Revendedor e um Produto? 345

CAPÍTULO 20: **Dez Considerações ao Usar uma Tecnologia de Código Aberto** 347

Seu Modelo Comercial 348
Integridade da Comunidade de Código Aberto 349
Suporte Técnico 350
Segurança 351
Auditorias do Código 352
Confiabilidade 353
Custos Ocultos 354
Atualizações e Upgrades 356
Possível Impacto do Hardware 357
Considerações Legais 359

APÊNDICE: CRIANDO UMA FINTECH DO ZERO 361

Escrevendo um Plano de Negócios 361

Fazendo a pesquisa 362

Determinando o público e a estrutura 362

Desenvolvendo um Protótipo 364

Parceria com clientes 364

Entendendo o processo e as desvantagens 365

Operando Fora do Alcance 366

Levantando Capital 367

"O Futuro da FinTech Pós-crise do Corona?" 368

ÍNDICE 371

Introdução

Bem-vindos, amigos FinTech! Obrigado por escolher este livro, no qual explicamos os prós e os contras da Tecnologia Financeira, ou FinTech, para abreviar. *FinTech* implica levar uma inovação transformadora e disruptiva para serviços financeiros aplicando tecnologias novas e emergentes, atendendo os objetivos comerciais e do consumidor por meio da automação. Estamos apaixonados pela FinTech e esperamos conseguir passar parte de nosso entusiasmo e conhecimento a você.

Por bem ou por mal, o setor financeiro tem passado por transformações altamente disruptivas e substanciais nos últimos anos, e grande parte delas está relacionada à tecnologia. Muitas instituições financeiras tradicionais não estão equipadas para o futuro digital, por vários motivos, e correm o risco de serem substituídas por concorrentes mais novas e ágeis. Neste livro, esperamos guiar os líderes em tais instituições e ajudá-los a implementar tecnologias financeiras de ponta. Mas eles são apenas metade de nosso público-alvo aqui. Também esperamos guiar as pessoas no outro lado dessa equação competitiva, aquelas que fazem parte da disrupção FinTech ou que aspiram fazer.

Sobre Este Livro

Quando estávamos nos preparando para escrever este livro, começamos observando a concorrência. Quais livros já existem sobre FinTech e como podemos melhorá-los? Descobrimos que realmente não existia uma concorrência direta para o que queríamos fazer. Muitos dos livros FinTech existentes eram bem amplos ao cobrir este tópico, em particular da perspectiva do pequeno consumidor. Outros eram específicos demais, focando questões únicas, como blockchain ou moedas digitais.

Nossa intenção com este livro é dar uma noção pragmática dos aspectos mais importantes da FinTech, em particular na área B2B (business-to-business). B2B é especialmente interessante porque tem menos relação com a disrupção FinTech e mais com a colaboração com instituições estabelecidas, para alcançarem as transformações necessárias em conjunto.

Neste livro, as seções separadas (caixas de texto) dão uma visão mais detalhada de certo tópico. Embora se aprofundem mais em determinado ponto, essas seções não são essenciais para sua compreensão do restante do livro. Elas podem ser lidas ou puladas sem problemas. Você também pode ignorar o texto que aparece com o ícone Papo de Especialista. O texto marcado com esse ícone fornece detalhes técnicos sobre a FinTech que são interessantes e informativos, mas você pode seguir com as informações necessárias sem lê-los.

Uma última nota: você pode observar, neste livro, que alguns endereços da web ficam em duas linhas de texto. Se estiver lendo a versão impressa e quiser visitar uma das páginas web, basta digitar o endereço exatamente como está no texto, como se não existisse uma quebra de linha.

Penso que...

Este livro é bem básico, a ponto de qualquer pessoa poder entendê-lo, mas foi escrito para algumas pessoas específicas. Quando escrevemos, tínhamos o seguinte público em mente:

- Profissionais de serviços financeiros que querem aprender FinTech, em vez de ficarem blefando por aí.
- Empresas FinTech que querem interagir com instituições financeiras.
- Investidores de risco e outros que procuram uma visão mais ampla do mercado do que o próximo banco concorrente ou o provedor de pagamentos.
- Clientes corporativos que recebem serviços FinTech B2B.
- Provedores de serviços profissionais, como contadores, consultores e advogados, que tentam definir seus lugares no ecossistema FinTech.

Nossa suposição geral é a de que você tem certa experiência e compreensão da FinTech, mas pode aumentar seu conhecimento à medida que avança ou se aprofunda em certos capítulos mais específicos de sua função ou interesse.

Ícones Usados Neste Livro

Ao ler este livro, você encontrará ícones nas margens que destacam blocos de informação que pode achar importantes.

O ícone Dica marca um aviso útil para economizar tempo e dinheiro, ou melhorar a experiência ao começar a explorar a FinTech.

O ícone Lembre-se destaca uma informação importante a se lembrar. Se você não se lembrar de nada mais na seção ou no capítulo que acabou de ler, lembre-se do material marcado aqui.

CUIDADO

O ícone Cuidado indica perigo, obstáculo ou pegadinha.

PAPO DE ESPECIALISTA

Embora para a leitura deste livro não seja necessário um conhecimento técnico avançado, os itens destacados por este ícone terão uma visão mais profunda em certo detalhe técnico. Fique à vontade para pular a informação marcada com este ícone se não o agradar.

Além Deste Livro

Além do material impresso que você está lendo agora, o *FinTech Para Leigos* tem um ótimo conteúdo online disponível. Para acessar a Folha de Cola, basta ir ao site da editora Alta Books e procurar pelo título do livro.

De Lá para Cá, Daqui para Lá

Não é preciso ler este livro em ordem. Cada capítulo é independente, portanto, você pode pular o quanto quiser. Veja o Sumário e o Índice se estiver procurando um tópico específico.

Se quiser descobrir mais sobre FinTech, você pode participar do FINTECH Circle, um dos principais ecossistemas FinTech no mundo. Você pode se tornar membro online gratuitamente (https://fintechcircle.com/become-a-member — conteúdo em inglês) e receber atualizações diárias automáticas sobre as tendências globais da FinTech.

Se quiser acompanhar as notícias gerais sobre FinTech todo dia, semana ou mês, veja estes sites [conteúdos em inglês]:

- www.finextra.com
- www.fintechfutures.com
- www.fintechweekly.com
- https://thefintechtimes.com
- https://fintechcircle.com/fintech-insights/

Há também outros títulos da série The FinTech Book, com os quais você pode se aprofundar em várias frentes FinTech. Estes são os livros disponíveis:

- » *The FinTech Book*, de Susanne Chishti e Janos Barberis
- » *The InsurTech Book*, de Sabine L. B. VanderLinden, Shân M. Millie, Nicole Anderson e Susanne Chishti
- » *The WealthTech Book*, de Susanne Chishti e Thomas Puschmann
- » *The RegTech Book*, de Janos Barberis, Douglas W. Arner e Ross P. Buckley
- » *The PayTech Book*, de Susanne Chishti, Tony Craddock, Robert Courtneidge e Markos Zachariadis
- » *The AI Book*, de Ivana Bartoletti, Susanne Chishti, Anne Leslie e Shân M. Millie
- » *The LegalTech Book*, de Sophia Adams Bhatti, Susanne Chishti, Akber Datoo e Drago Indjic

CUIDADO

Estávamos bem no processo de finalização deste livro quando aconteceu a pandemia do coronavírus! Portanto, estes comentários foram escritos no final de julho de 2020, antes da publicação em setembro, pois esperávamos esclarecimentos sobre as repercussões da primeira onda do vírus e se haveria um segundo lockdown conforme novos casos começaram a surgir em certos locais. Quando ler isto, você será uma pessoa "otimista ou pessimista"?

As pessoas "pessimistas" apontarão as consequências da pandemia e os desafios resultantes para as empresas FinTech. É provável que vejamos algumas baixas devido a várias pressões que essas empresas enfrentarão de uma perspectiva do fluxo de caixa, uma vez que as maiores instituições financeiras ainda serão lentas ao tomarem decisões sobre a nova tecnologia. Talvez isso também leve à consolidação.

Porém, no lado "otimista", o mantra é o de que a Covid-19 acelerará a transformação digital dos serviços financeiros e incentivará que as empresas inovem sua saída do mal-estar. Então, uma maior aceitação da digitalização apresentará grandes oportunidades no espaço FinTech conforme construímos o "novo normal". Esses pensamentos opostos são mais bem elaborados na parte final deste livro (no Apêndice), na seção intitulada "O Futuro da Fintech Pós-crise do Corona?".

1
Conhecendo a FinTech

NESTA PARTE. . .

Examine o que é FinTech, entenda seu impacto e veja o cenário dessa tecnologia.

Descubra como a FinTech foi uma disrupção no setor financeiro, desafiando as instituições financeiras tradicionais para que "crescessem ou morressem" e criando oportunidades para que empresas startups inovadoras reivindicassem sua fatia de mercado.

Descubra o papel da regulação na FinTech, examine as mudanças regulatórias recentes e atenda às entidades reguladoras nos EUA e na Europa.

> **NESTE CAPÍTULO**
>
> » Definindo a FinTech
>
> » Diferenciando as dimensões da FinTech
>
> » Entendendo as mudanças da tecnologia financeira
>
> » Vendo o tamanho da FinTech no mundo inteiro
>
> » Conferindo o importante vocabulário FinTech

Capítulo **1**

Examinando o Cenário da FinTech

Sem dúvida alguma, a FinTech se tornou um dos assuntos mais comentados nos negócios. Pesquisas pelo termo *fintech* no Google aumentaram exponencialmente nos últimos anos, portanto, é óbvio que as pessoas estão curiosas sobre isso. Mas o que é FinTech e por que é relevante para o setor financeiro atual? Este capítulo mostra essas questões muito básicas, ajudando-o a se preparar para obter as informações mais detalhadas que descobrirá posteriormente neste livro.

LEMBRE-SE

Ter conhecimento sobre FinTech fornece uma vantagem competitiva em sua carreira pessoal, porque os especialistas FinTech têm uma alta demanda global. Ler este livro também o capacitará a ajudar sua instituição a inovar e a desenvolver seus serviços com maior rapidez em relação aos concorrentes. Em todo o mundo, o mercado FinTech está bombando, e vemos investidores investindo em todos os estágios dos ciclos de vida das FinTechs.

O NASCIMENTO DA NUMERIX

Em 1996, Michael Goodkin, Mitchell Feigenbaum, Nigel Goldenfeld e Alexander Sokol se uniram para formar a Numerix, uma empresa de software criada para fornecer pesquisa quantitativa e ferramentas ao setor financeiro.

Cada fundador já era muito bem-sucedido em sua área. Michael Goodkin era analista quantitativo e autor do livro *The Wrong Answer Faster*. Mitchell Feigenbaum havia recebido o prêmio MacArthur Grant e era um dos pioneiros da Teoria do Caos. Nigel Goldenfeld era físico estatístico e diretor de Biologia Universal no NASA Astrobiology Institute. Alexander Sokol era escritor e professor na Universidade de Illinois.

Inicialmente, a Numerix era um laboratório de ideias para matemáticos, cientistas da computação e físicos teóricos em busca de usos para uma série de projetos específicos do setor financeiro. O primeiro produto Numerix foi um kit de ferramentas de software otimizado para acelerar simulações Monte Carlo, métodos de diferenças finitas e árvores, e cálculos do valor em risco. Ele acelerava o tempo de computação em quatro vezes, sem impactar negativamente a precisão dos resultados. Merrill Lynch e Price Waterhouse foram as primeiras empresas a utilizar o produto, em 1998.

O uso do método Monte Carlo da Numerix fornecia uma precificação mais precisa e rápida, permitindo que os bancos mitigassem o risco intradiário com mais eficiência.

Entre 1998 e 2003, a Numerix focou a criação de muitos projetos, alguns pagos por clientes, mas em grande parte baseados no desejo de resolver problemas percebidos no setor financeiro. Em 2003, a empresa havia reunido vinte tipos diferentes de produtos em potencial na busca de clientes. Porém, ela se atrapalhou, perdeu o foco e gastou mais de US$25 milhões para criar um negócio que mal gerava US$4 milhões em receitas anuais. No verão de 2003, uma empresa de serviços financeiros multibilionária tentou comprar a Numerix por US$5 milhões, mas teve sua oferta rejeitada pelo principal acionista. Na época, a empresa era uma startup quebrada que desenvolvia uma tecnologia "legal", pura e simplesmente, em vez de resolver os problemas reais do mercado. A essa altura, ela estava saindo do negócio, a menos que pudesse obter o apoio de investidores comprometidos para articular um novo produto ou uma nova abordagem. Às vezes, mudanças paralelas no ambiente de mercado permitem sincronizar a articulação.

O que É FinTech, Afinal?

LEMBRE-SE

Existem muitas definições de FinTech, mas, para este livro, esta é a mais relevante: as empresas FinTech são as que utilizam a nova tecnologia com objetivo de criar melhores serviços financeiros para consumidores e negócios. É claro que isso levanta outra questão: o que é *tecnologia financeira*? Ela é definida como todas as partes da tecnologia que ajudam a oferecer serviços financeiros e produtos para consumidores, que podem ser pessoas, empresas ou governos.

Muitas vezes, *FinTech* também é usado como um termo genérico para várias subcategorias, como WealthTech e RegTech. Você encontra mais informações sobre essas subcategorias no Capítulo 2.

NUMERIX: A MUDANÇA

O desejo de ter mais lucro levou o setor financeiro a criar novos instrumentos com riscos muito mais altos. Swaps de crédito (CDS) e títulos hipotecários (MBS) se tornaram os instrumentos escolhidos para muitos fundos de cobertura e investimento que prometiam altas taxas de retorno para seus investidores. Contudo, esses instrumentos eram complexos e difíceis de precificar. Em geral, MBS e CDS tinham muitos componentes diferentes reunidos, dificultando determinar o real valor do que estava sendo vendido ou comprado. Era um problema real de mercado que a Numerix podia resolver.

Coautor e CEO da Numerix, Steve O'Hanlon entrou para a Numerix em janeiro de 2002 para chefiar as vendas globais, o marketing e o suporte. Em 2004, Greg Whitten, presidente do conselho e CEO, indicou Steve para realizar operações diárias como presidente e COO. Os principais objetivos de Steve eram focar de novo a empresa e eliminar todas as distrações. Steve estabeleceu cinco princípios de operações para deixar claros a finalidade e o foco para cinquenta funcionários:

- Evoluir como uma empresa de análise de software financeiro para derivativos.
- Substituir o termo "modelo de precificação de software" por "modelo de assinatura de software recorrente".
- Complementar as iniciativas de vendas diretas com uma estratégia de parceria que licencia algumas ou todas as capacidades de precificação dos ativos financeiros para empresas de software financeiro que requerem a capacidade de análise da Numerix.
- Eliminar dezessete dos vinte produtos na época, pegar os três produtos restantes e mesclá-los para criar uma ferramenta de precificação inovadora com vários ativos.
- Encerrar o software CrossAsset (a empresa Numerix detinha a participação majoritária) para acabar com um gasto anual de US$5 milhões.

CAPÍTULO 1 **Examinando o Cenário da FinTech**

Analisando as Dimensões da FinTech

LEMBRE-SE

FinTech pode parecer simples, considerando a definição apresentada na seção anterior, mas há múltiplas dimensões. Você precisa pensar sobre cada um dos fatores:

» Qual parte das finanças está sendo impactada (setor financeiro)?

» Qual modelo de negócios está sendo usado?

» Qual tecnologia está sendo usada?

O FINTECH Circle inventou o termo *Cubo Fintech* para descrever os cruzamentos desses fatores. A Figura 1-1 mostra o cubo, no qual temos três eixos: setor financeiro no eixo x, modelo de negócios no eixo y e tecnologia no eixo z.

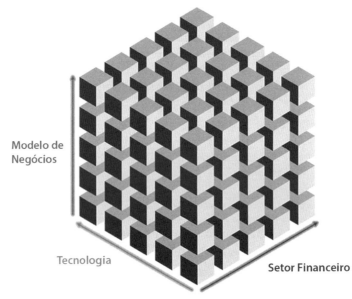

FIGURA 1-1: O Cubo FinTech combina setor financeiro, modelo de negócios e fatores de tecnologia.

Fonte: FINTECH Circle, 2020.

NUMERIX: EVOLUÇÃO E UM NOVO MODELO DE LICENÇA DE SOFTWARE

A Numerix estabeleceu uma marca interna e externa clara como uma empresa de software focada nos mercados de derivativos e de venda livre (OTC), atendendo às necessidades das quatro principais mesas de operações: renda fixa, ações, câmbio e crédito. Sua comunicação interna era constante e consistente em relação a ser uma empresa de software para análise financeira. Externamente, participou de quinze diferentes feiras específicas do setor em várias partes do mundo, para ficar conhecida, fazendo contatos na área; as oportunidades resultaram em vendas de produtos.

O setor de software financeiro estava repleto de modelos de vendas preexistentes. Um dos mais comuns era o modelo de licença vitalícia (PLM), que envolve uma taxa de licença inicial (ILF) adiantada e uma taxa de manutenção anual (AMF) de cerca de 20% da ILF para cada ano seguinte para ter suporte e atualizações. O pagamento da ILF garante direitos vitalícios de uso do software, mesmo que o cliente pare de pagar a manutenção anual.

Outro tipo de licença de software popular em 2004 era o modelo de licença por período (TLM). Ele requeria uma ILF parecida para um PLM, mas em geral a ILF para um TLM era menor, porque normalmente um TLM teria um período de cinco anos, após o qual o cliente tinha de renovar pagando a taxa ILF do modelo TLM original para continuar a usar o produto. Como um PLM, o TLM teria uma taxa AMF igual a 20% da ILF do TLM, e isso também seria pago anualmente.

A Numerix teve êxito ao mudar de um TLM para o modelo de licença por assinatura (SLM), que na época era comum para o software corporativo, mas não para o software financeiro. Como Steve O'Hanlon veio do mundo do software corporativo, ele mudou a Numerix para o novo mundo do SLM. Isso alterou o modo como os clientes pagavam pelos produtos da Numerix. Para os clientes TLM existentes, a Numerix pegou o montante da ILF e dos cinco períodos AMF, somou e dividiu por cinco para determinar qual SML seria para renovar os clientes. Por exemplo, se um cliente pagava originalmente uma ILF de US$100 mil e uma AMF de US$20 mil todos os anos, por cinco anos, com o pagamento do primeiro ano sendo de US$120 mil e o de cada ano subsequente sendo de US$20 mil, ele teria gastado nos cinco anos a soma de US$200 mil. A Numerix dividiu os US$200 mil por cinco anos, resultando no preço SLM de US$40 mil por ano. Então usou a mesma lógica ao recriar o TLM como uma tabela de preços do SLM. Tal SLM permitiu que a Numerix tivesse um faturamento contínuo de 83% da receita bruta em 2019.

Cada dimensão pode ser mais subdivida. Por exemplo, a Figura 1-2 expande o conceito adicionando as principais áreas dos serviços financeiros que podem utilizar a FinTech. Todos os setores financeiros são mostrados em um lado do cubo, inclusive pequenos bancos, transações e seguros (entre outros).

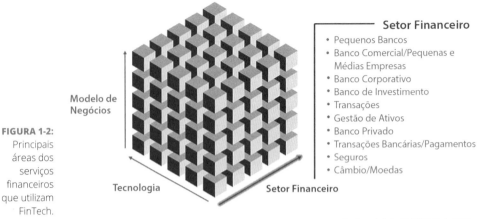

FIGURA 1-2: Principais áreas dos serviços financeiros que utilizam FinTech.

Fonte: The Fintech Cube, FINTECH Circle, 2020.

A Figura 1-3 resume os modelos de negócios mais importantes, como business-to-consumer (B2C), business-to-business (B2B), business-to-business-to-consumer (B2B2C), business-to-government/regulador (B2G), modelos de negócios baseados em plataformas, financiamento coletivo e concessão de crédito peer-to-peer (P2P).

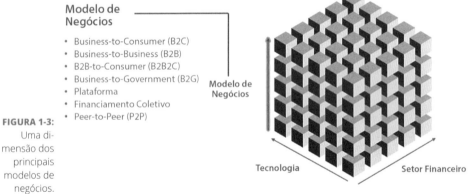

FIGURA 1-3: Uma dimensão dos principais modelos de negócios.

Fonte: The Fintech Cube, FINTECH Circle, 2020.

A Figura 1-4 mostra a terceira dimensão, ou seja, a tecnologia sendo usada, que pode variar entre computação na nuvem, big data, Inteligência Artificial (IA)/Aprendizado de Máquina (AM), blockchain (tecnologias de contabilidade distribuída), Internet das Coisas (IoT), computação quântica e realidades aumentada e virtual. A Parte 2 detalha essas tecnologias.

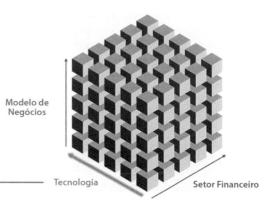

FIGURA 1-4: As principais tecnologias usadas para fazer uma mudança.

Fonte: The Fintech Cube, FINTECH Circle, 2020

Por exemplo, agora as startups FinTech podem ser mais subdividas e comparadas com facilidade. Talvez você tenha uma solução de pequeno banco (eixo x do setor financeiro) focada no modelo de negócios B2C e que usa várias tecnologias, como nuvem, análise de big data e IA. Tal empresa seria chamada de banco concorrente, e outras vezes também seria referida como banco digital ou neobanco.

Como outro exemplo, você pode ter uma empresa WealthTech que vende software para fundos de cobertura. Você poderia descrevê-la como focada na gestão de ativos (eixo x), no modelo de negócios B2B (eixo y) e que usa vários tipos de tecnologia no eixo z combinados.

Entendendo o que Mudou na FinTech

Houve mudanças enormes no cenário da tecnologia financeira na última década. Vemos essas mudanças e seus efeitos em detalhes no Capítulo 2, mas pode ajudar examinar o básico aqui também. Considere o seguinte:

» Apenas vinte anos atrás, seria muito caro lançar uma FinTech, ao passo que hoje o gasto necessário é muito mais acessível. Os custos reduzidos da tecnologia diminuíram as barreiras para a entrada.

» O cenário do financiamento também é diferente agora. Vinte anos atrás, havia pouco financiamento disponível para as FinTechs iniciantes, mas hoje investidores de risco e divisões de risco corporativo de instituições financeiras e empresas de tecnologia investem grandes somas em empresas FinTech escalonáveis (veja o Capítulo 16 para ter mais informações).

» A dinâmica do setor também mudou. Antes, os fornecedores de tecnologia para empresas de serviços financeiros eram vistos como puros revendedores. Ultimamente, houve uma transferência de poder, na qual FinTechs, scaleups maiores e unicórnios são vistos claramente como parceiros ou concorrentes para agentes financeiros estabelecidos. Até as gigantes tecnológicas, como Facebook e Google, que têm focado historicamente em plataformas de e-commerce ou rede social, mudaram para o campo FinTech. Na China, vimos a Ant Financial e a WeChat assumirem posições de liderança com suas ofertas FinTech, que são integradas em outros serviços com perfeição.

LEMBRE-SE

Instituições financeiras estabelecidas deveriam ler este livro para entender como as gigantes tecnológicas adoraram a era digital e transformaram os setores agora por elas dominados. Elas precisam avaliar como podem adotar sua própria transformação, em vez de sofrerem disrupção de novas empresas entrando no setor.

Bancos tradicionais já viram suas receitas e margens diminuírem conforme as FinTechs reduziram seus produtos, por exemplo, no câmbio, concessão de crédito, pagamentos e serviços bancários tradicionais, particularmente em como o banco aberto é promovido pelos reguladores.

Os gerentes de ativos já viram suas margens reduzidas com a mudança para uma gestão ativa de passivos, em vez da gestão ativa de ativos, mas isso se desenvolveu ainda mais com robôs consultores que usam algoritmos para não empregar a intermediação de consultores financeiros e gerentes de portfólio. Do mesmo modo, o setor de seguros descobriu que as empresas que usam análise preditiva, com base no acesso de big data, são mais capazes de precificar e gerenciar os riscos do que ele mesmo.

Em todas essas organizações, os conselhos precisam desenvolver novas estratégias baseadas na transformação digital e nas equipes de inovação que trabalharão em conjunto com o desenvolvimento de produtos e negócios existentes. Devem também trabalhar com equipes de tecnologia para ajudá-las a determinar como competir nesse novo ambiente. É claro que um dos maiores obstáculos serão elas próprias, pois precisam infundir uma nova cultura, que adote uma mudança vertical. Vá para o Capítulo 17 para ler sobre esse tópico.

NUMERIX: ESTRATÉGIA "INTEL INSIDE"

O coautor Steve O'Hanlon trabalhou na área de software corporativo antes de vir para a Numerix. Ele aproveitou as habilidades adquiridas com essas experiências para tornar a Numerix a adotante inicial nos mercados de software financeiro implementando um SLM. O conceito Software como Serviço (SaaS) ainda estava engatinhando, e as ofertas de nuvem disponíveis hoje não eram oferecidas (veja o Capítulo 6 para saber mais sobre a nuvem). Introduzir um SLM (que era mais comum nas vendas de software corporativo) no mercado de software financeiro permitiu que a Numerix fosse a primeira a adotar uma abordagem de licença que o setor utilizava. Ainda é a abordagem que a Numerix usa com seus produtos atualmente. Essa abordagem bem inicial trouxe um maior valor de mercado para os investidores da Numerix.

Tendo testemunhado o crescimento da Intel com sua estratégia *Intel Inside*, Steve raciocinou que a análise de preços da Numerix poderia ser licenciada em parte ou por completo para empresas de software financeiro que não tinham a capacidade de precificar derivativos complexos. Sua função em janeiro de 2004 era concluir o kit de desenvolvimento de software (SDK) para a análise de preços, de modo que qualquer revendedor de software financeiro pudesse utilizar a análise de preços da Numerix. Essa estratégia tem durado desde 2004 e resultou em noventa parceiros globais, que representaram quase metade da receita da Numerix em 2019.

Hoje, muitas empresas FinTech devem examinar o potencial de fazer parcerias com provedores de software complementares, sobretudo as empresas maiores que estabeleceram vendas com grandes instituições financeiras, pegando carona em seu sucesso, enquanto reduzem seus próprios requisitos de uma força de vendas dedicada.

Destacando o Tamanho da FinTech Global

A Figura 1-5 mostra dados do "Innovate Finance 2019 FinTech Investment Landscape Report", publicado em parceria com a PitchBook. Ela mostra que os centros FinTech são globalmente diversificados, com alguns mais dominantes que outros, sobretudo a China, o Reino Unido e os EUA.

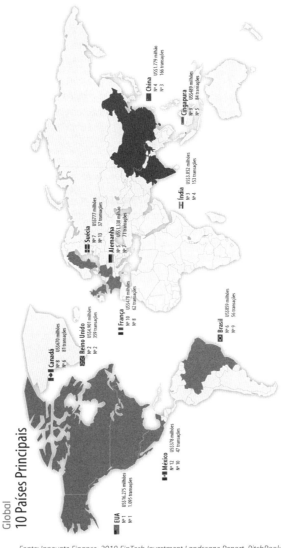

FIGURA 1-5: Eixos FinTech globalmente diversificados.

Fonte: Innovate Finance, 2019 FinTech Investment Landscape Report, PitchBook. Os dados não foram examinados nem aprovados pelos analistas da PitchBook.

Embora o investimento FinTech tenha caído para US$35,7 bilhões em 2019, como mostrado na Figura 1-6 a seguir, isso foi motivado em grande parte por uma queda acentuada de financiamentos para as empresas FinTech da China.

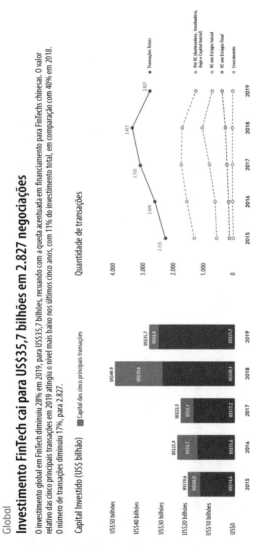

FIGURA 1-6: Queda em 2019 no investimento FinTech global.

Embora o investimento em FinTech tenha diminuído na Ásia em 2019, em longo prazo, acreditamos que aquele continente será um motor de crescimento para o setor FinTech global. Por enquanto, o investimento total de todas as outras regiões aumentou basicamente devido a grandes negociações concluídas (veja a Figura 1-7).

FIGURA 1-7: O investimento FinTech na Europa e na América do Norte continuou aumentando em 2019.

Global
Investimento na Ásia cai em 2019

Quase todas as regiões globais viram um aumento no investimento, exceto a Ásia, que diminuiu 73%, de US$28,8 bilhões para US$7,8 bilhões, devido a uma importante queda em grandes transações na China. O investimento aumentou 25% na América do Norte, para US$ 17,3 bilhões, e 49% na Europa, para US$8,5 bilhões.

A América do Norte recebeu quase metade (49%) e a Europa, um quarto (24%) do investimento global total em 2019. O número total de megatransações continua a subir, aumentando 23% em 2019, para 86 transações.

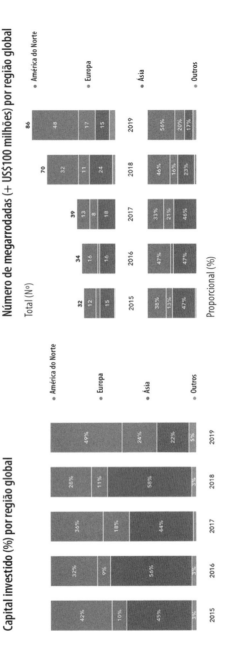

Fonte: Innovate Finance, 2019 FinTech Investment Landscape Report, PitchBook. Os dados não foram examinados nem aprovados pelos analistas da PitchBook.

NUMERIX: FOCO EM MENOS PRODUTOS

Quando Steve O'Hanlon assumiu o comando em janeiro de 2004, a Numerix era confusa e desfocada, desenvolvendo mais produtos do que seria possível vender por meio de seus quatro vendedores diretos. Steve, veterano em sete startups de software por mais de 37 anos, acreditava que o foco era o único meio de uma startup ter a chance de crescer para uma empresa maior. Ele determinou que pelo menos 17 dos 20 produtos da Numerix tinham um foco de mercado completamente diferente ou precisariam de uma abordagem de vendas diferente. Quatro vendedores jamais poderiam focar mais de um desses produtos. Além disso, nenhum produto estava completo, estando em vários estágios de maturidade. Essa falta de foco era o principal motivo para as vendas da Numerix não estarem crescendo de modo significativo em relação ao tamanho da empresa. Steve escolheu eliminar 17 produtos e focar os 3 principais produtos de análise de preços: Numerix Toolkit, Numerix Engine e Numerix Library.

O Numerix Toolkit era vendido para analistas financeiros quantitativos como uma ferramenta independente, na qual eles usavam um SDK para criar suas próprias aplicações baseadas no Toolkit. Essa venda fraca levou a Numerix a criar o produto Numerix Engine, uma aplicação completa para renda fixa, crédito, ações, câmbio e derivativos. O Engine foi desenvolvido com base no Toolkit, portanto, tornou este obsoleto.

Em 2002, o então CEO da Numerix contratou um analista quantitativo de software financeiro para desenvolver a próxima geração do Engine, que foi batizada de Numerix Library. Esse foco duplo de desenvolver o mesmo produto duas vezes ficou conhecido na Numerix como "Desafio Pepsi". Esse CEO criou concorrência entre as equipes de desenvolvimento do Engine e do Library. Isso significou que os quatro representantes de vendas tentavam vender o Engine e o Library. Quando os clientes perguntavam sobre a diferença entre os dois produtos, o representante dizia que o Engine era o anterior com mais recursos, mas o Library era a próxima geração e, cedo ou tarde, teria os recursos do Engine. Era compreensível que os clientes em potencial não ficassem empolgados com a resposta, sendo outro motivo para o aumento insignificante do faturamento na Numerix.

Steve identificou o problema na abordagem de vendas e buscou reformular os produtos e acabar com a confusão. Imediatamente tirou o Toolkit do catálogo de preços para que os vendedores não mais o vendessem como um produto separado. Ele eliminou os nomes do produto Toolkit, Engine e Library, e começou a usar o nome da empresa, Numerix.

Depois Steve renomeou o Engine Numerix 3.0 e o Library Numerix 4.0. Ele focou de novo os desenvolvedores do produto Numerix 3.0 (Engine) no Numerix 4.0 (Library). Apenas alguns desenvolvedores mantinham o Numerix 3.0. O objetivo era acelerar o processo de aperfeiçoamento do Numerix 4.0 com novos recursos e aqueles que eram apenas do Numerix 3.0.

(continua)

(continuação)

> Todo esse trabalho novo ficou conhecido como Numerix 5.0, sendo entregue no final de 2004. A equipe de vendas pôde mostrar o roteiro que tinha todos os recursos do Numerix 3.0 e os colocou no Numerix 4.0, resultando no Numerix 5.0. Esse histórico de vendas era muito focado, e os possíveis clientes podiam entender claramente as vantagens da licença 4.0, sabendo quando teriam acréscimos a partir do 3.0. Esse único foco fez o faturamento da Numerix em 2004 quase dobrar em relação ao ano anterior!
>
> O processo pelo qual a Numerix passou na análise do efeito das percepções conflitantes do software e do mercado não é diferente da análise que as empresas FinTech fornecem a seus clientes bancários. A necessidade de identificar a redundância, consolidar as funções e passar uma mensagem clara interna e externamente é o segredo da modernização das instituições financeiras e de um serviço no qual a FinTech está envolvida integralmente.

Descobrindo os Termos FinTech Importantes

LEMBRE-SE

Neste livro, você encontra termos para descrever várias partes do setor FinTech e seus mecanismos internos (e externos!), e tentamos torná-los o mais acessíveis possível. Mas, para começar, veja um conjunto básico de definições que pode ajudar no começo:

» *Interface para programação de aplicações (API)* é um software intermediário que permite a duas aplicações se comunicarem. Ela entrega a solicitação da mensagem a um provedor e retorna a resposta para você (veja o Capítulo 4).

» *Gerenciamento de dados* significa coletar, limpar, gerenciar e analisar dados para gerar uma inteligência comercial extra (veja o Capítulo 4).

» *Aplicação descentralizada (DApp)* armazena os dados em um banco de dados descentralizado e usa recursos de computação descentralizados em uma rede peer-to-peer. Esse código de fonte aberta pode ser acessado por todos os membros da rede (veja o Capítulo 5).

» *Transformação digital* é o que acontece em um negócio quando você aplica e integra a tecnologia digital. Inclui mudanças nos processos comerciais, modelos de negócios, especialização de domínio, tecnologia e cultura.

» *Disrupção* se refere a como as FinTechs emergentes e as tecnologias interferem ou competem com o modo tradicional como o negócio foi criado.

» *Microsserviços* são uma abordagem para o desenvolvimento de aplicações na qual uma grande aplicação é criada como um conjunto de componentes modulares (veja o Capítulo 4).

» *Fonte aberta* é o software para o qual o código-fonte está disponível gratuitamente para todos. Qualquer programador capaz pode usar, modificar e distribuir suas próprias versões do programa (veja o Capítulo 10).

NUMERIX: FECHANDO A CrossAsset LLC

Além de desenvolver vinte produtos de software antes de 2004, a Numerix também criou uma empresa chamada CrossAsset Software LLC. A Numerix detinha 70% dela; a Toronto Dominion e a ICAP detinham 15% cada. A CrossAsset Software focava desenvolver um sistema comercial completo para a Toronto Dominion. Havia apenas quinze desenvolvedores, com a tarefa de desenvolver não apenas o sistema, mas também um terminal do tipo Bloomberg.

O software CrossAsset perdia US$5 milhões por ano, e não havia nenhum produto de entrega no horizonte. Portanto, quando o coautor Steve O'Hanlon assumiu a Numerix, em janeiro de 2004, uma das missões era encerrar o CrossAsset Software sem ter problemas legais na ICAP ou na Toronto Dominion. No final de março de 2004, a parceria foi concluída com êxito, e a Numerix ficou com os direitos da marca CrossAsset Software, que foi registrada. CrossAsset finalmente se tornou o nome do produto, substituindo o Numerix 5.0.

A nova abordagem da empresa focou os esforços do desenvolvedor ao criar uma única plataforma de preços que fundos de cobertura, bancos menores e parceiros poderiam usar. Durante essa mudança, a Numerix desenvolveu e usou um kit de ferramentas de análise criativa que foi um avanço para um software novo e definitivo, assim como serviços que seriam utilizados no futuro para dar suporte aos clientes FinTech em suas transições.

O problema que o software Numerix deveria resolver era fornecer informações de preços consistentes e rápidas no processo do fluxo de trabalho da instituição inteira. Ele foi motivado por estas considerações:

- O processo de análise em massa não existia.
- Os clientes precisavam de informação sob demanda.
- As estruturas de negociações financeiras eram extremamente fluidas e mal definidas.
- Era difícil avaliar o impacto dos diferentes modelos ao precificar.
- Os clientes precisavam criar modelos de qualidade do operador de mercado que fossem flexíveis e permitissem a customização.

(continua)

(continuação)

- Os operadores precisavam de um tempo de resposta quase instantâneo.
- Os usuários finais queriam telas personalizáveis.
- Os dados precisavam ser mudados e entregues como o usuário queria.

O software da Numerix tinha a flexibilidade necessária para precificar os instrumentos mais exóticos e foi baseado em uma excelente biblioteca de análise que tinha modelos em toda classe de ativos.

Os diferenciais da Numerix eram:

- Grande cobertura de instrumentos.
- Grande variedade de modelos para cada classe de ativos.
- Profundo conhecimento de domínio na Numerix.
- Capacidade de precificar itens exóticos para as linhas de negócios cobertas (Ações, FI, Crédito e Câmbio).
- Capacidade de desenvolver instrumentos.
- Abordagem consultiva para vender e implantar.
- Suporte contínuo para o produto após a implantação.
- Histórico anterior de excelência.
- Infraestrutura tecnológica flexível que endereça as necessidades dos parceiros, assim como das instituições financeiras.

O avanço incorporaria:

- Atacar o mercado do fundo de cobertura com análise.
- Capitalizar no mercado emergente: crédito.
- Fazer parceria com empresas que poderiam incorporar a análise.
- Avançar para bancos menores com análise.
- Torna-se a empresa de análise dominante no mundo.

No Capítulo 2, continuamos com a história da Numerix, e você descobrirá como o caminho tomou forma.

> **NESTE CAPÍTULO**
>
> » **Equilibrando confiança e valor**
>
> » **Descobrindo onde moram os disruptores**
>
> » **Analisando a função da BigTech**
>
> » **Vendo onde acontecem as disrupções**
>
> » **Pesquisando novas oportunidades**

Capítulo **2**

Entendendo o que Faz a Disrupção do Setor Financeiro (e Por quê)

urante a era pós-crise financeira, o setor de serviços financeiros entrou em um estado de disrupção em massa. Instituições financeiras respeitadas e tradicionais ficam na defensiva conforme as novatas mudam o campo de maneiras fundamentais. Essa disrupção é uma preocupação crescente para as empresas de serviços financeiros que correm risco com a provável substituição por concorrentes mais ágeis e baseadas em dados, inclusive em bancos, mercados de capital, seguros e gestão de patrimônio, forçando-as a evoluir para permanecerem competitivas.

Parte dessa disrupção vem da percepção de que as gigantes BigTech, como Amazon, Ant Financial, Apple, Facebook e Google, provavelmente estão para implementar plataformas e tecnologias que mudam o setor e competem com as ofertas mais tradicionais. Mas as startups FinTech emergentes também estão desafiando o status quo, fornecendo serviços inovadores e maior personalização, em particular no espaço do consumidor, não no setor atacadista.

LEMBRE-SE

FinTech, uma abreviação para "tecnologia financeira", é o mecanismo que leva uma inovação transformadora e disruptiva para os serviços financeiros aplicando tecnologias novas e emergentes e atendendo às necessidades do cliente com automação. Vá para o Capítulo 1 para ler uma introdução sobre FinTech.

As instituições de serviços financeiros tradicionais têm razão para ficarem nervosas sobre o crescente sucesso das empresas FinTech. Por natureza, as startups FinTech têm inúmeras vantagens. Veja uma rápida comparação:

- Para iniciantes, as startups FinTech são ágeis. Como não têm a desvantagem de herdar sistemas mais antigos e metodologias, podem criar novas soluções mais rápido. Sua principal liderança também foca a criação do futuro em vez de manter o status quo, portanto, não resistem a investir pesado no desenvolvimento tecnológico e na inovação.

- Por outro lado, bancos tradicionais, corretores e gerentes de ativos têm sistemas existentes pesados para suportar, limitando o que podem gastar com inovação. Eles também estão sujeitos a maiores restrições reguladoras e institucionais que limitam sua capacidade de focar por completo os recursos em nova tecnologia.

Neste capítulo, você aprende sobre os principais concorrentes no mercado de serviços financeiros atual, os desafios enfrentados e o que eles têm a oferecer.

Fornecendo Confiança e Valor

Consumidores e negócios escolhem os serviços financeiros segundo dois critérios básicos:

- É uma instituição confiável?
- Os serviços oferecidos atendem às minhas necessidades por um preço competitivo, oferecendo serviços com valor agregado e que facilitam minha vida?

Por isso, as empresas do setor financeiro enfrentam os mesmos desafios básicos hoje. Todas estão tentando restaurar a confiança pública em um ambiente pós-crise financeira, entregar serviços que os clientes querem, oferecer um valor atraente e ainda ter lucro.

Confiança

No ambiente de hoje, uma instituição financeira "confiável" é uma que pode ser escolhida para apoiar sua parte na relação por ser uma administradora responsável pelos ativos e pelas informações do cliente. Isso significa proteger cada aspecto da relação, impedindo prejuízos de fontes interna e externa, incluindo:

» Manter a solvência e o sucesso contínuos da empresa de serviços financeiros. Ninguém quer usar uma empresa que pode sair do negócio a qualquer momento ou não tem recursos para investir nas mais recentes e melhores competências.

» Proteger o investimento do cliente, física e digitalmente, manter uma vigilância eficiente contra roubo e sabotagem de dados. A cibersegurança é crucial nesse ponto: uma violação que expõe os dados do cliente ou do provedor pode prejudicar a reputação de uma instituição de modo irreparável.

» Proteger a privacidade do cliente. Os clientes querem saber que seus dados financeiros confidenciais continuarão privados e não serão comprometidos por hackers ou sem tratamento interno.

Quem tem vantagem nessa área: instituições tradicionais ou startups FinTech? As duas, porque ambas têm algo a oferecer. Talvez os clientes percebam as instituições grandes e tradicionais como sendo mais confiáveis por causa de seu histórico e peso, e uma empresa grande e bem estabelecida pode ter mais retorno e menos probabilidade de se dar mal (embora sem garantias, como vimos nos últimos anos). Contudo, as startups FinTech podem realmente ser superiores na proteção de dados por causa de seu foco nas tecnologias recentes.

Valor

A segunda parte da equação são os serviços e seu valor. O que o provedor de serviços financeiros tem a oferecer que o cliente deseja? Em um mundo ideal, o cliente quer todos os serviços e todas as opções para recebê-los pelo menor preço possível. O desafio é ser o provedor que melhor atende a essa demanda.

LEMBRE-SE

Um modo de os provedores conseguirem oferecer maior valor aos clientes é acabando com a intermediação. *Desintermediar* significa cortar algumas ou todas as etapas entre dois pontos, ou seja, "cortar o intermediário". Por tradição, os serviços financeiros tinham muitas etapas intermediárias entre a necessidade de um cliente e sua realização, criando carreiras lucrativas para corretores, caixas, processadores de cartão de crédito, banqueiros individuais e até empresas de impressão de cheques. Mas, no mercado atual, a desintermediação está se tornando não apenas a regra, mas quase indispensável para acompanhar a demanda por custos menores e melhor valor.

2008: COLAPSO DO MERCADO

Em 30 de julho de 2007, Jeff Larson, um jovem de cabelos claros no mundo dos fundos de cobertura, fechou sua famosa Sowood após perder metade de seu valor em apenas um mês. A Sowood conseguiu fama e investidores por causa de sua ligação com o fundo de doações da Universidade de Harvard. No mês de julho, dois fundos da Sowood caíram 57% e 53%, e a Citadel, LLC comprou a posição dela, assumindo seu portfólio de crédito por um grande desconto. Essa venda permitiu que a Sowood retornasse o US$1,5 bilhão restante a seus investidores. O fechamento desses fundos seguiu o resgate financeiro do banco Bear Stearns, uma falência ligada às falências das hipotecas subprime.

Os temores com o fiasco subprime aumentaram as margens de crédito (a diferença entre as dívidas corporativa e do governo) e restringiu o dinheiro. O jogo que a Sowood fez usando derivativos resultou em sua perda irrecuperável. Os títulos da dívida entraram em queda livre, e Larson não conseguiu reembolsar os credores. O resgate financeiro do Bear Stearns e a falência da Sowood dispararam o custo da dívida privada. De 2005 a 2006, a estratégia de Larson rendeu mais de 16% de retorno por ano, duas vezes a taxa histórica. Ela se baseou na diferença entre a dívida de uma empresa e o valor de suas ações. A proteção estava na venda a descoberto das ações de uma empresa em relação à sua dívida. Essa estratégia não foi considerada arriscada na época e provavelmente não derrubaria a empresa, caso ele não fizesse um empréstimo grande para compensar seus riscos e aumentar as posições. Larson tinha pouco caixa para pagar todas as dívidas quando surgiu a crise do subprime. Isso fez com que os investidores retirassem indiscriminadamente o apoio para toda a dívida corporativa. Resultado: a cobertura da Sowood fracassou.

Quando aconteceu, a Sowood era cliente da Numerix, com um contrato de cinco anos. Foi nesse momento decisivo que Steve O'Hanlon considerou seu primeiro aviso, ao mesmo tempo que tomou uma ação. Ele tentou entender bem a extensão do que estava ocorrendo no setor e aceitou as más notícias. Vendo que o fundador da Sowood foi pego pelo colapso do mercado junto com o conceituado banco Bear Stearns, ele começou a refletir rápido sobre o que tinha acontecido e se preocupou mais com o mercado de derivativos, ao qual a Numerix se dedicava por completo. De fato, a Numerix estava prestes a ser conhecida pela Celent como a líder do setor de fixação de preços de derivativos de várias categorias de ativos, e Steve queria ter certeza de que o negócio ainda teria fôlego.

Ele reconheceu que a Numerix oferecia Risco Grego, um importante componente usado por operadores e gerentes de portfólio para cobrir e criar cenários que preveem mudanças em potencial em lucros e perdas, com base em diferentes tensões de precificação, como parte do sistema de preços da Numerix gratuito. Steve e sua equipe sênior de gerentes começaram a analisar rápido o mercado de risco e perceberam um fator principal que era possível. A Numerix

> isolou a tecnologia de risco do preço e ofereceu dois tipos diferentes de licença. Essa reorganização e esse posicionamento do produto colocaram a Numerix no jogo, tornando-se líder em Risco anos depois. Como a Numerix ficou muito envolvida e engajada em negociações de risco, ele aprendeu muito sobre o que os bancos precisavam e esse conhecimento foi a base para o que mais tarde ficou conhecido no mercado como um produto de frente ao risco chamado Oneview.

Por sorte, o avanço da tecnologia possibilitou automatizar muitas áreas da cadeia de valor dos serviços financeiros que eram estritamente manuais no passado. Isso permitiu que empresas fornecessem aos clientes, de modo econômico, serviços que antes eram caros devido à mão de obra envolvida. Nesse esforço, as FinTechs estão mais bem posicionadas que as tradicionais. Podem ser mais responsivas, focadas e menos distraídas com antigos problemas, como custo fixo, infraestrutura ultrapassada e tecnologia antiquada.

Os participantes estabelecidos foram lentos ao responderem à desintermediação e à disrupção da FinTech porque não quiseram canibalizar as franquias existentes. Muitos tentaram oferecer digitalização apenas em negócios ou áreas geográficas periféricas. Por exemplo, algumas grandes instituições bancárias experimentaram oferecer novas experiências, como serviços de pagamento que concorrem com os provedores de pagamento FinTech. Mas essas novas ofertas, em geral, requerem um bom investimento em novas tecnologias para que se "entre no jogo", como design de site adequado para dispositivos móveis, criptomoeda e carteiras digitais. Elas devem responder ao avanço contínuo da tecnologia, mudando os hábitos do consumidor, e, em alguns casos, aos mercados menos favoritos e cobertos insuficientemente pelo sistema bancário.

PAPO DE ESPECIALISTA

Na China, as FinTechs mais bem-sucedidas foram as BigTech que desenvolveram ecossistemas financeiros junto com consumidores altamente engajados. Um exemplo, a Ant Financial, foi criada com base na plataforma de e-commerce Alibaba, oferecendo pagamentos online, investimentos, banco digital, concessão de crédito e carteiras. Isso foi possível porque o ecossistema FinTech da China é fundamentalmente diferente daqueles dos EUA e da Europa. Nas economias ocidentais, as FinTechs de sucesso foram disruptoras, em particular nos setores de pagamentos, concessão de crédito e gestão de patrimônio. Elas se beneficiaram de uma extensa adoção do consumidor das tecnologias móveis e de acesso à internet. A Ant Financial é a que mais se aproxima da noção de TechFin, ao invés de FinTech, em que uma grande empresa tecnológica utiliza seu talento em tecnologia para entregar produtos financeiros em sua oferta de serviços mais eficiente e ampla. Também pode fazer isso porque conseguiu uma confiança dos clientes que antes era reservada às instituições tradicionais.

Comparando Wall Street e o Vale do Silício: Onde Ficam os Disruptores

Como vimos antes neste capítulo, as disrupções recentes no setor financeiro fizeram com que empresas e consumidores considerassem alternativas. Esta seção examina algumas alternativas e onde elas se encontram.

Quando pensamos no setor de serviços financeiros, lembramos de Wall Street, na cidade de Nova York. Mas uma concentração secundária e importante de empresas de serviços financeiros em desenvolvimento pode ser encontrada no Vale do Silício, uma região na Baía de São Francisco que funciona como um centro global para alta tecnologia, inovação e redes sociais. De fato, algumas dessas empresas têm balancetes e capitação de mercado bem maiores que os tradicionais serviços financeiros.

E mais, o sucesso do Vale do Silício como ponto focal para a inovação da tecnologia resultou em imitações no setor de serviços financeiros bem similares às suas raízes financeiras tradicionais, em áreas de empresas de alta tecnologia conhecidas como Silicon Alley, uma comunidade crescente de negócios FinTech no centro de Nova York, e Silicon Roundabout, um cluster de empresas de alta tecnologia localizado na Old Street Roundabout, uma rotatória em Londres. E não podemos ignorar o aumento das FinTechs na Ásia, uma vez que alguns grandes nomes muito conhecidos já existem, como Ant Financial e Tencent.

Além disso, há um crescimento global de centros FinTech, como o mapa na Figura 2–1 mostra com base em uma pesquisa de 2018. Ao passo que os "suspeitos usuais" na China, no Reino Unido e nos EUA são bem divulgados, outros centros recebem uma referência favorável. Na Europa, centros como Berlim e Tel Aviv expandiram sua presença nos últimos anos, enquanto Ásia, Austrália, Cingapura e Sydney fizeram esforços enormes para atrair mais foco global. Por último, mas igualmente importante, na América do Norte, Chicago utilizou suas tradicionais relações do mercado de futuros, e Toronto desenvolveu uma especialização em inteligência artificial.

2008: A FALÊNCIA DE LEHMAN

A falência das hipotecas subprime acabou derrubando outras organizações, com a maior sendo a Lehman, que, em 15 de setembro de 2008, declarou falência. A empresa tinha US\$639 bilhões em ativos e US\$619 bilhões em dívidas. Uma grande parcela dessas ações e dívidas estava ligada a títulos hipotecários e transações sem liquidez. A avaliação dos ativos e dos passivos era um nó cego difícil de desatar.

Quando o Lehman Brothers entrou em colapso em 2008, Steve O'Hanlon viu como esse evento expôs as graves lacunas nas práticas de gerenciamento de risco das instituições financeiras. Ele prometeu que melhoraria o gerenciamento de risco e criaria as ferramentas de que as instituições financeiras precisavam para estruturar melhor seus controles de risco. Ele liderou rapidamente os esforços da Numerix para introduzir novas ofertas de análise de risco, que logo mudaram o jogo para a empresa e o setor de serviços financeiros.

A queda do Lehman Brothers foi um divisor de águas que continua a moldar a Numerix até hoje. Com trilhões de dólares em derivativos pendentes precisando voltar para as mãos de terceiros, a Numerix foi escolhida em nome dos credores do Lehman para avaliar milhões de transações encerradas. Sem dúvida, era o portfólio mais complexo e um dos maiores derivativos do mundo.

A Numerix não apenas facilitou o desenrolar dessas posições, mas, por seu trabalho, a Lehman conseguiu retornar bilhões de dólares para os credores.

Conforme a Numerix trabalhava lado a lado com os operadores do Lehman e a equipe de TI, começando em 2 de janeiro de 2009, ficou claro que uma abordagem mais integrada e global para gerenciar riscos era um requisito, e não apenas algo bom de se ter. Por experiência, Steve reconheceu uma oportunidade para ver o risco de modo diferente. Ele tomou a principal decisão para reavaliar a solução de análise central da Numerix e determinar com criatividade como ela poderia ser maximizada para mudar a organização para que ela fizesse uma rápida mudança no mercado de gerenciamento de risco de derivativos.

O primeiro passo foram os cálculos de ajuste do valor de crédito (CVA) na linha de frente. Quando a Numerix conseguiu, foi rapidamente adotado pelo mercado como um diferencial. Isso levou a Numerix a calcular todos os ajustes de valor, agora referidos comumente como XVA. Ao mesmo tempo que criou esses cálculos, começou imediatamente, sob direção de Steve, a desenvolver uma família Java totalmente nova, desde o Numerix Analytics até a camada de apresentação. À medida que o XVA era adotado, a nova família permitia que instituições financeiras utilizassem a "nuvem", do tipo Microsoft Azure, para permitir uma economia de escala.

Hoje, o pivô para o risco e a criação de uma família de tecnologias de última geração utilizando o Java para que a Numerix pudesse ser independente da nuvem foi a realização mais visionária de Steve, levando a Numerix de uma "líder de preços em várias categorias de ativos" a liderar os "sistemas corporativos de frente ao risco".

CAPÍTULO 2 **Entendendo o que Faz a Disrupção do Setor Financeiro...**   29

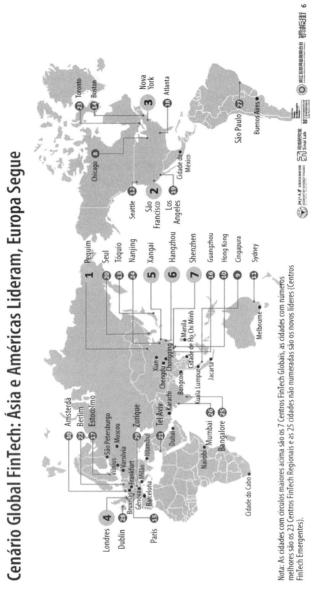

FIGURA 2-1: Visão geral do ranking global dos centros FinTech relativos aos fundos investidos em 2018.

Fonte: Sinai Lab da Academy of Internet Finance (AIF), Universidade de Zhejiang, e Hangzhou Moses Technology, 2018

Examinando o Papel da BigTech

Além das empresas especializadas em serviços financeiros avançados tecnologicamente (FinTech), várias empresas de tecnologia muito grandes, como Apple, Microsoft, Amazon e Google, fornecem produtos e serviços em setores variados. Iremos chamá-las de *BigTech*, para abreviar. Ao passo que as FinTechs focam as atividades dos serviços financeiros, as BigTechs podem oferecer serviços financeiros como parte de sua oferta muito maior.

LEMBRE-SE

Os serviços financeiros representam uma porcentagem relativamente pequena da base de clientes de uma BigTech, mas os serviços que ela pode fornecer se combinam bem com aquilo de que as empresas financeiras mais precisam para serem competitivas. Por exemplo, o Amazon Web Services (AWS) fornece às empresas financeiras (e outras) sua própria infraestrutura de nuvem. Outros serviços úteis da BigTech que interessam às empresas financeiras incluem análise de dados e gerenciamento da relação com o cliente. Assim, a entrada da BigTech nos serviços financeiros pode ser vista não só como uma ameaça competitiva em potencial, mas também como uma oportunidade de fazer parcerias de ganho mútuo, permitindo que as empresas financeiras foquem o que fazem melhor e terceirizem alguns aspectos da tecnologia.

BigTech e plataformas de pagamento

Até hoje, o principal foco da maioria das BigTechs foi fornecer serviços financeiros básicos para seus grandes e globais ecossistemas de clientes. Elas também agiram como um canal de entrega para provedores estabelecidos de gestão de patrimônio e seguros, em grande parte motivados pela receita de publicidade associada ao motor de pesquisa e publicidade direcionada.

Contudo, algumas BigTechs mudaram, fornecendo ativamente serviços de pagamento para ajudar a aumentar o nível de confiança entre o comprador e o vendedor nas plataformas de e-commerce online. Serviços de pagamento, como o Alipay (do qual o Alibaba ainda é um acionista minoritário) ou PayPal (propriedade do eBay), podem fornecer um pagamento seguro na entrega para compradores e são totalmente integrados nas plataformas de e-commerce. De fato, o mercado dos serviços de pagamento se desenvolveu a ponto de compradores e vendedores geralmente o utilizarem como um substituto para outros canais de pagamento eletrônico, como cartões de crédito e débito.

Embora as plataformas de pagamento BigTech concorram com as que os bancos fornecem, elas ainda dependem em grande parte dos bancos. Serviços como Apple Pay e PayPal, por exemplo, precisam de provedores renomados de certa infraestrutura, como cartões de débito/crédito ou sistemas de pagamentos comerciais, para gerenciarem e conciliarem pagamentos. Mesmo onde os pagamentos são permitidos, sendo processados e feitos em seu próprio sistema patenteado, como o Alipay, os usuários ainda precisam de uma conta no banco ou um cartão de crédito/débito para direcionarem o dinheiro na rede e manterem fundos nas contas bancárias até solicitarem o pagamento.

Além do mais, as BigTechs também precisam de serviços bancários para a compensação entre os bancos, pois elas não participam dos sistemas de pagamento entre os bancos para a liquidação do dinheiro no banco central. Assim, para os serviços de pagamento, a BigTech compete e coopera com os bancos conhecidos.

PAPO DE ESPECIALISTA

Será interessante ver como o lançamento da moeda digital do Facebook, a Libra, poderá mudar essa dinâmica. Curiosamente, as gigantes do cartão de crédito, Mastercard e Visa, e os especialistas em pagamentos eBay e Stripe estavam entre os colaboradores iniciais anunciados entre os parceiros Libra, mas recuaram depois, aguardando que a "associação atendesse todos os requisitos regulatórios".

2008: SUCESSO CONTRA TODAS AS PROBABILIDADES

Desde 2004, quando Steve O'Hanlon assumiu a direção da Numerix, ele sempre fez movimentos corajosos e nunca se preocupou em ficar parado por muito tempo em uma oferta. Por natureza, Steve sabia que a Numerix tinha muitos atributos-chave (análise) que a Bloomberg e a Blackrock tinham. Assim, o estilo de Steve sempre foi se esforçar ao máximo para tomar posse de uma categoria de produto.

Em 2008, antes do fechamento do banco Lehman e dois anos após assinar uma parceria fantástica e incrível com a Bloomberg, a Numerix se tornou a líder reconhecida da precificação em várias categorias de ativos. Tendo conseguido esse prestígio e após o colapso do Lehman, a Numerix se reinventou como empresa de precificação e risco. Foi um movimento corajoso; conseguir desenvolver um produto importante de Risco Corporativo desde a pilha de análises até a camada de apresentação foi o mais corajoso de todos. Manter um negócio de precificação importante e ainda investir em um caminho totalmente novo só foi possível porque a Numerix se tornou parceira do Lehman na falência e investiu muito dinheiro no movimento arriscado.

Steve sempre acreditou que fazer escolhas controladas é tão crítico quanto seguir uma nova direção ou criar uma iniciativa, ou seja, sempre devemos tentar fazer coisas novas, apesar de o sucesso ser contra todas as probabilidades, moral e eticamente. O caminho que Steve percorreu na Numerix desde 2002 é a prova de que, se você quer muito algo, se quer fazer o que é necessário e adota uma abordagem não ortodoxa, mas tem uma equipe o seguindo no calor da batalha, então obtém sucesso apesar de todas as probabilidades!

Oportunidades de parcerias das BigTechs

As BigTechs estão abordando seu envolvimento em serviços financeiros de diferentes ângulos e possivelmente desenvolverão mais com o tempo. Em geral, a BigTech entra nas áreas dos serviços financeiros em que adquiriu uma base de clientes estabelecida e reconhecimento da marca. Isso reflete os cruzamentos entre serviços financeiros e atividades não financeiras essenciais, nas quais identificam economias de escala suficientes. Por exemplo, empresas como Apple, Google e Microsoft são centradas em aplicações e dados, fornecendo computação de nuvem financeira a partir das perspectivas de gerenciamento de dados e da tecnologia. Empresas de e-commerce, como Alibaba e Amazon, são mais focadas em oferecer uma experiência do cliente tranquila, usando os dados deles para gerenciar melhor o risco de crédito e trabalhar o capital.

LEMBRE-SE

Como resultado, ao invés de ver a BigTech como uma ameaça iminente, muitas instituições financeiras as consideram parceiras em potencial e com benefícios de colaboração. Segundo vários relatórios, muitas instituições financeiras começaram parcerias com algumas gigantes BigTech, como Apple com Goldman Sachs e Google com Citigroup, ao passo que outras planejam desenvolver tais parcerias em um futuro próximo. Alguns dos principais recursos de seus modelos comerciais são aqueles que as instituições financeiras esperam replicar, em grande parte porque não foram tão bem-sucedidas na implementação interna deles.

Como a BigTech ajuda no uso de dados

Instituições financeiras tradicionais sempre tiveram grandes quantidades de dados à disposição, embora tenham falhado muito em explorá-los como a BigTech faz. Bancos, gestoras de ativos e empresas de seguro desenvolveram suas próprias plataformas internas, a partir das quais os dados do cliente podem ser utilizados. Quanto mais transações na plataforma, mais dados disponíveis para uma análise com intuito de melhorar os serviços existentes e atrair mais usuários. O potencial de melhorias em todo o setor é enorme nessa área.

LEMBRE-SE

As BigTechs são mestres em aumentar o número de usuários em suas plataformas, fornecendo um volume crítico de clientes para oferecer outra faixa maior de serviços, que, por sua vez, se desenvolvem em mais dados. Oferecer serviços financeiros extras pode complementar e fortalecer as atividades comerciais da BigTech. Transações de pagamentos, créditos ao consumidor e pontuação de crédito são exemplos de dados gerados com a atividade de transações. As sinergias utilizadas dependem do tipo de dados coletados, mas as BigTechs, com suas grandes bases de usuários na rede social ou busca na internet, podem registrar as preferências dos usuários e usá-las para promover, distribuir e precificar serviços financeiros de terceiros, como gestão de patrimônio ou produtos de seguros.

PAPO DE ESPECIALISTA

Grandes instituições financeiras também têm muitos clientes, a quem oferecem uma ampla faixa de serviços, mas elas não foram tão eficientes quanto a BigTech em explorar os benefícios de retorno. Um motivo é a separação obrigatória dos dados bancários e comerciais em muitas jurisdições, o que limita os dados que os bancos podem acessar aos dados da transação. E mais, os sistemas TI existentes são tradicionalmente vinculados a vários outros serviços por meio de APIs (Interfaces para Programação de Aplicações).

Usando uma tecnologia mais avançada, combinada com dados melhores e um foco mais claro do cliente, as BigTechs desenvolveram e comercializaram com mais eficiência novos produtos e serviços. Assim, diminuíram as barreiras da oferta, reduzindo as informações e os custos da transação, e aperfeiçoaram a inclusão financeira ao tornar a contabilidade financeira mais disponível (ou seja, "usando o banco sem serviços bancários"). Mas os ganhos disponibilizados com essas ações podem variar segundo o serviço e gerar novos riscos ou falhas no mercado.

Barreiras para uma maior participação da BigTech

CUIDADO

As BigTechs enfrentarão muito mais regulação se quiserem entrar no setor de serviços financeiros de modo mais significativo. Considere o seguinte:

» Políticas reguladoras terão de criar condições iguais entre as instituições financeiras e a BigTech, sobretudo considerando sua base de clientes estabelecida, a capacidade de acessar informações e os modelos comerciais muito variados. Muitos observadores se perguntam por que a BigTech desejaria ameaçar sua posição dominante em muitos setores se precisa superar muitos obstáculos prováveis para entrar diretamente na comunidade da instituição financeira.

» Existem também muitos exemplos nos quais as BigTechs se mostraram avessas à regulação e não gostariam de enfrentar uma reação antitruste potencialmente forte.

» Além disso, a entrada delas levantará várias contrapartidas novas e multifacetadas entre a capacidade financeira, a rivalidade e a proteção de dados.

» Também não é certo se as BigTechs terão a expertise de domínio necessária nas complexidades dos serviços financeiros; ou seja, só porque uma empresa *pode* fazer algo tecnologicamente, não significa que será boa nisso automaticamente.

Entendendo Onde as Disrupções Acontecem

LEMBRE-SE

Como mencionado antes, *FinTech* é um termo abrangente para finanças e tecnologia. Mas, na FinTech, muitas subcategorias se aplicam a setores específicos do mundo financeiros. Veja um resumo rápido:

» **Tecnologia dos Mercados de Capital,** na qual empresas utilizam uma tecnologia mais recente, como inteligência artificial, aprendizado de máquina e blockchain, é guiada por pessoas experientes dos mercados de capital, colabora e faz a disrupção dos beneficiados dos serviços financeiros.

» **WealthTech** une patrimônio e tecnologia para fornecer ferramentas digitais para a gestão de patrimônios pessoal e profissional, e investimento. Esse setor inclui plataformas de corretagem, robôs consultores automáticos/semiautomáticos e ferramentas de investimento autônomas para investidores individuais e consultores navegarem o cenário móvel na gestão de patrimônio. Para obter mais informações, veja *The WealthTech Book* ["O Livro de WealthTech", em tradução livre], editado por Susanne Chishti e Thomas Puschmann.

» **InsurTech** é uma combinação de seguro e tecnologia. Refere-se às inovações que geram eficiência e redução de custos a partir do modelo existente do setor de seguros. Para obter mais informações, veja *The InsurTech Book* ["O Livro de InsurTech", em tradução livre], editado por Sabine L. B. VanderLinden, Shân M. Millie, Nicole Anderson e Susanne Chishti.

» **RegTech** é uma comunidade de empresas de tecnologia que resolve os desafios regulatórios com automação. O aumento de uma política de regulação e o crescimento de produtos digitais tornaram obrigatório que as empresas verifiquem e implementem problemas de conformidade, e isso pode ser difícil com processos antigos e manuais. Para obter mais informações, consulte *The RegTech Book* ["O Livro de RegTech", em tradução livre], editado por Janos Barberis, Douglas W. Arner e Ross P. Buckley.

» **PayTech** se refere à combinação de pagamentos e tecnologia. Agora os serviços de pagamento inovadores fazem parte do ecossistema PayTech e dominaram o início da revolução FinTech via pagamentos por celular, cross-border, peer-to-peer e com criptomoeda. As instituições financeiras tiveram de digitalizar suas ofertas atuais para criarem novos canais vinculados a uma plataforma digital. Para obter mais informações, veja *The PayTech Book* ["O Livro de PayTech", em tradução livre], editado por Susanne Chishti, Tony Craddock, Robert Courtneidge e Markos Zachariadis.

> » **IA nas Finanças** se refere a como a inteligência artificial, o aprendizado de máquina e o aprendizado profundo são aplicados em todas as empresas de serviços financeiros atualmente e como podem ser usados no futuro. Para obter mais informações, veja *The AI Book* ["O Livro de IA", em tradução livre], editado por Ivana Bartoletti, Susanne Chishti, Anne Leslie e Shân M. Millie.
>
> » **LegalTech** combina a natureza das tecnologias legais e sua relação com os dados, IoT (Internet das Coisas), cibersegurança, tecnologias de contabilidade distribuída, assim como considerações éticas do avanço tecnológico. Para obter mais informações, consulte *The LegalTech Book* ["O Livro de LegalTech", em tradução livre], editado por Sophia Adams Bhatti, Susanne Chishti, Akber Datoo e Drago Indjic.

Nas próximas seções, detalhamos alguns tipos de negócios, para ver como as empresas financeiras tradicionais estão sendo sacudidas, e melhoradas, pelas disrupções FinTech.

Bancos

Algumas instituições financeiras maiores adotaram a frase "Somos apenas uma empresa de tecnologia com licença bancária". Isso é mais uma jogada de marketing, embora talvez seja parcialmente verdadeiro para alguns novos bancos concorrentes que tentam fazer disrupção nos bancos beneficiados. Mas, com os custos altos da aquisição de clientes e o aumento dos obstáculos regulatórios a superar, esses bancos novos precisam decidir se construirão eles mesmos sua pilha de tecnologias ou trabalharão com parceiros FinTech para desenvolverem a inovação necessária para derrubar os beneficiados.

LEMBRE-SE

As instituições financeiras que de fato conseguem fazer esse movimento para se tornarem FinTechs são as que entendem como se mover com rapidez para entregar aquilo de que o consumidor precisa em um setor à beira de mais mudanças. A maioria que teve êxito adotou uma abordagem híbrida, focando as parcerias, as aquisições e as iniciativas internas.

Diversos bancos beneficiados são conhecidos por desenvolver os primeiros produtos digitais em uma oferta para acompanhar a nova onda de bancos concorrentes e provedores em segundo plano; um exemplo é o Bo do Royal Bank of Scotland. Eles estão, aos poucos, adotando muito mais plataformas ambiciosas na nuvem (apesar da paranoia sobre dados sendo hackeados), nas quais podem oferecer ou lançar vários produtos. Essas iniciativas recebem apoio da Amazon, do Google e da Microsoft, que fornecem serviços de hospedagem na nuvem e permitem que os bancos desenvolvam plataformas SaaS (Software como Serviço) bancárias essenciais com a criptografia requerida.

Gestores de ativos

Tradicionalmente, investidores sérios valorizam uma consultoria para investimento pessoal de especialistas humanos e não se importam em pagar por isso. Contudo, o setor de gerenciamento de ativos foi atacado em dois ângulos distintos:

» Um é a marcha em direção a investimentos passivos (como Fundos Negociados em Bolsa ou ETFs) para a gestão ativa de ativos. Os ETFs são negociados como as ações, em que a holding controla um índice conhecido, como Standard & Poor's (S&P) 500.

» Outro é o aumento em popularidade dos robôs consultores, que usam ETFs como uma boa parte de sua estratégia. Tais robôs são uma ferramenta de seleção de investimento que usa algoritmos e aprendizado de máquina para dar a usuários consultoria em investimentos e gerenciamento.

A tendência na gestão de ativos passivos ficou aparente por um tempo no cenário varejista/business-to-consumer (B2C), mas finalmente estamos vendo isso em investidores maiores business-to-business (B2B) conforme os retornos do índice do mercado de ações continua a subir e eles procuram cortar os custos para melhorar mais os retornos para seus clientes.

LEMBRE-SE

As WealthTechs permitem que os investidores autogerenciem seus portfólios oferecendo aos usuários ferramentas tecnológicas para ajudar a tomar decisões de investimento. Essas ferramentas podem incluir alternativas de corretagem completas, robôs consultores automáticos e semiautomáticos, plataformas de investimento de autoatendimento, mercados específicos de categorias de ativos e ferramentas de gerenciamento de portfólio para investidores individuais e consultores. Elas consideram não apenas as oportunidades de investimento, mas também fatores como metas do usuário, receita, estado civil e aversão a risco para diferenciar as ofertas. Também permitem que a pessoa que não tem um consultor financeiro tradicional tenha uma consultoria parecida, se não mais informada, por um custo menor.

Seguros

Se bancos e empresas de gestão de ativos acham que é difícil lidar com o aumento das FinTechs, há muitos que acreditam que as seguradoras são ainda mais disruptoras e inovadoras.

No início, as InsurTechs começaram a explorar ofertas que as grandes seguradoras tinham pouco incentivo para cobrir. Por exemplo, elas ofereciam aos clientes a possibilidade de personalizar suas apólices e usavam dispositivos da internet para coletar informações sobre o comportamento (como hábitos de direção) que pudessem ser usadas para precificar de forma dinâmica os prêmios dos seguros. Tradicionalmente, o mercado de seguros trabalha com níveis de dados relativamente básicos para agrupar os respectivos segurados com objetivo de gerar um portfólio diversificado de pessoas. Porém, as InsurTechs estão abordando as questões de seus dados e análise pegando informações em vários dispositivos, inclusive GPS dos carros e monitores de atividades em acessórios pessoais inteligentes, para que possam monitorar o grupo de risco mais definido e permitir que certos produtos tenham um preço mais competitivo.

Além de melhores modelos de preço, as InsurTechs estão usando uma inteligência artificial (IA) altamente treinada para ajudar os corretores a encontrarem a combinação certa de apólices para finalizar a cobertura de seguro de uma pessoa e pontuação de crédito. Em alguns casos, elas podem simplesmente substituir os corretores, acabando com a intermediação do processo (e economizando custos). Aplicações também estão sendo desenvolvidas para combinarem apólices opostas em uma plataforma para o gerenciamento e o monitoramento. Alguns dos benefícios podem incluir permitir que os clientes comprem apólices sob demanda para mircroeventos e que grupos de segurados individuais façam parte de um grupo personalizado qualificado para abatimentos ou descontos.

LEMBRE-SE

O seguro também é um setor altamente regulamentado. Os grandes corretores e subscritores sobrevivem por serem prudentes e avessos a riscos. Portanto, ficam desconfiados ao trabalharem com startups InsurTech, em particular aquelas que querem fazer uma disrupção no setor estável deles. Muitas dessas startups precisam da ajuda de seguradoras tradicionais para lidar com questões específicas, portanto, os beneficiados aqui provavelmente colaborarão e investirão em seus parceiros júnior.

Regulação e questões legais

RegTech é o gerenciamento e a conformidade com processos regulatórios no setor financeiro, usando a tecnologia para endereçar o monitoramento regulatório, relatório e conformidade contínua. As ofertas SaaS essencialmente na nuvem ajudam os negócios a cumprirem as regulações com eficiência e agirem com baixo custo como a cola entre os vários setores do setor de serviços financeiros descritos anteriormente.

A LegalTech descreve a inovação tecnológica para melhorar ou substituir os métodos tradicionais e oferecer serviços legais em serviços financeiros e outros. Essa inovação inclui automação de documentos, inteligência artificial preditiva, chatbots avançados, gestão do conhecimento, sistemas de pesquisa e contratos legais inteligentes para aumentar a eficiência e a produtividade, reduzindo custos.

Usando big data e a tecnologia de aprendizado de máquina, as RegTechs e as LegalTechs reduzem o risco para a conformidade de uma instituição financeira e departamentos legais identificando as ameaças em potencial antes para minimizarem riscos e custos associados às falhas na regulação e quaisquer questões legais. As empresas RegTech podem combinar as informações de uma instituição financeira com dados anteriores extraídos de eventos regulatórios do passado para prever prováveis áreas de risco que a instituição deve focar. As empresas LegalTech podem ajudar as instituições financeiras a fazer minutas, pesquisa legal, divulgar documentos em litígio, realizar uma diligência prévia e dar orientação legal.

Essas ferramentas de análise podem economizar muito tempo e dinheiro para as instituições, inclusive evitar que paguem multas aplicadas por má conduta. As instituições também têm uma ferramenta eficiente para seguir regras vigentes e regulações especificadas pelas autoridades financeiras, sempre propensas a alterações.

Pagamentos

De cédulas a moedas, cartões de plástico e dispositivos móveis, os pagamentos evoluíram com os séculos para incluírem vários meios de ajudar que transações financeiras sejam feitas entre pessoas, instituições e governos. As tecnologias de pagamento e as infraestruturas globais que facilitam os pagamentos no mundo inteiro também estão mudando.

Nos últimos anos, o dinheiro móvel ajudou milhões de pessoas nos países em desenvolvimento a terem acesso ao sistema financeiro e lidar com a meta da inclusão financeira. Moedas digitais e criptomoedas, como Bitcoin, Ripple e Ether, também entraram no setor de pagamentos, o que está inovando mais rápido do que nunca visando o custo-benefício em tempo real, chegando a um custo zero. Como resultado, o setor PayTech está bombando; participantes estabelecidos trabalham junto com os recém-chegados, pois não há limites para a criatividade da PayTech e do setor de pagamentos.

Buscando Oportunidades

LEMBRE-SE

A disrupção não é necessariamente ruim, como esperamos que você tenha entendido neste capítulo. Na verdade, outra palavra para ela é inovação. A disrupção interrompe o status quo, convidando negócios tradicionais a adotarem novas abordagens, abrindo a porta para que novas empresas tenham uma chance. Veja alguns modos como a FinTech está abrindo a porta para a inovação de todas as empresas dos serviços financeiros.

Oportunidades de parcerias

As instituições financeiras tradicionais e as FinTechs estão cada vez mais combinando suas forças em modelos de parceria. Mesmo as FinTech varejistas business-to-consumer (B2C) perceberam que podem chegar a um ponto de saturação com sua cobertura de marketing digital antes que atinjam suas metas de receita, portanto, precisam de parceiros de distribuição para expandir seus negócios. As FinTechs oferecem maior velocidade, tolerância a riscos e processos ágeis para reagirem à mudança, ao passo que as instituições maiores entram com a profundidade e a variedade de seus negócios centrais.

Explorando a digitalização com IA

A digitalização gerou quantidades enormes de dados, que as FinTechs foram rápidas em explorar. Novas alimentações de dados e o desenvolvimento do conhecimento da IA tornaram os processos com muito fluxo de trabalho mais eficientes e produziram novos insights nas aplicações de serviços financeiros e produtos. As tecnologias IA e do aprendizado de máquina são essenciais para pequenos e grandes participantes no ecossistema FinTech em expansão. Essas tecnologias possibilitam extrair insights únicos e relativos de dados, e as empresas que investem neles conseguirão explorar suas capacidades nos próximos anos.

CUIDADO

Mas a IA também tem suas desvantagens. Por exemplo, muitos especialistas do setor disseram que gerenciar o risco da segurança nos sistemas IA será um desafio. E mais, desenvolver ferramentas IA que possam melhorar a tomada de decisão, mas que também tenham uma operação transparente para o usuário, pode ser uma barreira em potencial para o desenvolvimento da tecnologia se os usuários não sentem que os resultados foram explicados com clareza.

Introduzir mais regras relacionadas à privacidade dos dados, enquanto permite simultaneamente que os usuários selecionem os tipos de dados a compartilhar, pode aumentar a análise eficiente da IA e dos novos produtos criados. Isso garantiria que os clientes determinem quais conjuntos de dados são usados, e os provedores terão dados suficientes para aprimorar seus produtos.

Aumentando a portabilidade dos dados

A portabilidade dos dados, pela qual os clientes têm permissão para transferir dados pessoais sem interrupções em vários serviços, também será essencial ao definir os termos da concorrência no setor financeiro. Por exemplo, as regulações do banco aberto limitam subjetivamente quais dados podem ser comunicados (por exemplo, apenas dados da transação financeira), assim como o tipo de organizações entre as quais esses dados podem ser compartilhados (por exemplo, apenas organizações certificadas que aceitam depósitos). Do mesmo modo, o Regulamento Geral sobre a Proteção de Dados (GDPR) requer um consentimento ativo dos clientes antes de uma instituição financeira usar os dados pessoais deles.

> **NESTE CAPÍTULO**
>
> » **O básico da supervisão FinTech**
>
> » **Investigando as questões de risco do revendedor**
>
> » **Atendendo aos reguladores nos EUA e na Europa**
>
> » **Examinando as mudanças recentes na regulação**
>
> » **Visando as oportunidades RegTech**

Capítulo **3**

Entendendo o Papel da Regulação na FinTech

A crise financeira de 2008 iniciou uma reforma da regulação nas instituições financeiras no mundo inteiro. Preocupações com o risco sistêmico que tais instituições criaram na economia maior, além dos supostos abusos causados por uma cultura "grande demais para falir", fizeram os reguladores imporem várias novas obrigações no setor financeiro. Essas reformas, inclusive a Lei Dodd–Frank, nos EUA, e a Diretiva de Mercados de Instrumentos Financeiros (MiFID II), na Europa, mudaram fundamentalmente o cenário regulatório no mercado atacadista.

São enormes os desafios resultantes que as instituições regulamentadas enfrentam. Elas devem garantir que estão em conformidade com qualquer nova exigência, considerar como responder proativamente aos riscos emergentes da FinTech e tentar não permitir que a conformidade limite os benefícios da inovação.

Este capítulo examina como as instituições financeiras e as FinTechs são regulamentadas. Vemos o risco do revendedor, por que ele é importante, e apresentamos as maiores agências reguladoras nos EUA e na Europa. Também explicamos quais mudanças reguladoras podem ocorrer no futuro e quais oportunidades vemos no setor da tecnologia reguladora (RegTech).

Supervisionando a FinTech

As exigências crescentes que as instituições financeiras enfrentam tiveram o infeliz efeito colateral de atrapalhar a inovação e o desenvolvimento de novos produtos. Mas isso não foi ruim para todos. As FinTechs foram estimuladas com isso, pois escolhem áreas com exigências reguladoras mais leves ou nenhuma, portanto, podem ser mais competitivas, por enquanto. O perigo dos reguladores é que a regulação não consegue acompanhar a nova tecnologia e os modelos de negócios, caso não seja revista e modificada constantemente. Assim, os reguladores tentam encontrar meios de regular devidamente as empresas FinTech e equilibrar as coisas sem sufocar muito a inovação.

Entendendo que o local importa

Como elas têm custos menores e menos barreiras para entrar, agora as FinTechs podem desenvolver serviços que antes requeriam mais capital do que havia disponível. Mas isso envolve riscos. Com plataformas sem limites, como as fornecidas como aplicações ou via nuvem (veja o Capítulo 6), às vezes não fica claro em que local é o domicílio legal delas, portanto, é difícil saber onde e por quem devem ser reguladas. Isso se aplica em especial em que lugar as FinTechs estão desenvolvendo serviços business-to-consumer (B2C) que visam fazer disrupção das instituições financeiras existentes para serviços como consultoria de investimento ou serviços de pagamento de pequeno valor.

Para não ter de lidar com regulações onerosas, às vezes as FinTechs se estabelecem em um local com ambiente regulador favorável e contam com um passaporte (permitindo-lhes liberdade regulatória para transações bancárias além das fronteiras) em outras jurisdições. Mas a saída do Reino Unido da União Europeia (Brexit) e a remoção das regras de equivalência regulatória transfronteiriças para a Suíça dificultaram que se passem os serviços regulados de uma jurisdição para outra na Europa. E mais, certas atividades nos EUA requerem supervisão regulatória com licenças estaduais individuais, portanto, as FinTechs precisam estar cientes das barreiras em potencial à entrada.

Como reação, muitas organizações regulatórias, como o FCA (Autoridade Financeira), no Reino Unido, estabeleceram os famosos *sandboxes regulatórios*, que visam desenvolver relações com o setor financeiro tradicional e as FinTechs jovens, ajudando-as a melhor entender o panorama inconstante. Eles dão uma oportunidade para que as empresas discutam sobre novas abordagens comerciais desde o início e permitem que os reguladores expliquem como acreditam que as empresas devem atender às exigências regulatórias.

LEMBRE-SE

As FinTechs precisam decidir se serão empresas puramente tecnológicas que facilitam as atividades financeiras de seus clientes ou se fornecerão elas mesmas um serviço regulamentado. Quando tomarem essa decisão, poderão explorar o que isso significa em termos de licenças e supervisão.

NUMERIX: A SEGUNDA MUDANÇA

Refletindo sobre os cinco princípios operacionais de 2004, as escolhas e as decisões da Numerix levaram a empresa a um crescimento de dois dígitos sem precedentes de 2004 até o fim de 2008, quando o banco Lehman declarou falência. Mesmo depois, a Numerix continuou a crescer.

A maturidade das ferramentas de precificação levou a Numerix a uma nova parceria com a Bloomberg em julho de 2006. Foi uma transação notável, porque a Numerix utilizou sua análise para criar cerca de 75 calculadoras derivativas estáticas que estavam mobilizadas no Bloomberg Terminal. Sempre que os usuários da Bloomberg usavam uma das calculadoras, os resultados mostrados exibiam uma grande quantidade de disparos (comunicação para todos os usuários Bloomberg sobre a oferta). A Numerix se tornou rapidamente a líder reconhecida de preços derivativos.

Durante 2008, a Celent publicou um relatório sobre a situação do mercado de preços, com a Numerix listada como a líder no setor. A Numerix foi apontada como pioneira da fixação de preços por categorias de múltiplos ativos, algo que nenhuma outra empresa conseguiu na época. A parceria da Bloomberg também permitiu à Numerix vender sua ferramenta de precificação Excel para a base de usuários da Bloomberg. O produto foi chamado de edição Numerix Bloomberg, porque os dados da Bloomberg estavam vinculados diretamente à oferta da Numerix dentro do Bloomberg Terminal. O importante é que foi a primeira vez que a Bloomberg fez uma parceria que permitia acesso direto à oferta do parceiro.

Em outubro de 2008, o banco Lehman faliu e o mercado entrou em queda. A história reflete esse momento e os dias seguintes, desde o início da Grande Recessão. A Numerix se tornou a benfeitora dessa histórica queda, vendendo vinte empresas diferentes de dados e/ou avaliação, tornando-se parceira dos credores do Lehman no processo. A Numerix foi premiada com esse negócio por causa de seu histórico em entender os requisitos da linha de frente, da tecnologia e, o mais importante, da capacidade de precificar qualquer derivativo já criado. O Lehman tinha mais de 300 mil derivativos que precisavam ser precificados, e a Numerix foi a única que conseguiu fazer o trabalho. De 1º de janeiro de 2009 a 31 de dezembro de 2018, a Numerix fez avaliações em cada transação realizada nos primeiros 15 dias após a falência. Essas avaliações foram usadas pelo espólio como parte do desembaraço.

Reconhecendo as próximas regulações

Alguns dizem que a regulação não conseguiu acompanhar o cenário inconstante que o aumento das FinTechs criou. Essas empresas tiveram permissão para evitar a intermediação convencional, e outros afirmam que suas abordagens quanto ao banco tradicional, a formação de capital e as criptomoedas mudaram a centralização do dinheiro em si.

As agências reguladoras financeiras precisam reconhecer os riscos sistêmicos, coletivos e de maior prazo dos mercados financeiros descentralizados. Então, devem aumentar sua regulação do mesmo modo como aumentaram a supervisão das instituições financeiras "grandes demais para falirem" desde a crise financeira. Hoje, a FinTech pode operar relativamente abaixo do radar, mas pode esperar uma maior supervisão conforme continua a fazer disrupção e evitar o intermediário.

Originalmente, os reguladores "pegavam leve" com a FinTech, promovendo vantagens na concorrência e diversificação em comparação com as instituições beneficiadas. Mas surgiram riscos bem sérios devido a essas políticas. Os reguladores ficaram preocupados com o modo como os consumidores agora podiam acessar os serviços financeiros online a partir de provedores duvidosos em diferentes jurisdições. Embora vários padrões internacionais tenham sido publicados, a implementação deles foi inconsistente em algumas jurisdições e explícitas demais em outras. Assim, não houve um mapeamento das respostas aos riscos reconhecidos.

Recentemente, os reguladores introduziram padrões internacionais visando as FinTechs (veja `www.bis.org/speeches/sp191017a.htm`) e fizeram alianças internacionais entre os sandboxes regulatórios (veja `www.thegfin.com` — ambos com conteúdo em inglês), permitindo o compartilhamento de informações entre entidades supervisoras. Esses princípios elevados cobrem áreas como combate à lavagem de dinheiro, cibersegurança, privacidade de dados, conheça seu cliente e governança de riscos. A implementação nacional difere muito entre as jurisdições e os setores financeiros, mas é um bom começo.

Equilibrando o jogo

Os reguladores devem criar equilíbrio para todos os provedores, mas alguns afirmam que é ainda mais importante fazer isso quando certos provedores são BigTech, como Facebook e Google (*BigTech* se refere a empresas de tecnologia enormes que fornecem produtos e serviços em vários setores).

NUMERIX: LIÇÕES APRENDIDAS COM O BANCO LEHMAN

A avaliação do desdobramento do Lehman lançou a Numerix como a principal autoridade na precificação exótica de derivativos. Mas o fracasso do crédito de alto risco destacou, de modo singular, o limite e a perda de apetite no mercado por tais instrumentos de alto risco. A Numerix passou a precificar as ofertas mais complexas com rapidez e flexibilidade. Nenhuma outra empresa de análise pode afirmar isso. Durante o desdobramento do Lehman, a Numerix também empregou mais engenheiros financeiros e doutores em matemática do que alguns dos maiores bancos e instituições financeiras.

O que ficou claro para o coautor Steve O'Hanlon na época foi que, devido às regulações e aos rígidos controles de risco, a Numerix teve de mudar. A empresa precisou se adaptar à necessidade de maior insight quanto ao risco em torno dos portfólios das empresas, restrições maiores do governo, supervisão do tratamento de risco e mais apetite por veículos comuns com pequena margem, porém mais seguros.

LEMBRE-SE

Os balancetes das BigTechs são mais robustos do que os de muitas instituições financeiras, portanto, a estabilidade financeira não é um grande problema regulatório. A grande questão é a equidade, assegurando que as BigTechs não tenham uma vantagem injusta e não utilizem de modo inadequado a grande quantidade de informação coletada. Dado que a base de clientes de uma BigTech é maior que a da maioria das instituições financeiras, como os reguladores limitam o acesso às informações e também garantem a proteção dos dados?

O exemplo mais conhecido de serviço financeiro tradicional e desafiador da BigTech foi o anúncio da criptomoeda/moeda estável Libra, do Facebook. No começo, parecia uma ameaça real às moedas fiduciárias (emitidas pelos governos) e aos serviços de pagamento, pois era apoiada por um consórcio que incluída provedores de serviços financeiros tradicionais. Contudo, o projeto foi paralisado até o Facebook fornecer mais provas de que seria seguro e garantido, segundo um relatório feito por uma força-tarefa G7 composto de altos funcionários do Fundo Monetário Internacional (FMI), bancos centrais e o Conselho de Estabilidade Financeira. Eles alertaram que moedas digitais, como a Libra, poderiam apresentar um risco para o sistema financeiro. Ao mesmo tempo, muitos apoiadores institucionais tradicionais do projeto desistiram devido à incerteza regulatória. Alguns afirmam que outras BigTechs ficaram longe dos serviços financeiros justamente porque não precisam lidar com exigências regulatórias, dadas as oportunidades menos onerosas disponíveis para elas em outros setores.

As FinTechs precisam ser modelos de negócio proativos e estabelecidos que atendam às exigências regulatórias dos serviços financeiros. Parte de sua vantagem competitiva deve ser mitigar os riscos relativos a qualquer requisito de fiscalização. Os reguladores determinarão novas regras que consideram produtos FinTech novos e modificados e suas tecnologias emergentes afins. Assim, adotar uma estrutura que foca aspectos como capital, controles, governança, liquidez e operações garantirá que a empresa cumpra as exigências existentes e futuras. Muitas FinTechs B2C focam as aplicações que lidam com pagamentos, investimento, financiamento coletivo, concessão de crédito ou oportunidades de banco aberto, e sua primeira pesquisa deve ser de quais aprovações regulatórias elas podem precisar para tais atividades.

Examinando os Riscos de Fornecedores

Embora a adoção da FinTech crie o potencial de inovação, também pode aumentar a exposição a riscos de conformidade indesejados para a instituição e a FinTech. É importante que as instituições financeiras entendam o que isso significa para elas.

As instituições financeiras estão adotando mais tecnologia de software de fornecedores para ampliar sua inovação, mas elas precisam saber como isso as expõe a riscos de ataques cibernéticos e ao comprometimento da privacidade dos dados do cliente. As instituições precisam se empenhar de modo adequado para pesquisar as relações do revendedor e assegurar que seus próprios sistemas protejam as informações do cliente. Isso explica em parte o motivo de as verificações da segurança da informação e as aquisições serem tão rigorosas na maioria das instituições financeiras. E mais, a introdução do SMCR (Senior Managers and Certification Regime) no Reino Unido coloca um ônus na alta gerência e na diretoria para que conheçam e entendam qualquer aplicação FinTech licenciada em suas empresas e possam gerenciar os riscos com eficiência, até mesmo com gerentes individuais sendo alocados com responsabilidade específicas.

Além disso, até as FinTechs que se consideram "apenas revendedores de tecnologia que colaboram com instituições financeiras" estão sendo analisadas. Dependendo dos serviços fornecidos, os reguladores estão examinando se há indefinições entre fornecer serviços para um cliente e o envolvimento delas ao fornecer serviços diretamente para os clientes finais. Algumas instituições também afirmariam que, se ocorre um problema técnico com o serviço da FinTech causando uma brecha regulatória, a FinTech deve compartilhar as consequências! Os reguladores serão rápidos em lembrar às instituições que elas têm responsabilidade regulatória e não podem passar a bola em tais infrações.

Introduzindo os Reguladores

Quem tem autoridade para regular as instituições financeiras e FinTechs, e de que modo? É importante saber se você faz parte de uma organização com o potencial de estar sujeita à regulação.

Nesta seção, vemos basicamente as agências reguladoras e as regulações nos EUA e na Europa, porque as FinTechs são mais numerosas nessas jurisdições, o capital investido foi distribuído nessas áreas, e elas passaram por algumas das maiores mudanças na regulação desde a crise financeira de 2008.

PAPO DE ESPECIALISTA

Os países na região Ásia-Pacífico são mais fragmentados que os EUA e a Europa em termos de regulação FinTech. Por exemplo, a China está adotando mais regras aperfeiçoadas e específicas da região, ao passo que outros países ainda estão no nível básico, visando ajudar o crescimento das FinTechs locais e mantendo os interesses dos clientes. Os países na região Ásia-Pacífico tendem a seguir padrões que seus vizinhos maiores implementam, portanto, é possível que eles mudem para padrões semelhantes no futuro. Entretanto, é provável haver uma arbitragem regulatória nos níveis doméstico e jurisdicional. Cingapura tem sido particularmente proativa ao criar um ambiente positivo para as FinTechs, com Austrália e Japão também ativos.

Estados Unidos da América

Muitos países têm uma ou algumas grandes entidades reguladoras de supervisão abrangente e única de sua jurisdição em particular. Os EUA são uma clara exceção à regra, tendo muitos reguladores federais com jurisdições sobrepostas. Isso pode resultar em um ambiente mais complicado para certas transações e onde as ações de determinado regulador podem ser variáveis.

Os EUA são conhecidos por serem uma jurisdição regulatória baseada em regras, não em princípios, como o Reino Unido. A abordagem norte-americana pode ter de mudar em algum ponto no futuro, pois a velocidade da inovação e a mudança não acompanharão a implementação de regras específicas.

Outra questão é que atividades como empréstimos não bancários têm sido tradicionalmente regulamentadas no nível do Estado, mas os mercados online operam naturalmente no nível interestadual, portanto, pode ser necessária uma cobertura federal para garantir uma regulação consistente. Por exemplo, as empresas de robôs consultores, que fornecem produtos de gestão de patrimônio apenas online com base em uma abordagem de algoritmos para estratégias de investimento, se tornaram populares. Elas incorporam as informações recebidas de clientes que descrevem sua tolerância a riscos, horizonte temporal e investimentos existentes para criarem uma estratégia ideal.

LEMBRE-SE

Reguladores sugerem que tais serviços poderiam criar riscos sistêmicos, como o crescimento de ativos gerenciado, portanto, tais serviços devem ser examinados no nível interestadual.

Veja a seguir os órgãos reguladores financeiros mais importantes nos EUA:

» **Reserva Federal (Fed):** É o principal supervisor dos bancos estaduais que escolheram entrar no Sistema da Reserva Federal. A Fed também supervisiona todas as empresas holdings bancárias, que tendem a ter subsidiárias que podem ser supervisionadas por outras agências. E mais, a Reserva Federal promove a eficiência e a segurança do sistema de pagamento e liquidação.

» **Conselho de Supervisão da Estabilidade Financeira:** Esse Conselho tem um mandato constitucional definido que estabelece uma responsabilidade conjunta para reconhecer os riscos e reagir a novas ameaças à estabilidade financeira. O Conselho tem poderes de limitar um risco desmedido no sistema financeiro. Por exemplo, ele pode designar que uma empresa financeira não bancária (como uma FinTech) responda pela supervisão para reduzir o risco de que tal empresa pode ameaçar o poder do sistema financeiro.

» **Agência de Proteção Financeira ao Consumidor (CFPB):** É responsável por aplicar as leis federais do consumidor e protegê-lo no mercado financeiro.

» **Federal Deposit Insurance Corporation (FDIC):** Essa agência garante depósitos bancários e leis como o principal regulador de proteção da segurança e do consumidor para instituições que não são membros do Sistema da Reserva Federal.

» **Gabinete Controlador da Moeda (OCC):** Dá licenças, regula e supervisiona todos os bancos nacionais e associações de poupança federais, inclusive agências federais e agências de bancos estrangeiros.

» **Comissão de Negociação de Futuros de Commodities (CFTC):** Regula os mercados de futuros e swaps, inclusive vários produtos financeiros. Sua missão é promover mercados abertos, transparentes, competitivos e sólidos financeiramente. A CFTC não é um regulador de serviços bancários, mas as FinTechs podem corresponder à CFTC para receberem ajuda ao entenderem a abordagem de supervisão por meio do LabCFTC (www.cftc.gov/LabCFTC/index.htm — conteúdo em inglês).

NUMERIX: MOVIMENTO ARRISCADO

Steve O'Hanlon percebeu rápido que a crise financeira criaria imediatamente oportunidades na gestão do risco de derivativos, portanto, não perdeu tempo ao colocar a Numerix nessa direção.

Entre 2009 e 2012, como parte de seu movimento arriscado, a Numerix começou a desenvolver um dos kits de ferramentas para gerenciamento de risco mais completos do setor. As instituições financeiras estavam escolhendo cada vez mais a Numerix por causa do valor que viam em sua ampla variedade de ferramentas e modelos baseados em classes de ativos, assim como sua capacidade de permitir aos clientes gerar informações de risco. Na verdade, as ofertas de tecnologia novas e avançadas da Numerix encorajaram que instituições financeiras reexaminassem como exerciam o devido controle de risco, desde a linha de frente até a retaguarda, para manterem sua competência em um mercado repleto de desafios.

Uma das prioridades da Numerix foi melhorar continuamente o Numerix CrossAsset, uma de suas marcas emblemáticas, que passou a oferecer a coleção de modelos e métodos mais completa do setor, permitindo que as instituições precificassem qualquer instrumento concebível usando cálculos mais avançados, além de uma grande variedade de opções de calibragem para gerar avaliações consistentes com o mercado. Com uma arquitetura muitíssimo flexível para definir transações personalizadas e capacidade de integrar seus próprios modelos internos, o Numerix CrossAsset permitia que os usuários implantassem uma solução de preço e risco unificada para todas as suas posições derivativas e de renda fixa em todas as transações comerciais.

Reino Unido e Europa

LEMBRE-SE

Em tese, a situação reguladora na Europa é mais simples que o cenário nos EUA, com um regulador maior em cada país, como a Autoridade de Conduta Financeira (FCA), no Reino Unido; a Autorité des Marchés Financiers (AMF), na França; o Bundesanstalt für Finanzdienstleistungsaufsicht (BaFin), na Alemanha; e a Autoridade de Mercados Financeiros (AFM), na Holanda. Porém, são sobrepostos pelas instituições da União Europeia, como a Comissão Europeia, o Banco Central Europeu e a Autoridade Europeia de Mercados de Valores Mobiliários (ESMA), todos podendo alimentar regulações para os reguladores locais aplicarem. No passado, permaneceram unidos com regras que permitiam às empresas reguladas de uma jurisdição oferecerem seus serviços a clientes em outra.

Mas a decisão do Reino Unido de sair da União Europeia levantou questões quanto a como o regime regulatório para transações interbancárias operará no futuro, dada a posição proeminente de Londres como centro financeiro na Europa e a quantidade de FinTechs formadas no Reino Unido. Um Brexit "difícil" (sem nenhum acordo sobre como as transações e a regulação serão feitas após a saída) trará muito mais incerteza regulatória no futuro, ao passo que um Brexit "tranquilo" (com novos acordos feitos) ajudará.

A resposta da União Europeia para a crise financeira de 2008 foi produzir e aplicar regulações financeiras mais pesadas, e implementar uma estrutura regulatória significativa à qual as instituições ainda estão se ajustando, o que criou uma incerteza inicial até que as empresas compreenderam melhor como cumprir totalmente as novas regras.

Sistema Europeu de Supervisão Financeira

A estrutura da supervisão financeira na União Europeia, como proposto pela Comissão Europeia, fica abaixo do Sistema Europeu de Supervisão Financeira (ESFS). O sistema é composto de Autoridades Europeias de Supervisão (AES), Comitê Europeu do Risco Sistêmico (CERS) e entidades nacionais de supervisão em cada Estado-membro da União Europeia. Três AESs são responsáveis pela supervisão microprudencial (empresa individual) no nível europeu: Autoridade Bancária Europeia (EBA), Autoridade Europeia de Mercados de Valores Mobiliários (ESMA) e Autoridade Europeia para Seguros e Pensões Ocupacionais (EIOPA).

O uso pelas AESs de seus grandes poderes e as maiores perspectivas de cooperação e compartilhamento de informações entre as autoridades nacionais competentes (ANC) provavelmente resultarão em procedimentos consolidados e mais solicitações de informação pelas empresas certificadas.

Comitê Europeu do Risco Sistêmico

Para complementar as autoridades ESFS, o Comitê Europeu do Risco Sistêmico (CERS) é responsável pela supervisão macroprudencial (risco de todo o sistema financeiro) na União Europeia. É composto de delegados do Banco Central Europeu, bancos centrais nacionais e autoridades de supervisão dos Estados-membros da União Europeia e da Comissão Europeia.

Autoridade de Conduta Financeira

A Autoridade de Conduta Financeira (FCA) regula o setor de serviços financeiros no Reino Unido. Suas responsabilidades incluem proteger consumidores, manter a estabilidade do setor e encorajar uma forte concorrência entre os provedores de serviços financeiros. Em particular, o último objetivo permite que a FCA identifique e enderece problemas na concorrência e adote uma abordagem mais a favor dessa concorrência para a regulação do que muitos outros reguladores. Isso encorajou a FCA a ter uma interação mais proativa com FinTechs do que outros reguladores.

NUMERIX: ADEQUAÇÃO DO SOFTWARE AO MERCADO

Os primeiros passos ao fornecer um preço perfeito para os cálculos do risco foi uma avaliação de como as tecnologias existentes poderiam ser reaproveitadas no uso de processos da linha de frente e de intermediários. Foi fundamental que a mesma análise e os mesmos dados fossem usados para todas as funções em todos os departamentos. Com isso em mente, a pilha de tecnologias foi expandida, incluindo:

- O lançamento do Numerix Counterparty Risk, uma solução integrada para calcular a potencial exposição no futuro e ajuste da avaliação de crédito (AAC) para portfólios derivativos usando um motor de simulação Monte Carlo de alta performance.

- As soluções Numerix CrossAsset XL e Numerix Portfolio Products, que permitem aos usuários aproveitar recursos de alto desempenho do Windows HPC Server 2008 e do HPC Services for Excel 2010 com as capacidades de computação grid mais poderosas no setor. Quando combinados com o valor de uma solução HPC integrada, o Numerix CrossAsset XL e o Numerix Portfolio forneceram aos clientes da Numerix uma melhor produtividade dos sistemas, interoperabilidade e total transparência para a definição de transações, avaliações aceleradas em tempo real e capacidade de realizar cálculos de risco unificados e rápidos para portfólios derivativos complexos.

- O lançamento do Numerix LiquidAsset para os derivativos OTC (Venda Livre) e transações negociadas na bolsa. Predefinido na análise CrossAsset líder de mercado da Numerix, o LiquidAsset é uma solução Excel baseada em funções que avalia o conjunto mais comum de tipos de negociações de derivativos OTC. Focando a experiência do usuário, o produto Numerix LiquidAsset fornecia uma interface intuitiva que aproveitava o poder do Numerix CrossAsset para precificar transações comuns com rapidez e precisão. Tais negociações trouxeram desafios de preços novos e diferentes, pois o spread bid-ask [variação que compara ofertas de compra e venda] tinha ordens de magnitude menores que seus correspondentes exóticos. Com o Numerix LiquidAsset, os usuários conseguiam aproveitar de imediato as convenções predefinidas da negociação adicionadas previamente para precificar e negociar todas as moedas maiores e mercados globalmente.

- Expansão para produtos como Portfolio e Liquid Asset, que são essenciais para as ofertas iniciais em mercados emergentes, permitindo à Numerix evoluir como uma empresa líder de precificação e risco. Hoje, o Portfolio e o Liquid Asset acabaram na nova plataforma da Numerix, e os nomes foram retirados.

CAPÍTULO 3 **Entendendo o Papel da Regulação na FinTech** 51

A estrutura da autoridade reguladora da FCA inclui a Autoridade Reguladora Prudencial (PRA) do Banco da Inglaterra e o Comitê de Política Financeira. A PRA é a reguladora prudencial de aproximadamente 1.500 bancos, entidades de crédito imobiliário, cooperativas de crédito, seguradoras e grandes empresas de investimento. Como regulador prudencial, tem o objetivo geral de encorajar a segurança e estabilidade das empresas reguladas. A FCA também criou um órgão separado, o Regulador dos Sistemas de Pagamento (PSR), em 2013, cuja função é promover a cooperação e a inovação nos sistemas de pagamento.

A FCA tem sido uma voz de comando no grupo das entidades nacionais de supervisão de cada Estado-membro da União Europeia, em grande parte por causa da posição de Londres como centro financeiro da Europa. Porém, em um mundo pós-Brexit, com o Reino Unido separado da União Europeia, será interessante ver como eles manterão influência e se afastarão de algumas decisões coletivas tomadas anteriormente.

Rede Global de Inovação Financeira

Para promover mais a ideia de harmonização e padronização entre as FinTechs de modo global, a Rede Global de Inovação Financeira (GFIN) foi lançada em janeiro de 2019 por um grupo internacional de reguladores financeiros e organizações afins. Isso desenvolveu mais a proposta da FCA de criar um ambiente de sandbox global para as ideias e as FinTechs emergentes.

DICA

A GFIN tem cinquenta organizações em sua rede, comprometidas em apoiar a inovação na FinTech quanto aos interesses dos consumidores do mundo inteiro. Seu objetivo é oferecer um meio mais eficiente de as FinTechs cooperarem com os reguladores, ajudando-as a encontrar a melhor rota para conseguirem aprovação regulatória nos países conforme expandem novas ideias. Ela executa o programa piloto para empresas que buscam experimentar serviços inovadores, produtos ou modelos de negócios em diversas jurisdições. Também procura desenvolver uma nova estrutura de colaboração entre reguladores quanto a assuntos ligados à inovação e ao compartilhamento de diversas experiências e práticas. O site (www.thegfin.com — conteúdo em inglês) tem informações sobre a associação da GFIN, teste transfronteiriço e publicações atuais.

Investigando as Mudanças Regulatórias

Ocorreram bem poucas mudanças regulatórias que permitiram às FinTechs aproveitar alterações no comportamento do consumidor. Esta seção examina algumas mudanças recentes nos modos como os serviços de pagamento e as exigências de dados são regulados e explica as áreas onde a mudança regulatória iniciou a inovação e começou a apresentar benefícios concretos para o consumidor.

Diretivas dos Serviços de Pagamento

Alguns exemplos iniciais do sucesso da FinTech aconteceram na área de pagamentos, que era perfeita para a desintermediação e a disrupção, dadas as grandes margens que os beneficiados recebiam por seus serviços.

Na União Europeia, a primeira Diretiva de Serviços de Pagamento (PSD 1) em 2009 regulou as condições das informações, os direitos e as responsabilidades das operadoras de serviços de pagamento e os requisitos prudenciais para ser um provedor de serviço de pagamento (PSP). Estabelecer regras consistentes para a entrega de serviços de pagamento permitiu criar um mercado de pagamento interno da União Europeia.

A segunda Diretiva de Serviços de Pagamento (PSD 2) em 2018 introduziu mais uma etapa na harmonização global do mercado de pagamentos da União Europeia e outros novos recursos. O PSD 2 significava que a aprovação regulatória para a transferência de dinheiro em um país da UE podia ser realizada em outros países da União. Essa capacidade inspirou muitas FinTechs de pagamento transfronteiriço, como TransferWise e WorldRemit, a expandirem para países europeus vizinhos antes de cruzarem o Atlântico. Os estados norte-americanos individuais demandam licenças para a transferência de dinheiro, tornando a expansão nos EUA complicada e cara para os operadores internacionais. Esse requisito de licenciamento também explica por que os provedores de transferência de dinheiro nos EUA demoraram mais para se expandir nos mercados internacionais.

Como a regulação PSD 2 precisa que os bancos compartilhem seus dados com terceiros qualificados, isso estabeleceu a base para o banco aberto na Europa. Como resultado, FinTechs, bancos concorrentes e algumas organizações pequenas agora podem competir com bancos tradicionais, algo impossível anteriormente. As políticas introduzidas com a PSD 2 levaram a um aumento nas ofertas bancárias inovadoras, mais rivalidade em um mercado que era normalmente fechado à concorrência e disrupção no tradicional cenário bancário na Europa.

LEMBRE-SE

A construção dessa estrutura regulatória trouxe três benefícios principais:

» Mais transparência nos preços, inclusive regras de precificação claras e iguais (os preços precisam ser iguais para consumidores e terceiros).

» Segurança, promovendo regulações mais duras para a autenticação e a verificação do cliente.

» Padrões tecnológicos, forçando os bancos a usarem APIs para permitir que os clientes divulguem suas informações financeiras com provedores FinTech, caso eles queiram (isso reduziu os obstáculos para trocar de banco e permitiu que os consumidores usem serviços financeiros alternativos que os bancos tradicionais não fornecem).

NUMERIX: VISÃO TECH MODERNA

Vendo o risco como uma oportunidade decisiva para consolidar a posição da Numerix, o coautor Steve O'Hanlon foi rápido, estabelecendo-a como uma empresa de tecnologia financeira dinâmica que fornecia uma plataforma de risco de última geração. Ele também reposicionou a Numerix como uma FinTech, desenvolvendo sua reputação no mercado e mudando sua percepção como uma empresa de cálculo de preços e risco para uma provedora de sistemas de transação e gerenciamento de risco que ajuda a transformar empresas do mercado de capitais.

A visão de futuro de Steve passou a colocar estrategicamente a Numerix como uma empresa transformadora e disruptiva nos mercados de capital via tecnologia de ponta e última geração, dando aos clientes uma vantagem estratégica em seus mercados e permitindo que eles fizessem mudanças lucrativas na estratégia comercial. Os princípios que a Numerix usou para determinar como entrar em um mercado totalmente novo, chamado Risco, são os seguintes:

- **Determinar a medida arriscada mais importante com a qual começar.** A Numerix escolheu o ajuste da avaliação de crédito ou CVA. Primeiro criou esse ajuste e rapidamente surgiu como líder reconhecida em CVA.

- **Preparar-se para a implementação na nuvem.** A infraestrutura foi imprescindível para oferecer o produto Risk para a linha de frente. Ela precisava ser escalável e lidar com todos os ajustes da linha de frente (ficando conhecida como XVA). Precisava ser uma aplicação corporativa, e não uma ferramenta de software, capaz de ser implantada em um dia no ambiente de nuvem. Na época, algumas empresas ainda consideravam se as instituições poderiam ser colocadas na nuvem, portanto, foi um plano radical. A Numerix criou uma plataforma em Java usando a análise de preços e risco padrão do setor. Isso permitiu que ela ficasse pronta para a nuvem, e naquele momento significava que residia no Azure. Hoje, suas escolhas da tecnologia a tornaram independente, portanto, ela pode residir em qualquer ambiente de nuvem, inclusive AWS, Google e Azure.

- **Criar uma nova pilha de códigos.** A Numerix sabia que algumas empresas podiam utilizar a análise de preço e risco e criou uma aplicação Risk corporativa escalonável para esse fim utilizando a análise. Assim, criou uma pilha de códigos totalmente nova, hoje chamada de NX CORE (uma plataforma), baseada em sua análise de preço e risco premiada. Isso acelerou seu caminho como líder em Risco, porque não dependia de analistas quantitativos nem da análise dos bancos para oferecer uma excelente aplicação.

Flexibilidade é a chave do sucesso desse posicionamento para uma FinTech. A cultura da Numerix, que sempre foi empreendedora, passou a ter uma hipervelocidade, criando um ambiente em que a geração de ideias e a implementação florescem, e onde há uma constante busca por mais tecnologia e um pensamento inovador contínuo.

Hoje, os mercados de capital são um ponto central. As forças disruptivas da tecnologia desafiam os negócios tradicionais de serviços financeiros. As demandas e as prioridades do consumidor estão se transformando, mudanças econômicas, políticas e do mercado estão diminuindo as receitas, e incertezas regulatórias levantam graves questões sobre os antigos modelos operacionais e de tecnologia existentes. Bancos e outras instituições financeiras precisam encontrar um meio de avançar. A transformação não é uma escolha, é imperativa para sobreviverem.

As mudanças drásticas nos mercados de capital, desde a queda do banco Lehman, levaram as instituições financeiras a fazerem cortes radicais nos custos para ficarem à frente e permanecerem competitivas. Regulações, como a Revisão Fundamental da Carteira de Negociação (FRTB), estão fazendo uma rápida mudança nas instituições financeiras, incluindo uma avaliação para eliminar os sistemas de transações e risco existentes em favor de novas ofertas avançadas em tecnologia, algo que a Numerix fornece, substituindo sistemas autônomos de transações e risco por cada mesa de negociações. Pela primeira vez, as regulações demandam esse tipo de transparência dos executivos de alto escalão acima do líder de cada mesa. Hoje, é mais urgente do que nunca assegurar que um sistema possa lidar com cada mesa de negociações, reduzindo o custo anual da propriedade da tecnologia.

Na China, a regulação há tempos é mais complacente. Como resultado, BigTechs, como Ant Financial, criaram ecossistemas FinTech nesse país que entraram e remodelaram setores financeiros inteiros, inclusive pagamentos digitais, gestão de patrimônio e ativos e empréstimos. Os EUA e a Europa ainda têm exigências regulatórias mais rigorosas e estabeleceram franquias no setor bancário, portanto, tentativas parecidas foram mais desarticuladas, e empresas de tecnologia ficaram limitadas a pagamentos e ofertas de créditos menores.

Lei Geral de Proteção de Dados

Em um mundo em que as redes sociais se tornaram mais invasivas e os consumidores estão cada vez mais preocupados sobre como os provedores usam suas informações pessoais, é fundamental ter regras que regulamentem quem pode acessar os dados e como. Algumas pessoas dizem que "os dados são o novo petróleo", um sentimento que ressalta como são valiosos para os provedores.

A União Europeia estabeleceu regras que controlam como os provedores podem coletar e processar dados sobre pessoas que moram nessa área. A Lei Geral de Proteção de Dados (LGPD) foi introduzida na UE em 25 de maio de 2018. Ele substitui a Diretiva de Proteção de Dados inicial e tenta padronizar as regulações da privacidade de dados na Europa.

LEMBRE-SE

Todos os efeitos da LGPD ainda não são totalmente compreendidos, e práticas de conformidade e aplicação ainda estão sendo estabelecidas por completo. Contudo, os elementos mais importantes da LGPD incluem:

» **Maior alcance internacional:** Regulações relacionadas a todas as empresas que gerenciam dados pessoais para pessoas que vivem na UE, independentemente de onde ocorre o processamento.

» **Consentimento:** A regulação fornece requisitos de consentimento mais severos. As solicitações de dados devem estar facilmente disponíveis e compreensíveis, e ser canceladas com facilidade, também devem incluir o motivo para o gerenciamento de dados.

» **Melhoria dos direitos individuais:** Reforçando a necessidade de ter consentimento e declarar os motivos para manter seus dados, os direitos de privacidade dos dados das pessoas são protegidos.

» **Direito de recuperação:** As pessoas têm o direito de saber se seus dados pessoais estão sendo processados e/ou armazenados, onde e para qual finalidade.

» **Direito de exclusão:** As pessoas têm o direito de apagar seus dados pessoais e/ou interromper o processamento deles. O uso dos dados pode não ser mais relevante para a solicitação original ou a pessoa cancelou seu consentimento para processá-los.

» **Direito de modificação:** Qualquer dado errado deve ser corrigido.

» **Direito de transferência dos dados:** Qualquer informação sobre os dados pessoais processados atualmente deve ser fornecida, de forma gratuita, para uma pessoa quando solicitado.

» **Confidencialidade por padrão:** Procedimentos aplicáveis de criptografia e monitoramento para proteger qualquer dado devem ser integrados no design dos sistemas. Os dados podem ser usados apenas para a finalidade original, devem ser armazenados apenas quando absolutamente necessários, e dados adicionais não devem ser coletados.

» **Notificação de violação:** As infrações dos dados devem ser reportadas dentro de 72 horas.

> **DPOs (responsáveis pela proteção de dados):** Caso em que o gerenciamento de dados requer uma observação regular dos donos dos dados em grande escala ou dos dados relacionados a condenações e infrações penais, um DPO deve ser indicado para garantir a conformidade com a LGPD.

> **Multas:** Empresas descobriram que não cumprir a LGPD pode acarretar multas de até 4% do volume de negócios global anual ou €20 milhões (o que for maior). Isso se aplica a controladores de dados (a parte que coletou e controla/tem os dados) e processadores (a parte que processa os dados para o controlador de dados), portanto, ninguém foge a essas diretrizes.

LEMBRE-SE

Os negócios globais precisam estar cientes dessas regulações, porque elas se aplicam a todo gerenciamento de dados dos residentes na UE, independentemente de onde se localiza uma organização. Portanto, as empresas internacionais ainda precisam cumprir a LGPD se processam dados de pessoas na UE. E mais, os avanços da FinTech estão considerando continuamente novas áreas ou onde uma melhor regulação pode ser necessária. Usando inteligência artificial e tecnologia blockchain/contabilidade distribuída, ou na tendência mais ampla de reunir mais dados financeiros ou não, é necessária maior análise das consequências.

Oportunidades RegTech em Destaque

A conformidade com a LGPD (vista na seção anterior) é um exemplo interessante das possíveis oportunidades para as FinTechs, sobretudo em certo setor secundário conhecido como RegTechs (tecnologia regulatória). Visto que a LGPD requer basicamente que as empresas entendam com precisão onde ficam os dados pessoais em seus negócios, para qual finalidade são coletados e o que está sendo feito para protegê-los, as FinTechs podem ter vantagem fornecendo serviços em relação aos participantes mais estabelecidos.

As FinTechs, pela natureza de seu tamanho e sua maturidade, não têm sistemas existentes e problemas de gerenciamento de dados com os quais lidar. Seus conjuntos de dados são integrados e sabem como compilar conjuntos de dados especificamente organizados. Por outro lado, muitas empresas mais antigas têm sistemas de dados isolados ou pontuais com dados separados coletados aos poucos, com o passar do tempo. Essa vantagem permite que as FinTechs garantam de forma mais barata e eficiente sua própria conformidade, mas também aumentem seus próprios custos e dos clientes conforme o crescimento de seus negócios. Isso acontece de preferência em um ambiente de nuvem, que economiza mais custos (veja o Capítulo 6 para saber mais sobre a tecnologia de nuvem).

As FinTechs permitem que as instituições financeiras naveguem seus data lakes (um repositório que pode armazenar grandes quantidades de muitos tipos de dados no formato de arquivo com o qual a aplicação trabalha) e entendam as soluções de mapeamento de dados. Isso leva à melhoria da capacidade da instituição financeira de consultar e extrair seu inventário de dados. As FinTechs também podem ajudar as instituições a desenvolverem relações bilaterais com elas e relações multilaterais com seus clientes.

Os requisitos para os dados quanto à diligência e à segurança só ficarão mais rigorosos nos próximos anos. As FinTechs estão desenvolvendo tecnologia, com os devidos níveis de criptografia, com objetivo de assegurar a privacidade dos dados para empresas maiores e lhes dar a capacidade de responder dentro do período de notificação obrigatório de 72 horas a qualquer violação dos dados.

LEMBRE-SE

Tudo isso é apenas um exemplo de como as instituições financeiras devem adotar a RegTech. A conformidade custa cada vez mais, com muitas empresas utilizando recursos enormes, em capital e funcionários, para cumprirem suas obrigações. A parceria com uma RegTech permite que uma instituição foque sua atividade principal e atenda às exigências do cliente nas áreas que geram receita. As RegTechs também podem automatizar os processos e otimizar a eficiência, ajudando a empresa do cliente a reduzir os custos operacionais.

A Tabela 3-1 lista alguns desafios da conformidade regulatória que as instituições financeiras continuam a enfrentar em 2020 e as tecnologias requeridas para atendê-los.

TABELA 3-1 Desafios da RegTech e Tecnologia Requerida

Desafio da RegTech	FinTech a Ser Implantada
Combate à lavagem de dinheiro e ao crime financeiro.	Big data, processamento da linguagem natural, aprendizado de máquina, automação de processos robotizados, extração de regras.
Conheça seu cliente.	Processamento da linguagem natural, automação de processos robotizados, extração de regras, semântica da web, blockchain.
Governança das informações/dados.	Processamento da linguagem natural, automação de processos robotizados, extração de regras
Gerenciamento das mudanças regulatórias.	Big data, processamento da linguagem natural, aprendizado de máquina, automação de processos robotizados, extração de regras, semântica da web.
Cibersegurança e risco da tecnologia.	Big data, aprendizado de máquina, extração de regras.
Relatório de negócios e transações.	Big data, automação de processos robotizados, extração de regras.
Inspeção das transações.	Aprendizado de máquina, extração de regras, semântica da web, reconhecimento do padrão de voz.

2
Aprendendo a Tecnologia

NESTA PARTE. . .

Veja as várias tecnologias que a FinTech utiliza e como elas ajudam instituições financeiras, empresas, reguladores e consumidores no mundo inteiro.

Saiba como tecnologias — por exemplo, computação na nuvem, blockchain, apps, ferramentas de informações comerciais e código-fonte aberto — desempenham suas funções transformando o setor financeiro e beneficiando outros setores com soluções FinTech como recursos de pagamento.

NESTE CAPÍTULO

» Corrigindo problemas na FinTech

» Vendo estratégias da API e software baseado em eventos

» Trabalhando com microsserviços e processamento em batch

» Fazendo o máximo com o gerenciamento de dados

» Comparando CPUs e GPUs

» Diferenciando as linguagens de programação

Capítulo **4**

Definindo a Tecnologia por Trás da FinTech

A maioria das empresas tem uma combinação complexa de aplicações internas e do revendedor, que requer suporte interno e de terceiros, com seus próprios problemas de interoperabilidade. Muitas das aplicações não são integradas e, em geral, não funcionam bem entre si.

Grandes instituições costumam ter centenas de sistemas implementados internamente, cada um requerendo um suporte interno especializado e conhecimento para que sejam mantidos e executados. São ambientes separados que geram risco operacional para a empresa, assim como emprego bem pago para especialistas no assunto (SMEs) que oferecem suporte e manutenção. Esses ambientes separados também produzem resultados diferentes para as mesmas consultas, o que torna problemática a integração dos dados, aumenta o risco corporativo e atrapalha uma análise eficiente desse risco. Os sistemas existentes são desatualizados, ineficientes e caros, mas modificá-los pode ser difícil, custoso e demorado.

Entra na FinTech um grupo de empresas que atendem ao setor financeiro aprimorando processos e sistemas de modos que reduzem a redundância, eliminam problemas antigos e introduzem novas eficiências que economizam tempo e trabalho. Este capítulo explica como a FinTech auxilia as empresas que estão presas em sistemas desatualizados, mal planejados e administrados com inconsistência. Ele descreve os principais benefícios da FinTech e explica alguns conceitos e tecnologias que fazem isso acontecer.

Correção na FinTech

Como vimos no Capítulo 2, a FinTech causou algumas grandes disrupções nas normas de bancos estabelecidos/serviços financeiros. No entanto, isso não é nenhuma surpresa. O movimento em direção à FinTech vem acontecendo gradualmente há anos, motivado pelos altos custos da manutenção dos sistemas, pela entrega demorada de uma nova funcionalidade, pelos altos salários, pela alta rotatividade de desenvolvedores e especialistas e pela maior demanda por soluções em tempo real. As próximas seções resumem rapidamente os problemas que as empresas enfrentam e por que elas estão cada vez mais recorrendo à FinTech para resolvê-los.

Qual é o problema?

Muitas grandes empresas e megabancos ficam indecisos entre criar ou comprar sua estrutura de TI, sem uma visão de TI coerente em longo prazo. Assim, seus cenários de TI muitas vezes são uma combinação de sistemas e aplicações improvisados. Tais sistemas podem ter surgido da necessidade de controlar os custos, mas acabam sendo difíceis e caros de implantar e manter. É possível também que esses sistemas personalizados dependam mais de alguns especialistas principais na organização, pessoas que "são donas" da implantação. Se elas saem da empresa ou mesmo se a empresa fica refém desse conhecimento específico, ela tem sérios problemas.

Quando não existe nenhuma visão global para o plano da TI, cada divisão ou departamento normalmente fica livre para improvisar suas próprias soluções personalizadas. É bom em curto prazo, mas as soluções de um grupo provavelmente se sobreporão às capacidades desenvolvidas em outro, criando redundância e complexidade desnecessárias. Então, quando grupos diferentes precisam compartilhar dados, seus sistemas podem não funcionar bem juntos, precisando de outro sistema para ajudar na comunicação. Os riscos e a complexidade pioram a cada novo projeto.

CUIDADO

O problema só vai se agravando, pois muitos desses sistemas não passam no teste do tempo. Algumas dessas antigas aplicações foram totalmente desenvolvidas dentro da empresa e não operam com tecnologias mais recentes, como o SaaS (Software como Serviço), que é um modelo de distribuição de aplicação oferecido em ambientes de nuvem de terceiros analisado no Capítulo 6; microsserviços (explicados mais adiante neste capítulo); e APIs (interface para programação de aplicações) modernas, cobertas posteriormente aqui. O único modo de mantê-los é com integrações ponto a ponto personalizadas, que costumam falhar com o tempo. Diagnosticar e corrigir problemas se torna um desafio caro.

A solução pode ser encontrada na FinTech, que traz os benefícios das tecnologias digitais mais recentes para o setor financeiro.

Por que FinTech agora?

A definição de FinTech mudou com o tempo. Antes, focava as aplicações de retaguarda, mas, nos últimos dez anos, essa definição mudou para incluir qualquer empresa que forneça serviços financeiros/software ou tecnologia para instituições financeiras oferecidas em várias plataformas e diferentes mídias.

LEMBRE-SE

A necessidade de um rápido desenvolvimento e inovação, assim como corrigir algumas ineficiências de TI, tornaram cada vez mais atraente terceirizar as funções de TI para as empresas especializadas em FinTech. Nos últimos anos, ocorreram mudanças nas análises quantitativas no uso de novas tecnologias no setor financeiro:

» No geral, o processo de desenvolvimento de aplicações mudou. O processo de desenvolvimento Agile (visto posteriormente neste capítulo) mudou como são feitos os lançamentos e as metodologias de programação. Na Numerix, essa nova abordagem na programação aperfeiçoada de metodologias entregue em pequenas versões acelerou em três vezes a entrada da nova funcionalidade no mercado. Novas linguagens de desenvolvimento, aumentando os custos internos, microsserviços, APIs e a necessidade de estruturas mais flexíveis fizeram com que muitas instituições adotassem a FinTech, inicialmente temida.

» Clientes e parceiros esperam que a mudança ocorra em uma velocidade diferente. A demanda por processamento em tempo real e a mudança inovadora alteraram a perspectiva de muitos executivos do setor bancário em relação às "novas tecnologias". O alto custo dos sistemas existentes que não atendem às necessidades do setor tornou a adoção da FinTech mais urgente.

> » As demografias sociais inconstantes são um estímulo a mais. Os millennials se tornaram novos influenciadores do maior uso da tecnologia e da menor dependência de interação humana. Eles preferem a experiência eletrônica à pessoal. Esperam que as aplicações forneçam a flexibilidade que os permita personalizar como suas interações com sistemas e aplicações atendem às suas necessidades. Eles não precisam de uma interação pessoal como parte de uma transação financeira, mas exigem rapidez e acesso transparente aos dados.

Muitas tecnologias diferentes estão guiando o futuro da FinTech, inclusive microsserviços, estratégias de API, entrega em tempo real, tecnologias de contabilidade distribuída (veja o Capítulo 5) e sistemas de entrega na nuvem (veja o Capítulo 6). No restante deste capítulo, detalhamos algumas dessas tecnologias e sua relevância para o setor.

Criando Estratégias de API

LEMBRE-SE

Uma *Interface para Programação de Aplicações (API)* é um conjunto de funções reutilizáveis, procedimentos e outras ferramentas. Uma API permite ao desenvolvedor construir rapidamente uma funcionalidade de uma só vez e depois reutilizá-la de várias maneiras em diferentes aplicações. Por exemplo, uma API pode permitir a transmissão de dados nas aplicações de modo padrão, independentemente da linguagem/mídia ou tipo de aplicação. As eficiências fornecidas pelas APIs permitem um rápido desenvolvimento com baixos custos gerais.

As APIs são um componente importante no desenvolvimento de aplicações rentáveis. Para se anteciparem à curva de desenvolvimento, desenvolvedores e gerentes sênior em grandes corporações devem planejar estrategicamente a criação e a manutenção do ambiente da API. Por exemplo, megabancos, como Deutsche, HSBC e JPMorgan Chase têm portais do desenvolvedor e APIs para ajudar clientes e parceiros a desenvolverem ferramentas que interagem perfeitamente com seus dados e suas necessidades do fluxo de trabalho.

Qualquer estratégia de API tem custos associados de desenvolvimento e manutenção. As APIs precisam de tempo e trabalho para serem criadas, mas geralmente compensam, mais adiante, devido à conveniência e eficiência fornecidas aos programadores que as utilizam. Outra vantagem de usar APIs é que elas permitem que sistemas/aplicações sejam criados por terceiros, pois simplificam o processo de programação. Uma empresa deve desenvolver uma estratégia de API que consista em APIs públicas e privadas, que sejam bem documentadas e façam parte de todos os ciclos de lançamento.

Entendendo o conceito

Para entender melhor as APIs, imagine que você queira servir um jantar italiano para seus amigos. Você mesmo pode juntar todos os ingredientes e fazer a comida, mas isso levaria mais de uma hora, e você tem apenas trinta minutos. O que fazer? Você pega o vidro de molho, ferve água para a massa e compra pão de alho pronto. E *voilà*! O jantar está servido.

Ter APIs em sua despensa de programação é como ter molho de macarrão pronto, pão de alho e massa. Os componentes/ingredientes necessários para preparar o programa estão disponíveis no código-fonte. Quando reunidos, formam a API.

LEMBRE-SE

O lado bom das APIs é que você pode trocar os componentes. Se não gosta de espaguete, pode trocar por carne com facilidade. Ou se um amigo quisesse algo diferente, ele poderia pegar as APIs disponíveis e fazer algo com os mesmos componentes/ingredientes básicos. Qualquer pessoa que usa APIs não precisa saber nada sobre como cozinhar ou combinar os ingredientes; está tudo pré-configurado. A Figura 4-1 mostra o conceito.

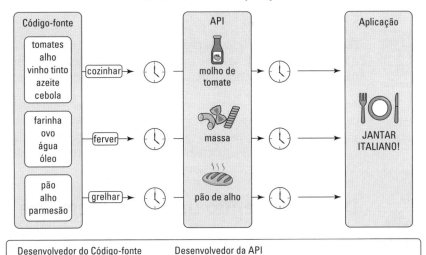

FIGURA 4-1: Entregando o jantar via APIs versus código-fonte.

© John Wiley & Sons, Inc.

Como se pode ver, ter elementos preparados já testados e prontos para o uso agiliza o término de qualquer aplicação. A prestadora pode escolher o que deseja preparar, de modo que a natureza do "molho secreto" (ou seja, o código básico) nunca é revelada, apenas o produto final.

Examinando os benefícios da API

LEMBRE-SE

Fornecer APIs faz sentido porque elas expandem o domínio da atividade principal de uma empresa por meio de interfaces amistosas e ferramentas de API. As APIs fornecem desenvolvimento e integração rápidos da aplicação e aumentam a facilidade para que parceiros e clientes usem e desenvolvam um trabalho personalizado usando o código da aplicação. Então parceiros e clientes podem ter esses componentes, que são específicos para suas necessidades corporativas, e a empresa pode manter e integrar as aplicações que têm um apelo universal em sua principal base de código. Fornecendo fácil acesso às bibliotecas de API internamente, é possível encorajar a inovação e a propriedade dos funcionários. As APIs podem também ser usadas para modernizar e substituir os sistemas existentes com mais eficiência.

As APIs possibilitam ecossistemas digitais modernos. Uma abordagem inteligente ao criar e modificar APIs ajuda as empresas na manutenção interna e na acessibilidade de clientes e parceiros.

As APIs ajudam na integração dos dados e na simplificação do fluxo de trabalho. Exibindo APIs, é possível mostrar importantes dados para clientes e parceiros sem revelar o código patenteado. Elas também agilizam o processo de desenvolvimento e possibilitam aquele feito por usuários externos, sem riscos à segurança.

CUIDADO

Sem APIs, os desenvolvedores precisariam de um suporte integrado da aplicação, o que envolve tempo longe do trabalho de desenvolvimento essencial e resulta em menos criação de produtos e maior custo de propriedade para a aplicação.

Além dos benefícios básicos, as APIs oferecem outros, secundários. Por exemplo, fornecem uma formatação clara para o desenvolvimento e dão ao desenvolvedor a opção de assegurar a compatibilidade reversa. Também oferecem um modo universal de lidar com metadados e a intermediação de informações para aplicações específicas e/ou sistemas.

Desenvolvendo uma estratégia de API

LEMBRE-SE

Desenvolver e seguir uma estratégia de API detalhada é essencial para o sucesso da organização. Os elementos que entram na criação dessa estratégia incluem:

- » Definir os resultados ideais para o uso da API interna e externamente.
- » Publicar os resultados esperados e as abordagens para os grupos-alvo envolvidos, para ter feedback.
- » Entender e identificar como trabalham suas equipes técnicas.
- » Entender e identificar os sistemas que a organização, seus clientes e parceiros usam.

- » Desenvolver um processo de implantação beta que inclua um modo fácil de rastrear e dar suporte a usuários beta internos e externos.

- » Desenvolver uma estrutura alimentadora na qual cada iteração é primeiro implantada para os usuários internos "pesados", depois para os clientes e os parceiros comprometidos a usar as APIs e dar feedback.

- » Assegurar que equipes de suporte e manutenção sejam atribuídas e recebam KPIs (Indicadores-chave de desempenho) em torno da estrutura da API.

- » Ligar o desenvolvimento bem-sucedido e a manutenção do sistema a todos os novos lançamentos.

- » Desenvolver uma filosofia de grupo de usuários na qual usuários externos sejam encorajados a compartilhar e desenvolver grupos de usuários, sendo recompensados e reconhecidos por isso.

- » Estabelecer um portal web da API que inclua interfaces fáceis para reunir o feedback dos usuários; um repositório de novos pacotes e bibliotecas criados por funcionários e usuários externos; acesso fácil a toda a documentação; e troca rápida de conhecimento.

- » Desenvolver um processo para o controle de versão, ferramentas e documentação que forneça e aumente o design, o teste e o desenvolvimento em cada lançamento e pacote de API.

- » Oferecer a capacidade de licenciar o uso das APIs e monitorar o uso quanto a qualquer possível invasão de segurança via portal da web.

LEMBRE-SE

Qualquer prática padrão vale tanto quanto seus usuários. Uma vez criada, a estratégia da API deve ser seguida por todos os desenvolvedores e participantes.

Incluindo REST e RAML

O portal web da API (apresentado na seção anterior) deve hospedar as ferramentas necessárias para desenvolver e manter as APIs. Disponibilizar tais ferramentas permitirá um rápido desenvolvimento na API RESTful, com documentação e o ciclo de feedback imediato.

O que é API RESTful? REST significa REpresentational State Transfer [Transferência Representacional do Estado]. Quer dizer que ela é sem estado, ou seja, cada ação é tratada com exclusividade, não há registro das interações anteriores e permite trocas de texto simples, em vez de HTML, possibilitando que os codificadores usem diretivas de configuração eficientes para as configurações iniciadas e salvas. Também permite a herança da política de segurança, que possibilita a herança e o cumprimento dos requisitos de segurança. RAML (Restful API Modeling Language, ou Linguagem de Modelagem da API Restful) permite que as APIs REST sejam formalmente definidas. A RAML pode definir cada recurso e operação expostos por um microsserviço.

As duas ferramentas são escalonáveis, asseguram os componentes e incluem um mecanismo para criar acordos de licença que estipulam como as APIs são usadas. Também estão disponíveis para monitorar o uso de desenvolvedores de terceiros para proteger a privacidade e as violações de segurança, e incluem o provisionamento de ferramentas para fazer login e atualizar.

DICA

Dicas para o sucesso da API

Veja algumas dicas para assegurar uma estratégia bem-sucedida da API:

» Recrute desde o início. Consiga adesão da alta administração e indique um proprietário do projeto que esteja ansioso para divulgar os benefícios.

» Como em todo desenvolvimento, é importante manter uma biblioteca atualizada de casos de uso e termos, para que, ao invés de ter de reinventar a roda, você recicle e reutilize sempre que possível.

» Não se prenda às minúcias.

» Construa um plano flexível de alto nível que possa ser alterado e expandido com facilidade.

» Reveja esse plano com regularidade. Cada empresa deve desenvolver um calendário em conformidade com seus ciclos de desenvolvimento. Em geral, as estratégias da API devem ser revistas pelo menos anualmente, embora algumas sejam examinadas em cada lançamento.

» Desenvolva um portal robusto da API para lidar com usuários internos e externos, desde a licença até downloads e suporte. Grande parte dos downloads da API é armazenada e atualizada no site geral de download do produto.

» Crie um sistema de gerenciamento de back-end.

Examinando as APIs e as vulnerabilidades da segurança

LEMBRE-SE

Alguns riscos de segurança inevitáveis ocorrem ao se implementar uma estratégia de API flexível e acessível. Examine o nível de vulnerabilidade dos dados em cada ponto no processo, vendo problemas nos controles de dados, movimento e criptografia, e aceite ou tome medidas para diminuir os riscos.

Alguns modos de deixar os sistemas menos vulneráveis incluem:

- » Utilizar um mecanismo de licença abrangente.
- » Criar requisitos claros em torno da autenticação e do log de eventos.
- » Testar cada versão quanto a padrões de segurança claramente definidos.
- » Usar a autenticação multifator.
- » Estabelecer regras claramente definidas para a criptografia dos dados.

Software Baseado em Eventos

Os primeiros programas de computador eram procedurais, como na Figura 4-2, que mostra um fluxo de trabalho simples. Eles consistiam em um conjunto de instruções executadas em ordem. O programa termina quando as instruções acabam.

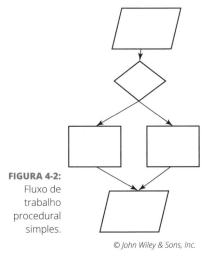

FIGURA 4-2: Fluxo de trabalho procedural simples.

© John Wiley & Sons, Inc.

Conforme a complexidade dos programas aumentou, essas instruções foram separadas em miniprogramas, conhecidos como procedimentos. A Figura 4-3 mostra uma separação das tarefas no fluxo de trabalho segmentado.

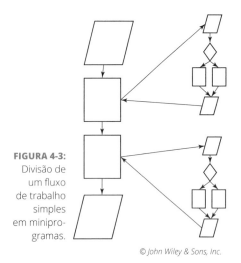

FIGURA 4-3: Divisão de um fluxo de trabalho simples em miniprogramas.

© John Wiley & Sons, Inc.

Porém, as interfaces interativas do usuário não funcionam assim. Elas reagem às ações desses usuários, como pressionar uma tecla ou clicar o mouse. Essas ações são eventos que acionam o software. Tais programas contêm vários conjuntos de instruções, chamados quando ocorre um evento. Os procedimentos são chamados de manipuladores de mensagens, e o processo principal, que orquestra esses manipuladores, é conhecido como loop de evento. Veja a Figura 4-4, que mostra uma dispersão multifacetada e baseada em eventos do fluxo de trabalho gerenciado por manipuladores.

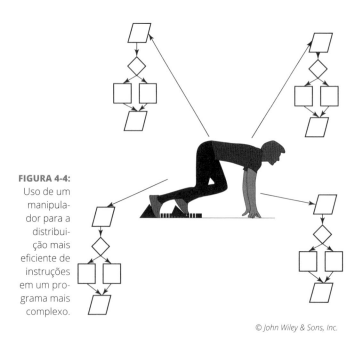

FIGURA 4-4: Uso de um manipulador para a distribuição mais eficiente de instruções em um programa mais complexo.

© John Wiley & Sons, Inc.

O software baseado em eventos não é apenas necessário para as interfaces do usuário, mas também útil para muitos outros softwares. As aplicações devem reagir a vários eventos, dos usuários e de outras partes do software: chegada de dados, solicitações de conexão, desconexões etc.

Tal software faz parte do kit de ferramentas FinTech, no sentido de que permite que as trocas de dados fluam entre serviços desacoplados, o que é essencial no mundo dos microsserviços (analisados mais adiante neste capítulo). A demanda no mundo financeiro é por informação a qualquer hora, em qualquer lugar, de qualquer modo. Com os antigos programas procedurais, todas as ações eram lineares e sequenciais por natureza, o que também dificultava o desacoplamento da estrutura hospedada. A demanda por mudança mais imediata afasta o setor bancário dos sistemas existentes e busca estruturas não seriais e não monolíticas. A FinTech facilita a modernização dos sistemas herdados.

Testando e implementando

PAPO DE ESPECIALISTA

O software baseado em eventos é, de muitos modos, mais fácil de escrever. Os detalhes técnicos de verificar se os eventos ocorreram são separados da implementação da lógica comercial requerida quando eles ocorrem. Esse gerenciamento técnico de eventos pode ser trabalhado pelo sistema operacional, pela linguagem ou pela biblioteca, dependendo das escolhas de implementação.

Se o gerenciamento de eventos for bem implementado, o software também será mais eficiente, ou seja, aguardará até um evento ocorrer e não usará nenhuma (ou pouca) capacidade de processamento conforme espera. As implementações ruins verificam periodicamente se um evento ocorreu (sondagem), o que é inútil e atrasa o início do próximo evento até a verificação seguinte.

Embora seja mais fácil de escrever, em geral esse software é mais difícil de testar. Com um software procedural, temos um estado inicial e um caminho até o estado final. É possível verificar a validade do código testando cada procedimento anexado a um evento. Com o código baseado em eventos, a principal dificuldade é que os eventos podem ocorrer em ordens diferentes, e até ao mesmo tempo, produzindo diferentes resultados para atividades aparentemente idênticas. Se dois eventos são trabalhados simultaneamente e requerem os mesmos recursos (memória, disco), eles podem interagir entre si e talvez até interromper a ação um do outro (por exemplo, uma paralisação).

O sucessor do software baseado em eventos é o *software assíncrono*. Ele usa uma programação paralela, executada separadamente. Nesse paradigma, o loop de eventos reage aos eventos. Se os manipuladores de eventos retornam resultados, estes são retornados como outros eventos. Os resultados ocorrem sem a resposta controlada do manipulador, portanto, muitos eventos podem ser trabalhados simultaneamente. Esse comportamento difere daquele do software tradicional, em que o programa aguardará até que o manipulador de eventos tenha produzido a resposta.

Suporte da linguagem

Várias linguagens de programação permitem que os desenvolvedores criem software baseado em eventos. Veja um resumo das escolhas mais populares:

- » Como a base do Visual Basic está no desenvolvimento da interface do usuário, não é surpresa que não apenas suporte o software baseado em eventos, mas também foque o paradigma. Os objetos (botões, janelas e aplicações) são criados como manipuladores de eventos e chamados conforme o sistema operacional responde aos eventos baseados em usuários.

- » C# é o sucessor do Visual Basic, mas foi projetado para diversas finalidades. Como o Visual Basic, ele suporta o tratamento de eventos como uma parte intrínseca da linguagem.

- » JavaScript também é uma linguagem para implementar GUIs (Interfaces Gráficas do Usuário), que são os componentes gráficos usados para exibir informações designadas de modo interativo. O tratamento de eventos é essencial para o design também. Os componentes personalizados apresentam funções para a estrutura, que as executa conforme reage aos eventos.

- » A herança do Python é como uma linguagem de script, na qual pequenas partes de código eram executadas de dentro de uma definição (normalmente não Python) — às vezes pelo usuário, outras por uma estrutura orquestrada. Portanto, o Python tem sido tradicionalmente a linguagem usada para implementar os procedimentos chamados quando ocorreu um evento, mas não para chamar esses procedimentos. Mas a popularidade dele como uma linguagem de fácil desenvolvimento expandiu seu caso de uso para incluir a chamada de procedimentos.

PAPO DE
ESPECIALISTA

Devido ao GIL (bloqueio do interpretador global), as aplicações Python não conseguem responder a vários eventos simultaneamente, portanto, as vantagens não são tão grandes como em outras linguagens. Contudo, algumas melhorias recentes na linguagem (como a assincronia e a espera) adicionaram suporte para a programação assíncrona de eventos.

- » C++ é uma linguagem baseada em objetos; é organizada em torno de "objetos", não de ações. É uma linguagem de nível muito mais baixo que o C# e o Visual Basic e suporta diretamente o tratamento de eventos. Há diversas bibliotecas disponíveis. Por exemplo, a Asio (que é uma biblioteca C++ multiplataforma para rede e programação E/S de baixo nível) executa funções quando ocorre um evento.

O C++ se desenvolveu bastante nos últimos anos. Agora, suporta multitarefas, em vez de requerer uma biblioteca específica do sistema operacional, e novos recursos (como mercado futuro, promessas e chamadas de funções assíncronas) significam que o software baseado em eventos não recorre mais às chamadas do SO.

» O Java iniciou como um "C++ melhor", portanto, não fornecia um suporte pronto para o software baseado em eventos. Contudo, algumas bibliotecas java permitem tal software. Por exemplo, bibliotecas fornecem suporte para filas (como Kafka, que é uma plataforma de streaming distribuída e de código aberto que permite o processamento simultâneo de transações conforme elas ocorrem). Arquiteturas como Swing (que trata os dados em tempo real com aplicações plug-and-play) fornecem interfaces para ações e manipuladores, levando diretamente a um modelo de programação assíncrono.

Aproveitando o Agile: Microsserviços e Outros

A cultura do "criado aqui", que permeou os setores financeiro e bancário, fez com que empresas hesitassem em pedir ajuda à FinTech. Mas pressões internas e externas por inovação e eficiência fizeram com que muitos gerentes seniores em empresas financeiras utilizassem os novos produtos e serviços que a FinTech pode oferecer.

A demanda do mercado por mais funcionalidade e tempos de resposta de desenvolvimento menores levaram a muitas inovações no desenvolvimento de aplicações, causando nada menos que um abalo sísmico. Os princípios do desenvolvimento Agile serviram como base para essas mudanças, que incluem o desenvolvimento rápido de aplicativos (RAD), o desenvolvimento de incremento, a programação extrema e os microsserviços. Você aprenderá mais sobre isso nas próximas seções. Para entender esses movimentos, precisamos começar vendo a linha de base tradicional de comparação: o desenvolvimento em cascata.

Desenvolvimento em cascata

Esse processo de desenvolvimento, criado em 1970, foi muito usado por grandes corporações. É monolítico em estrutura e metodologia, fornecendo ciclos de lançamento muito estáveis, porém lentos e metódicos.

Os estágios

Cada estágio do processo em cascata é bem definido e linear, com entregas e aprovações claras. Como mostrado na Figura 4-5, estes são os estágios:

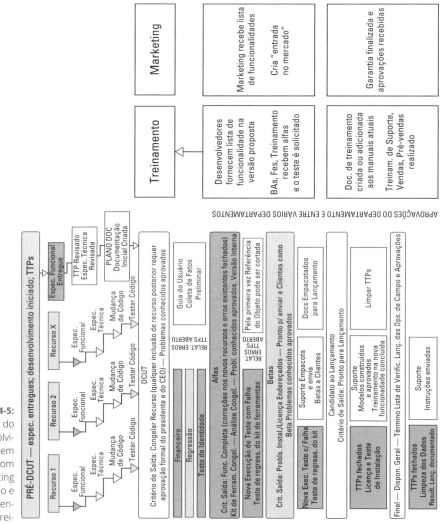

FIGURA 4-5: Ciclo do desenvolvimento em cascata com marketing corolário e componentes de treinamento.

© John Wiley & Sons, Inc.

1. Coleta e documentação dos requisitos.
2. Documentação das especificações detalhadas.
3. Definição e documentação do código e teste unitário.
4. Término da codificação e do teste unitário.
5. Teste do sistema.
6. Execução do teste de aceitação do usuário (UAT).
7. Execução do teste de controle da qualidade (CQ).
8. Correção de erros.
9. Entrega do produto final.

O ciclo do lançamento em cascata é coordenado com as vendas, o marketing e os componentes de treinamento de um lançamento de produto bem-sucedido.

Desvantagens

CUIDADO

O desenvolvimento em cascata tem muitas desvantagens. Quanto à administração, os projetos tendem a ficar pesados com o tempo, com grandes equipes e crescimento ilimitado da base de código. A coordenação de equipes pode ser difícil, e muitas vezes apenas um ou dois desenvolvedores têm um controle total da aplicação e do código. Geralmente é difícil isolar a funcionalidade que precisa ser alterada, e a falta de ferramentas de diagnóstico impede o escalonamento. E mais, a mudança pode requerer um conhecimento não mais disponível ou disponível apenas com restrições. Por isso, as aplicações criadas usando a abordagem em cascata geralmente não amadurecem bem, tornando-se estruturas ultrapassadas, frágeis e monolíticas, com uma documentação ruim.

Devido ao grande número de desenvolvedores na equipe e à falta de coordenação entre eles, há muito esforço duplicado no desenvolvimento em cascata, com uma reutilização limitada do código na aplicação. Isso não só desperdiça o tempo do desenvolvedor como também introduz um risco operacional, pois as saídas para a mesma consulta podem produzir resultados diferentes na empresa.

A implantação das mudanças também pode ser difícil, pois as alterações feitas devem levar em conta a pilha inteira. Em geral, o software precisa ficar offline para ser atualizado, causando interrupções do serviço com efeitos que vão desde uma pequena inconveniência até uma situação de quase crise.

O desenvolvimento em cascata também depende de funcionários trabalhando no mesmo local. Se uma equipe de desenvolvimento está em outro lugar no planeta, as pessoas têm problemas para coordenar seus esforços. Isso pode ser um problema na mão de obra atual por causa do maior foco dos funcionários na mobilidade, na portabilidade e no equilíbrio da vida pessoal e profissional.

Design Agile

Nas últimas décadas, as inovações na metodologia de desenvolvimento de softwares abordaram muitas das deficiências do método em cascata. Desenvolvimento de incremento, RAD, programação extrema, baseado em recursos, em testes e Agile são todos exemplos de como o setor tentou corrigir os problemas da cascata.

O manifesto Agile, escrito em 2001, revolucionou como as pessoas viam o desenvolvimento de softwares. As técnicas Agile permitiram que o desenvolvimento de softwares fosse focado na agilidade e na frequência dos lançamentos. Diferentemente do cascata, o processo Agile permite que diferentes partes de componentes maiores sejam desenvolvidas isoladamente, entregues separadamente e integradas em um ponto posterior como parte de uma funcionalidade maior.

Agile é uma metodologia de desenvolvimento leve, na qual projetos são criados por pequenas equipes com disciplinas de vários departamentos, não apenas desenvolvedores, e que são auto-organizadas e fazem um autodiagnóstico. As equipes criam iterativamente, entregam pequenas versões e medem seu progresso com frequência.

As principais diferenças entre os desenvolvimentos em cascata e Agile se referem a como cada um é testado e especificado. O processo Agile tem um teste do desenvolvedor constante e iterativo ocorrendo desde o início do projeto. O teste em cascata começa quando o congelamento do código é iniciado após a conclusão do desenvolvimento. No cascata, quando as especificações são revisadas e aceitas, não são alteradas. O Agile não desenvolve especificações granulares, mas cria "histórias" e casos de uso. O produto Agile é alterado de modo iterativo, e as "histórias" são aperfeiçoadas em cada iteração.

DICA

Para saber sobre o Agile, verifique a última edição do livro *Gerenciamento Ágil de Projetos Para Leigos*, de Mark C. Layton e Steven J. Ostermiller (Alta Books).

Microsserviços

Microsserviços são um conjunto de funções ou módulos de baixo acoplamento com seu próprio armazenamento de dados. Ou seja, como implica o nome, são serviços pequenos e reutilizáveis que operam juntos, como as APIs vistas anteriormente neste capítulo. Cada microsserviço é mantido e representado de modo independente por APIs individuais. Eles seguem três modos de expansão: distribuição com carga equilibrada, escalonamento por particionamento de dados e escalonamento via decomposição funcional, isto é, criam um conjunto de serviços que, juntos, representam a aplicação.

Os microsserviços são movidos pelos requisitos comerciais e compostos de serviços de front-end, como um gateway de API/APIs REST. Eles usam um método de desenvolvimento baseado em testes que representa as pequenas versões frequentes com casos de testes altamente planejados. E, falando em teste, eles são altamente testados por desenvolvedores e interessados. A Figura 4-6 resume alguns pontos principais.

Migrando para Microsserviços
"Serviços autônomos pequenos e de baixo acoplamento que podem operar juntos."
Pegamos nossas aplicações tradicionais e existentes centralizadas e as decompomos em serviços que:
- Focam uma função ou problema específico.
- Fornecem APIs, tratamento de eventos e notificação para a funcionalidade do serviço.
- Possuem dados com armazenamento e esquema separados.

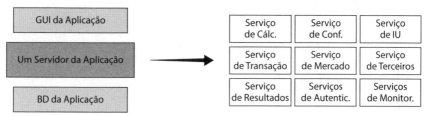

FIGURA 4-6: A divisão dos componentes grandes em microsserviços pequenos e desacoplados.

© John Wiley & Sons, Inc.

LEMBRE-SE

Veja algumas qualidades de um microsserviço:

» É dimensionável e tolera falhas.
» Usa a tecnologia mais adequada para produzir o resultado esperado.
» Cada serviço é separado.
» Cada serviço pode ser atualizado de modo independente.
» É extensível.
» É fácil de implantar e testar.
» Tem equipes de desenvolvimento alinhadas com serviços.
» Tem aplicações e soluções criadas escolhendo conjuntos adequados de serviços básicos, serviços opcionais e serviços personalizados da aplicação (isso é chamado de *modularidade*).

Uma equipe de microsserviços passa por vários departamentos e é movida segundo as necessidades do processo comercial. Consiste em um interessado, analistas de negócios, desenvolvedores, desenvolvedor-chefe/revisor de código e Equipe QA/DevOps. A Figura 4-7 mostra como uma equipe de microsserviços pode trabalhar.

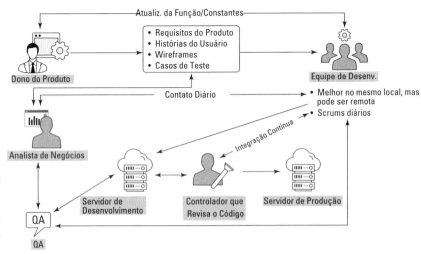

FIGURA 4-7: Uma equipe típica de microsserviços e as funções realizadas.

© John Wiley & Sons, Inc.

Por que microsserviços?

Os microsserviços incorporam muitos aspectos dos novos processos de desenvolvimento. Mudando o foco do desenvolvimento, eles respondem com velocidade de implantação e capacidade de atualizar a funcionalidade.

As organizações devem conseguir se adaptar às necessidades de seus clientes com rapidez e criar soluções inovadoras para continuarem competitivas. Os processos Agile são também adequados para atender a esses objetivos. O desenvolvimento começa definindo uma necessidade comercial ou proposta, depois determina como montar um sistema de serviços para atender a essas necessidades. As antigas metodologias de desenvolvimento prestavam menos atenção nos estímulos comerciais reais de mudança: os requisitos não funcionais ou os atributos de qualidade.

LEMBRE-SE

Hoje os clientes demandam componentes reutilizáveis que possam ser trocados dentro e fora de uma aplicação sem interromper a aplicação, e as aplicações baseadas em microsserviços podem atender a essa necessidade. Os requisitos do setor financeiro para uma melhor matriz de risco e maiores controles são movidos não só pelos mercados, mas também pelas regulações governamentais. Os especialistas em risco devem conseguir entender facilmente suas posições e vulnerabilidades na área de liquidez, câmbio, crédito e risco patrimonial, para citar alguns. É por isso que os sistemas de risco para instituições financeiras devem ser baseados em uma arquitetura de microsserviços. A necessidade de recursos em tempo real requer, por natureza, que os sistemas não devem ficar offline para serem atualizados. No mundo de sistemas de riscos existentes, tempo e dinheiro para atualizar são impedimentos; com a arquitetura de microsserviços, estes podem ser implantados rápido, sem conhecimento do usuário — simples assim.

Ainda é em tempo real?

As transações em tempo real sempre foram um desafio por causa da necessidade de atualizações e processamento quase instantâneos. Ferramentas como estratégias de desenvolvimento Agile, gerenciamento de APIs, GPU (unidade de processamento gráfico) e CPU (unidade de processamento central) e microsserviços ajudaram os desenvolvedores a atender a esse desafio. Usando essas modalidades, junto de uma grande acessibilidade a uma análise financeira e de dados, agora é possível operar em ambientes que são:

» Síncronos: Permitindo um acesso simultâneo aos pontos finais/dados.

» Bidirecionais: Permitindo a transferência de dados em ambas as direções simultaneamente.

» Ativos no ponto final: Permitindo que os pontos finais sejam emissores e receptores.

» Quase instantâneos: Permitindo ações em tempo real e fornecendo um acesso armazenado otimizado e acessível a dados limpos.

O obstáculo que ainda resta é a necessidade de os ambientes de computação serem flexíveis e grandes o bastante para lidarem com volumes de fluxo constante. Esses ambientes e processos precisam ser dimensionáveis e elásticos, ou seja, devem conseguir aumentar e diminuir para aceitar a carga de trabalho adicionando recursos e se adaptar à necessidade deles de modo dinâmico.

Quais são as vantagens e os desafios dos microsserviços?

LEMBRE-SE

Os microsserviços têm muitas vantagens, o que os torna atraentes para as empresas que lutam para superar problemas com antigos métodos de desenvolvimento, como a abordagem em cascata. Veja um resumo das principais:

» A entrega é contínua.

» Eles têm manutenção, implantação e escalonamento separados de cada serviço.

» São necessários pequenos grupos trabalhando de modo autônomo.

» O teste é contínuo.

» Um erro fica isolado em um serviço, tornando os reparos mais fáceis de identificar e corrigir.

» Uma troca fácil gera mais experimentação por parte da equipe de desenvolvimento.

» A velocidade de entrega reduz o tempo de entrada no mercado.

CUIDADO

Alguns desafios são inevitáveis em qualquer metodologia. Com os microsserviços, normalmente pode ser difícil:

» Definir a estrutura de arquitetura deles.

» Definir o conjunto certo de funções em um serviço.

» Coordenar o acoplamento de serviços a serem entregues em uma aplicação.

» Isolar como os requisitos de chamada dos serviços são orquestrados em uma aplicação "distribuída".

» Manter a consistência dos dados em armazenamentos de dados individuais.

Desenvolvimento rápido de aplicação

O processo RAD foi desenvolvido devido ao desejo de encurtar o tempo de entrada no mercado usando um desenvolvimento de especificações menos particular, implementar uma revisão rápida e um protótipo contínuo e adicionar uma funcionalidade baseada em negócios aos estágios iniciais do desenvolvimento de requisitos. A popularidade do desenvolvimento Agile e dos microsserviços gerou demanda por ferramentas criadas especificamente para suportar o RAD. O conceito RAD foi incorporado no processo de desenvolvimento Agile e é muito utilizado na estrutura dos microsserviços.

Os microsserviços contam com serviços como Git, um sistema de desenvolvimento de versões para controlar a fonte e a *conteinerização*. Conteinerização é o processo pelo qual a aplicação completa é entregue com todos os seus arquivos de configuração e dependências no processo de versão mais limpo e eficiente. As ferramentas que os desenvolvedores normalmente usam para criar esse ecossistema incluem Docker, Mesosphere e Kubernetes.

Os objetivos finais dos ambientes e processo RAD são:

» Uma implantação uniforme e consistente em que cada serviço é executado em um contêiner e usa menos recursos do que as máquinas virtuais separadas usariam para cada serviço.

» A capacidade de aproveitar funções automáticas de expansão horizontal, inclusive expansão do desempenho, tolerância a falhas e capacidades de teste automáticas.

» Suporte nos ambientes de nuvem.

Integração contínua e modularidade

Integração e versões contínuas são essenciais para o sucesso do desenvolvimento de microsserviços. As equipes precisam ter ambientes que as capacitem a enviar código continuamente, e que ele seja autotestado pelo desenvolvedor. Todos os membros da equipe devem ter acesso a esse ambiente para que os interessados possam verificar, em tempo real, se o que está sendo criado está de acordo com as necessidades comerciais. A integração contínua permite pequenos ciclos de lançamento e um QA contínuo.

A arquitetura de microsserviços é criada para incorporar não apenas o código, mas também o fluxo de trabalho e os processos comerciais. Adicionar fluxo de trabalho ao código permite o realinhamento rápido quando mudanças são requeridas. Cada serviço é separado e pode ser trocado sem que se reinstale a aplicação inteira.

Os microsserviços podem se comunicar de forma nativa usando padrões de interoperabilidade do setor. Esses padrões facilitam combinar o "melhor" código com processos ou fluxos de trabalho personalizados sem se preocupar com a compatibilidade. Alguns exemplos desses padrões incluem:

» A separação do código em várias bases de dados, chamadas SOA (Arquitetura Orientada a Serviços).

» Persistência poliglota — armazenamentos de vários dados em função das necessidades.

» Expansão automática e equilíbrio da carga.

» Descentralização do banco de dados.

» Replicação otimista.

» Permissão de nuvem e conteinerização.

CAPÍTULO 4 **Definindo a Tecnologia por Trás da FinTech**   81

LEMBRE-SE

O desenvolvimento de microsserviços é um salto gigantesco em relação a abordagens de desenvolvimento mais tradicionais. Esse desenvolvimento enfatiza as exigências comerciais e o fluxo de trabalho. Entendendo os processos comerciais do início ao fim na corporação, as equipes evitam reinventar serviços que têm a mesma função. O processo se torna o bloco de construção no qual todas as necessidades semelhantes são chamadas. A Figura 4-8 mostra um sistema criado que utiliza microsserviços.

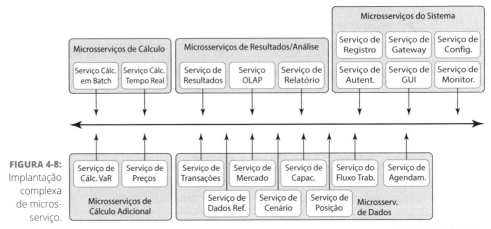

FIGURA 4-8: Implantação complexa de microsserviço.

© John Wiley & Sons, Inc.

O segredo para desenvolver sistemas de microsserviços eficientes é cada microsserviço ter APIs REST claramente definidas, gerenciamento de eventos e armazenamento de dados específico. Uma GUI pode ser planejada para atender especificamente às necessidades do usuário final por meio de scripts ou wrappers do Python. Os microsserviços também podem ser chamados diretamente e não têm de usar uma GUI para exibir os resultados. Eles podem utilizar APIs RESTful e eventos do domínio comercial, que podem ser publicados em um agente de mensagens ou criados na arquitetura do microsserviço. Embora o REST (explicado anteriormente neste capítulo) não seja um requisito dos microsserviços, é um protocolo útil.

LEMBRE-SE

Quando nos referimos a microsserviços, estamos falando sobre uma qualidade chamada modularidade. Eles são altamente modulares. Cada um é formado por componentes que podem ser combinados de vários modos para atender a diferentes necessidades comerciais.

A reutilização é o segredo do custo-benefício de um microsserviço. Se projetados corretamente, os mesmos componentes de serviço servem a vários usuários em muitas frentes comerciais. O mecanismo de entrega está predefinido no conceito de "baixo acoplamento". Os serviços são executados com autonomia, o que aumenta a escalabilidade e a disponibilidade. Eles suportam falhas e podem ser automatizados para trocarem perfeitamente os serviços com falhas sem interromper nem paralisar outros microsserviços em uso.

Montando uma equipe de desenvolvimento de microsserviços

DICA

As equipes de desenvolvimento de serviços são baseadas na abordagem de pequenos subconjuntos do Agile. Esses grupos são de vários departamentos e devem incluir um gerente de projetos, chefe de desenvolvimento, desenvolvedores, recursos QA e analistas comerciais. Os especialistas do domínio são absolutamente necessários, e as equipes locais funcionam melhor porque podem interagir diretamente com regularidade.

Todos os membros da equipe devem focar a implementação da proposta comercial como definida. A equipe é responsável por todos os aspectos durante e após o desenvolvimento. O custo da entrega deve ser muito reduzido segundo a natureza da equipe e a propriedade dos resultados.

Agrupando Eficiências: Processamento em Batch

A FinTech foi encarada como uma força disruptiva no setor financeiro, mas isso não significa que devemos descartar tudo. Por tradição, o processamento em batch tem sido a estrutura com a qual bancos e outros serviços financeiros lidam e processam os dados. Com tal processamento, uma organização com estrutura tradicional gera, reconcilia e armazena dados para todas as áreas de operação: linha de frente, escritório médio e retaguarda. Há um motivo para esse método: ele centraliza os dados e permite atualizações precisas, aliviando a pressão dos limites de tempo que existem no dia de trabalho.

Embora a pressão moderna possa ser para o processamento e o consumo de dados em tempo real (vistos antes neste capítulo), ainda haverá operações que são entregues de forma mais inteligente em lotes, no final do dia de trabalho. Exemplos de processamento que devem continuar em batch são relatórios de dados históricos, de faturamento, de custos agregados e qualquer relatório que não mude sempre, como conciliações ou folhas de pagamento no fim do mês. O processamento em batch continuará a ser o principal requisito para todas as organizações, embora possa haver partes dos processos em batch tradicionais no fim do mês que sejam trabalhadas em tempo real.

DICA

Ao considerar quais processos em batch atuais devem ser trabalhados por computações caras e de tempo real baseadas em APIs e microsseviços, faça e responda a estas perguntas:

» Qual é o custo-benefício de migrar para esse processo?

» Quem consome os dados gerados?

» Esses dados devem ser reconfigurados e alterados para diferentes usuários finais?

» Os dados devem ser continuamente atualizados e revistos?

» Em geral, os dados são executados com um script que não precisa ser alterado com frequência?

LEMBRE-SE

Se não há urgência para uma análise em tempo real, não há pressão para o processamento, e se os dados produzidos são estáveis, revistos ou alterados com pouca frequência, não compensará mudar as operações em batch para que ocorram em tempo real.

Melhorando o Gerenciamento de Dados

Os dados são a essência de qualquer aplicação. Um clichê muito usado (mas com certeza verdadeiro) é "Os dados são o novo petróleo". A maioria das organizações, grandes ou pequenas, tenta constantemente melhorar a captura de todos os dados relevantes, tomando micro e macrodecisões corretas e aumentando a velocidade na qual os dados podem ser adquiridos para fazer um bom uso deles. À medida que a inteligência artificial e o aprendizado de máquina (IA e AM) e técnicas de data science ficam mais comuns, a importância dos dados só aumenta.

Se o foco de uma aplicação é dar suporte à decisão, à automação ou ao processamento analítico, é imperativo que se tenham dados adequados, precisos e completos para alimentar essas aplicações.

Diferenciando os tipos de dados

LEMBRE-SE

O campo FinTech tem uma grande variedade de tipos de dados e complexidades. Muitas vezes, os dados são classificados nas seguintes categorias maiores (listadas aqui dos lentos para os rápidos):

» **Dados estáticos:** Não mudam muito nem diferem entre os participantes do mercado em geral. Exemplos incluem moedas, convenções, fusos horários e calendários.

» **Dados de referência:** Incluem listas de valores permitidos e descritores de campos usados nos dados de transações. Eles mudam regularmente e são específicos de uma instituição (em comparação com os dados estáticos, que não variam entre elas). Exemplos incluem definições de produtos, títulos, ações corporativas, terceiros, Anexos de Suporte de Crédito (CSAs), lucros líquidos/margens, pessoas jurídicas e contabilidade.

» **Dados de títulos:** São um tipo de dado de referência. É um conjunto de registros que representa ativos financeiros intangíveis que identificam a propriedade parcial em uma entidade corporativa ou o direito a fluxos de caixa futuros (como empréstimos ou títulos), com ou sem cláusulas de contingência. Os dados de títulos são vendidos/comprados em unidades e são identificados exclusivamente por valores como ISINs (Números de Identificação Internacional dos Títulos) e CUSIP (Comitê para Procedimentos Uniformes de Identificação dos Valores Mobiliários).

» **Dados jurídicos:** Incluem informações sobre *pessoas jurídicas,* como o nome sugere. Pessoa jurídica é uma entidade formada por leis nacionais ou internacionais aplicáveis com permissão para negociar e/ou operar em certos mercados financeiros. Terceiros e contas são subtipos específicos de pessoas jurídicas, com os quais a entidade tem relações financeiras.

» **Dados comerciais:** São um conjunto de registros que representam as transações entre um comprador/vendedor de um título ou entre duas partes que fazem um contrato derivativo OTC (Venda Livre). Os dados comerciais podem ter muitos atributos dos dados de referência e estáticos, como pessoas jurídicas, contabilidade, terceiros ou moedas.

» **Dados da posição:** Um conjunto de registros que representa o número total de títulos que se tem ou quantias em dinheiro. Como os dados comerciais, os dados da posição podem ter muitos atributos dos dados de referência e estáticos, como pessoa jurídica, contabilidade, terceiros ou moedas.

» **Dados do mercado/fontes de precificação:** Dados que indicam o preço e os títulos ou as transações OTC que foram negociados ou cotados. Os dados do mercado podem ser rápidos, com uma taxa de várias cotações por segundo.

» **Dados derivados/dados dos resultados:** Derivados de outros conjuntos de dados após uma série de cálculos ou processamento analítico.

Quanto mais rápido os dados se movem, menos confiáveis são, pois mudam com maior constância. A Figura 4-9 mostra a velocidade dos dados versus a tensão de confiabilidade que existe entre os diferentes tipos.

FIGURA 4-9: Tensão entre velocidade e precisão dos dados.

© John Wiley & Sons, Inc.

Validando, melhorando e limpando os dados

LEMBRE-SE

Os dados, sobretudo os de mercado rápidos, podem ter ruídos ou estar corrompidos devido à exata natureza dos mercados financeiros e dos mecanismos de captura existentes. É essencial planejar e implementar um processo global de validação de dados, melhoria e limpeza, para garantir que os sistemas operem sem problemas e produzam os resultados desejados. Os dados ruins podem levar a resultados incorretos e até resultar em um alto risco operacional, caso as decisões sejam baseadas em informações ruins.

As tecnologias mais usadas para esses fins no setor financeiro incluem:

» Validação dos dados: Inclui verificações de qualidade para assegurar que os dados sejam precisos e adequados. Por exemplo, os dados são avaliados quanto a pontos ausentes, exceções fora da faixa normal, dados financeiros inconsistentes (data final de uma transação antes da data inicial) etc.

» Limpeza e melhoria dos dados: Métodos para preencher dados ausentes via interpolação ou extrapolação usando médias ou técnicas avançadas de ajuste da curva ou da superfície. Em geral, os dados também são aproximados usando títulos ou outras informações do mercado afins. Em alguns casos, técnicas de IA/AM também são usadas para a melhoria de dados multifatores e não paramétricos.

Nota: A limpeza e a melhoria dos dados necessárias são diretamente determinadas pelas melhorias de entrada no mercado e dados disponíveis.

Tornando mais eficiente o gerenciamento de dados corporativos

Criar eficiências de dados em toda a empresa é muitíssimo importante. Não só ajuda a garantir um funcionamento tranquilo para todas as aplicações existentes, como também permite que aplicações mais criativas sejam criadas no futuro. Os dois elementos maiores de criação de uma abordagem eficiente para o gerenciamento de dados da empresa são a tecnologia e os processos de gerenciamento do banco de dados.

Hoje estão disponíveis muitas tecnologias de gerenciamento do banco de dados. As maiores incluem:

- » Bancos de dados relacionais: Tecnologia testada para armazenar dados e assegurar sua integridade, em geral acessados via SQL (Linguagem de Consulta Estruturada).

- » Tecnologias de big data: Tecnologias Hadoop e afins planejadas para uma integridade em grande escala, porém mais fraca.

- » Bancos de dados de séries temporais: Tecnologia para gerenciar dados da série temporal, em geral séries de dados do mercado dinâmico.

- » Bancos de dados de arrays: Tecnologia para gerenciar grandes matrizes ou arrays, usada para gerenciar conjuntos de resultados e riscos de terceiros.

- » Bancos de dados de objetos: Sistemas para gerenciar dados no nível de objetos abstratos; a adequação varia segundo a necessidade específica.

- » Bancos de dados de documentos: Tecnologia especializada em armazenar grandes documentos em XML, JSON ou texto.

LEMBRE-SE

Como os dados são um ativo enorme para qualquer instituição, deve haver uma arquitetura e uma estratégia gerais dos dados corporativos, permitindo, a cada equipe de aplicações, flexibilidade para estabelecer rapidamente os conjuntos de dados requeridos. É onde entram em cena os processos de gerenciamento de dados. Normalmente vemos uma arquitetura radial para gerenciar os dados, como mostrado na Figura 4-10. Embora seja essencial a centralização desse tipo de arquitetura de dados, também é importante tomar providências para uma mudança rápida do hub (centro), do contrário, uma estratégia corporativa de gerenciamento de dados pesada poderá impedir a experimentação e a inovação.

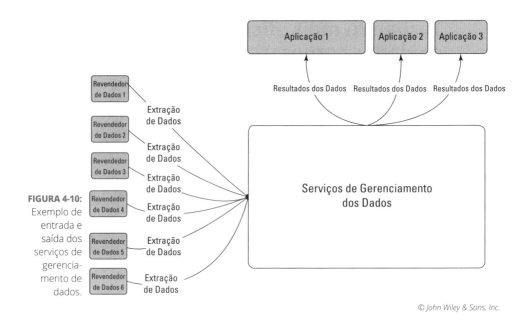

FIGURA 4-10: Exemplo de entrada e saída dos serviços de gerenciamento de dados.

© John Wiley & Sons, Inc.

Trabalhando com CPUs e GPUs

Por tradição, o processamento (converter entrada em saída) é trabalho da CPU (unidade de processamento central), o "cérebro" de um sistema de computador. Porém, uma tendência recente na FinTech é utilizar chips GPU (unidade de processamento gráfico) para ajudar a acelerar os cálculos nos computadores que devem processar com rapidez grandes quantidades de dados. Os sistemas podem ter um melhor desempenho no processamento de dados dividindo a carga de trabalho de um sistema entre CPUs e GPUs, permitindo que cada uma faça os cálculos que sabe fazer melhor.

As seções a seguir comparam e contrastam CPUs e GPUs, fornecem dicas sobre o sucesso delas e dão exemplos de uma melhoria em potencial.

Comparando CPUs e GPUs

CPUs e GPUs são criadas de modo diferente e planejadas para tarefas diferentes. Uma CPU converte a entrada em saída fazendo operações matemáticas. É o centro de controle de um computador, executando várias tarefas, que incluem análise, lógica matemática, cálculos e apresentação de imagens. As GPUs são processadores mais especializados que se destacam em tarefas simples e repetitivas. Elas foram projetadas inicialmente para uma apresentação visual complexa em jogos de computador.

Uma CPU pode fazer muitos cálculos diferentes para concluir uma tarefa. A maioria tem conjuntos complexos de instruções, portanto, os programadores podem recorrer a diferentes operações matemáticas para fazer um cálculo. Por outro lado, uma GPU tem um conjunto reduzido de instruções, assim pode fazer menos operações matemáticas. Contudo, em parte por causa dessa simplicidade, uma GPU pode realizar certas tarefas matemáticas com mais rapidez que uma CPU.

CPUs e GPUs operam em núcleos. *Núcleo* é um único processador em uma CPU ou GPU. As CPUs costumam ter apenas um núcleo; hoje, elas podem usar vários núcleos, mas apenas em série, não simultaneamente. Em comparação, uma GPU usa todos os seus núcleos de computação simultaneamente em um cálculo, executando milhares de processos em paralelo, portanto, pode apresentar sua saída com uma velocidade incrível. Como o setor financeiro deseja e precisa de processamento paralelo ao lidar com big data, implementar uma estratégia de GPU faz muito mais sentido.

A capacidade de uma CPU pode ser melhorada pelo multiprocessamento (adicionar mais CPUs em série) ou pela multitarefa (criar mais tarefas [threads] em um único processador). No multiprocessamento, a CPU troca entre vários programas, criando a ilusão de executar todos eles simultaneamente. Na multitarefa, a CPU troca rapidamente entre as threads, fazendo parecer que são executadas simultaneamente. A multitarefa agiliza o processo da CPU porque a memória usada por todas as threads é compartilhada em um processo. O multiprocessamento aloca um armazenamento diferente da memória para cada processo iniciado.

As CPUs têm a vantagem da estabilidade. As tarefas da CPU são bem estáveis, ao passo que uma GPU travará se exigida demais. As CPUs também são mais confiáveis e precisas nos cálculos. Na área financeira, a precisão é importante.

Determinar o custo das CPUs versus GPUs em um sistema não é necessariamente como comparar coisas iguais. As CPUs são mais caras por núcleo do que as GPUs, porém, menos núcleos podem ser necessários para realizar tarefas mais complexas. Os cálculos financeiros mais complexos, quando realizados em uma GPU, requerem placas de GPU mais caras.

As CPUs podem obter rapidamente os dados armazenados na RAM (espaço de memória principal). A memória virtual é um espaço secundário, menos acessível, porém necessário para o armazenamento de operações computacionais mais complexas. As CPUs são otimizadas para cálculos de números inteiros; o ponto flutuante requer muito mais computação. A determinação de usar 32 versus 64 bits também pode aumentar ou diminuir a velocidade de processamento da CPU. Os sistemas de 64 bits geralmente são mais lentos porque precisam de mais memória e são chamados mais lentamente que os de 32 bits. Leva mais tempo de processamento ler um ponteiro de 64 bits. Nas GPUs, todo o processamento ocorre simultaneamente.

CAPÍTULO 4 **Definindo a Tecnologia por Trás da FinTech** 89

USANDO UMA SIMULAÇÃO MONTE CARLO

Para estabelecer os benefícios próprios de usar uma GPU, uma grande base de computações foi testada, desde simples transações isoladas a diversas transações de cestas de títulos em várias moedas. Foi descoberto que a aceleração em todos os tipos foi uniforme.

As GPUs eram NVIDIA. CUDA é uma plataforma paralela e uma disciplina de programação que a NVIDIA desenvolveu, permitindo que os desenvolvedores maximizem as velocidades de processamento por meio da paralelização. É uma disciplina especializada. Com a CUDA, a GPU é realmente usada como um coprocessador com a CPU para paralelizar a natureza da CPU que requer mais recursos computacionais.

Os resultados foram medidos usando o NVIDIA Tesla V100, da arquitetura NVIDIA mais recente da Tesla para GPUs profissionais. O teste foi usar uma simulação Monte Carlo (MC), que por sua exata natureza requer muitos caminhos para assegurar os melhores resultados. MC conta com centenas de milhares de caminhos para cruzar amostras aleatórias e garantir a precisão. Nos números típicos dos caminhos Monte Carlo, foi observada uma aceleração vinte vezes maior. No pico, conseguiram atingir uma velocidade 120 vezes maior para um grande número de caminhos Monte Carlo: 300 mil. O fator de velocidade aumenta conforme o número de caminhos Monte Carlo. Consulte a Figura 4-11 quanto à eficiência de usar a GPU em detrimento da CPU quando as tarefas são simplificadas e otimizadas. E veja a Figura 4-12 para saber como a GPU é mais rápida quando a quantidade de caminhos é grande.

Para programas computacionalmente muito pesados, quando sua estratégia GPU está configurada corretamente, você deve ver uma paralelização quase perfeita em várias GPUs conectadas à mesma CPU (um único soquete). Nas configurações de hardware com vários soquetes (em que as GPUs estão conectadas a várias CPUs), um objeto da aplicação é criado em cada soquete na aplicação para assegurar uma paralelização quase perfeita em todas as GPUs.

LEMBRE-SE

No momento, GPUs nem CPUs podem substituir uma à outra. Os dois tipos de unidades de processamento são necessários para a entrega da saída mais eficiente. O modo de combinar melhor suas capacidades dependerá do uso esperado e é uma determinação mais bem feita por especialistas da computação.

Planejando o sucesso

Maximizar o desempenho da computação não é algo que acontece simplesmente porque você colocou algumas CPUs ou GPUs extras no sistema. Tem de ser planejado e testado com cuidado, começando pela definição do caso de uso. Isso orientará o tipo de placa(s) de GPU a ser usado, assim como o hardware necessário.

E mais, o software deve ser escrito para aproveitar a combinação da capacidade de processamento da CPU e da GPU. Bancos, fundos de cobertura e outras instituições financeiras desenvolveram abordagens únicas para analisar seus algoritmos e ter mais eficiência com a computação GPU acelerada.

A melhoria do desempenho é muito mais arte do que ciência. Em geral, o código precisa ser refatorado para utilizar a GPU. Muitos algoritmos acelerados da GPU e de código aberto podem ser adaptados ao código existente. Empresas podem usar ferramentas de visualização para fazer o caso de uso detalhado e o planejamento do fluxo de trabalho requerido. A grande vantagem de financiar o uso de GPUs é acelerar computacionalmente os algoritmos financeiros caros.

Estimando a melhoria em potencial

O desempenho da GPU não é nada linear. Uma empresa deve realizar um teste real no hardware para otimizar o desempenho e obter estimativas em tempo real. Mas é razoável examinar os dados de outras empresas para ter uma estimativa aproximada do que é possível.

A Numerix, LLC, criou e testou um caso de uso, com informações e assistência da NVIDIA, para explorar as possíveis melhorias na velocidade da computação ao usar GPUs. Os gráficos nas Figuras 4-11 e 4-12 resumem o que descobrimos. Eles mostram benchmarks sincronizados para diferentes instrumentos financeiros precificados segundo vários modelos. Um fator de velocidade típico para precificar um dispositivo GPU versus precificar a CPU com uma tarefa, que é uma das métricas padrões e populares usadas para comparar as velocidades da GPU e da CPU, é vinte vezes maior, até quarenta vezes no pico (veja o box "Usando uma simulação Monte Carlo" para ler sobre os fundamentos desse teste).

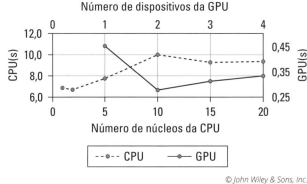

FIGURA 4-11: A velocidade de uma simulação Monte Carlo usando CPU versus GPU.

© John Wiley & Sons, Inc.

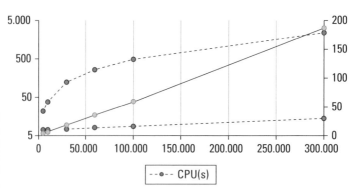

FIGURA 4-12: A velocidade acelerada da GPU em vários caminhos.

© John Wiley & Sons, Inc.

LEMBRE-SE

Ao considerar uma estratégia GPU, note que ainda é uma tecnologia relativamente jovem e os avanços são feitos por trimestre.

Escolhendo uma Linguagem de Programação

Em geral, novas linguagens de programação são criadas em resposta a uma necessidade não atendida. Nos últimos tempos, elas têm surgido em resposta às demandas por mudanças mais rápidas da nova funcionalidade em novas versões, melhor controle de qualidade, velocidades de computação mais rápida e cálculos quase em tempo real.

Como visto antes neste capítulo, várias tendências do setor mudaram o modo como é feito o desenvolvimento de aplicações. Todos esses fatores tornaram menos desejáveis muitas linguagens de programação mais tradicionais:

» Estratégias da API permitiram os desenvolvimentos interno e externo.

» Microsserviços, com pequenas equipes multifuncionais, mudaram quem está envolvido no processo e como os membros da equipe com diferentes habilidades se comunicam.

» A demanda por processamento de grandes quantidades de dados no menor espaço de tempo fez com que desenvolvedores buscassem meios de incluir GPUs.

Linguagens de programação fáceis de escrever e entender estão vindo para a linha de frente, porque agora engenheiros financeiros, pesquisadores científicos e desenvolvedores comerciais estão envolvidos diretamente com programadores. Os especialistas podem usar essas novas linguagens para escrever especificações e testar planos que todos na equipe conseguem compreender. Os usos modificados também afetaram as escolhas das linguagens; Agile e RAD são muito mais fáceis do que outras para algumas linguagens. Nem todo projeto é bem codificado usando um paradigma monolítico, portanto, a capacidade de usar vários paradigmas em uma única linguagem levou a uma construção de software mais elegante.

As próximas seções examinam três linguagens de programação modernas e em ascensão que o setor FinTech adotou: Python, Julia e R. Com cada uma em seu papel, cabe a você entender os benefícios para poder aplicar adequadamente a linguagem correta para resolver seu problema.

Python

Segundo a síntese no site oficial do Python (`www.python.org/doc/essays/blurb` — conteúdo em inglês):

> Python é uma linguagem de programação interpretada, orientada a objetos e de alto nível com semântica dinâmica. Suas estruturas de dados predefinidas e de alto nível, combinadas com tipificação e vinculação dinâmicas, tornam-na muito atraente para o RAD (Desenvolvimento Rápido de Aplicação), assim como para uso como uma linguagem de script ou união para conectar os componentes existentes. A sintaxe simples e fácil de aprender do Python enfatiza a legibilidade, portanto, reduz o custo de manutenção do programa. O Python suporta módulos e pacotes, o que encoraja a modularidade do programa e a reutilização do código. O interpretador Python e a biblioteca padrão extensiva estão disponíveis no código-fonte ou na forma binária sem custos para todas as plataformas maiores, e podem ser distribuídos gratuitamente.

O Python foi criado em 1980, e desde então foi tão usado que agora é considerado uma linguagem "popular", como Java, C# ou C++. O que torna o Python tão atraente é que ele não requer uma compilação padrão, tornando a depuração mais simples e rápida.

Embora a definição fornecida pelo site do Python diga que ele é um código interpretado, a verdade é que ele é híbrido. É um código de bytes interpretado que também requer compilação. Um interpretador é usado para converter o código durante a execução no código executável, sendo desnecessária uma compilação tradicional. Como não é compilado de modo padrão, os tipos não são declarados estaticamente, mas são dinâmicos.

O Python é de código aberto (veja o Capítulo 10), tem uma grande comunidade de usuários e um site oficial ativo para as necessidades de suporte e desenvolvimento. A linguagem é simples de usar, fácil de aprender e bem suportada. Ele funciona em todos os SOs padrões. As próximas seções dão mais detalhes.

Fornecendo suporte para diferentes estilos de programação

Paradigma é uma classificação do estilo de programação que demonstra a estrutura geral ou o foco da linguagem baseada em recursos da estrutura do código. O Python suporta vários paradigmas, parcial ou completamente, inclusive:

» **Funcional (matemático):** Tipo de programação linear tradicional que apresenta o código em uma série de funções lineares matemáticas.

» **Imperativo (melhor para ordenar estruturas de dados):** Abordagem passo a passo ou com instruções.

» **Orientado a objetos (apenas parcialmente disponível):** Uma abordagem que cria grupos que podem ser chamados em blocos.

» **Procedural (iterativo):** Uma abordagem que cria uma lista de instruções.

Um dos aspectos mais compensadores do Python é que ele não foi desenvolvido no vazio. É entregue em um pacote que inclui ferramentas, bibliotecas e módulos que o interpretador pode acessar sem uma importação adicional.

Universidades e novas tecnologias adotaram o Python como um instrumento de mudança. Ele é usado não só por codificadores, mas também por desenvolvedores informais, cientistas e especialistas no assunto. O Python tem uma pilha de ferramentas e programas especializados criados para a comunidade científica, chamada de "pilha científica". Ele pode armazenar e lidar com dados homogêneos e heterogêneos. Muitas vezes, essa pilha é o fator decisivo para que se escolha o Python entre outros tipos de novas linguagens de programação.

O setor financeiro usa o Python porque ele se aproxima mais de fórmulas e termos matemáticos que qualquer outra linguagem. Algoritmos numéricos são convertidos facilmente no Python. O fato de que não precisa ser compilado é um trunfo, porque a conversão da construção numérica para o código Python é quase equivalente. O Python também incorporou bem a programação usada para o desenvolvimento da inteligência artificial (IA), que acreditamos fazer parte do futuro da FinTech.

DICA

O Python tem uma extensa biblioteca e pacotes adaptados à especialidade do desenvolvedor. Por exemplo, veja iPython (https://ipython.org) e Jupyter Notebook (https://jupyter.org — conteúdos em inglês).

Examinandos prós e contras

O Python tem muitos benefícios que o tornam recomendável. É fácil de aprender e usar, mesmo para não codificadores. Tem um ecossistema robusto e grupos de usuários que dão suporte à inovação, e um interpretador consistente. Como mencionamos antes, ele tem uma pilha científica, e sua linguagem é próxima de construções numéricas, portanto, é uma opção natural para o setor financeiro. De fato, o Python já foi assimilado em muitos grandes bancos. Acrescente a isso o suporte com vários paradigmas, ferramentas de depuração predefinidas e centenas de pacotes pré-configurados, e o Python é uma bela escolha.

CUIDADO

Claro que o Python não é perfeito. Ele requer muita memória para operar, e sua camada de acesso ao banco de dados não é altamente desenvolvida, portanto, não se comunica bem com dados externos mais complexos. Também não é muito eficiente ao criar aplicações móveis. E mais, o processo de desenvolvimento é diferente no Python, porque ele é uma linguagem dinâmica. O controle de qualidade não é robusto, e normalmente os erros não são antecipados até a execução.

Julia

Julia é uma linguagem de programação de alto nível e performance, dinâmica e compilada. Foi construída para maximizar a velocidade, em particular para cálculos matemáticos lineares e simulações matriciais. Ela usa a LLVM (Máquina Virtual de Baixo Nível) para compilar o código muito rápido. O projeto LLVM é uma tecnologia do compilador que usa compiladores reutilizáveis e um conjunto de ferramentas de programação especializadas para acelerar a compilação. Julia usa um tipo dinâmico parecido com o script.

Como o Python, Julia é de fonte aberta, com uma linguagem de fácil acesso e bibliotecas e ferramentas que facilitam seu uso. Foi criada em 2009, portanto, é relativamente nova. Focou especificamente as necessidades da ciência computacional e da comunidade analítica. Sendo bem nova, não tem comunidade de usuários nem rede de suporte para usuários, como o Python. Também não amadureceu o suficiente para ter muita oferta de bibliotecas como o Python.

A conversão do código é unidirecional apenas. Você pode mover o código de outras linguagens para a Julia, mas tentar converter dela para outra linguagem não é uma tarefa simples. Começar a usar a linguagem pode ser mais fácil do que o Python (ou o R, explicado em seguida), pois a instalação é bem independente.

Julia é mais rápida que o Python. Seu ponto forte está nos cálculos matemáticos. Ela foca apenas as tarefas essenciais de computação, não a qualidade/integração dos dados. Python e Julia suportam o paralelismo e a computação heterogênea. Como o Python, Julia foi desenvolvida para o futuro da aprendizagem IA, e, como a pilha científica do Python, Julia foi projetada para a computação científica e numérica. Tem ferramentas científicas, soluções predefinidas e uma estrutura para suportar simulações. Também tem APIs que podem ser usadas para desenvolver visualizações. Na Julia, tudo é escrito como uma expressão. É minimalista, mas elegante e suporta computações distribuída e paralela.

CUIDADO

A principal desvantagem da Julia é sua idade; é muito jovem e não tem um grupo de usuários consolidado. Está também principalmente no domínio da única empresa que a desenvolveu e fornece seu suporte.

R

O R foi criado em 1990 e diferencia do Python basicamente pelo foco na computação estatística e de mineração de dados. Como o Python, é uma linguagem interpretada. Como o Python e a Julia, é de código aberto. Sua adoção ficou muito atrás da adoção do Python devido à percepção de que seu caso de uso está limitado à programação estatística e de dados.

O R pode ser usado para desenvolver aplicações da web. As bibliotecas R foram projetadas para implementar modelos lineares e não lineares. É uma linguagem altamente extensível e acessível por meio de várias linguagens de script, como Perl, Python e Ruby. Pode ser vinculada ao código não R para executar funções que requerem mais computação. Os objetos R podem ser chamados direto por praticamente qualquer código de primeiro nível. É mais interessante por sua natureza extensível, e muitas vezes é comparado com pacotes estatísticos comerciais, como SAS e Stata.

As estruturas de dados do R são diferentes das estruturas da Julia e do Python. Derivada de uma linguagem chamada Scheme, desenvolvida nos Laboratórios de IA do MIT em 1970, a linguagem R é exibida como vetores, arrays e estruturas de dados. Sua estrutura de design limitada a deixou com um uso também limitado, embora seja considerada elegante em seu minimalismo. Suporta muitos paradigmas. Assim, é o usuário quem estende e cria os pacotes que compõem as ferramentas do programa. Mais de 16 mil pacotes estão disponíveis para incluir no código. O R tem um grupo de usuários expressivo e ativo, realizando um evento anual.

Como foi projetado como ferramenta estatística, lida muito bem com os requisitos técnicos da disciplina para computações de big data, tornando-o atraente para aplicações FinTech. Tem sido usado para pesquisa e pela comunidade científica por muitos anos e tem milhares de pacotes já desenvolvidos e testados para usar nessa comunidade. Foi originalmente desenvolvido para ser executado no GNU, mas pode funcionar em todos os principais SOs.

NESTE CAPÍTULO

» Descobrindo os requisitos computacionais

» Investigando as aplicações descentralizadas (DApps)

» Considerando a computação quântica

Capítulo **5**

Encarando o Enigma da Computação

As instituições financeiras enfrentam demandas cada vez maiores de processamento e análise de dados em tempo real. Junto da necessidade de lidar com big data, há uma crescente preocupação em torno da segurança e da privacidade, sem mencionar as preocupações regulatórias quanto ao processamento e à retenção desses dados. Com tecnologias de ponta, entrega na nuvem e mecanismos de armazenamento, confiança aumentada nas interfaces para programação de aplicações (APIs) e novos processos de desenvolvimento, a FinTech oferece a bancos e instituições financeiras um caminho a seguir que lida de modo mais eficiente com suas demandas por desempenho.

Este capítulo examina as várias tecnologias de computação que podem ser empregadas para atender a esses requisitos. Vemos a computação na memória, na nuvem, em aplicações descentralizadas e na computação quântica.

Determinando os Requisitos Computacionais

Na FinTech, *planejamento da capacidade* se refere a estimar o hardware e o software requeridos para as necessidades de processamento de um banco. Os novos níveis de dados e processamento de transações (muitas vezes em tempo real ou quase real), a flexibilidade do cloud bursting e os requisitos regulatórios adicionaram complexidade ao processo. O conceito de cloud bursting e suas implicações são mais detalhados no Capítulo 6.

LEMBRE-SE

Para grandes computações e funções de big data, quatro fatores determinam os requisitos de processamento:

» **Volume:** Quantos dados são coletados e armazenados?

» **Velocidade:** Com que frequência os dados são processados e criados?

» **Veracidade:** Qual é a qualidade dos dados?

» **Variedade:** Como diferem os dados sendo processados?

As respostas impactam diretamente o custo computacional. Você pode usar algumas regras gerais para fazer estimativas aproximadas das necessidades computacionais; a maioria dos provedores de nuvem tem ferramentas para determinar os custos com base no uso proposto. Mas a FinTech tem um conjunto de habilidades interno para analisar e determinar as melhores configurações para reduzir o custo, maximizando o desempenho.

Estão disponíveis diversas tecnologias inovadoras para atender a esses requisitos. As seções a seguir examinam duas tecnologias: computação na memória e virtualização. Algumas outras tecnologias promissoras que ajudam na redução do tempo computacional incluem contabilidades distribuídas (explicadas posteriormente neste capítulo), computação expansível sob demanda na nuvem (coberta no Capítulo 6), inteligência artificial e aprendizado de máquina (tratados no Capítulo 12).

Computação na memória

LEMBRE-SE

A *computação na memória* armazena os dados na memória RAM (de acesso aleatório) em uma rede de computadores que executam processos paralelos. Não é um conceito novo, mas recentemente tem tido uma maior demanda por causa do menor custo da RAM. Para as FinTechs, em que a capacidade de processamento e a velocidade são críticas, uma rede de computação escalonável na memória é uma necessidade. Essa rede pode ser hospedada fisicamente ou disponibilizada na nuvem.

Uma rede na memória consiste em um farm de servidores distribuídos que realiza um processamento paralelo de tarefas computacionais. Um cache de memória, que se comunica entre uma aplicação e um banco de dados, é replicado na rede, disponibilizando os serviços continuamente nos nós, sem depender do desempenho da rede. Há um armazenamento persistente, e os fluxos de trabalho podem ser personalizados. O sistema pode ser estendido para interoperar com outras aplicações.

Virtualização

Virtualização, como o nome sugere, é a criação de um ambiente virtual no qual se executa uma ou muitas aplicações virtuais ou sistemas baseados em software. As maiores vantagens da virtualização estão na redução dos custos de TI, eliminando as máquinas físicas, e na eficiência fornecida com maior escalabilidade e eficácia. Também ajuda a reduzir os custos do processamento e simplifica as necessidades de cronogramas e utilização.

A virtualização tornou atraente a computação na nuvem porque os administradores podem usar hipervisores para aumentar as plataformas operacionais virtuais com custos reduzidos, alocando de modo ideal recursos na hora. Hipervisores são uma tecnologia virtual usada para criar, executar e monitorar máquinas virtuais, que agem como se fossem físicas, mas podem ser aninhadas em um servidor e, embora operem como um hardware, são compostas apenas de arquivos de computador. Um hipervisor pode executar diversas máquinas virtuais em um servidor. A plataforma virtual permite o provisionamento de recursos para diversos casos de uso simultâneo em todas as áreas da rede.

A virtualização pode ser usada de diferentes modos:

» A virtualização do hardware é usada para monitorar processos e recursos de hardware.

» A virtualização do armazenamento reúne dispositivos de armazenamento diferentes para funcionarem como uma única unidade lógica. É especialmente vantajoso para a recuperação de desastres e backup.

» A virtualização do servidor permite que um único servidor físico funcione como se fosse muitos servidores diferentes.

» A virtualização do SO permite que vários dispositivos de computação sejam escalonados e realocados na hora.

Entendendo os DApps

Aplicação descentralizada (DApp) é uma tecnologia P2P (peer-to-peer) e de fonte aberta, organizada em blocos ligados (também conhecidos como *blockchains*) e identificáveis por meio de verificação criptográfica. Nem todas as contabilidades distribuídas são blockchain, porém a mais conhecida é. Bitcoin é o exemplo mais conhecido de DApp, mas veremos outros exemplos no Capítulo 7.

O termo *peer-to-peer* significa que não há nenhum armazenamento central de dados; cada computador pode agir como um servidor para os outros em uso, todos tendo acesso compartilhado.

As DApps são executadas em redes distribuídas. Em uma *rede distribuída*, não existe um único local nem entidade que "tem" os dados; o bloco hospeda os dados. Um nó adiciona transações a uma *contabilidade*. Essas transações ficam visíveis para todos os nós na rede, mas, uma vez adicionadas, nunca podem ser removidas.

Um *protocolo de consenso* determina a criação dos blocos, que são validados por cada nó. Cada nó está em uma rede de dados descentralizada e sincronizado com outros nós nessa rede, e todos eles devem concordar com os dados antes de estes serem adicionados a um bloco no blockchain.

LEMBRE-SE

Veja algumas coisas que todas as DApps têm em comum:

» Foram baseadas na filosofia de código aberto, e a maioria das DApps atualmente disponíveis foi criada usando estruturas de código aberto.

» São descentralizadas. Sendo uma tecnologia distribuída, as DApps são, por natureza, extensíveis.

» Requerem protocolos compartilhados. Por exemplo, o Bitcoin requer um protocolo PoW (prova de trabalho) para operar. PoW é um mecanismo que valida a transação usando uma operação demorada e difícil que, uma vez criada, é fácil de verificar. Para o Bitcoin, PoW é uma série de hashes (strings alfanuméricas) criadas por um "minerador" (desenvolvedor) para confirmar as transações de moeda no blockchain. Existem também um PoS (prova de participação) requerido; é um protocolo guiado por um conjunto de regras que fazem parte da transação e são confirmadas por um algoritmo de "consenso".

» Recompensam a boa ação do usuário. Por exemplo, as DApps do tipo Bitcoin contam com a "mineração" para a criação de hashes, que então validam uma transação. O "minerador" pode receber um pagamento pela mineração ou pela criação dos hashes necessários para a transação ser criada e validada.

As próximas seções comparam as DApps baseadas no blockchain público com as estruturas tradicionais do banco de dados e explicam a função das DApps na FinTech. Também veremos o blockchain permissionado.

Comparando DApps com aplicações tradicionais

Hoje, a maioria das instituições financeiras utiliza estruturas tradicionais do banco de dados. A estrutura em um ambiente tradicional consiste em uma rede de cliente/servidor, significando que há um servidor centralizado funcionando como a única fonte confiável para todos os dados e transações feitas nessa rede.

Apenas um usuário com permissão concedida, em geral um administrador, pode adicionar ou alterar os dados nesse serviço. Qualquer usuário com permissão para acessar os dados a partir desse servidor recebe uma atualização sempre que há uma entrada no servidor principal ou sempre que o usuário consulta esse servidor.

CUIDADO

O modelo de segurança nesse tipo de configuração também é seu ponto fraco. Os dados ficam comprometidos quando ocorre uma violação na "única fonte confiável". E mais, como é um modelo central administrado, é vulnerável à interrupção interna por meio de ações administrativas maliciosas ou descuidadas e aberto à análise de dados protegidos ou pessoais por pessoas que não devem ter acesso a eles.

Uma estrutura de dados descentralizada (DDS) é revolucionária, no sentido de que opera sem um controle central dos dados e acaba com as operações administrativas humanas. Uma aplicação de dados descentralizada opera em uma estrutura P2P. Nessa arquitetura/rede, cada nó computacional pode agir de forma independente como servidor de dados e usuário. Todos os nós se conectam por meio de um modelo de consenso e todos trabalham juntos para validar os dados criados e mantidos. A Figura 5-1 compara uma DDS e uma estrutura tradicional.

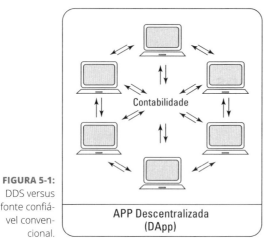
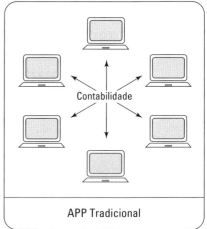

FIGURA 5-1: DDS versus fonte confiável convencional.

© John Wiley & Sons, Inc.

DICA

O modelo de dados descentralizado é mais bem usado quando não há confiança entre os operadores do evento e ter um administrador ou responsável pelos registros não é prático porque todas as entradas são criadas de modo exclusivo e simultâneo em nós separados.

Os bancos de dados mais centralizados não disponibilizam os dados em tempo real. É uma captura instantânea das atividades em determinado momento. Em comparação, uma DDS disponibiliza a informação "agora" e mantém um registro cronológico de toda a atividade mantida como uma instância imutável. Como o histórico de uma transação é mantido aleatoriamente em vários blocos, é quase impossível alterá-los por causa do alto custo computacional de tal ação. Não existe um único registro que possa ser alterado com facilidade. Portanto, o registro é considerado imutável. Essa imutabilidade tem um custo, tornando a DDS uma metodologia inadequada para itens que requerem um processamento de dados e recuperação rápidos, como no e-commerce.

LEMBRE-SE

Ao considerar quais operações devem estar em uma DDS, lembre-se de que cada membro da rede é servidor e usuário, ou seja, todos mantêm e processam os dados de modo independente, então comparam seus resultados coletivamente, em "consenso". Tal atividade requer boa capacidade computacional. Uma DDS também conta muito com a criptografia para manter os dados seguros, o que gera mais um ônus para o processamento. Mas o lado bom é que essa metodologia fornece um ambiente quase à prova de hackers.

É claro que, se você escolhe usar uma DApp permissionada ou privada, a estrutura da rede é diferente. As regras para a validação e a transparência também são diferentes.

Embora uma DDS seja transparente, de modo que qualquer servidor possa ler ou gravar em um novo bloco, é possível ter uma DDS permissionada que tenha os mesmos elementos de segurança que limitam quem pode ler ou gravar nos blocos.

CUIDADO

Ainda restam algumas questões que precisam ser resolvidas com a DApp para torná-la mais competitiva. Os pontos atuais para a adoção da DApp são:

» Escalabilidade ruim devido à complexidade da configuração da DDS.

» Uma interface do usuário complicada e pouco amigável.

» Uma grande curva de aprendizado para usuários e desenvolvedores.

Mesmo com esses problemas não resolvidos, as DApps oferecem vantagens para certos usos, inclusive:

» São mais baratas de executar que as aplicações tradicionais ou os processos presenciais. Por exemplo, os processos de pagamento e remessa, assim como câmaras de compensação e consultas online regulares dos bancos, são registrados em frações de segundo, e os custos das transações são mínimos.

» São mais seguras. Uma contabilidade distribuída é imune a ataques. Também é inalterável. Muitos bancos já usam uma tecnologia DDS para proteger as operações regulamentadas.

» O uso de uma contabilidade distribuída garante a transparência dos registros e a aplicação automática das regras.

» A integridade dos dados não muda.

Entendendo o blockchain

Blockchain é uma DDS organizada em torno de uma série de blocos. Tais blocos são constituídos de dados com data e hora em uma rede distribuída e conectada em ordem cronológica criptográfica. O primeiro bloco na série é a origem. Existe uma ligação entre o primeiro bloco e o próximo, este e o seguinte etc., criando uma cadeia de blocos, mais conhecida como blockchain. (Aposto que por essa você não esperava!)

Blockchain também é uma contabilidade distribuída P2P. Ela não tem um local central, portanto, não tem custo transacional. Cada transação é segura e automática. O início de uma transação cria um bloco, e uma rede de servidores verifica a integridade do bloco. Como cada servidor faz parte da transação, é impossível alterar o registro depois de ser criado.

LEMBRE-SE

A Figura 5-2 mostra o processo básico do blockchain para uma transação Bitcoin (detalhamos o Bitcoin mais adiante neste capítulo). Veja um resumo:

1. **Uma transação é criada com os devidos protocolos.**
2. **Diversos servidores validam uma transação.**
3. **Ela é incluída em um bloco e confirmada.**
4. **Esse bloco é adicionado à contabilidade e ligado ao bloco subsequente. Essa ligação é um hash apontado. Quando a operação de hash é concluída, considera-se que a transação conseguiu sua segunda confirmação.**
5. **As transações são confirmadas sempre que um bloco é criado.**

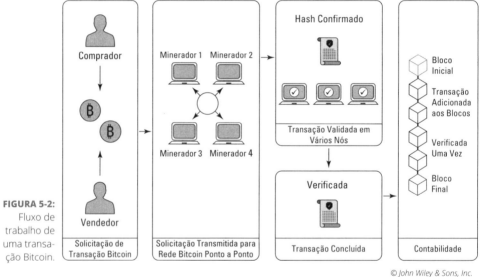

FIGURA 5-2: Fluxo de trabalho de uma transação Bitcoin.

© John Wiley & Sons, Inc.

Os principais benefícios do blockchain:

» É ponto a ponto. Não há terceiros envolvidos.
» É distribuído.
» É anônimo.
» Não pode ser alterado conforme os dados são adicionados em sequência.
» A alteração pode ser feita apenas segundo protocolos rígidos.
» É seguro.

Sabendo onde encontrar DApps

As DApps estão começando a chamar atenção em muitas áreas diferentes, inclusive:

- » **Operações cambiais descentralizadas:** Você pode achar que é a primeira área na qual a tecnologia DApp seria fundamental, mas, atualmente, as criptomoedas são lidadas por operações centralizadas hackeáveis, e só há pouco tempo as DApps foram cogitadas para um uso amplo.

- » **Jogos:** A indústria de jogos já conseguiu sucesso ao monetizar o uso de DApps. Também é uma área na qual o financiamento para o desenvolvimento já é relativamente fácil de obter.

- » **Apostas:** Apesar de se parecer com a indústria de jogos, as apostas recebem intensos ataques à segurança. O conceito blockchain é atraente no setor.

- » **Redes sociais:** As DApps atraem organizações de redes sociais porque não há um servidor centralizado para armazenar os dados, portanto, esses dados não podem ser hackeados nem manipulados.

- » **Gestão da cadeia de suprimentos:** Muitas empresas grandes usam DApps para otimizar sua cadeia de suprimentos. Por exemplo, o Walmart usa o blockchain para aumentar seu controle sobre o sistema descentralizado de delivery de alimentos. O projeto Hyperledger é seu parceiro na prova desse conceito (Hyperledger é uma aplicação blockchain permissionada, explicado posteriormente neste capítulo). Era usado inicialmente para rastrear as entregas e comprovar a autenticidade dos produtos.

- » **Pagamentos automáticos:** Empresas também estão usando DApps para criar sistemas de pagamento. Por exemplo, a Volkswagen tem um programa piloto joint venture com protocolo Minespider, que foi desenvolvido para controlar o fornecimento e peças de baterias.

- » **Setor financeiro/bancos:** Muitos bancos já começaram a integrar a tecnologia blockchain em suas transações mais vulneráveis e altamente regulamentadas.

LEMBRE-SE

Basicamente, esses setores estão usando DApps para lidar com trocas de alto volume que requerem transparência, controle histórico preciso das trocas/interações e garantia da privacidade de grandes grupos com baixos níveis de confiança ou identificação do usuário. Alguns escolheram as aplicações blockchain permissionadas ou sistemas pela necessidade de mais controle sobre o acesso e a privacidade (o blockchain permissionado é tratado mais adiante neste capítulo).

As próximas seções dão exemplos específicos da empresa.

Bitcoin

O Bitcoin foi criado para ser a única moeda digital que forneceria um sistema de pagamento e transação seguro e transparente. É uma moeda digital que não é distribuída nem monitorada por nenhum banco. Todas as transações são P2P, com o registro sendo feito em uma contabilidade distribuída (blockchain). Uma carteira digital mantém os Bitcoins. Toda transação é registrada publicamente e pode ser trocada apenas se a pessoa tem o código (uma chave privada) para resgatá-la. Um processo chamado *mineração* confirma qualquer transação Bitcoin. Qualquer ação no blockchain requer que a transação seja colocada em um bloco apresentado na devida ordem cronológica em um sistema distribuído.

A moeda é inteiramente virtual. O valor dos serviços ou dos produtos trocados para esse Bitcoin é o único valor intrínseco atribuído.

Circle

Fundada em 2013, Circle é uma empresa de tecnologia de pagamentos DApp relativamente nova. Foi fundada como uma alternativa aos bancos tradicionais e às instituições financeiras. Agora é uma plataforma de investimento em tecnologias cripto. Atualmente, oferece operação cambial, na qual é possível negociar ativos cripto, contribuir com capital inicial para cripto startups, comprar várias criptomoedas e pesquisar o setor cripto.

A Circle é única, no sentido de que aceita dólar e criptomoedas e interage com fornecedoras de cartão de crédito. Jeremy Allaire, dono da Circle, quer assegurar que as transações financeiras na internet sejam tão simples e universais quanto o e-mail.

BitPay

BitPay, um sistema automático de processamento de pagamentos, está tentando ser o PayPal da criptomoeda. Desde 2011, a missão do BitPay é tornar fácil e simples a aceitação e a operação cambial de produtos e serviços com o Bitcoin e o Bitcoin Cash para os comerciantes.

O BitPay está alinhado com o Visa, e 20 mil comerciantes atualmente usam esse sistema de processamento. Sua última injeção de US$40 milhões ocorreu como uma oferta da Série B (a segunda rodada de financiamento para uma empresa após a fase de startup). Há a possibilidade de o BitPay revolucionar o setor financeiro, tornando os pagamentos mais rápidos, seguros e menos caros em escala global.

Ethereum

Ethereum é a primeira tentativa de criar uma comunidade de desenvolvedores DApps global. É uma plataforma blockchain genérica que funciona como IaaS (Infraestrutura como Serviço). O site Ethereum fornece ferramentas, programas de treinamento e comunidades de usuários para desenvolvedores blockchain.

Desde 2015, a missão do Ethereum tem sido expandir o uso do blockchain para novas aplicações que expõem a natureza comercial do código. Sua *raison d'être* era se autofinanciar por meio de sua criptomoeda, chamada *ether*, para que pudesse fornecer um ambiente para os desenvolvedores criarem e distribuírem DApps no mundo inteiro.

O Ethereum também é importante no sentido de que introduziu contratos inteligentes, que são baseados e gerados por código. Tais contratos são linhas de código anônimas e autoexecutáveis entre duas partes. Embora os contratos sejam visíveis e inalteráveis, eles também não são aplicáveis centralmente.

PAPO DE ESPECIALISTA

Esses contratos inteligentes são criados em torno da linguagem Turing completa. Alan Turing, que é considerado o pai da ciência de computação moderna, postulou uma máquina hipotética que poderia manipular símbolos em uma única linha de acordo com um conjunto de regras. Embora simples, essa máquina poderia criar o algoritmo mais sofisticado. Uma linguagem Turing completa pode resolver qualquer problema razoável em um computador, dada a quantidade certa de tempo e memória. A plataforma Ethereum afirma ser uma estrutura blockchain Turing completa usada na criação de contratos inteligentes.

Conectando DApps, Inteligência Artificial e FinTech

A proposta de valor em torno da FinTech está em sua capacidade de pegar tecnologias de ponta e usá-las com inteligência para simplificar as operações, a segurança e a análise de dados para o setor financeiro. Entender quais DApps devem ser aplicadas em quais casos de uso é crítico para qualquer FinTech.

Não há dúvidas de que as DApps terão um grande papel no futuro dos bancos. Seu uso, junto com a inteligência artificial (IA), pode acelerar mais as operações, diminuindo a necessidade de intervenção humana e o risco de brechas na segurança.

Falta pouco para que a análise e a inteligência artificial sejam adicionadas às aplicações descentralizadas e integradas fornecidas no blockchain. Quando isso acontecer, a capacidade de usar contabilidades de dados transparentes e imutáveis com algoritmos IA resultará em uma contabilização automática e verificável, na qual todas as anomalias poderão ser marcadas e auditadas com facilidade. A IA encontra discrepâncias e as identifica, ao passo que o blockchain mantém o registro imutável e todos os dados históricos em torno de qualquer transação ou evento, fornecendo uma auditoria dessas alterações para todas as partes simultaneamente.

Esse casamento de tecnologias encontrará aplicação na modelagem de crédito, na liquidação integrada e na negociação de alta frequência, e as FinTechs utilizarão sua expertise para implementar sem problemas essas alterações para seus clientes.

Analisando o blockchain permissionado

No Capítulo 7, endereçamos algumas iterações que vieram após o Bitcoin. O blockchain permissionado é uma dessas inovações iterativas. É difícil para um banco ou uma corporação utilizar o blockchain como configurado para o público. Um *blockchain permissionado* tem uma camada administrativa ou de controle que dita as operações do blockchain empilhadas abaixo. Essa camada limita o acesso e controla o processo de permissões. O problema que surge com a introdução desses controles é que você precisa ter permissão para participar da rede, o que diminui o desejo de ser anônimo, que guiava parte do motivo por trás da criação do blockchain.

Precisar de permissão também limita o modo como uma transação é validada. Em geral, o blockchain permissionado restringe ou limita o protocolo de consenso e define uma administração de "autoridade". O resultado dessa alteração propicia um desempenho mais eficiente, uma vez que o início do consenso pode ser muito menor e os vários nós requeridos para a validação da transação podem ser reduzidos, aumentando a eficiência.

A introdução de uma camada administrativa é vista como mais reconfortante para as empresas em geral. Elas conseguem ter o acesso e o nível de visibilidade. Em geral, por causa da simplificação do consenso e do número de nós, as atualizações e o processamento das transações são mais rápidos.

CUIDADO

Mas há desvantagens importantes nos blockchains permissionados. As grandes vantagens dos blockchains públicos são amenizadas por essa camada de administração. Para começar, existe anonimato e transparência limitados. A segurança pode ficar comprometida porque, com um consenso limitado ou validação, aumenta a possibilidade de manipulação dos dados. O blockchain foi criado inicialmente para permitir que os operadores controlassem e determinassem o valor de seu evento. Em uma rede permissionada, o administrador pode regular as transações de uma maneira profunda.

R3 (que fica acima do Corda), Hyperledger Fabric e Quorum (que fica acima do Ethereum) são blockchains corporativos permissionados que entram na categoria de consórcios de blockchains permissionados.

As vantagens desses consórcios incluem:

» Os tempos de transação são mais rápidos que no blockchain público.

» A privacidade é limitada em um consórcio e predefinida.

» São mais econômicos que o blockchain público.

As desvantagens são:

» Eles não são tão transparentes e nem abertos.

» São menos seguros.

» Podem ser manipulados ou controlados externamente e por meio da manipulação interna dos nós.

» O acesso às informações em um consórcio pode ser mais lento devido à camada de administração e à mudança nos protocolos.

DICA
Se você escolheu o blockchain permissionado, deve avaliar sua necessidade de privacidade, acesso e armazenamento dos dados para determinar o melhor blockchain permissionado disponível atualmente. Lembre-se de que você adicionou uma camada de complexidade ao blockchain, portanto, a implementação de uma dessas aplicações será mais lenta.

Entendendo a Computação Quântica

Todos os computadores clássicos, desde servidores até celulares e aparelhos inteligentes, operam basicamente do mesmo modo. Eles trabalham com strings de dígitos binários convencionais, ou *bits*, isto é, 1s e 0s.

Mas um *computador quântico* é diferente. Ele opera em strings de bits quânticos, chamados *qubits*. Esses qubits derivam suas propriedades de partículas subatômicas, que, como pode ser visto nas próximas seções, se comportam de modos que parecem desafiar o bom senso. Aqui, você também descobre as desvantagens da computação quântica e como ela funciona no mundo FinTech.

Como funciona a computação quântica

Considere os elétrons, que são partículas carregadas negativamente responsáveis pelas voltagens em fios, circuitos eletrônicos etc. Os elétrons têm uma propriedade chamada *spin* (giro). Ele tem uma quantização, significando que o spin pode ser para a direita ou a esquerda, um ou outro. O spin para a direita e para a esquerda são os *estados básicos* do elétron, ou seja, o que é observado no teste. Você pode imaginar como os estados básicos podem ser usados para codificar as informações digitais de modo clássico: o spin para a direita representaria 1, e o outro, para a esquerda, representaria 0. Na Figura 5-3, vemos o spin do elétron de um qubit nos dois estados básicos. As setas apontam para a direção norte de seu campo magnético.

FIGURA 5-3: Em um qubit, as órbitas podem girar para a esquerda e para a direita simultaneamente.

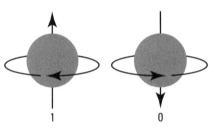

© John Wiley & Sons, Inc.

O comportamento dos qubits anterior à observação é outra história. Nesse estado, o elétron não tem um spin definido, ele é para a direita *e* para a esquerda simultaneamente.

Em uma experiência comum, isso é impossível, certo? Como uma bola de bilhar gira para a direita *e* para a esquerda ao mesmo tempo? É óbvio que não estamos lidando com uma experiência comum, e os elétrons não são bolas de bilhar. Não significa que um elétron tem um spin definido e que apenas não sabemos o que é. Nada disso, a teoria quântica afirma que o spin existe apenas como uma possibilidade. Nesse caso, o elétron é dito existir como em um estado de *superposição*.

LEMBRE-SE

Embora um elétron em superposição não tenha um spin definido, quando o sistema lê o qubit, há uma possibilidade clara de obter um dos estados básicos, isto é, 1 ou 0. A teoria quântica prevê que, quando medimos o elétron para informar o resultado de uma computação, temos uma chance α, digamos 65%, de obter 1, e uma chance β, digamos 35%, de obter 0, portanto, α + β = 100%.

Você pode ver como a superposição diferencia os computadores clássicos e quânticos. É a superposição que dá aos computadores quânticos suas vantagens únicas.

Um único qubit contém duas partes de informação: α e β. Em geral, um bit contém apenas uma parte de informação, mas aqui temos duas. Parece que estamos obtendo algo do nada. Mas essa informação extra de um qubit que obtemos "gratuitamente" é compensada pela falta de certeza, uma noção indispensável da física quântica; por exemplo, o princípio de incerteza de Heisenberg.

É só o começo. Dois qubits têm quatro números: α (a probabilidade de observar o número binário 11), β (a probabilidade de observar 10), χ (a probabilidade de observar 01) e δ (a probabilidade de observar 00). Assim, $\alpha + \beta + \chi + \delta = 100\%$.

Três qubits têm oito números, quatro bits têm 16 etc., ou seja, N qubits têm o equivalente a 2^N bits clássicos de informação.

Essa ideia é a chave para o que torna tão interessantes e úteis os computadores quânticos. No estado de arte atual desde janeiro de 2020, um computador de 72 qubits, como declarado pelo Google, tem 2^{72} estados; em outras palavras, mais de 100 bilhões de *bilhões* de estados. Isso excede a capacidade dos supercomputadores mais poderosos.

Pense um pouco: se um computador quântico pode representar todos os possíveis estados de um problema de modo paralelo, inclusive a melhor solução, já temos nossa resposta.

Considere como um GPS, que é um computador clássico, traça a rota até seu destino. O dispositivo examina todos os caminhos, um após o outro, em sequência, inclusive os que nenhuma pessoa sensata consideraria. Um navegador quântico seria diferente apenas ao manter todas as rotas em um estado de superposição e examiná-las não em sequência, mas paralelamente. É uma abordagem muito mais rápida.

Imagine essa mesma abordagem aplicada na segurança da internet. Ela depende de manter em segredo os fatores de números muito grandes (por exemplo, números primos de 2.048 bits). Hoje o supercomputador mais poderoso levaria milhares de anos para descriptografar as informações protegidas assim. É o motivo pelo qual a criptografia pode ser considerada tão segura. Mas um computador quântico teria todos os possíveis fatores na superposição e, em uma questão de minutos, os testaria em paralelo para obter um que decifra o código. Tem o potencial de tornar obsoleta a segurança da internet como a conhecemos hoje.

CAPÍTULO 5 **Encarando o Enigma da Computação** 111

Desvantagens da computação quântica

Porém, não corra para o banco ainda. Os computadores quânticos também têm limites. Eles não são universalmente melhores que os computadores clássicos, apenas melhores em certos problemas, como os descritos na seção anterior, que servem para o *paralelismo quântico*. Para qualquer coisa diferente de um tipo específico de problema, os computadores quânticos não têm vantagens, e até mostram certas desvantagens.

Por exemplo, o ambiente de hardware necessário para a computação quântica é difícil e caro de manter. Os circuitos quânticos devem receber um banho criogênico selado de hélio líquido em uma fração de grau acima do zero absoluto para ativar os circuitos supercondutores e protegê-los da interferência térmica e eletromagnética. Na verdade, os computadores quânticos são tão sensíveis que devem ficar suspensos sobre amortecedores para evitar perturbações vibracionais causadas por tremores sísmicos, transeuntes etc. A ausência dessa proteção e estabilidade leva a erros computacionais e limita o tempo que tal computador pode trabalhar em um problema. Essas complicações significam que, pelo menos por agora, a maioria dos irresponsáveis em potencial não teria acesso aos computadores quânticos.

Mesmo que o ambiente data center possa ser perfeitamente protegido e estabilizado, ainda há outras desvantagens. Observe que os computadores quânticos são pouco confiáveis por natureza. Lembra de α, β e das probabilidades mencionadas na seção anterior? Esses valores flutuam, fazendo com que esses computadores deem resultados diferentes em momentos diferentes. É preciso executar a aplicação quântica várias vezes para obter uma resposta correta e provável estatisticamente.

Como a computação quântica se encaixa na FinTech

Considere a computação quântica como uma opção para um caso de uso FinTech. Classes inteiras de derivativos dependentes do caminho não têm nenhuma forma fechada matemática conhecida e para a qual a metodologia Monte Carlo (MC), um tipo de simulação para obter resultados numéricos, tem sido usada tradicionalmente para precificar essas opções. A ideia por trás do MC é simples: simular caminho por caminho e encontrar o valor esperado dos retornos.

Outro caso de uso é medir o valor em risco (VaR) ou um valor condicional em risco (CVaR, também chamado de deficit esperado). Aqui, a abordagem é parecida, exceto por encontrar o cenário de pior caso para dado intervalo de confiança.

Entre os pontos positivos, o MC é chamado de "paralelo embaraçoso", ou seja, serve naturalmente à paralelização, e ao paralelismo quântico em particular. Em certo sentido, a aplicação é como a navegação por GPS. Os caminhos representam não instruções passo a passo, mas os valores de ativos que são mantidos na superposição quântica e podem ser avaliados de uma só vez. Há uma evidência empírica de que a velocidade quântica não é meramente um potencial teórico.

Uma desvantagem do MC são os resultados aproximados. Para diminuir a possibilidade de erro, é preciso executar várias simulações. Em geral, para ter um dígito extra de precisão, você precisa de cem vezes mais simulações. Mas, em 2019, os pesquisadores da IBM Stefan Woerner e Daniel J. Egger mostraram que os computadores quânticos só precisam de 32 vezes mais simulações para obter a mesma melhoria, como mostrado na Figura 5-4, que representa os resultados de uma simulação de risco MC em um computador quântico da IBM. Esses tipos de aceleração abrem a possibilidade de conseguir uma precificação mais precisa, melhor avaliação de risco e/ou maior receita comercial a partir de valores maiores.

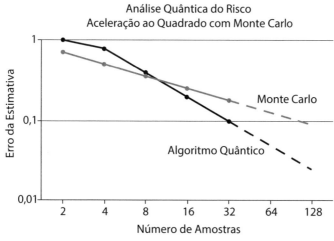

FIGURA 5-4: Aceleração da análise quântica do risco.

© John Wiley & Sons, Inc.

PARTE 2 Aprendendo a Tecnologia

NESTE CAPÍTULO

» **Começando com o básico da computação na nuvem**

» **Criando a estratégia de nuvem ideal**

» **Examinando os requisitos de privacidade e as regulações do governo**

» **Conectando nuvem e FinTech**

Capítulo **6**

Acessando a Nuvem

O s papéis que os serviços, o armazenamento e a computação na nuvem têm no setor financeiro aumentaram exponencialmente nos últimos cinco anos. Dois principais motivadores impulsionaram essa mudança: a necessidade de acelerar o processamento, reduzindo os custos indiretos, e a necessidade de fornecer uma interface simples que permita aos usuários definir e controlar seu nível de interação.

Apenas uns anos atrás, armazenar dados fora do domínio físico de qualquer instituição financeira parecia impossível, um anátema completo à compreensão comum da exigência legal de manter a privacidade e a segurança dos dados. Contudo, a popularidade da internet e a grande aceitação do e-commerce, junto da chegada dos millennials, acenderam uma reavaliação dos limites convencionais do gerenciamento de dados. As compensações de risco versus conveniência forçaram mais a abertura para a nuvem.

Além disso, os custos gerais para hospedar, assim como uma maior supervisão da segurança na nuvem e a necessidade de mais mobilidade de trabalho, diminuíram a barreira em muitas corporações.

Hoje, é impossível considerar uma estratégia FinTech sem incluir a utilização de nuvens, públicas e privadas, para o armazenamento, a computação e/ou a análise. A internet enriqueceu muito mais os sistemas que entregam informações para o usuário final. É possível contatar colegas de trabalho, clientes e dados em qualquer lugar, a qualquer hora e de qualquer modo.

Como explicamos neste livro, a FinTech não se desenvolve dentro de estruturas monolíticas. Os fatores que diferenciam as FinTechs das empresas tradicionais são sua velocidade de entrada no mercado/implantação e capacidade de decompor as necessidades funcionais de modo que permitam a pequenos grupos serem responsáveis pelas entregas. Portanto, é fácil ver por que a nuvem é consistente com as novas tecnologias usadas para implantar aplicações no mercado de trabalho com rapidez. Este capítulo explica alguns princípios básicos da nuvem e como essa tecnologia pode ser utilizada na FinTech.

LEMBRE-SE

Conforme avança neste capítulo, lembre-se de que a nuvem não é algo monolítico, assim como os microsserviços ou as APIs (interfaces para programação de aplicações). Ela é uma estrutura pela qual serviços específicos são automatizados e entregues de modo simples e escalonável. A nuvem permite uma distribuição quase em tempo real por meio de microsserviços, APIs e tecnologias de contabilidade distribuída (DLTs). Com a nuvem, equipes de desenvolvimento individuais, especialistas e usuários podem interagir com os dados e a tecnologia quando necessário. Ela fornece a plataforma para a funcionalidade plug-and-play entregue de uma maneira rápida, segura e consistente.

Conhecendo a Nuvem

A demanda por acesso em tempo real aos dados processados, de forma consistente e imediata, se tornou crítica nas últimas duas décadas para o setor financeiro, como ocorre em muitas áreas. E mais, o custo para bancos e instituições financeiras para terem e manterem sua TI interna e infraestrutura de desenvolvimento ficou tão oneroso, financeira e fisicamente, que muitas instituições transferiram tudo ou parte para serviços externos. A melhor solução para muitas instituições se tornou a computação de nuvem sob demanda.

LEMBRE-SE

A nuvem pode ser mais ou menos definida como uma coleção de servidores disponíveis fora do local e acessados sob demanda por meio de canais privados ou públicos, funcionando sem o gerenciamento direto do usuário final. É um meio pelo qual uma corporação pode ter uma computação sob demanda e um armazenamento barato e simples. A nuvem pode ser usada para o armazenamento de dados e/ou processamento computacional, parecido com os servidores locais. Para atender às exigências regulatórias ou atenuar a possível perda de dados e tempo de inatividade, os processos na nuvem são muitas vezes distribuídos para serem executados em locais diferentes.

As próximas seções fornecem o básico da computação na nuvem, inclusive suas principais características, benefícios e serviços.

Principais características da nuvem

As principais características da computação na nuvem são:

CUIDADO

» Tem a capacidade de implantar ou mudar a experiência do usuário com rapidez e sem perturbá-lo. Isso pode incluir o processamento da computação de cloud bursting [estouro da nuvem] e o dimensionamento automático, mais detalhados posteriormente neste capítulo.

» Há uma diminuição nos custos quanto ao gasto de capital, mas um aumento no gasto operacional. É importante monitorar com cuidado as tarefas individuais da computação e escolher o modelo de precificação correto para o caso de uso, evitando pagar demais.

» Há reduções internas de custos da TI devido a funções terceirizadas. Será preciso menos pessoal após a configuração e menos manutenção diária da TI e interações do usuário.

» Uma empresa pode ter suporte terceirizado sem que ele precise ter um conhecimento especializado da PI (propriedade intelectual) da empresa.

» A entrega ocorre a qualquer hora/lugar/mídia.

» Pode ser oferecida como um único locatário ou diversos locatários.

» Há padrões de desempenho garantidos, orientados por SLAs (Acordos de Nível de Serviço), que podem ser auditados.

» A multilocação na nuvem pública resulta em menores custos de processamento.

» Está disponível a capacidade de provisão barata sob demanda e recuperação de desastres com baixa manutenção.

» O provisionamento é automático e feito dinamicamente.

» Podem ser implantadas tecnologias inovadoras, como a inteligência artificial (IA).

» Especialistas nomeados podem lidar com as exigências do desempenho.

» Empresas com grandes preocupações com a segurança podem melhorá-la centralizando e contratando especialistas para determinarem as melhores opções.

Conferindo os benefícios do ambiente de nuvem

São vários os benefícios de usar ambientes de nuvem em detrimento de empresas locais. A infraestrutura é mantida pelos provedores de serviço na nuvem (CSPs), que são especialistas na entrega e no desempenho da nuvem. Eles mantêm a estrutura subjacente atualizada de modo contínuo e sem problemas. Os CSPs também conhecem as leis em vários países e regiões onde operam, assegurando a conformidade com os requisitos regulatórios de cada local. Também monitoram constantemente o cenário da segurança quanto a brechas e vulnerabilidades, portanto, podem lidar com as ameaças em tempo real.

DICA

O CIS (Centro de Segurança da Internet) publicou um conjunto de padrões de segurança e práticas recomendadas a serem usados para garantir controles auditáveis contra um ataque cibernético; visite `www.cisecurity.org/cybersecurity-best-practices` (conteúdo em inglês). Os CSPs fornecem ao CIS imagens seguras como parte de sua oferta de serviços e mantêm o nível da segurança necessário para a conformidade regulatória. Isso alivia o peso sobre os clientes que precisam considerar essas questões.

Os CSPs oferecem SLAs que garantem certa porcentagem de atividade e velocidade de recuperação de desastres. Eles organizam atualizações e verificações de controle de qualidade para minimizar a perturbação do usuário final. Os clientes têm acesso a um hardware de ponta e medidas de segurança, com suporte de especialistas altamente treinados. O cliente pode deixar todas essas atividades secundárias com o provedor de nuvem e focar a atividade principal.

Apresentando tipos de serviços de nuvem

Uma organização pode colocar na nuvem qualquer coisa que deseja. Não há limites, exceto os da organização em si (ou mais possivelmente do orçamento). A infraestrutura de nuvem foi criada para uma expansão ilimitada.

Por tradição, um CSP fornece hospedagem, recursos sob demanda, armazenamento de dados, elasticidade, interfaces de acesso à rede, estruturas com medição de taxas e multilocação. Os grandes CSPs conhecidos incluem Amazon Web, Microsoft Azure e Google Cloud. Eles oferecem três tipos básicos de serviço aos clientes, dependendo do que eles desejam fazer:

» Infraestrutura como Serviço (IaaS)
» Software como Serviço (SaaS)
» Plataforma como Serviço (PaaS)

Você aprende mais sobre cada um nas próximas seções. A Figura 6-1 fornece um resumo básico, com exemplos.

IaaS, PaaS, SaaS Explicados

Resumo das Principais Diferenças

Software como Serviço	Plataforma como Serviço	Infraestrutura como Serviço	Local
Rede	Rede	Rede	Rede
Armazenamento	Armazenamento	Armazenamento	Armazenamento
Servidores	Servidores	Servidores	Servidores
Virtualização	Virtualização	Virtualização	Virtualização
SO	SO	SO	SO
Middleware	Middleware	Middleware	Middleware
Tempo de Execução	Tempo de Execução	Tempo de Execução	Tempo de Execução
Dados	Dados	Dados	Dados
Aplicações	Aplicações	Aplicações	Aplicações

Chave
Provedor de Serviço
Empresa

Exemplos Comuns de SaaS, PaaS e IaaS

Tipo de Plataforma	Exemplos Comuns
SaaS	CRM, E-mail, ERP, RH, Folha de pagamento, Gerenc. banco de dados
PaaS	Ferramentas de colaboração, Ambiente de teste, Armazenamento, Persistência, Ambiente do desenvolv. especializado, Ambiente de execução da linguagem de programação, Servidores da web
IaaS	Armaz., Servidores do computador, VMs, Biblioteca de imagens do disco, Armaz. baseado em arquivos, Firewalls, Balanceamentos de carga

FIGURA 6-1: Resumo das principais diferenças e exemplos de cada tipo de serviço na nuvem.

© John Wiley & Sons, Inc.

Embora esses três tipos de serviços sejam os mais implantados e possivelmente façam parte de qualquer solução FinTech, novas entradas no cenário de nuvem também se mostram viáveis conforme demandas por soluções mais rápidas, menores e fáceis entram nos novos mecanismos de entrega. Os tipos a seguir também podem chamar a atenção em breve, e informamos mais sobre eles também:

>> "Back-end" móvel como Serviço (MbaaS)

>> Computação sem Servidor (SC)

>> Função como Serviço (FaaS)

>> Plataforma de Comunicações como Serviço (CPaaS)

Infraestrutura como Serviço (IaaS)

Com a IaaS, o locatário é responsável por criar e manter muitas aplicações personalizadas que ele implementa em sua própria rede de nuvem privada. O revendedor fornece APIs para criar estruturas na infraestrutura de nuvem fornecida e mantida. Essa infraestrutura subjacente é parecida com a fornecida em um ambiente SaaS (veja a próxima seção), mas a manutenção e o gerenciamento são trabalhados de modo diferente.

O revendedor fornece sistemas operacionais (SOs), ambientes de execução, bancos de dados e servidores da web, mas não oferece suporte contínuo para a forma como esses itens são mantidos após o provisionamento. O provedor também pode oferecer ao locatário vários serviços, como acesso ao log, monitoramento, balanceamento da carga e criptografia, além de uma virtualização

CAPÍTULO 6 **Acessando a Nuvem** 119

e uma camada do hipervisor. O data center do revendedor ainda fornece e instala o ambiente do locatário. Uma WAN (Rede de Longa Distância) oferece a maioria desses serviços. O plano de cobrança para esse tipo de serviço geralmente é mensal, com base nos recursos usados e alocados. É um modelo de autoatendimento para o locatário.

O revendedor entrega sua infraestrutura por meio de ferramentas de virtualização. O locatário acessa o ambiente usando painéis ou APIs. O locatário é responsável por manter todo o seu trabalho personalizado, e o provedor fica com a infraestrutura subjacente, inclusive as ferramentas de virtualização, servidores e armazenamento. Esse modelo se alinha bem com as necessidades da FinTech.

Algumas características da IaaS:

- A implantação das aplicações personalizadas é rápida.
- Há uma virtualização da plataforma.
- A alocação da expansão se baseia nas necessidades em tempo real.
- Os locatários têm controle sobre suas aplicações personalizadas e infraestrutura.
- Os locatários têm controle sobre o acesso e a segurança.
- Os recursos são fornecidos como um serviço.
- O custo está diretamente ligado ao uso.
- A alocação é dinâmica.

CUIDADO

A IaaS é útil para empresas em expansão, mas que não querem gerenciar nem adquirir grandes farms de rede. A IaaS pode não ser destinada para empresas com muitos sistemas existentes mantidos sem ajuda, sem uma clara visibilidade dos custos para um serviço pré-pago, ou que não podem alocar recursos de TI para implantar e manter aplicações personalizadas.

Software as a Service (SaaS)

SaaS é o meio mais comum de as organizações utilizarem a computação de nuvem. O CSP fornece aplicações para seus locatários e armazena os dados em uma infraestrutura de nuvem mantida pelo revendedor. As aplicações ficam disponíveis basicamente por meio de um cliente thin (fino) na web. O locatário não precisa manter essa infraestrutura. O CSP coordena e mantém todas as alterações na rede, em bancos de dados, servidores e interfaces.

Os usuários finais são provisionados com base em perfis predefinidos, com uma personalização mínima. O locatário recebe o acesso de rede para uma única cópia da aplicação. A aplicação é igual para todos os locatários, e as atualizações se aplicam de modo unilateral a todos ao mesmo tempo. O provedor pode disponibilizar algumas APIs para modificações na aplicação. O uso desse serviço é "sob demanda", e o preço é por sistema pré-pago ou assinatura mensal.

Os provadores SaaS usam máquinas virtuais (VMs) — uma simulação ou uma cópia de um sistema de computadores físicos ou rede representada por arquivos do computador —, que são provisionadas conforme a necessidade para a carga de trabalho. Essa carga é distribuída no ambiente de nuvem total, sendo balanceada para aceitar um ambiente de multilocação. O usuário desconhece o provisionamento e qualquer outro locatário que também possa estar usando o serviço. Uma nuvem pública dessa natureza permite que pequenas empresas usem aplicações com tecnologia avançada e expandam sem ter que investir em grandes farms de redes e pessoal de TI. Essa abordagem de multilocação é, por natureza, menos segura que uma nuvem privada.

Veja algumas características do SaaS:

» É mantido pelo provedor.
» Pode ser provisionado na hora.
» O provedor o gerencia de modo central.
» É hospedado na internet.
» O usuário final o acessa pela internet.
» O locatário não é responsável pela manutenção.

O SaaS é adequado para projetos de curto prazo, o armazenamento ou a preparação para a recuperação de desastres. Também é útil quando você precisa de uma implantação rápida e aplicações unificadas, como o CRM (Gestão de Relacionamento com o Cliente), em que é necessária uma interface estática e estável.

CUIDADO

O SaaS pode não ser o ideal se você tem muitas aplicações exclusivas para implantar ou requisitos de integração únicos. Também não é para pessoas que precisam de muita personalização ou total controle sobre a segurança e a privacidade dos dados.

Plataforma como Serviço (PaaS)

PaaS é uma plataforma na nuvem para desenvolvedores de aplicações. O revendedor fornece não apenas a mesma infraestrutura básica oferecida aos locatários do SaaS e da IaaS (descritos nas seções anteriores), mas também uma estrutura na qual os desenvolvedores podem criar suas próprias aplicações personalizadas.

Na IaaS, o provedor dá ao locatário um banco de dados ou um servidor da web, mas não o gerencia assim que ele é provisionado. Mas, na PaaS, o provedor também mantém e gerencia todas as funções do banco de dados. O mesmo acontece quanto à criptografia, ao servidor da web e aos serviços de contêiner. O revendedor controla por completo a infraestrutura subjacente, ao passo que o locatário gerencia e controla as camadas superiores por meio de APIs e da programação direta. O locatário também pode definir requisitos para as aplicações hospedadas e personalizadas. A plataforma fornecida tem ferramentas, bibliotecas e um ambiente de execução, reconhecendo várias linguagens de computação.

Um provedor PaaS também pode fornecer uma iPaaS (Plataforma de Integração como Serviço) e uma dPaaS (Plataforma de Dados como Serviço). Esses serviços entregam totalmente novas aplicações, que o locatário pode inicializar por meio dessa plataforma. Tais ambientes de nuvem são ótimos para o desenvolvimento, a implantação e a manutenção de FinTechs.

As principais características da PaaS incluem:

- Dão suporte a ambientes de desenvolvimento de aplicações para equipes de desenvolvimentos muito diferentes.
- Desenvolvimento escalonável.
- Redução na nova criação de código.
- Ferramentas de migração fáceis.
- Ferramentas de virtualização fáceis.
- Versão e sincronização do código fáceis.
- Custos indiretos menores para o desenvolvimento.

A PaaS é útil para as equipes de desenvolvimento que não estão no mesmo local, sobretudo se os desenvolvedores precisam ser adicionados dinamicamente, e para as FinTechs que dão suporte a aplicações do cliente.

CUIDADO

A PaaS pode não ser o ideal se há preocupações com a segurança dos dados, se você precisa personalizar os sistemas existentes, se a linguagem de desenvolvimento requerida ou o suporte da estrutura está indisponível ou se a administração da nuvem e as ferramentas de automação não fornecem flexibilidade suficiente.

A PaaS é a escolha popular para a FinTech porque permite três modos de entrega:

- Nuvem pública.
- Nuvem privada atrás de um firewall.
- Como software implantado em uma versão pública da IaaS.

Também permite que diferentes desenvolvedores e empresas implantem com rapidez e diminui os custos operacionais. A replicação é fácil, e os recursos do desenvolvedor não precisam ser gastos em funções de TI.

Outros modelos de serviço

Esta análise não ficaria completa sem mencionar alguns serviços de nuvem menos conhecidos:

» *Back-end móvel como Serviço (MBaaS)*, planejado para desenvolvedores e oferecido pela primeira vez em 2011, é uma plataforma basicamente para desenvolvedores de aplicações móveis e da web. O problema que esses provedores resolvem está no provisionamento de um ambiente de desenvolvimento de software com um SDK (kit de desenvolvimento de software), que inclui armazenamento na nuvem, serviços de computação e uma oferta robusta de APIs. Também fornece as bibliotecas e as ferramentas necessárias para criar e testar aplicações móveis e baseadas na web.

» A única finalidade do modelo de *computação sem servidor (SC)* é gerenciar o provisionamento de VMs. Uma SC não deixa de ter servidores; é apenas um ambiente onde o provedor cuida de todas as necessidades de TI e operacionais de uma rede, e permite que os desenvolvedores foquem apenas a criação e a execução dos serviços sendo criados.

» A *Função como Serviço (FaaS)* está alinhada com a SC no sentido de que permite o script de outras funções que são chamadas ou usadas para monitorar os processos das VMs. Essa plataforma de nuvem serve bem para as equipes que trabalham no desenvolvimento de microsserviços. Ela aumenta a SC com uma funcionalidade sob demanda, como o processamento em batch.

» A *Plataforma de Comunicações como Serviço (CPaaS)* aumenta a PaaS, fornecendo um código de comunicação em tempo real e aplicações (vídeo, voz e mensagem) para as novas aplicações em desenvolvimento.

Escolhendo entre nuvens privadas e públicas

LEMBRE-SE

Os servidores de nuvem podem ser públicos ou privados. Qual a diferença?

» Em uma *nuvem privada*, os servidores são atribuídos (ou estão sob posse) de modo separado por apenas um locatário ou proprietário, que pode gerenciar sua própria nuvem internamente ou terceirizar esse gerenciamento. Seja qual for a abordagem adotada, a nuvem ainda é segura e acessível apenas segundo as regras criadas pelo locatário. Esse locatário ou terceiro é responsável pela manutenção do servidor, pela estratégia, pelo desempenho e pelas necessidades de computação envolvidas em entregar dados aos usuários finais.

» Uma *nuvem pública* é aquela que está sob a posse por um revendedor que vende acesso e serviços a vários locatários. Os dados disponíveis em um ambiente multilocatário podem ser compartilhados ou separados. Os CASPs (provedores de serviços de aplicação na nuvem) ou provedores de serviços FinTech são responsáveis por todo o gerenciamento de dados, reparos e cumprimento das SLAs contratadas. O contrato com o locatário dita a velocidade mínima e os níveis de capacidade, mas o provedor é responsável pela entrega real e pelo suporte. Hoje o uso da nuvem é público em sua maioria.

A Tabela 6-1 resume as diferenças entre nuvens públicas e privadas.

TABELA 6-1 **Nuvens Públicas versus Nuvens Privadas**

Pública	Privada
Multilocação	Um locatário ou proprietário
Nenhum hardware ou custos de capital	Pode ter servidores ou não
Fora do local/sem custos operacionais indiretos	Pode estar ou não no local
Baixos custos com TI ou nenhum	Custos contínuos com TI
Servidor/rede compartilhada	Hospedagem privada
Escalonamento sob demanda	Escalonamento como contratado
Personalizações limitadas	Criada com especificações do cliente

Examinando alguns detalhes

CUIDADO

Em uma nuvem pública, o CSP controla a infraestrutura. Isso significa que o locatário tem menos opções e capacidade de personalizar a saída. Já a nuvem privada é limitada pelas políticas e pelos procedimentos da TI da empresa, ficando atrás do firewall corporativo. A infraestrutura de uma nuvem privada é igual à da pública, mas, como o departamento de TI da empresa controla suas regras de privacidade e segurança, não existem alguns obstáculos de conformidade. Se uma empresa tem uma abordagem altamente regulada para a privacidade e o armazenamento de dados, a nuvem pública pode levantar questões quando a locação do armazenamento de seus dados não é conhecida de imediato pelo proprietário.

DICA

Na dúvida quanto ao tipo de nuvem certo para sua organização? Faça estas perguntas a si mesmo:

» É importante que ninguém mais tenha acesso a seus dados?
» Contratos e regulações ditam seus limites de segurança e privacidade?
» Um data center dedicado é requerido?

Se você respondeu "sim" a qualquer uma das perguntas, uma nuvem local ou privada pode ser sua única opção.

DICA

Agora algumas nuvens públicas oferecem instâncias dedicadas e/ou hospedagem dedicada para atenuar parte das preocupações com os dados regulatórios. Uma *instância dedicada* limita o uso de um servidor a apenas um locatário durante a execução. Um *host dedicado* sempre bloqueia o uso de um servidor a um locatário. Ambas as especificações têm custos financeiros adicionais, mas são um pouco menos caras do que uma opção privada ou local.

Misturando com uma estratégia híbrida

Para muitas empresas, uma estratégia híbrida funciona. Ela pode ser uma combinação de redes locais clássicas, nuvens privadas e públicas, implantadas para suportar casos de uso específicos. Você pode usar uma nuvem híbrida para serviços de computação, caso tenha cargas de trabalho dinâmicas ou variáveis, precisa fazer computação de "big data" ou tem demandas variadas de níveis diferentes de acesso e segurança na organização. A Figura 6-2 resume as diferenças entre nuvens privada, híbrida e pública; a Figura 6-3 mostra o layout de exemplo de um ambiente de nuvem híbrida.

Modelos de Implantação da Computação na Nuvem

PRIVADA	HÍBRIDA	PÚBLICA
A computação na nuvem é provisionada para uma organização dedicada. A manutenção dessa infraestrutura é feita pela empresa ou terceiros.	Pode ser uma combinação de três modelos possíveis: data center da empresa; sites hospedados publicamente; e nuvem privada.	Provedores de terceiros dos serviços de hospedagem. Os provedores mantêm todos os aspectos dos serviços fornecidos.
CARACTERÍSTICAS	**CARACTERÍSTICAS**	**CARACTERÍSTICAS**
Arquitetura com um locatário. Pool configurável de recursos de computação sob demanda. Locatário da empresa com controle total sobre a configuração fornecida. Controle direto da infraestrutura da nuvem subjacente.	Combinação com menos custos gerais. Ambiente de bursting mais barato na nuvem pública. Estrutura de desenvolvimento na nuvem privada. Interface do usuário final na nuvem pública.	Multilocatário com consumo pré-pago. Customização rígida e limitada.
PRINCIPAIS REVENDEDORES	**PRINCIPAIS REVENDEDORES**	**PRINCIPAIS REVENDEDORES**
Hewlett-Packard, VMware, Oracle, IBM, Cisco	Pocher, Amazon, Google, Red Hat, Kubernetes, VMware Cloud	SAP, Google, Azure, AWS

FIGURA 6-2: Modelos de implantação da computação na nuvem.

© John Wiley & Sons, Inc.

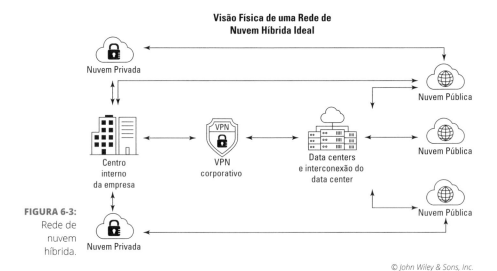

FIGURA 6-3: Rede de nuvem híbrida.

© John Wiley & Sons, Inc.

Há vários modos de uma estratégia de nuvem híbrida ser configurada e implantada. Uma nuvem híbrida pode ser:

» Uma combinação de computação local tradicional, nuvem privada ou pública.

» Uma combinação de diferentes tipos de serviços que podem ser fornecidos por vários provedores de serviço em muitos locais geográficos da nuvem.

Cloud bursting

DICA

Cloud bursting é um método econômico pelo qual as empresas podem aumentar temporariamente suas capacidades de aceitar picos ocasionais nas necessidades de computação sem precisar comprar centenas de processadores ou uma rede de nuvem privada. O acesso pela nuvem permite uma nuvem pública mais econômica via aumentos rápidos, que são pequenos picos nos recursos do computador. Os picos ocorrem apenas quando necessários, e a empresa é cobrada apenas quando acontecem. A Figura 6-4 mostra uma capacidade de atendimento automático com escalabilidade em tempo real.

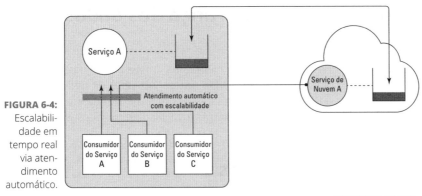

FIGURA 6-4: Escalabilidade em tempo real via atendimento automático.

© John Wiley & Sons, Inc.

Desenvolvendo uma Estratégia de Nuvem Ideal

Para desenvolver a melhor estratégia de nuvem para as necessidades de sua empresa (com a ajuda desta seção), comece examinando sua estrutura de rede atual, os requisitos de tempo computacional e qualquer limite legal ou regulatório que controle como você deve manter os dados. Se estiver lidando com sistemas existentes, pode ter de fazer dois aprimoramentos antes de conseguir iniciar na nuvem. Os sistemas existentes podem não ser habilitados para a nuvem e pode ser preciso refazer ou reescrever o código para que funcione. Eles também podem precisar de um hardware antigo, incompatível com a nuvem.

Em seguida, defina os casos de uso para sua implantação na nuvem. Podem ser necessárias várias abordagens ao considerar adotar a nuvem. Você deve classificar as diferentes aplicações e bancos de dados que a organização usa atualmente e determinar qual abordagem é melhor para cada tipo. Defina seus objetivos finais e determine os custos e as reduções destes.

Siga em frente desenvolvendo uma linha do tempo com a principal propriedade e recursos dedicados. Quando seu plano estiver pronto para ser revisado, consiga a adesão da alta gerência e dos executivos e tenha autorização para o orçamento. Quando o plano se consolidar, defina as prioridades para a implantação da aplicação e determine quais são os problemas e as mudanças no código necessárias.

Examinando a segurança dos dados e a criptografia

Antes de implantar os serviços de nuvem, uma empresa deve passar por uma revisão de segurança quanto aos dados. Diferentes tipos de dados precisam de diferentes níveis de segurança. Analisar os dados que uma empresa tem e determinar os vários níveis de segurança/privacidade requeridos pode ajudar a evitar constrangimentos e violações caras dos dados no futuro.

Designações dos dados

Uma empresa deve classificar cada fonte de dados usando as seguintes designações, e então pode criar políticas e processos em torno de cada tipo:

» **Dados restritos (DR):** Devem ser separados de todos os outros dados em um sistema seguro ou sub-rede. Apenas as pessoas que precisam saber e com o devido treinamento devem ter acesso. O acesso deve ser controlado, auditado e revisado rigorosamente por trimestre. Em geral, esses dados incluem:

- Dados regulados externamente, como as informações de identificação pessoal (PII) do cliente.

- Informações do cliente que requerem separação por contrato.

- Bancos de dados do cliente sem filtro.

» **Dados confidenciais (DC):** São informações que podem prejudicar seriamente a empresa, se violados. O acesso deve ser controlado, registrado e revisado rigorosamente por trimestre. Eles incluem:

- Código-fonte patenteado.

- Dados financeiros internos da empresa.

- Planos comerciais confidenciais.

- Contratos do cliente.

» **Dados privados (DP):** São dados que devem ser protegidos por questões de privacidade individual, não por um motivo corporativo global. Eles incluem:

- Dados de RH internos da empresa.

- Dados da folha de pagamentos.

» **Dados sigilosos (DS):** São a classificação padrão para a maioria dos dados e incluem:

- Binários.
- Informações da empresa disponíveis apenas para funcionários.
- Informações que não entram em outra classificação.

» **Dados públicos (Pub):** São dados sem restrições quanto à distribuição. Podem incluir:

- Informações públicas.
- Informações de marketing divulgadas livremente.

Tipos de criptografia

Após uma empresa identificar e classificar seus dados, está pronta para examinar os tipos de mecanismos de criptografia disponíveis na nuvem. Há várias metodologias e diversos tipos. Os tipos oferecidos devem ser consistentes com os requisitos regulatórios para o armazenamento de dados. Qualquer provedor de serviços deve conseguir fornecer documentação por escrito em torno de seu nível de criptografia. Esse nível pode ou não ser suficiente para atender às necessidades regulatórias da empresa.

LEMBRE-SE

Criptografia é o controle de segurança primário da nuvem. Para manter a segurança, as empresas devem ter procedimentos bem definidos controlando o principal armazenamento e o uso da criptografia. Se a empresa não tem um especialista em segurança no quadro de funcionários, deve contratar um externamente para ajudar a desenvolver e gerenciar suas políticas e procedimentos de criptografia.

Por exemplo, um serviço de criptografia na nuvem (CES) seria responsável pelo gerenciamento da chave de criptografia, pela garantia e pelos controles de segurança. Um ciclo de vida regulamentado para examinar e remover os dados e suas chaves de criptografia associadas deve fazer parte do processo. O especialista em segurança da empresa ou CES terceirizado deve manter um sistema de gerenciamento de chaves da empresa no local. Para as práticas de segurança regulamentadas, o CES não deve ser o CSP. O CSP deve manter total separação dos dados e das chaves de criptografia de cada um dos locatários, caso a empresa faça parte de uma multilocação.

A criptografia de ponta a ponta deve ser uma exigência para os dados sigilosos. Esse tipo requer também chaves de criptografia para a decodificação. No mínimo, todas as conexões na nuvem devem ser HTTPS, ou seja HTTP seguro. Com aplicações cada vez mais complexas na web, uma das abordagens mais simples para a segurança pode estar nos desenvolvedores FinTech inserindo diretamente o código nas aplicações que chamarão APIs de criptografia e rotinas.

A criptografia tem seus custos. Ela requer largura de banda extra, desacelera o processo de entrega, e cada aspecto do gerenciamento de segurança aumenta o custo financeiro para a empresa, que pode eliminar parte dele fazendo sua própria criptografia no local antes de fazer upload para a nuvem.

O principal objetivo da criptografia é que os custos indiretos não devem impedir que os usuários ou a equipe de desenvolvimento da web tenham acesso total e imediato a dados e resultados. Uma FinTech remove parte da incerteza em torno das decisões que serão feitas na área da segurança corporativa.

Devido ao aumento nas proteções das informações de identificação pessoal (PII), a maioria dos CSPs agora está oferecendo um nível padrão de criptografia. Mas, antes de fazer um contrato de nuvem, entenda o nível de criptografia disponível e o que é necessário. Os auditores ou os reguladores da empresa devem examinar a oferta da criptografia e aumentá-la, se for insuficiente. Quaisquer que sejam as decisões finais, a metodologia de criptografia dos dados precisa refletir a interoperabilidade dessa criptografia e descriptografia, oferecendo uma solução rápida para a transferência dos dados.

Examinando os estados dos dados

Os dados são vulneráveis à invasão em três estados comuns:

» *Dados em repouso* se referem aos dados no armazenamento. Proteger esses dados pode ser complicado, porque em geral envolve vários bancos de dados, assim como planilhas pontuais e relatórios. Uma das abordagens mais fáceis é dividir os dados em armazenamentos separados em vários locais. Deve haver políticas que controlem os níveis de acesso que uma pessoa tem aos dados.

» *Dados em trânsito* se referem aos dados no momento do trânsito. Podem ser de um usuário para a rede social; podem ser dados transportados entre máquinas ou por meio de ambientes híbridos. Ferramentas de criptografia simples, mas testadas, como Transport Layer Security (TLS) ou Secure Sockets Layer (SSL), podem proteger os dados em trânsito, e o Protocolo de Segurança IP (IPsec) pode proteger o acesso VPN (rede privada virtual). Deve haver regras controlando a disseminação das chaves de criptografia e a destruição.

» *Dados em uso* se referem aos dados usados no processamento de dados real. É complicado protegê-los. Atualmente é usada a tokenização para lidar com isso, mas não é uma solução completa e nem elegante. Ela substitui os dados reais por um representante ou token que pode ser usado para resgatar os dados originais de seu local seguro fora do ambiente original.

LEMBRE-SE

LEMBRE-SE

Em um ambiente de multilocação, o CSP deve verificar se os dados de uma empresa são totalmente inacessíveis por outra empresa ou pessoa. Devem existir regras de validade para os dados e a remoção da criptografia. A criptografia dos dados não deve interferir no acesso do usuário final a eles.

Seja qual for a abordagem escolhida para monitorar e criptografar os dados, a responsabilidade final da proteção deles é da empresa. Uma empresa deve ter uma abordagem completa e interoperável quanto à segurança, inclusive:

» Modelos para a conversão dos dados não criptografados em criptografados.

» Padrões para determinar os tipos de dados e o nível de segurança requerido para cada tipo.

» Suporte para algoritmos de criptografia padrão.

» Incorporação de APIs de criptografia e rotinas em aplicações implantadas na web.

» Incorporação da criptografia de metadados da informação (os metadados fornecem informações sobre o uso ou o tipo de outros dados em um programa).

» Incorporação da compressão de dados predefinida.

» Criação de chaves públicas e privadas.

Considerando a escalabilidade da nuvem

Escalabilidade é a manutenção de um nível contínuo de desempenho estável durante requisitos de carga maiores ou menores. Um dos argumentos mais convincentes para o uso da computação na nuvem é sua capacidade de entregar uma escalabilidade sob demanda.

A nuvem oferece uma solução mais barata e rápida para o desempenho da computação mais estável do que o farm de redes locais e tradicionais. E mais, o plano de cobrança desse tipo de uso significa que as empresas pagam apenas pelo tempo necessário para concluir a computação. Por meio do modelo de multilocação, os servidores não ficam ociosos, e o tempo de computação fornece uma economia de escala nas necessidades de várias empresas. Provisionando dinamicamente por meio de um algoritmo de escalonamento baseado em um número inicial de sessões ativas, as VMs podem ser programadas para se dimensionarem automaticamente e fornecerem computações rápidas e sem interrupções, com resultados quase em tempo real.

A nuvem também é adequada para as cargas computacionais assíncronas, nas quais computações redundantes e/ou ações do usuário podem ser capturadas e consumidas de novo. *Cargas computacionais assíncronas* são blocos de código que permitem operações muito diferentes com controle de tempo, inicializados quando outra operação conclui.

A escalabilidade na nuvem pode ser feita com vários métodos, dependendo do trabalho e da programação requeridos. Por exemplo, é possível melhorar a experiência do usuário aumentando o número de VMs disponíveis para permitir um uso da interface da web quase ilimitado e tempos de computação mais rápidos. Tais velocidades requerem apenas uma configuração inicial, e depois operam sem mais interação humana ou monitoramento.

DICA

Elasticidade é parecida com escalabilidade. Ela se refere à capacidade de aumentar a carga de trabalho total dinamicamente no sistema inteiro. Imagine um balão aumentando de tamanho conforme expande igualmente em todas as direções; essa é a ideia básica da elasticidade. Nesta e na escalabilidade, o locatário é cobrado apenas pelo uso exato.

Virtualização baseada na nuvem

A computação na nuvem existe por causa da virtualização, uma técnica para simular um ambiente de hardware diferente usando software. A virtualização permite que o mesmo conjunto de hardware (uma única instância física) seja compartilhado em dispositivos "virtuais" com vários usuários. Por exemplo, um único servidor de hardware pode hospedar vários servidores virtuais de diferentes tipos, e até usar SOs diferentes. Cada servidor virtual pensa que é o único sendo executado nesse hardware. Da perspectiva da nuvem, a virtualização permite que um único servidor realize serviços do servidor para vários clientes remotos no mundo inteiro.

Quatro tipos de virtualização possibilitam a computação na nuvem:

» A *virtualização do hardware* cria uma camada de software intermediária entre o hardware real e um SO que deseja usar o hardware para que vários SOs possam compartilhar o tempo no mesmo hardware.

» A *virtualização do servidor* aloca os recursos de um servidor físico para atender aos vários servidores virtuais. É basicamente igual à virtualização do hardware, exceto que diz respeito especificamente aos servidores.

» A *virtualização do armazenamento* reúne dispositivos de armazenamento diferentes para funcionarem logicamente como um único dispositivo de armazenamento.

» A *virtualização do SO* permite que o hardware do sistema execute vários SOs simultaneamente.

Um dos principais componentes necessários para uma escalabilidade, uma elasticidade e uma virtualização bem-sucedidas é o hipervisor usado para gerenciar o processo. *Hipervisor* é um monitor de máquina virtual (VMM) usado para gerenciar e executar VMs. Uma VM funciona como um computador físico, mas compartilha o hardware subjacente com outras VMs. O hipervisor permite que essas VMs trabalhem juntas ou separadas quando necessário. Um hipervisor virtualiza os recursos do hardware, fornecendo uma plataforma de operação virtual que permite a escalabilidade e o provisionamento de serviços a partir do locatário em redes públicas/privadas e locais. Ele permite que diversos SOs compartilhem o mesmo hardware.

Há dois tipos diferentes de hipervisores: os embutidos no hardware do sistema (também chamados de Tipo 1 ou bare-metal) e os executados no SO de virtualização (também chamados de Tipo 2). O Tipo 1 é carregado diretamente no hardware, em geral usado em um data center ou rede. O Tipo 2 é hospedado no SO e projetado para ser executado no desktop ou no notebook. Note que os servidores bare-metal (Tipo 1) são de um locatário apenas.

PAPO DE ESPECIALISTA

Os hipervisores Tipo 1 mais comuns são: OracleVM, Microsoft Hyper-V, CITRIX XenServer, VMwareESX e KVM. Os do Tipo 2 mais comuns são: VMware Server, VMware Workstation, Oracle VM VirtualBox, Red Hat Enterprise Virtualization, Parallels e VMware Fusion.

Como pode ser visto na Figura 6-5, em um hipervisor, cada máquina deve manter sua própria configuração única da aplicação, do SO e do banco de dados. Quando um hipervisor é usado, a máquina host implanta todos esses serviços em várias VMs.

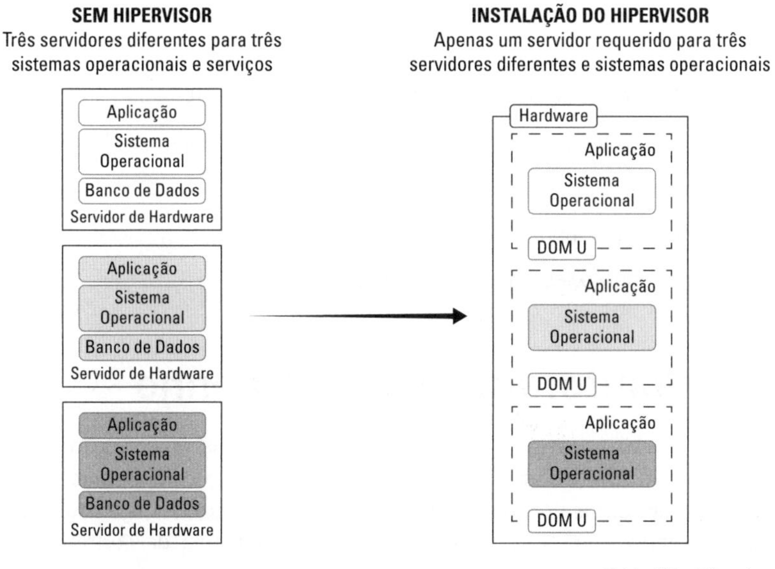

FIGURA 6-5: Eficiências oferecidas pelo uso de hipervisores.

Provisionamento de autoatendimento

Os CSPs eliminam grande parte do suporte contínuo do cliente e custos de TI, fornecendo um provisionamento de autoatendimento fácil com um módulo de back-end extensível. Esses módulos administrativos dão controle aos usuários finais sobre seus ambientes e sobre como eles interagem com os dados. Eles podem iniciar serviços e aplicações, e os controles superadmin podem monitorar e controlar o acesso. Os usuários finais não precisam contar com uma TI interna e nem com o suporte fornecido pelo CSP usando esse modelo.

Esse autoprovisionamento está disponível para todas as configurações da nuvem, seja pública, seja privada, seja híbrida. O provedor de serviço e seu contrato determinam o tipo e o nível de provisionamento, ou seja, Infraestrutura como Serviço, Plataforma como Serviço ou Software como Serviço (todos já vistos).

Com controles administrativos expandidos, uma empresa pode bloquear o que um usuário final pode ver ou manipular. Também pode estabelecer políticas e criar perfis para integrar novos usuários e remover na hora direitos das pessoas sem privilégios. Uma empresa também pode usar APIs para criar ambientes que espelhem a TI corporativa e as políticas de segurança.

Em uma nuvem pública, muitas vezes o CSP fornece um grupo de aplicações que dão suporte às interfaces e às operações da nuvem que a empresa requer. Para as nuvens privadas e híbridas, a empresa (ou seu gerente terceirizado) pode criar aplicações de provisionamento e virtualização extras para monitorar seus procedimentos e usuários.

LEMBRE-SE

As nuvens públicas, privadas e híbridas devem fornecer os seguintes autoatendimentos:

» Amplo acesso à rede em qualquer mídia (notebook, celular ou tablets).
» Provisionamento de autoatendimento sem interação humana.
» Atribuição dinâmica de pools de recursos.
» Provisionamento elástico.
» Otimização dos usos de recursos.

Monitorando o desempenho

LEMBRE-SE

O monitoramento do desempenho é o segredo para maximizar a eficiência e a velocidade com a qual os dados são entregues aos usuários finais. Muitas ferramentas prontas estão disponíveis para monitorar o uso de nuvem de uma organização. Mas, para determinar a eficiência da configuração de nuvem, primeiro a organização deve entender os possíveis resultados e ter expectativas realistas dos serviços implementados. Eles podem ter diversas métricas e metodologias para monitorar o desempenho após a identificação e o benchmark ter ocorrido.

O monitoramento padrão precisa incluir velocidade do processo ao executar computações com alto volume de dados, taxa de transferência e latência do site e da aplicação, integridade dos dados, criptografia e descriptografia.

Alguns aspectos-chave para monitorar e avaliar o desempenho incluem:

- » Visibilidade de ponta a ponta das aplicações usadas na nuvem.
- » Visibilidade de ponta a ponta na estrutura total do site, inclusive interfaces do usuário, VMs, controles de acesso, bancos de dados, ferramentas de terceiros e segurança/criptografia.
- » Conectividade de ponta a ponta e tempos de resposta.
- » Interoperabilidade e interdependências em aplicações e serviços.
- » Cumprimento dos acordos SLA.
- » Velocidade da taxa de transferência de aplicações e serviços.
- » Segurança dos dados e velocidade de acesso.
- » Relatório de picos, que mostra o potencial de risco de interrupção ou ciberataque.
- » Comunicação de rede das VMs.
- » Análise do armazenamento.

LEMBRE-SE

As qualidades mais importantes a se buscar nas ferramentas de monitoramento são uma boa documentação, facilidade de instalação e uso, e disponibilidade em diferentes mídias.

Avaliando o potencial risco de segurança na nuvem

Como em tudo, muitas vezes há uma troca entre segurança e outros atributos. Na computação da nuvem, em geral isso se refere à velocidade versus segurança.

Como vimos antes neste capítulo, as abordagens menos caras para a computação na nuvem são implantadas em uma nuvem pública. A multilocação, por natureza, tem a economia de escala. Diversos usuários compartilham os recursos. Eles também compartilham a arquitetura da nuvem, pela qual muitos clientes compartilham a mesma experiência virtual e configuração da IU. O CSP deve fornecer medidas de segurança que impeçam um cliente de acessar os dados do outro.

CUIDADO

A preocupação central de qualquer organização que utiliza a nuvem deve sempre ser se os dados estão seguros. Regras controlam o nível de proteção da nuvem pública. É responsabilidade do locatário entender e determinar se o nível de proteção é suficiente para suas exigências legais. Leia os contratos com cuidado e questione sobre termos acerca do modelo de segurança do CSP.

DICA

Instalar um sistema de gerenciamento de identidades (IMS) aumenta o controle da empresa, permitindo pelo menos que se monitore e examine os controles de segurança quando necessário. Um IMS dá informações sobre quem acessa os sistemas, quem usa os dados no sistema, o tipo de dados e a frequência.

Algumas perguntas importantes relacionadas à segurança a se fazer ao provedor:

- Meus dados são particionados e ficam indisponíveis para outro cliente?
- A equipe de suporte tem acesso aos dados da minha empresa?
- A equipe de suporte pode alterar meu banco de dados?
- Você tem o direito de conceder acesso aos dados da minha empresa sem me informar?
- Como você criptografa os dados em repouso? E os dados em trânsito?
- Posso examinar todos os logs de dados e registros de acesso sem uma cláusula de auditoria?
- Você tem um IMS associado à nuvem?
- Você segue o relatório SOC (Controle de Serviço Organizacional), que faz parte da Declaração sobre Normas para Compromissos de Atestado (SSAE16) — produzida pelo Instituto Americano de Auditores Públicos Contabilistas —, ou qualquer outro padrão de auditoria? Quando foi sua última auditoria de segurança?
- Como você lida com problemas como perda ou vazamento de dados, APIs inseguras ou interfaces do usuário?
- Você obedece à Lei Gramm-Leach-Bliley (GLBA) e ao Regulamento Geral sobre a Proteção de Dados quanto ao tratamento PII?
- Você separa as funções administrativas do acesso de segurança?

LEMBRE-SE

A abordagem mais segura para a segurança dos dados é mantê-los em uma nuvem privada ou rede. Mas, se seu orçamento não permite ou não for adequado para suas necessidades, pode utilizar a nuvem pública com uma segurança relativamente boa bloqueando certa funcionalidade com uma instância ou um host dedicado.

Conformidade de Privacidade e Exigências do Governo

Desenvolver uma estratégia de nuvem eficiente é impossível sem primeiro resolver as exigências do governo e as proteções de privacidade dos dados, que são o foco desta seção. Nos últimos anos, o setor enfatizou muito a retenção segura e privada dos dados. Regulações do governo surgiram em todas as regiões e todos os países do planeta.

Antes de uma empresa conseguir determinar a melhor solução de nuvem, seu departamento jurídico deve pesquisar e recomendar políticas relacionadas ao impacto da implantação na nuvem. Essa recomendação deve levar em consideração quais países manterão e processarão os dados, as leis aplicáveis e os custos, operacionais e financeiros, ao escolher provedores específicos. Após essa análise, a empresa pode criar uma política que segue a abordagem menos arriscada para a conformidade.

LEMBRE-SE

A maioria das leis de conformidade da privacidade foca proteger e manter os dados pessoais do indivíduo em uma região específica. O consentimento é essencial na conformidade. Se uma empresa entende a forma que o consentimento deve assumir, pode estabelecer controles para se proteger da violação acidental dos direitos de alguém.

Em grande parte das leis de proteção, aditamentos permitem transferência de dados com responsabilidade limitada ou inexistente. As exceções são:

» Consentimento solicitado e recebido do proprietário final dos dados.

» Processo contratual definido e documentado, assim como processos que especifiquem como o acesso aos dados pode ser armazenado e usado.

» O país onde os dados basicamente residirão tem leis que os protegem.

» Há exigências contratuais anteriores quanto ao acesso aos dados.

As regulações diferem entre os países quanto ao armazenamento de dados pessoais e a manutenção. Mas, como um serviço de nuvem é universal em sua aplicação, pode não ficar claro em qual país os dados residirão fisicamente, dificultando que se saiba quais regulações do governo precisam ser consideradas. Para complicar ainda mais, os países pelos quais os dados passam podem ter leis e regulações próprias. Isso é um nó cego que pode tornar insustentável o uso global das aplicações na nuvem. Um locatário só pode desenvolver uma estratégia completa ao entender onde e como o provedor de serviço na nuvem (CSP) realiza negócios.

DICA

Quase toda lei de proteção de dados (DPL) inclui uma exigência de que, no caso de uma brecha na segurança, todas as partes envolvidas devem ser informadas com rapidez e presteza. A forma como é feita a divulgação varia entre os países. Se você seguir as diretrizes mais rigorosas, cobrirá os requisitos de divulgação dos países restantes.

Leis de proteção de dados

As leis de proteção de dados mundo afora foram escritas para impedir o mau uso das informações privadas de alguém por qualquer pessoa ou entidade. Uma entidade ou uma pessoa não pode compartilhar informações mantidas sobre um indivíduo sem seu consentimento. O detentor dos dados deve utilizar políticas e procedimentos verificáveis para evitar a divulgação. E mais, qualquer empresa dedicada a pagamentos online ou processamento de pagamentos precisa examinar os Padrões de Segurança dos Dados sob os quais a entidade receptora é governada.

Veja a seguir algumas leis que protegem as informações de identificação pessoal (PII) [em tradução livre]:

» **CLOUD:** Lei para Esclarecer o Uso Legal de Dados no Exterior, EUA.
» **GDPR:** Regulamento Geral sobre a Proteção de Dados, União Europeia.
» **POPI Act:** Lei de Proteção de Informações Pessoais, África do Sul.
» **GLBA:** Lei Gramm-Leach-Bliley, EUA.

DICA

Para obter uma lista completa das leis de proteção de dados, veja www.dlapiperdataprotection.com/ [conteúdo em inglês].

Leis de localização de dados

As leis de localização de dados (DLLs) especificam que todos os dados pessoais que entidades legais ou cidadãos de um país usam ou têm devem ser armazenados apenas naquele país. Para cumprir essa lei, os provedores de armazenamento e computação de dados devem ser locais ou ter farms de servidores locais que incluam uma integridade verificável, de modo a produzir logs indicando o local e instruções de acesso para os dados no caso de uma auditoria.

CUIDADO

Multas e penalidades para o não cumprimento são aplicáveis. Ao comprar por um CSP, verifique se ele atestará por escrito sua conformidade com os requisitos regulatórios da empresa. Se ele não conseguir esse nível de responsabilidade, não se envolva com esse CSP.

Leis de soberania de dados

As leis de soberania de dados são anteriores à internet. Basicamente, determinam que cada país tem o direito de controlar todos os dados coletados e mantidos ali. Uma vez coletados no país, devem residir nele, e seu uso é ditado por leis próprias.

É uma faca de dois gumes para o consumidor/indivíduo, porque:

» Por um lado, as leis dão o direito de acesso ao consumidor diretamente e o direito de o consumidor discordar da precisão do que foi coletado e pedir a remoção.

» Por outro lado, o governo tem o direito de usar os dados para vários fins, como taxação, segurança e processos legais. Por meio de leis que regulam o consumo e o acesso aos dados, os estados soberanos também podem usar todos os dados coletados de modo que possam prejudicar a pessoa.

Leis de acesso à informação

Noventa e nove países entraram em acordo, dando a seus cidadãos o direito de solicitar e receber as informações mantidas pelo governo. As leis de acesso à informação (RTI) são antigas. A Suécia aprovou seu primeiro projeto de lei em 1766, um pouco à frente de seu tempo. Tais leis são criadas para prestar contas aos cidadãos sobre as ações do governo.

Devido à natureza sem fronteiras da internet e das disputas jurisdicionais sobre IPs pessoais e corporativos, agora os governos mudaram essas estruturas informacionais, permitindo o acesso a informações sobre pessoas físicas e corporações em países específicos. Essas novas leis baseadas na internet funcionam via Tratado de Assistência Jurídica Mútua (MLAT). Um MLAT permite que um estado soberano emita um mandato para assegurar os dados pessoais em várias fronteiras. CLOUD é um exemplo de lei que dá direito aos governos de acessar dados transfronteiriços.

Como a FinTech Ajuda nas Estratégias de Nuvem

O processo de escolher e implementar os melhores serviços para uma instituição financeira pode ser bem complexo e requerer conhecimento especializado ou experiência. As FinTechs podem ser uma ótima ajuda para os negócios que tentam desenvolver estratégias de nuvem e tecnologia em longo prazo. Em geral, elas conhecem bem as complexidades da análise da infraestrutura, as regulações dos setores bancário e financeiro e os sistemas existentes. A FinTech ajuda a simplificar e avaliar todos os sistemas, sendo eles administrados internamente ou por terceiros. Uma subdivisão da FinTech se diferencia na área das regulações. É chamada de RegTech (tecnologia regulatória), e muitas FinTechs têm especialistas no assunto (SMEs) internos que trabalham nessa área ou têm parcerias com RegTechs.

Para examinar todas as aplicações que suportam uma organização, avalie a relevância e o fluxo de trabalho de cada aplicação ou ferramenta no contexto das novas tecnologias disponíveis no conjunto de sistemas e serviços FinTech.

DICA

Conforme avalia cada aplicação, sistema ou ferramenta, pergunte a si mesmo se deve ser:

» **Mantida em seu estado atual sem mudanças.** Essa opção manteria a aplicação e os dados no modo atual.

» **Descomissionada.** A avaliação da estratégia de nuvem é um bom momento para aposentar a tecnologia ultrapassada e sem uso.

» **Remodelada.** Você deve determinar quais aplicações são importantes para a organização e recriá-las conforme as novas estruturas FinTech flexíveis e leves.

» **Substituída.** Determine se ainda atende às necessidades do negócio. Se não, encontre e implante novas aplicações que as atendam.

» **Reconfigurada.** Examine as aplicações quanto às vantagens e reconfigure os aspectos que seriam melhores em um ambiente de nuvem.

» **Adaptada e/ou consolidada.** Examine as aplicações atualmente na nuvem e como se encaixam. Planeje uma abordagem abrangente para desenvolver uma presença na nuvem completa, não uma fragmentada.

CUIDADO

"Lift and shift", uma estratégia que se refere a migrar uma aplicação de um ambiente para outro sem muita revisão nem teste, não funciona bem em um ambiente de nuvem. Ao colocar aplicações ou sistemas na nuvem, você deve antecipar uma mudança operacional e inatividade.

LEMBRE-SE

Pelo menos, esperamos que você tire uma lição deste capítulo: em geral, é uma política melhor utilizar FinTechs de terceiros para lidar com novas tecnologias e sistemas que não são essenciais para o crescimento e o foco da corporação. As FinTechs se empenham para determinar a melhor arquitetura, casos de uso, sistemas e ferramentas para implementar ao integrarem a funcionalidade requerida de uma empresa na nuvem. Uma FinTech de terceiros pode ajudar a corporação a determinar a melhor estratégia, assim como um aumento pesado da tecnologia, para a empresa sair de seus sistemas antigos e migrar para a nuvem com baixo custo.

> **NESTE CAPÍTULO**
>
> » **Entendendo os fundamentos do blockchain**
>
> » **Vendo como funciona a tecnologia blockchain**
>
> » **Examinando o papel do blockchain na FinTech**

Capítulo **7**

Entendendo o Blockchain Além do Bitcoin

Como descobrimos no Capítulo 5, *blockchain* é uma tecnologia nova para armazenar e recuperar dados com segurança em um ambiente descentralizado. A tecnologia blockchain faz disrupção em vários setores, inclusive financeiro e bancário. Portanto, é importante entender como ela funciona e como as empresas a estão usando.

Uma FinTech está pronta para ajudar o setor bancário com sua integração do blockchain nas áreas que podem aproveitar um sistema de registros imutável e descentralizado, podendo remover erros e riscos das operações diárias.

Neste capítulo, estendemos nossa análise do blockchain, indo além do básico dado no Capítulo 5. Você vê como funciona a tecnologia em um nível mais profundo e seu papel nas operações FinTech atuais e futuras.

Fundamentos do Blockchain

LEMBRE-SE

Aqui, recapitulamos o que foi explicado sobre blockchain no Capítulo 5. Estes são os principais pontos:

» O blockchain consiste em uma estrutura de dados descentralizada (DDS) organizada em torno de uma série de blocos conectados e protegidos por criptografia de hash exclusiva.

» Os dados têm data/hora e são conectados em uma ordem cronológica criptográfica. Os blocos são ligados linearmente, criando o blockchain.

» Um blockchain não tem nenhum banco de dados central nem administrador. O banco de dados descentralizado é validado via um conceito chamado consenso.

» O blockchain é uma contabilidade distribuída P2P (peer-to-peer); cada iteração é única e deve ser verificada por, pelo menos, cinco outros nós para ser validada. Cada registro não pode ser modificado.

» Blockchain não precisa da internet para funcionar; qualquer rede servirá.

O blockchain é mais conhecido como a tecnologia criada para suportar a privacidade, o anonimato e a precisão das transações de criptomoeda. Já passou por várias iterações desde sua criação em 2009. Agora existe um ecossistema de blockchains, e aumentaram os casos de uso em torno de sua aceitação.

Os problemas que o blockchain encarou no setor financeiro, que impediam sua adoção inicial, são os mesmos que levaram à criação do blockchain inicialmente. São o anonimato, a transparência e a imutabilidade. Novas iterações de blockchain entraram no mercado com tecnologias que seus criadores esperam que evitarão as preocupações de auditores e administradores. Uma das abordagens mais bem-sucedidas criadas para amenizar a falta de controle foi a criação do blockchain permissionado. Ele permite adicionar outra camada de controle tradicional para integrar a tecnologia blockchain. Essa camada administrativa pode alterar protocolos, limitar nós, modificar a necessidade de consenso e fornecer visibilidade quanto à identidade dos operadores. Basicamente, essa camada, enquanto acelera o processo de transação, coopera com os componentes distribuídos no sistema por meio da introdução de um único ponto de controle. A necessidade de velocidade e a capacidade de auditoria no setor financeiro superam a exigência de segurança e anonimato.

As seções a seguir descrevem o básico do blockchain usado em aplicações descentralizadas (DApps) públicas, como mineração e consenso, contratos inteligentes e tipos de rede.

Mineração e consenso

Mineração é o método usado para criar consenso em uma rede Bitcoin, mas deve haver outros meios de chegar ao consenso, ou as DApps criadas ficarão limitadas apenas a operações financeiras/pagamentos.

No Bitcoin, mineradores são os *nós de computação* (desenvolvedores de blockchain e proprietários dos nós) que trabalham para resolver uma computação, permitindo-os criar ou adicionar um bloco ao blockchain. Esses mineradores recebem recompensas pelo sucesso via Bitcoins ou taxas de transações. Os mineradores criam valores de hash encapsulados nos blocos criados.

Nessa modalidade, o consenso é conseguido adicionando todos os valores de hash no blockchain por meio de uma prova de trabalho (PoW), que é automática para que mineradores/nós na rede somem todas as transações nos blocos ligados a cada dez minutos. Apenas um minerador que resolve o problema computacional original pode adicionar ao bloco. Um blockchain é tão forte quanto o tamanho de sua rede (medida pelo número de nós envolvidos na validação). O esquema de recompensa usado na PoW é um modelo econômico eficiente que reforça a ação correta realizada pelos participantes.

Além da PoW, outros tipos de consenso incluem:

» Ethereum, uma plataforma blockchain, utiliza uma forma de mecanismo de consenso em seus contratos inteligentes, chamada de *prova de participação (PoS)*. Nesse ambiente, o minerador contribui com o valor da transação, não com o recebimento de uma recompensa pelo trabalho.

» *Prova de participação delegada (DPoS)* é uma variação da PoS. Nesse modelo, os usuários da rede cedem seus direitos e suas responsabilidades aos *supernós*, que são eleitos ou apontados por todos os outros nós da rede, eliminando a competição necessária para resolver o problema matemático. Os supernós se tornam os produtores de blocos de fato. Esse modelo é a abordagem mais eficiente para o consenso. O resultado é uma baixa latência e alta eficiência. Mas o problema aqui é que existe uma violação do modelo do DDS. Ele fornece membros identificáveis, em vez de um anonimato coletivo da rede descentralizada. Também cria um risco de segurança, no sentido de que, teoricamente, os supernós poderiam conspirar para sabotar o sistema.

» Outra iteração recente das formas mais tradicionais de consenso é o mecanismo híbrido chamado *prova de atividade (PoA)*, em que alguns mineradores fazem o trabalho computacional e outros aprovam o trabalho, complementando o valor da transação.

CAPÍTULO 7 **Entendendo o Blockchain Além do Bitcoin** 143

> Formas mais recentes de consenso desenvolveram uma antecipação de adoção corporativa do blockchain como uma ferramenta válida no arsenal corporativo. Um método usa grupos que têm uma estrutura hierárquica em torno da reputação de um participante. Apenas os aprovados ou os autorizados podem participar do processo de consenso.

CUIDADO

Como se pode ver, os mecanismos em torno do desenvolvimento de consenso em um blockchain público requerem muito trabalho, têm restrições de tempo e são complicados do ponto de vista formal. Outra desvantagem do modelo de consenso é que ele é ineficiente em termos de energia. Afinal, a premissa foi baseada na incapacidade de resolver um problema matemático para criar links de hash e novos blocos. O fato de que essa computação pode ser realizada simultaneamente por todos os nós na rede pode muito bem igualar a eletricidade necessária de uma grande cidade ou pequeno país ao longo de um ano. Foi suposto que a energia requerida para manter o setor Bitcoin é igual à utilizada por toda a Finlândia. Esse modelo resulta em altas taxas de transações pagas a mineradores e um processamento lento para quem iniciou a transação. A demanda de energia da PoS é muito menor do que a da PoW. O processo não requer que todos os nós participem da solução do problema matemático.

Contratos inteligentes e DApps

A Ethereum deu mais um passo à frente na tecnologia blockchain introduzindo *contratos inteligentes* criados sem interferência humana. Esses contratos são linhas de código totalmente automatizadas, com estruturas completas baseadas em regras que são programas executáveis escritos em blocos como parte da estrutura blockchain. Esse novo uso estende o blockchain, deixando de ser meramente o armazenamento e o registro de dados para ser o processamento real deles de formas imutáveis. A plataforma Ethereum oferece um novo panorama ao blockchain, disponibilizando novos modelos econômicos e processos de pagamento via DApps.

A Ethereum afirma que seu programa é um código *Turing completo*, uma referência a uma máquina hipotética proposta por Alan Turing que podia manipular símbolos em uma única linha de código de acordo com um conjunto de regras. Usando esse código, contratos inteligentes podem ser criados e estendidos. Ao criar um bloco, implantado na contabilidade, ele não pode ser alterado. Essa imutabilidade encoraja a confiança pública. Como todas as construções blockchain, com contrato criado e confirmado, ele é publicado nos nós distribuídos em uma rede descentralizada.

CUIDADO

Mesmo que o blockchain seja uma rede P2P, o usuário ainda precisa executar seu programa localmente para criar um contrato inteligente. A localização de algum processo envolvido na criação de blocos pode criar problemas de privacidade e segurança. O objetivo da tecnologia DApp é que todas as partes de qualquer transação ocorram inteiramente dentro da rede P2P. Se criada assim, a integridade dos resultados é incontestável. Uma vez criado, o bloco não deve precisar mais de manutenção e nem iteração do usuário.

PAPO DE ESPECIALISTA

Algumas pessoas esperam que os contratos inteligentes e os acordos subsequentes da Ethereum sejam, no máximo, "probabilísticos", no sentido de que nenhum controle ou lista detalhada permita que uma pessoa saiba a porcentagem de consenso conseguida por uma transação, nem haja um meio de saber o número de pessoas reais envolvidas na validação da transação.

Os contratos inteligentes fornecem regras de resolução para as transações feitas automaticamente no código, sem intervenção humana, e um dos modos de fazer isso é requerendo signatários automáticos online. As assinaturas são bloqueios segmentados, nos quais cada nó fica com uma parte da chave. A chave inteira deve ser remontada para que a transação siga em frente.

Como visto no Capítulo 5, DApps são um conjunto de contratos inteligentes ligados que contêm o sequenciamento de uma transação, seu nível de segurança e privacidade e os dados a compartilhar. Essas transações podem ser configuradas para requerer a participação humana ou podem ser tarefas automáticas, realizadas por agentes autônomos. Uma série inteira de agentes pode ser ligada para realizar um processo completo em uma empresa autônoma distribuída (DAE).

Uma vez criada, a contabilidade é executada com uma supervisão totalmente automática, determinada pelas regras estabelecidas no contrato inteligente. Essa função é chamada de organização autônoma descentralizada (DAO).

LEMBRE-SE

Todas as DApps do blockchain seguem os seguintes padrões:

» São de código aberto.

» São descentralizadas estruturalmente.

» Operam no conceito de validação do consenso ou contratos inteligentes.

» Não têm um ponto de falha central.

Tipos de rede blockchain

Há vários modos de implementar uma rede blockchain: pública, privada, consórcio e híbrida. Cada uma tem uma combinação única de recursos e características:

» As redes do **blockchain público** são centralizadas, abertas e transparentes para os membros, e validadas por consenso.

» As redes do **blockchain privado** são diferentes no sentido de que têm um componente administrativo. A participação é por convite apenas, e um proprietário da rede (uma organização) controla a participação e os privilégios. A transparência pode ser limitada segundo regras estabelecidas e perfis. Cada transação é baseada em um sistema de confiança, que remove os pesados custos indiretos de validação do consenso. As redes blockchain privadas são mais eficientes e escalonáveis, com menos problemas de latência do que as públicas. O protocolo e a segurança podem ser diferentes daqueles de um blockchain público, porque já existe um nível de confiança entre os participantes e controles externos estão definidos.

» As redes do **blockchain de consórcio** existem onde várias organizações controlam, juntas, privilégios e participação. O consenso fica nas mãos de um conjunto pré-selecionado de nós, e um grupo de organizações determina a política e as regras em torno do fluxo de trabalho e da validação da transação. Isso a torna mais eficiente e escalonável, porque os dados podem ser computados paralelamente. Porém, é parecida com o tipo privado.

» As redes do **blockchain híbrido** são uma combinação de acesso aberto do usuário e acesso restrito, com base no caso de uso da rede. As transações podem ser privadas, mas verificadas no bloco com menos permissão.

A Tabela 7-1 resume os tipos e suas características.

TABELA 7-1 Tipos de Rede do Blockchain

	Pública	Privada	Consórcio
Rede	Descentralizada	Centralizada via camada permissionada	Centralizada via camada permissionada
Transações por segundo (TPS)	Baixa: sobrecarga muito alta de consenso	Alta: rápida devido a nós limitados e usuários identificados	Alta: rápida devido a nós limitados e usuários identificados
Visibilidade e Participação	Aberta	Restrita	Restrita

	Pública	Privada	Consórcio
Segurança	Indeterminada	Alta: acesso permissionado	Média: embora permissionada, o nível de usuários ainda não é totalmente conhecido
Governança do Sistema	Difícil	Fácil	Moderada

Descobrindo como Funciona a Tecnologia Blockchain

A tecnologia blockchain gira em torno de três princípios básicos: descentralização, segurança e transparência. Vemos cada um deles em detalhes nas seções a seguir.

Descentralização

LEMBRE-SE

Como destacamos antes neste capítulo, um ponto positivo do blockchain está em sua descentralização. Os bancos de dados tradicionais são inferiores porque têm pontos de falha e são vulneráveis ao erro do operador. Os sistemas descentralizados são realmente infalíveis devido ao número de sistemas que precisariam falhar e o número de erros do operador que precisariam ocorrer para derrubar o sistema.

O armazenamento de dados descentralizado pode ser propenso a problemas de sincronização, a menos que métodos rigorosos sejam definidos para assegurar a consistência. Por isso o consenso (visto anteriormente neste capítulo) é importante. A conclusão da transação pode ser confirmada, verificada e publicada somente se há consenso.

Na arquitetura blockchain mais tolerante, até 30% dos nós que trocam informações podem discordar da validade das informações compartilhadas; em um modelo mais restritivo, o consenso deve ser unânime. Esse conceito é chamado de *tolerância a falhas bizantinas* (BFT), ou seja, dois nós ou mais podem compartilhar informações/dados com segurança, porque são os mesmos dados.

CAPÍTULO 7 **Entendendo o Blockchain Além do Bitcoin**   147

Outra forma de consenso usada pelo blockchain permissionado como Hyperledger Fabric é a *tolerância a falhas de colisão* (CFT), que permite que o sistema chegue a um consenso mesmo que os componentes falhem (a BFT permite que os sistemas cheguem a um consenso se pode haver agentes maliciosos). O blockchain permissionado como Hyperledger Fabric utiliza uma camada de controle para estabelecer um serviço "ordenado", que organiza as transações de cada ponto no sistema e verifica se são iguais usando uma política de aprovação e um processo de validação.

O fato de que a definição de um nível aceitável de consenso pode variar introduz a possibilidade de uma brecha devido a um ataque Sybil. É um ataque à reputação ou à confiabilidade de uma rede para provar que ela contém dados confiáveis e confirmados. Um ataque pode manipular o processo de consenso criando identidades falsas que discordam do consenso em uma proporção maior que a permitida. Tais ataques no *Bitcoin Cash* podem resultar em *gasto dobrado*.

CUIDADO

Algumas preocupações técnicas relacionadas à descentralização ainda não foram resolvidas pelos arquitetos do blockchain, inclusive:

» **Não há uma abordagem fácil para remover as transações contestadas.** A natureza imutável da estrutura de dados distribuída impossibilita apenas "corrigir" uma entrada da contabilidade. O que está na contabilidade fica lá e não pode ser removido. Além de correções para remover os dados, deve haver outras formas de solução. A escrita de novos blocos na rede inteira e pré-testes amplos devem estar em vigor.

» **Atualmente existe apenas um modo de fazer upgrade para um sistema blockchain por meio de um hard fork.** *Hard fork* é uma alteração completa e sistêmica do protocolo de rede. Isso pode fazer com que blocos válidos sejam invalidados e que os inválidos fiquem válidos. Todos os nós são alterados quando um *hard fork* é chamado (detalhamos mais os forks posteriormente neste capítulo).

» **Há problemas de interoperabilidade.** As redes, os sistemas e as contabilidades do blockchain podem se comunicar com outros sistemas blockchain não relacionados. Atualmente não há regras quanto à hierarquia do processo blockchain. Quais regras e protocolos do sistema têm prioridade?

» **Custos indiretos altos.** Como no blockchain público, criar e aceitar um bloco conta com o trabalho de mineradores que criam o link de hash. É necessário um mínimo de seis mineradores para verificar e validar a transação antes de ela ser adicionada ao blockchain, e há um custo indireto muito alto para a conclusão de uma transação. O tempo médio de transação é de aproximadamente uma hora, do início até a validação. Esse custo operacional torna as DApps menos competitivas que os cálculos não blockchain (aprenda mais sobre a mineração anteriormente neste capítulo). Como mencionamos no Capítulo 5, o blockchain permissionado e as cadeias privadas são mais rápidos porque os nós e a quantidade de usuários são limitados.

» **O blockchain público não é projetado atualmente para lidar com uma alta taxa de transferência e transações com grande volume.** Com a tecnologia blockchain, as chamadas são lidadas como transações pendentes até serem concluídas, o que pode criar grandes adiamentos. A estrutura do blockchain permissionado e privado é mais rápida e eficiente por causa da limitação de usuários e nós.

» **O blockchain não funciona bem em série.** O conceito de consenso requer que todos os nós em uma rede respondam antes de uma transação ser verificada/executada.

DICA

Blockchain é uma tecnologia nova e, como podemos ver, fazer alterações nela não é simples. Ao escolher quais DApps do blockchain público usar, você deve examinar seu histórico. Com que frequência há um hard fork? Quantos usuários existem? Quantos projetos inovadores foram iniciados em torno da versão original? Veja as validações do código e os desvios para determinar a viabilidade. Ao usar um blockchain permissionado ou de consórcio, você deve fazer essas mesmas perguntas.

Segurança

LEMBRE-SE

Não devemos confundir segurança com anonimato ou complexidade. Até certo ponto, o blockchain significa os três.

Sua pretensão de segurança surge primeiro com o anonimato, depois com a complexidade. O blockchain foi iniciado para ocultar a identidade do proprietário nas transações que ocorrem na exibição pública. Também foi criado para assegurar a natureza imutável dos dados, porque os proprietários desses dados e os resultados não confiavam um no outro. Não há um juiz para supervisionar o resultado dessas transações. A imutabilidade de um bloco vem do fato de que qualquer pessoa pode criá-lo, mas ninguém pode removê-lo. Todos os blocos parecidos são ligados. Não é possível retirar um bloco e substituí-lo, porque todos eles são marcados com data e hora, hash exclusivos, ligados cronologicamente e codificados por criptografia. Isso torna impossível hackeá-los segundo a definição padrão.

Há dois níveis de segurança no blockchain:

» Segurança dos dados e do fluxo de trabalho associada ao blockchain, protegida por links de hash e via atividades de mineração.

» Segurança associada ao proprietário da transação.

O acesso do proprietário da transação ou do recipiente é controlado por duas chaves:

» Uma chave pública, visível e associada à transação.

» Uma chave privada, criptografada, que apenas quem inicia ou o recipiente conhece.

Desde sua criação, o blockchain se desenvolveu em vários tipos diferentes de casos de uso, e cada um tem protocolos de segurança diferentes:

» **Público:** Todos os olhos podem ver a transação, validar os dados e participar do processo de verificação.

» **Blockchains de consórcio:** É um sistema de blockchain semiprivado com um grupo de usuários específico que pode abranger muitas organizações. Esse modelo tem um conceito de autoridade que o iniciador pode estabelecer. Os sistemas B2B (business-to-business) utilizam esse caso de uso.

» **Blockchain privado:** O acesso é limitado no nível do nó. Os perfis podem ser criados limitando o acesso e a visibilidade.

Embora criado inicialmente sobre a premissa de total anonimato, algumas DApps mais recentes, que tentam monetizar sua oferta, procuram criar mais flexibilidade em sua segurança e em seu modelo de acesso para facilitar que grandes corporações e bancos as utilizem. Em algumas situações, há o desejo de ocultar a identidade dos usuários e, em outros, de limitar o acesso por completo.

Existe também uma tendência a desenvolver aplicações de privacidade e acesso sobre o modelo blockchain. O problema dessa abordagem é que ela requer a segurança oferecida pela estrutura de dados descentralizada do blockchain e coloca um banco de dados centralizado ou uma camada de permissão e administrativa acima dele, resultando em proteções ineficientes.

150   PARTE 2 **Aprendendo a Tecnologia**

LEMBRE-SE

A segurança do blockchain reside na assinatura digital criptográfica, nas funções de hash criptográfico que os mineradores executam para validar a transação do bloco, no consenso de verificação que o minerador e os usuários realizam e na chave privada criada no início. Os contratos inteligentes requerem uma revisão completa e formal do código. Só porque é descentralizado, não significa que não pode ser hackeado.

As próximas seções detalham mais o conceito de fork e as preocupações com segurança.

Fork

O conceito de fork vem do desenvolvimento de código aberto. No código aberto, *fork* é uma divisão no código. Ele mantém grande parte da funcionalidade da fonte original, mas pode diferir muito dela. O fork não cria conflitos com o código original.

No blockchain, um *soft fork* pode ser usado para criar novos ativos. É um fork que pode adicionar ou reforçar os protocolos existentes e pode existir com antigos nós. Os nós antigos aceitam as alterações feitas pelo novo fork, mas um novo nó não aceitará um nó antigo, porque não tem os mesmos protocolos. Um minerador reconhecerá logo que uma nova versão foi criada e atualizada para o protocolo mais recente. No final, por redução, apenas o novo fork permanecerá.

CUIDADO

Às vezes, os forks não intencionais ou virais fazem com que os dados fiquem corrompidos. Os forks no blockchain podem ser muito perigosos, porque causam disputas na integridade dos dados. Por sorte, como nenhum registro pode ser removido, um fork pode ser verificado por uma revisão de todo o histórico.

Os *hard forks* são mais disruptivos, no sentido de que indicam uma alteração fundamental nos protocolos e podem invalidar as versões antigas. Eles são atualmente o único modo de fazer upgrade no blockchain. Quando ocorre um hard fork, ele pode invalidar blocos inteiros na contabilidade. Se versões novas e antigas podem existir, as regras que controlam o blockchain podem ser diferentes entre nós novos e antigos; isso faz os dados variarem. Se um hard fork existe, um desvio deve se tornar obsoleto e descontinuado, assim como os ativos nele devem ser realocados para a nova versão.

A Figura 7-1 resume a diferença entre hard fork e soft fork.

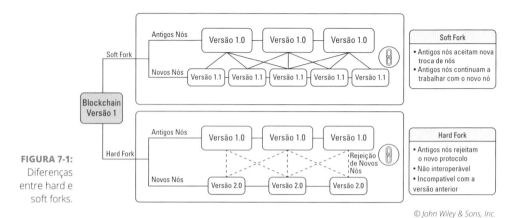

FIGURA 7-1: Diferenças entre hard e soft forks.

© John Wiley & Sons, Inc.

O teste é um componente essencial da transação blockchain completa. Antes de qualquer transação ocorrer, o negócio precisa entender totalmente seu caso de uso. E mais, precisa criar cenários de segurança/risco e testá-los de ponta a ponta.

Preocupações com a segurança

Uma preocupação importante com a segurança é a possibilidade de fazer a manipulação do protocolo de consenso. Como nada é adicionado à contabilidade sem consenso, os membros da rede podem adicionar identidades ou nós falsos para controlar o sistema e manipular o resultado do consenso para ter vantagens. Como o blockchain opera pressupondo total anonimato para seus membros, hackers podem se tornar membros e ocultar sua identidade enquanto realizam atos maliciosos. O único modo de o resultado da transação poder ser recuperado é com uma chave privada. Os hackers podem conseguir acesso roubando a chave criptográfica. Quando acessam tal chave, podem fazer entradas fraudulentas.

Outra preocupação é com a codificação desleixada. Mesmo no blockchain, a ausência dos devidos processos de desenvolvimento e testes completos pode terminar em resultados ruins e vulnerabilidades no código.

E mais, pode haver problemas em cumprir as regulações. Os níveis pessoais de proteção de dados podem ser regulados de modo diferente em jurisdições diferentes. Por sua exata arquitetura, a possibilidade de uma brecha nos dados pessoais é menor. Mas a maioria das leis de privacidade inclui uma cláusula de que as informações pessoais que uma empresa tem devem ser removidas com a solicitação da pessoa e, como observamos antes, os blocos do blockchain não podem ser removidos.

No blockchain público, todo bloco em uma rede é transparente para cada bloco. Se informações reais forem escritas no bloco, pela própria natureza da imutabilidade, os dados não podem ser removidos. E, segundo a clareza do sistema, eles podem ser exibidos por todos os nós. Portanto, todos os dados pessoais precisam ser adicionados ao bloco apenas por link. Isso fornece uma área de vulnerabilidade em torno da segurança de armazenamento dos dados.

DICA

Agora algumas ferramentas novas disponibilizadas melhoram mais os aspectos de segurança do blockchain. Um exemplo são os módulos de segurança do hardware (HSM), que fornecem chaves privadas e regras de segurança para se proteger da perda de privacidade e segurança.

Transparência

Transparência é um componente importante da natureza inovadora do blockchain público (o blockchain permissionado ofuscou esse componente limitando o acesso e o número de nós na rede). Cada nó no blockchain público tem acesso aos dados. Cada nó também contém uma versão menor de outro nó na rede. Isso o torna imutável e transparente.

Transparência e imutabilidade equivalem à confiança para as pessoas envolvidas em transações anônimas. Qualquer usuário ou operador do nó pode acessar a contabilidade e todas as informações em um blockchain público. Mas isso não significa que qualquer observador saberá a identidade do operador. Os links de hash que os nós individuais criam se relacionam ao bloco de origem, que mantém o primeiro registro criado para uma transação individual.

Essa transparência, combinada com a natureza imutável dos dados, a torna uma opção muito interessante no setor financeiro nos seguintes casos de uso:

» Processos que requerem validação da precisão para uma revisão, ou seja, auditoria, folha de pagamento e análises fiscais.

» Recipientes para conservação de registros verificáveis, como votação e processamento de aposentadoria.

» Processamento de ações e controles.

» Controles de inventário e verificação.

» Contabilidade geral.

Nota: A necessidade de um processo de auditoria e análise é maior em um blockchain permissionado ou privado.

CAPÍTULO 7 **Entendendo o Blockchain Além do Bitcoin** 153

Sempre que temos uma interação anônima com um fluxo de trabalho definido e trocas de pagamento, há uma oportunidade de usar o blockchain e contratos inteligentes. Veja alguns exemplos:

» **Hardware inteligente:** Os contratos inteligentes permitem que os processos afins sejam automatizados para que aconteçam sem intervenção humana, permitindo ao hardware ser inteligente também. O *hardware inteligente* leva as melhorias de tempo real da IA para o contrato inteligente. Quando o hardware reconhece uma mudança positiva, adiciona o resultado ao contrato. Essa automação de hardware inteligente é registrada e memorizada como parte da função do produto e conduzida por contratos inteligentes em todas as iterações subsequentes.

» **Gestão da cadeia de suprimentos:** O gerenciamento e a logística eficientes, abrangentes e em tempo real dentro de uma cadeia de suprimentos diminuem muito o custo geral do produto. Embora pareça que o processo de pegar um item em sua criação e levá-lo até o consumo deve ser muito simples, na verdade, há muitos pontos de falha. A complexidade aumenta com as regras da governança, a integridade dos dados, a logística em tempo real e a coordenação de terceiros.

A introdução do blockchain e de contratos inteligentes ajuda a retirar parte dos custos indiretos por meio da automação e do agendamento em tempo real. A função da cadeia de suprimentos começa adquirindo e entregando matéria-prima, e termina com a entrega do produto nas lojas de varejo e aos compradores finais. As muitas etapas intermediárias incluem certificações, prazos de entrega variados e complexos, alocações de recursos e coordenação de mecanismos que agora podem ser lidados com mais eficiência por contratos inteligente e blockchain. Este mantém todos os horários ativos envolvidos na logística e elementos da transação. Ele introduz transparência no processo e cria um registro imutável, caso as remessas se percam ou atrasem.

» **Pagamento agendado para produtos ou serviços:** Embora não esteja ainda em total produção, o blockchain está sendo visto como a melhor coisa no processamento de pagamentos e em transferências internacionais entre bancos em tempo real. O uso de uma contabilidade distribuída e contratos inteligentes possibilita um histórico de transações em tempo real totalmente automático. O processamento de pagamentos B2B do blockchain se iniciou antes de 2017 e foi motivado pelo avanço das criptomoedas. Tais serviços de processamento são diretamente ligados ao uso da gestão da cadeia de suprimentos.

Examinando o Papel do Blockchain na FinTech

Blockchain é uma das ferramentas que a FinTech usa ao transformar e replanejar os processos comerciais do setor bancário. Como vimos neste capítulo, ele oferece uma estrutura de dados descentralizada com uma fonte confiável imutável que pode ser rastreada, controlada e auditada com o histórico completo de uma transação ou evento. Por meio da automação, minimiza o potencial de erro humano ou atividades prejudiciais ao mesmo tempo que reduz os custos.

Por todos esses benefícios, o blockchain tem a possibilidade de fazer uma disrupção no setor financeiro. Empresas financeiras, bancárias e de seguros que consideram implementar o blockchain devem entender seu valor e posicioná-lo estrategicamente em sua infraestrutura digital. A FinTech entra com o conhecimento que permite aos bancos e às empresas financeiras propor uma abordagem bem planejada que foca as aplicações e as tecnologias necessárias, mas não faz nenhuma disrupção no foco que bancos ou financeiras têm em suas atividades principais.

O blockchain oferecerá benefícios mais rápido para fundos monetários, mercados de capital, transações secundárias e processadores de acordos pós-negociação. Também ajudará a eliminar impasses, questões de auditoria e preocupações com segurança nos fluxos de pagamento e remessas bancárias, requisitos de conformidade regulatória, securitização e gestão de dados pessoais e identidades. As maiores vantagens em todos os casos de uso no futuro do blockchain estão em sua transparência e arquitetura imutável, que eliminam os processos manuais e automatizam funções repetitivas.

DICA

Ao considerar fazer parceria com uma FinTech para desenvolver um plano estratégico de blockchain e DApp, é importante fazer algumas perguntas:

» Há algum componente em seu negócio que aproveitaria uma estrutura de dados descentralizada?

» Quais são os benefícios para seu negócio?

» Quais são os custos e os benefícios em potencial?

» Como o blockchain fará a disrupção de seus processos comerciais, interna e externamente?

» Como o blockchain se encaixa no sistema de gerenciamento de riscos do banco?

- » Existe algum pioneiro no setor que esteja usando com sucesso essa tecnologia?
- » Quais são os objetivos de longo prazo para implantar a tecnologia blockchain?
- » Há um modo de o blockchain aumentar o alcance da organização para novos mercados?
- » Quais são os ganhos de curto prazo?
- » Como o blockchain se encaixa em outras tecnologias das quais a organização precisa atualmente, como nuvem, microsserviços e interfaces para programação de aplicações (APIs)?

LEMBRE-SE

Uma FinTech deve fazer uma avaliação atual e complexa do estado da organização. Em seguida, deve produzir um plano com etapas para implantar as tecnologias necessárias que demonstre uma compreensão das necessidades estratégicas da empresa. O plano deve oferecer uma abordagem global para substituir e integrar os sistemas atuais, devendo apresentar casos de uso significativos para futuras melhorias. Deve incluir etapas para endereçar questões jurídicas e de governança regional e fornecer transição e suporte para fazer mudanças na rede blockchain.

LEMBRE-SE

Em alguns cenários, o setor bancário corre para avançar ou adotar uma estratégia de criptomoeda. Como nenhuma agência regulatória controla essas moedas, os bancos têm uma oportunidade de entrar e definir seus padrões e seus próprios controles regulatórios financeiros. As criptomoedas oferecem muitos benefícios para o setor bancário, como menores custos das transações.

NESTE CAPÍTULO

» **Classificando as aplicações FinTech**

» **Examinando o cenário de aplicações da FinTech**

» **Navegando no lado não varejista das aplicações FinTech**

» **Criando uma estrutura GUI e um mecanismo de fluxo de trabalho**

Capítulo **8**

Habituando-se à Mentalidade App

xiste um app para isso.

Em 2008, quando a Apple lançou o iPhone 3G, ocorreu uma evolução tecnológica conforme as pessoas começavam a ver os smartphones como mais do que ferramentas para fazer chamadas e enviar mensagens de texto. A ideia de poder estender a funcionalidade de um smartphone instalando aplicativos de uma App Store foi um divisor de águas. Os aplicativos deram mais escolhas aos consumidores. Para tarefas simples de computação, eles não precisavam mais de PCs tradicionais, pois podiam usar seus celulares.

Conforme os smartphones começaram a representar fatias cada vez maiores do mercado de dispositivos de computação pessoal, programadores começaram a desenvolver com uma *mentalidade primeiro para celulares*, também conhecida como *mentalidade app*. Em outras palavras, quando planejavam um novo software, começavam primeiro a considerar como ele funcionaria nos dispositivos móveis, porque eram o que o maior segmento do público–alvo usaria.

Essa mentalidade app foi uma motivação importante por trás da natureza disruptiva da FinTech. As empresas que esperam alcançar consumidores devem desenvolver um software que vá onde eles estão, e onde eles estão é online, em seus smartphones e conectados à nuvem. Este capítulo examina vários tipos de aplicações FinTech que os consumidores querem hoje e dá algumas dicas para planejar e criar tais aplicativos.

Tipos de Aplicativos FinTech

App é a abreviação de *aplicativo*, que é um software planejado para usuários finais que os permite realizar em rede e com facilidade certa tarefa específica ou um grupo de tarefas. Embora os aplicativos tenham sido inicialmente concebidos para ser independentes da plataforma e da mídia, o termo passou a se referir especificamente àqueles desenvolvidos para dispositivos móveis. Porém, o conceito de aplicativos pequenos e focados em tarefas para tipos específicos de usuários finais está ficando mais dominante em todo design de software moderno.

LEMBRE-SE

Veja alguns tipos específicos de apps que podem ser encontrados no mundo FinTech:

» **Apps da web:** Os apps da web são armazenados e executados a partir de servidores na web. Os usuários não precisam baixar nada para executá-los. Eles oferecem uma experiência do usuário consistente por meio de sua interface, independentemente da plataforma usada para acessar o servidor. Um app da web difere de uma página web normal no sentido de que é interativo e pode ser definido pelo usuário final.

» **Apps nativos:** Um app nativo foi desenvolvido para ser executado apenas em um tipo de dispositivo ou plataforma, como somente no iOS ou no Android. Em geral, um app nativo requer que você faça download e o instale no dispositivo. É chamado de nativo porque é escrito não apenas para uma plataforma específica, mas geralmente em uma linguagem específica dessa plataforma.

» **Apps móveis:** Como implica o nome, são executados em dispositivos móveis, como smartphones ou tablets. Normalmente são os apps nativos projetados para um sistema operacional (SO) específico do dispositivo.

» **Apps híbridos:** Um aplicativo híbrido age como um nativo, no sentido de que deve ser baixado, mas é escrito em uma linguagem de desenvolvimento padrão, como HTML ou Java. Isso facilita desenvolver, manter e usar.

- » **Apps matadores:** Os apps matadores são nativos e, de tão atraentes e únicos, fazem os usuários se tornarem fiéis à plataforma específica na qual são executados. Por exemplo, se um app está disponível apenas para Android, algumas pessoas podem mudar do iOS para o Android só para usá-lo.

- » **Apps de herança:** Em tecnologia, *herança* é apenas outra palavra para "velho e desatualizado". Os apps de herança passaram do prazo; eles não podem mais ser suportados ou podem ter sido criados em linguagens ou plataformas antiquadas. Eles continuam a existir porque servem a uma função específica que não é substituída com facilidade ou seria cara demais para ser recriada em uma versão moderna.

Cenário do App FinTech

Para entender como a mentalidade app orienta o desenvolvimento em todas as áreas do mercado de capital, é importante ver alguns setores pioneiros que definiram a ascensão da FinTech nos últimos dez anos.

Banco digital

Banco digital é uma das maiores áreas na FinTech, com os bancos concorrentes tendo crescido mais de US$3 bilhões em 2019, segundo a empresa de pesquisas CB Insights. A FinTech está atacando cada operação bancária essencial, oferecendo serviços focados para poupança, empréstimos estudantis, serviços para pequenas empresas e cartões de crédito.

O banco comercial tradicional está na linha de fogo devido ao aumento dos bancos da internet que podem lidar com todas as transações por meio de aplicações e assessorar de forma anônima os clientes. Os usuários podem abrir poupança, conta corrente e ter cartões de crédito via app, e podem interconectar todas as contas sem nenhuma intervenção humana. Esses aplicativos bancários controlam cada transação e geram automaticamente status de transações e pagamentos diariamente. Com aprendizado de máquina e inteligência artificial (IA; veja o Capítulo 12), os aplicativos podem também desenvolver uma ideia dos padrões fiscais e das exigências de gastos do usuário e oferecer uma assistência bancária personalizada segundo esses padrões.

DICA

Alguns dos principais disruptores no banco digital incluem Chime (www.chime.com), Aspiration (www.aspiration.com), Varo (www.varomoney.com) e Simple (www.simple.com) [conteúdos em inglês].

Gestão de patrimônio

Uma das áreas mais visíveis na FinTech foi a de desenvolvimento de aplicativos para a gestão de patrimônio. Esses aplicativos e os bancos associados abriram o mercado para um novo grupo de investidores e desafiaram as instituições tradicionais do ramo. Eles oferecem benefícios como robôs consultores (transação algorítmica) para investidores individuais, baixos requisitos de saldo mínimo e capacidade de abrir contas com muito pouco investimento.

Se você usa o Merrill Lynch, TD Ameritrade, E*Trade, Schwab ou Stash Wealth, já recebe assistência que foi gerada por aplicativos de IA. Agora, alguns aplicativos investirão automaticamente seu dinheiro "livre" usando os algoritmos ativados.

DICA

Alguns dos principais disruptores em gestão de patrimônio incluem Betterment (`www.betterment.com`), Robinhood (`https://robinhood.com/us/en`), Nutmeg (`www.nutmeg.com`), Raisin (`www.raisin.com`) e MoneyLion (`www.moneylion.com`) [conteúdos em inglês].

Pagamentos e transferência de dinheiro P2P

O setor de pagamentos é atraente porque tem uma grande base de usuários em potencial. Quase todas as pessoas querem pagar pequenas compras de modo mais conveniente. Ter de só tocar no celular para pagar uma xícara de café ou transferir dinheiro para um amigo teve um impacto profundo nos bancos. A perda das taxas de transação levou muitas instituições financeiras a fazer parceria com FinTechs ou até desenvolver ofertas concorrentes.

Agora os sistemas e-payment permitem transações eletrônicas completas. O dinheiro em espécie está rapidamente se tornando um anacronismo. Muitos países da Escandinávia pararam de usar dinheiro e passaram para pagamentos com cartões ou eletrônicos. Essa tendência é muito atraente para os governos porque dificulta mais que as pessoas escondam dinheiro ou criem economias paralelas.

As aplicações de pagamento P2P (peer-to-peer) podem oferecer transações quase em tempo real. Tem tudo a ver com experiências do usuário amistosas, imediatas e simples. Usar a validação blockchain garante segurança e imutabilidade (veja o Capítulo 7 para saber mais sobre blockchain).

DICA

Alguns dos principais disruptores em pagamentos incluem Stripe (`https://stripe.com`), Venmo (`https://venmo.com`), TransferWise (`https://transferwise.com`) e Square (`https://squareup.com/us/en`) [conteúdos em inglês].

Empréstimo

Embora o mercado de crédito alternativo não seja novidade, aplicativos da FinTech estenderam a disponibilidade de crédito a um pool muito maior de pessoas e pequenas empresas. A inovação nesse setor é menos nos apps em si e mais no modelo comercial disruptivo que as empresas estão utilizando. A IA e a mineração de dados na internet possibilitam que os tomadores de empréstimo iniciantes atendam aos critérios para pegarem empréstimo sem nenhum histórico de crédito importante. Os algoritmos especialmente desenvolvidos conseguem considerar a rede social e outro histórico armazenado na internet para antecipar novos beneficiários de crédito.

O serviço para o mercado SME (pequena e média empresas) melhorou muito com a introdução da IA em organizações, como a OakNorth (empresa de empréstimo online do Reino Unido), que a utilizam para criar apps inteligentes para a operação de crédito SME.

DICA

Alguns dos principais disruptores para empréstimo incluem SoFi (www.sofi.com), Credible (www. credible.com), Zopa (https://zopa.com), Funding Circle (www.fundingcircle.com), Banking Circle (www.bankingcircle.com), Credit Karma (www.creditkarma.com) e Upgrade (www.upgrade.com) [conteúdos em inglês].

Examinando o Lado Não Varejista das Aplicações FinTech

Como ressaltamos nos capítulos anteriores, a FinTech fez mudanças disruptivas no setor bancário, que foram motivadas por clientes insatisfeitos e pelas tentativas de inovação que levaram muito tempo para entrar no mercado. As aplicações FinTech oferecem velocidade para entrar no mercado, facilidade de uso e simplicidade de design, empoderamento do cliente e modificação do fluxo de trabalho e da funcionalidade para atender aos desejos do usuário final. As próximas seções explicam meios fora dos serviços financeiros tradicionais de as aplicações FinTech empoderarem seus usuários internos.

RegTech

O principal papel da regulação nos serviços financeiros é proteger o consumidor, mas as regulações também protegem a totalidade do sistema financeiro e a economia de um país. Em resposta à crise financeira de 2008, muitos novos regimes regulatórios foram criados, afetando todo o setor de serviços financeiros.

Os requisitos regulatórios ficaram mais complexos e aumentaram na última década, sobretudo para as multinacionais, e é natural que as empresas fiquem nervosas com eles. Ninguém quer pagar mais impostos ou ficar exposto a multas e sanções porque não conseguiu cumprir uma regulação que não sabia que existia. Muitas vezes, a regulação introduz novos custos, e as empresas buscam meios de minimizá-los. Como resultado, surgiu um novo setor, RegTech (tecnologia regulatória), para ajudar as instituições com a conformidade regulatória. Instituições estão buscando FinTechs externamente para fornecer soluções e ajudar a cumprir as regulações, consolidar fluxos de trabalho e gaps na conformidade, e fazer isso de modo mais barato do que era possível com as criações internas. A RegTech ajuda a gerenciar a conformidade regulatória de uma empresa via tecnologias como análise de big data, IA, aprendizado de máquina e blockchain.

Essa área em desenvolvimento ainda não é guiada pela necessidade de implantar apps móveis. Sua base está sendo criada atendendo à abordagem da aplicação de clientes mais tradicional, embora alguns estejam adicionando capacidades móveis às suas infraestruturas.

DICA

Alguns dos principais disruptores na RegTech incluem Trulioo (`www.trulioo.com`), Convercent (`www.convercent.com`) e Palantir Technologies (`www.palantir.com`) [conteúdos em inglês].

Transações dos mercados de capital

Funções dos mercados de capital, como as transações, há tempos são uma parte lucrativa das ofertas de muitas instituições financeiras. Mas maiores encargos regulatórios diminuíram o retorno sobre o patrimônio das operações comerciais, e as instituições financeiras estão finalmente buscando meios de cortar custos e aumentar a automação.

Estimulados pela mentalidade app, os usuários finais demandam as informações necessárias para tomarem decisões comerciais quando desejam. Muitas delas requerem uma análise sofisticada e recursos de computação significativos. Os sistemas existentes não são eficientes ao atenderem as exigências do usuário final devido à dependência do processamento em batch.

Serviços na nuvem (veja o Capítulo 6), processamento em tempo real, inteligência artificial (IA) e aprendizado de máquina (veja o Capítulo 12) abriram as portas para a FinTech nesse segmento de serviços financeiros. Arquiteturas novas e modernas planejadas explicitamente para aproveitarem a escalabilidade da nuvem autorizaram que novos participantes entrassem no mercado. E muitas instituições financeiras estão contentes com a ajuda, em vez de tentarem criar suas próprias soluções de tecnologia internamente.

PAPO DE ESPECIALISTA

Embora a IA ainda seja um setor muito inicial, está rapidamente chamando a atenção no espaço dos mercados de capital. De acordo com dados de outubro de 2019 da Greenwich Associates, 44% dos profissionais dos mercados de capital globais dizem que suas empresas já usam IA nos processos de negociação (para mais informações, veja www.greenwich.com/press-release/artificial-intelligence-permeating-global-capital-markets [conteúdo em inglês]).

A IA promete inúmeras vantagens para qualquer serviço financeiro que a adote. As prováveis vantagens incluem mais eficiências operacionais e nos custos, melhores serviços do cliente, dados e análise aprimorados, maior lucro e geração de receita. Para os gerentes de portfólio, adicionar o alto nível de complexidade computacional e algorítmica da IA à gestão de carteiras de títulos, inclusive para a tomada de decisão comercial e a execução, significa que eles podem basicamente usar a IA para encontrar o líder, desenvolver portfólios personalizados, melhorar a alocação deles, recombiná-los e mitigar o risco.

A aplicação mais importante da IA no setor de serviços financeiros pode ser o gerenciamento de risco. A IA pode ser uma reviravolta nessa área. Os mercados de capital têm sido assolados com um tsunami regulatório desde a crise financeira de 2008, e, como resultado, um ambiente regulatório mais rigoroso e prescritivo está tendo um impacto importante na tecnologia de gerenciamento de risco da linha de frente. Hoje, algumas instituições trabalham com IA para aumentar seus processos nesse exato gerenciamento.

É onde entra o aprendizado de máquina, um tipo de IA. Os modelos desse aprendizado têm a capacidade de processar cálculos enormes e analisar grandes quantidades de dados com uma análise mais granular e profunda. Fazer isso tem o potencial de melhorar muito as capacidades analíticas no gerenciamento de risco e na conformidade. Pode ajudar os operadores a tomarem decisões mais embasadas não apenas no nível dos títulos, mas também na carteira inteira de derivativos da empresa. Incorporando um conjunto maior de dados financeiros e não financeiros, as aplicações IA no gerenciamento de risco poderiam incluir funções específicas, como identificar o parceiro certo com quem negociar, descobrir os riscos de terceiros em potencial, revelar custos adicionais em um portfólio ou identificar novos padrões de transações que poderiam ser usados para ajustar as estratégias comerciais, tudo de modo mais eficiente e automático.

DICA

Alguns dos principais disruptores nas transações dos mercados de capital incluem Numerix (www.numerix.com), Halo (www.haloinvesting.com) e CloudMargin (https://cloudmargin.com) [conteúdos em inglês].

Criando uma Estrutura GUI

As aplicações FinTech mais bem-sucedidas são fáceis de usar. Elas tendem a ser gráficas por natureza e apresentar um painel de exibição das informações mais críticas das quais o usuário precisa quando abre a aplicação pela primeira vez. Isso é importante porque a maioria das aplicações não inclui uma documentação detalhada, e, se incluísse, é provável que os usuários não a leriam. Até as aplicações mais complexas devem conseguir comunicar com eficiência seu uso em cinco ou seis telas de tutorial.

A importância de uma boa interface do usuário (IU) orienta como os desenvolvedores criam as aplicações. Em muitos casos, o desenvolvimento de apps começa no Adobe Photoshop ou mesmo no Microsoft PowerPoint, antes de uma única linha de código ser escrita. Ou seja, primeiro os desenvolvedores pensam sobre a *aparência* da tela, e só depois pensam sobre como ela se comportará.

Outro elemento importante de um aplicativo bem-sucedido é que ele geralmente endereça um único caso de uso. A finalidade dele é claramente definida, e os usuários tendem a não esperar mais do aplicativo fora desse escopo limitado.

Nas próximas seções explicamos como uma interface gráfica do usuário (GUI) fornece uma experiência do usuário (UX) e como criar uma estrutura GUI bem-sucedida.

Introduzindo a GUI

As empresas pagam muito para proteger sua marca. Elas fazem isso criando uma boa experiência do usuário (UX). UX é o design geral do software, com o principal objetivo de resolver problemas do usuário com uma experiência clara.

LEMBRE-SE

Cada interação que um consumidor tem na internet é registrada em algum lugar. Ferramentas de inteligência comercial (veja o Capítulo 9) podem extrair esses dados para informar o êxito de uma empresa ao dar ao cliente uma boa experiência. Antigamente, as empresas usavam especialistas em eficiência para determinar o melhor conjunto de comandos necessário para deixar o cliente feliz. Hoje, elas usam metadados, logs de usuários, IA e aprendizado de máquina para aprimorar a aparência de seu software. No desenvolvimento de sites, a regra prática é a de que um usuário nunca deve dar mais de quatro cliques para ter uma resolução.

Interface Gráfica do Usuário (GUI) é uma interface do usuário baseada em imagens, não em texto. A maioria dos SOs modernos do usuário final é baseada em GUIs, como Windows, macOS, iOS e Android. Antes de haver GUIs, desenvolvedores e usuários navegavam em SOs e aplicativos via linhas de comando. Alguns comandos de texto ainda existem, mas, com uma GUI, eles ficam nos bastidores. Ainda bem que não temos de digitar comandos HTTP ou Python em um prompt para navegar na web!

LEMBRE-SE

Uma GUI é baseada na integração da experiência do usuário com as seguintes ferramentas e componentes básicos:

- » **Ícones:** Pequenas imagens clicáveis que servem de atalhos para arquivos ou endereços.
- » **Área de trabalho:** O fundo atrás do aplicativo ativo ou atrás dos ícones na tela principal (por exemplo, em um dispositivo móvel).
- » **Janelas:** Áreas retangulares que definem certo aplicativo ou caixa de diálogo em uma área maior, como uma área de trabalho. Nos aplicativos móveis, em geral, não há janelas porque toda a tela é preenchida.
- » **Menus e barras de ferramentas:** Uma lista de comandos ou opções que podem ser selecionadas. Normalmente, um menu tem texto, e uma barra de ferramentas tem ícones.
- » **Widgets:** Pode ser qualquer elemento de interação, como uma barra de rolagem ou um menu suspenso.
- » **Ponteiro:** A seta ou outro marcador que representa o mouse ou o controle do trackball. Em um dispositivo móvel, é comum usar o dedo ou uma caneta como ponteiro, portanto, não há ponteiros na tela.

Tudo que você pode fazer usando uma GUI tem código associado. Por exemplo, quando clica ou toca em um ícone para executar um aplicativo, o comando para iniciá-lo é executado. O código por trás de cada GUI é criado em formatos padrão e pode se decompor em texto ou gráfico. A uniformidade desses padrões permite o compartilhamento de dados.

Conseguindo a GUI certa

A sustentação da GUI é sua estrutura. *Estrutura GUI* é um conjunto de ferramentas de software utilizadas para dar aos desenvolvedores um modo mais rápido e consistente de entregar aplicações baseadas em GUIs. Tal estrutura tem muitos componentes e opções de solução que podem ser utilizados e personalizados segundo as exigências de uma instituição. Usar estruturas GUI padronizadas pode evitar meses de trabalho para os desenvolvedores e permitir o desenvolvimento de novas experiências do usuário em poucas semanas.

As GUIs são criadas em muitas linguagens e estão prontas para o uso. Existem bibliotecas de código aberto para facilitar a criação de uma estrutura GUI. O Python sozinho tem quatro tecnologias básicas que ele usa como "ligações" em suas interfaces: Gtk, Qt, Tk e wxWidgets (vá para o Capítulo 10 para ter mais informações sobre um código aberto).

Uma estrutura GUI padroniza os objetos obtidos em outros programas padrão encontrados nos SOs (como fontes e jpgs) e os coloca em uma forma independente (como classes ou ponteiros), tornando-os universais. A Figura 8-1 mostra o básico de como uma estrutura GUI pode operar.

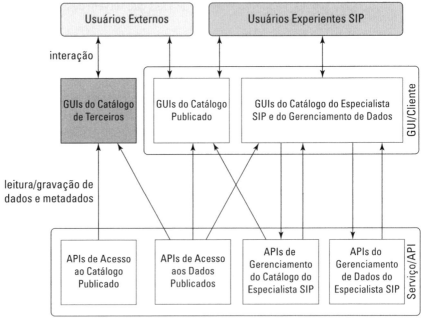

FIGURA 8-1: Relação entre usuário, interface do usuário e APIs que chamam funções e dados.

© John Wiley & Sons, Inc.

Cada navegador tem seu próprio conjunto de metadados que afeta como o usuário vê e acessa a informação. APIs (interfaces para programação de aplicações) são usadas para traduzir entre o modo como uma GUI específica foi codificada e um ambiente não nativo no qual você deseja executá-la. A API define como os componentes interagem nesse ambiente. Ela fornece uma experiência GUI consistente nos diferentes navegadores ou mídia. Como mencionamos no Capítulo 4, a API fornece os blocos de construção que criam uma experiência do usuário consistente em ambientes diversos.

Requisitos Necessários no Desenvolvimento de um App

Como informamos antes, nos últimos tempos tem havido uma mudança em como aplicativos e sistemas são desenvolvidos. No passado, o foco era a programação, e os estímulos comerciais muitas vezes se perdiam no processo. Esses estímulos vinham no final, não no começo da reunião dos requisitos. Mas, hoje, os requisitos comerciais guiam o processo de desenvolvimento, e o fluxo de trabalho pode contribuir ou acabar com o valor de qualquer aplicação.

Lembre-se de que os apps são desenvolvidos para resolver pequenas necessidades de programação com aplicações de experiência/função exclusivas e pequenas. Basicamente, um app consiste em fluxo de trabalho. Como o fluxo é um componente essencial da criação de apps, muitas ferramentas permitem aos desenvolvedores criar fluxos de trabalho sem escrever uma única linha de código.

LEMBRE-SE

O conceito pode se iniciar em uma sentença simples no verso de um envelope, mas, antes de uma linha de código ser escrita, é preciso entender as etapas específicas necessárias para ter sucesso. Com o desenvolvimento de apps mais complexos, um documento de requisitos com um diagrama UML (linguagem de modelagem unificada) é uma primeira etapa interessante. UML é uma representação visual de todos os elementos que entrarão no app. Todas as ações, os papéis e as classes devem ser definidos nele. Ter um diagrama completo pode agilizar o protótipo e o desenvolvimento do fluxo de trabalho. Esse documento deve descrever o produto viável mínimo (PVM), que será revisto e aprimorado em cada iteração. O objetivo do processo de desenvolvimento de um app é definir o menor conjunto de operações que completa os requisitos funcionais. A UML e o documento de requisitos definirão o fluxo de trabalho.

Por causa da grande importância das necessidades comerciais, um *mecanismo do fluxo de trabalho* se tornou essencial para desenvolver um app de sucesso. Esse mecanismo é um software designado a gerenciar os processos comerciais. Essas aplicações têm três funções: determinar a validade de execução da tarefa, verificar a permissão do usuário que realiza a tarefa e, então, executar a tarefa.

Por exemplo: quando uma pessoa investe dinheiro via seu app de gestão de patrimônio favorito, inicia um mecanismo do fluxo de trabalho que envolve a seleção do título, a seleção do pedido e a execução, as confirmações e a recombinação dos portfólios. É esse mecanismo que se move, passando de um estágio para outro.

168   PARTE 2 **Aprendendo a Tecnologia**

NESTE CAPÍTULO

» **Sendo estratégico com a inteligência comercial**

» **Analisando as ferramentas da BI**

» **Selecionando as ferramentas certas da BI para a FinTech**

Capítulo 9

Analisando as Ferramentas da BI

Quase todas as empresas e indústrias têm uma quantidade enorme de dados disponíveis, mas um monte de informação sem contexto é inútil. *Inteligência Comercial (BI)* é o uso coordenado de tecnologias, processos e arquiteturas usados para extrair, transformar e analisar dados comerciais brutos e ajudar a tomar decisões comerciais inteligentes. A BI pega os dados brutos e os estrutura de um modo que forneça dados significativos. Algumas ferramentas utilizadas incluem relatórios e painéis, análise em tempo real e previsão.

Muitas vezes, a FinTech é introduzida em instituições financeiras e de seguros pela alta gerência porque elas estão incertas quanto ao estado real de seu negócio. A gerência não recebe dados confiáveis ou utilizados de modo que a ajude a tomar decisões comerciais para as organizações. A FinTech, usando a BI, ajuda a tornar os dados em mãos compreensíveis por meio de soluções quase de tempo real.

Este capítulo explica como os negócios podem usar a BI como parte de seu plano estratégico geral e examina alguns recursos da BI mais populares e eficientes.

CAPÍTULO 9 **Analisando as Ferramentas da BI** 169

Adotando uma Abordagem Estratégica para a BI

A primeira etapa ao desenvolver uma estratégia de BI é avaliar como a empresa atualmente usa os dados e como a falta de visibilidade nos dados causa disrupções e uma possível perda monetária.

Uma empresa precisa acelerar seus tempos de reação e antecipar as tecnologias disruptivas. Ela pode fazer isso facilitando o uso dos dados de modos lógicos e consistentes por meio de uma inteligência comercial bem desenvolvida e estratégia de gerenciamento da informação, que inclui um *sistema de informações gerenciais (MIS)*. MIS é um sistema de TI que agrega, processa, analisa e organiza os dados na empresa inteira e em uma base produtiva maior, melhorando diretamente os resultados operacionais e financeiros.

LEMBRE-SE

Uma estratégia de inteligência comercial traz benefícios para toda a organização e para o usuário final individual, inclusive:

» Dados confiáveis e em tempo real.

» Mecanismos de entrega do usuário final específicos (como fornecer entrega no celular para vendas e entrega no servidor para o setor financeiro) com painéis configuráveis.

» Mecanismos de alerta que acionam análises de produtividade e financeira.

» Armazenamento e acesso flexíveis (na nuvem, onde possível; veja o Capítulo 6 para saber mais sobre a computação na nuvem).

» Sistemas escalonáveis que possam lidar com uma atividade de processamento de dados variável.

Por várias décadas, a tecnologia tem sido um componente essencial nas operações bem-sucedidas do setor financeiro, e sua importância aumenta a cada ano. Como aumentou o uso da tecnologia nas finanças, também aumentou a quantidade de *dados estruturados*, ou seja, qualquer dado extraído e que reside em um campo fixo dentro de um registro, arquivo ou banco de dados, como uma planilha do Excel ou um banco de dados SQL (SQL significa linguagem de consulta estruturada).

As soluções FinTech elevaram às alturas a quantidade de dados estruturados disponíveis e os usos que as empresas fazem deles. Recentemente, grandes quantidades de *dados não estruturados* também foram adicionadas. Os dados não estruturados, como implica o nome, não têm formatação e não são diferenciados nem armazenados com facilidade. Podem aparecer como imagens, arquivos, metadados da web ou notas escritas à mão. Por natureza, eles são difíceis de analisar e organizar em informações interativas; devem ser colocados em formas mais racionalizadas por meio do processamento de linguagem natural (NLP), revisão de padrões e mineração de texto. Agora as ferramentas de aprendizado de máquina são usadas para ajudar a extrair o valor dos dados não estruturados. As ferramentas analíticas mais complexas usadas nesses dados são aplicativos que lidam com uma análise mais subjetiva.

Agora, mais do que nunca, a BI entra em cena nos pontos inicial e final da FinTech:

» Os dados que entram no início podem vir de inteligência artificial (IA), blockchain (veja o Capítulo 7) e data science.

» O ponto final vem das ferramentas de decisão que navegam o universo de dados derivados das soluções FinTech para bancos, investimentos e seguros.

LEMBRE-SE

O uso da BI é essencial para a estratégia FinTech de qualquer organização. Uma solução FinTech deve incluir o processamento de informações em tempo real que sejam relevantes para o usuário final e a empresa em geral. As áreas que requerem supervisão e integração da FinTech incluem:

» Computação analítica.

» Processamento de eventos complexos.

» Mineração de dados.

» Regimes de processos.

» Visibilidade e insight de todas as operações, e mecanismos de entrega de dados usados pela empresa.

» Teste e precisão dos dados fornecidos.

Explorando as Ferramentas de BI

Com um mundo repleto de dados, não é tão estranho que haja um grande conjunto de ferramentas de BI. Elas são planejadas para lidar com grandes quantidades de dados não estruturados de modo integrado, junto com os sistemas de análise comercial mais controlados e flexíveis.

As ferramentas de BI ajudam a formatar e disponibilizar os dados para usuários finais por meio de relatórios, painéis ou qualquer outra visualização. Homogeneizar esses dados e integrá-los nos armazenamentos de dados tradicionais resulta em uma tomada de decisão acelerada e mais precisa. As próximas seções explicam algumas tecnologias envolvidas nas ferramentas de BI.

Processamento analítico online

O processamento analítico online (OLAP) é a tecnologia de banco de dados que transforma dados brutos em uma arquitetura que os analistas comerciais podem consumir prontamente. As ferramentas OLAP organizam grandes conjuntos de dados em componentes lógicos para uma consulta e um relatório inteligentes.

Resumindo, veja como funciona: os analistas de dados fazem perguntas de dados. Essas perguntas são divididas em conjuntos de medidas e dimensões. As medidas e as dimensões são estruturadas em cubos de dados multidimensionais. Os cubos de dados são projetados por cientistas de dados com a intenção de agilizar a consulta de medidas específicas em dimensões conhecidas.

LEMBRE-SE

Algumas definições básicas ao considerar o OLAP:

» **Medidas:** Uma *medida* normalmente é o que um analista de dados ou comercial busca, a base da maioria dos relatórios. As medidas OLAP são dados quantificáveis, pré-processados e com uma dimensão, como a exposição ao risco de crédito ou o lucro e a perda esperados (P&L). P&L é o lucro e a perda totais que uma empresa tem em um período específico de tempo. Em um cubo OLAP, as medidas são agrupadas em tabelas de fatos básicas.

» **Dimensões:** *Dimensão* é uma hierarquia no cubo de dados pela qual conjuntos aninhados de medidas são organizados. Por exemplo, é possível organizar as medidas P&L esperadas em hierarquia de um período de tempo como dias, semanas, meses e anos; hierarquias de terceiros; hierarquias do tipo de transação; classes de ativos etc. As dimensões são a base da análise e do relatório e requerem conhecimento sobre como ocorre a análise das medidas.

» **Cubos:** *Cubo* é uma estrutura de dados multidimensional para organizar e armazenar medidas agregadas em várias dimensões, como na Figura 9-1. Os cubos são a base do processamento analítico rápido conforme cubos individuais são planejados a partir de objetivos preconcebidos da análise comercial.

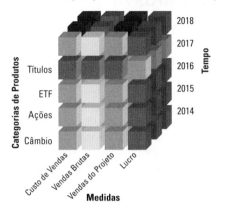

FIGURA 9-1: Exemplo de cubo OLAP.

© John Wiley & Sons, Inc.

Consulta e relatório

Para fazer relatórios que possam ser apresentados para os empresários, os analistas de dados primeiro devem recuperar os dados desejados no banco de dados. Com uma compreensão de quais dados estão disponíveis e como são formatados, um analista de dados pode fazer as perguntas certas. Tais perguntas são feitas via consultas do banco de dados.

Para iniciar o processo de criar representações de BI significativas para o usuário final, um analista passa a extrair e recuperar dados em vários bancos de dados ou armazenamentos. Ele faz isso criando consultas em uma linguagem de consulta estruturada que o mecanismo do banco de dados compreende. Uma consulta precisa recuperar dados minuciosos do banco de dados. O formato e a quantidade de dados retornados de uma consulta dependem dela. Os resultados podem variar desde a medida de um dígito até várias milhares de linhas de dados. O trabalho do analista de dados é escrever consultas que recuperem os dados exatos necessários para o relatório específico que será elaborado. As consultas que retornam mais dados que o necessário precisam de mais filtragem no nível do relatório.

O ideal é que as consultas recuperem e atualizem automaticamente os relatórios com base em um cronograma. O design da consulta também pode incorporar a recuperação de dados em tempo real a partir do banco de dados para atualizar um relatório segundo uma mudança da medida.

CUIDADO

Alguns sistemas limitam o número de chamadas da API para as soluções de BI. Em geral, os provedores de sistema querem que você utilize seus próprios pacotes de análise. Ultrapassar as chamadas da API para um sistema pode dificultar o desempenho ou possivelmente aumentar os custos do revendedor.

Mineração de dados

Os sistemas FinTech utilizam grandes conjuntos de dados estruturados e não estruturados armazenados em muitos repositórios de dados, inclusive data warehouses. *Mineração de dados* é o processo de descobrir o que existe nos dados e o que eles podem fazer para você, ou seja, o que *aconteceu* e o que *pode* acontecer. A mineração de dados tem duas funções principais: descobrir tendências úteis e fazer previsões.

A mineração de dados começa com dados completos. No caso em que os dados são incompletos, as ferramentas de mineração podem aplicar algoritmos que identificam padrões e lacunas para ajustar os dados ausentes. Elas também podem criar dados projetados adicionais para a entrada nos modelos de dados preditivos. Os *modelos de dados preditivos* atuam nos conjuntos de dados estruturados para identificar tendências e comportamentos nos dados. Eles podem variar desde modelos de regressão básicos até algoritmos de aprendizado de máquina complexos que analisam dados não estruturados. O resultado da mineração de dados é a criação de tendências úteis e padrões, com previsões relevantes para os usuários corporativos.

A Figura 9-2 mostra as etapas envolvidas ao processar dados a partir da fonte, por meio de mecanismos ETL (que significa extrair, transformar, carregar), nos armazenamentos de dados que o usuário final pode acessar com diversas mídias e visualizações.

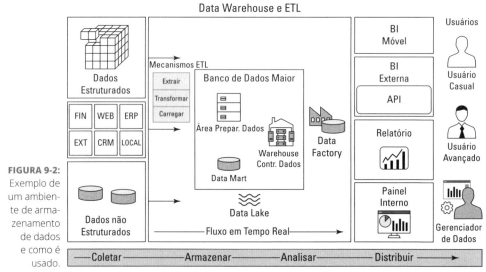

FIGURA 9-2: Exemplo de um ambiente de armazenamento de dados e como é usado.

© John Wiley & Sons, Inc.

Visualização de dados

Nos últimos cinco anos, os usuários finais pressionaram muito para ter representações mais gráficas dos dados. Surgiram muitas ferramentas novas no mercado para coletar, armazenar e extrair esses dados. O resultado são mais dados que podem ser consumidos com facilidade. Como diz o ditado: uma imagem vale mais que mil palavras, só que ninguém tem tempo para ler mil palavras. Os usuários finais querem ter dados de bandeja, em formas que possam consumir sem esforço. Esse desejo orienta a necessidade do setor de ter painéis interativos e configuráveis.

Visualização de dados é o termo usado para a representação gráfica de dados estruturados. Como mencionado antes na seção "Adotando uma Abordagem Estratégica para a BI", os dados estruturados são qualquer dado que foi extraído e reside em um campo fixo em um registro, arquivo ou banco de dados. A visualização de dados pega pontos muito diferentes de dados, como dados de várias planilhas ou representações, e os representa de modo mais visual, coeso e relacional. A visualização ajuda o usuário final ao identificar tendências e mostrar visualmente o desempenho anterior e as futuras projeções.

DICA

O modo como o usuário final interage com os dados representados é importante ao refinar a eficiência do que está sendo apresentado. Deve haver um diálogo entre o usuário final e o criador da saída da BI.

A Figura 9-3 mostra como as fontes de dados fornecem entrada para um data warehouse, que alimenta a aplicação BI, que, por sua vez, alimenta um painel e entrega gráficos e relatórios para os usuários finais.

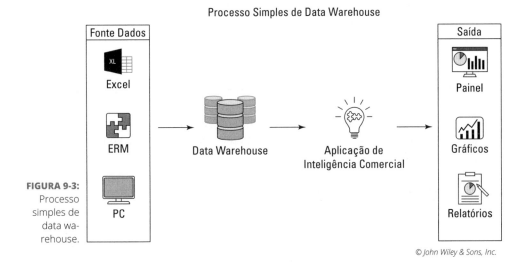

FIGURA 9-3: Processo simples de data warehouse.

© John Wiley & Sons, Inc.

CAPÍTULO 9 **Analisando as Ferramentas da BI** 175

Monitoramento da atividade comercial

Monitoramento da atividade comercial (BAM) é um tipo de software que pode ilustrar e fazer relatório sobre a integridade geral da empresa ou do setor. Ele mostra tendências, KPIs (indicadores-chave de desempenho) e riscos operacionais/comerciais, geralmente em tempo real. O BAM é um elemento crítico ao fornecer métricas operacionais a uma organização. Ele faz isso interpretando a *atividade comercial* em tempo real. A atividade comercial pode ser qualquer uma que a empresa realiza e afeta seu resultado final. Essa atividade também pode incluir fluxos de trabalho da produção e iniciativas de vendas.

Os painéis sempre fizeram parte do monitoramento da TI, mas só recentemente pessoas não técnicas, como gerentes de vendas e operações, começaram a usá-los para embasar suas decisões comerciais. A alta gerência também pode usar painéis personalizados para fazer uma supervisão de alto nível.

Os dados BAM são atualizados constantemente, portanto, é essencial fazer escolhas inteligentes sobre quais dados são importantes para exibir e atualizar em tempo real. Os tipos de dados disponíveis no BAM são VARCHAR, DATE-TIME, INT, DECIMAL e FLOAT. Os dados BAM podem ser encontrados em tabela ou banco de dados, podem ser móveis ou estáticos e ser recuperados por consultas automáticas. Os dados usados podem ser:

- » **Simples:** Índice ou hierárquico.
- » **Derivados:** Herda de outras colunas e adiciona à outra coluna.
- » **Externos:** Os dados persistem fora do banco de dados.
- » **Lógicos:** Dados de somente leitura usados como referência para outros dados armazenados interna ou externamente.

A implantação de aplicações BAM pode incorporar modelos padronizados para um relatório visual e o monitoramento específico da empresa. Os gráficos BAM também podem ser definidos para dar avisos e alertas quando certos limites são ultrapassados. Podem enviar esses avisos a várias pessoas simultaneamente. As aplicações BAM utilizam um processamento de eventos complexo (CEP), significando que podem processar altos volumes de dados em torno de eventos.

Data warehouse

Os dados residem em um *data warehouse*, que é um repositório central de dados limpos agregados de muitas fontes. Um data warehouse pega dados não estruturados racionalizados ou normalizados que foram processados e os agrega em um warehouse, que fornece fluxos de dados aos servidores OLAP, que então fornece dados para aplicações comerciais como BI e BAM.

Um data warehouse facilita que cientistas de dados e analistas consultem os dados a partir de várias fontes diferentes sem a necessidade de configurar uma conectividade com várias outras fontes (OLAP, BAM e consulta já foram explicados neste capítulo).

Data warehouse é um *banco de dados relacional*, ou seja, contém vários conjuntos de dados e os reúne por campos afins. As fontes podem incluir sistemas internos, na nuvem, sistemas FinTech móveis, sistemas de usuários locais etc.

É essencial que um data warehouse consiga sincronizar os dados e manter a integridade deles, e há estruturas diferentes para manter essa integridade. Por exemplo, o ETL opera passando dados em batch para o data warehouse projetado previamente. Um data warehouse também utiliza o OLAP para lidar com pesquisas em vários níveis. Várias ferramentas de BI e BAM de alto nível obtêm dados diretamente pelo OLAP para fornecer inteligência comercial a uma camada diferente da empresa, quando necessário. A Figura 9-4 mostra como os dados são transformados, hospedados e usados por toda a pilha de dados.

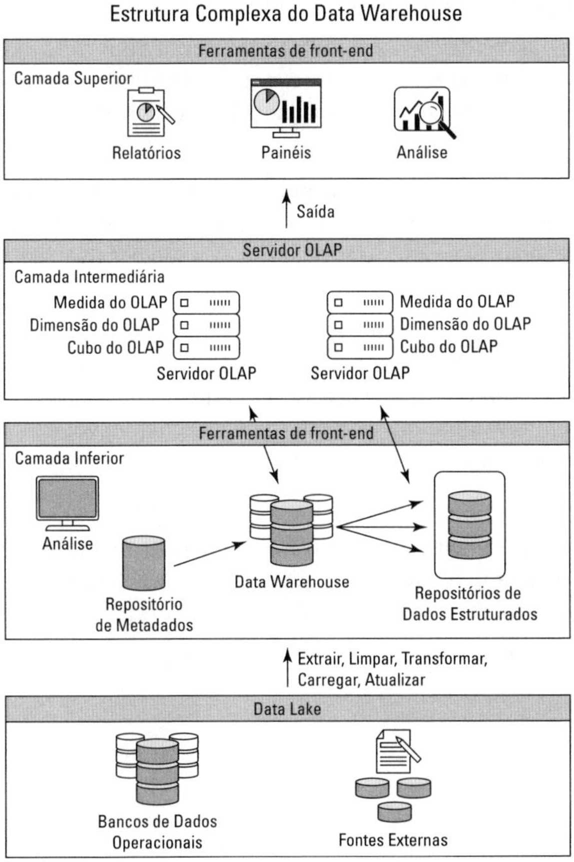

FIGURA 9-4: Estrutura complexa do data warehouse com fluxos de trabalho.

© John Wiley & Sons, Inc.

Painéis digitais

Os painéis digitais fornecem exibições atraentes, disponíveis e acessíveis que permitem aos empresários tomar decisões inteligentes. *Painel digital* é uma representação de insights relevantes derivados de dados comerciais.

Existem dois tipos de painéis digitais: estáticos e dinâmicos.

» Um *painel digital estático* apresenta um conjunto predefinido de insights de inteligência comercial via exibições não interativas. Um empresário toma decisões com os insights exibidos em um ponto no tempo. Os analistas de dados projetam tais painéis para responderem a perguntas comerciais predefinidas e específicas, como *"Qual é meu deficit esperado em um ponto no tempo específico?".* Um empresário deve conseguir encontrar respostas para tais perguntas vendo um painel digital estático.

Os painéis estáticos são ideais para quem toma decisões e sabe quais medidas e insights são necessários para isso. Eles são planejados para fornecer capturas de tela rápidas e inteligentes.

» Os *painéis digitais dinâmicos* permitem aos empresários certo nível de interação com as exibições. Por exemplo, um tomador de decisão pode expandir para examinar uma medida de deficit esperado em outra dimensão.

Os painéis dinâmicos devem evitar que seus usuários finais analisem de novo os dados. A interação mal deve passar da superfície, visando responder apenas a perguntas muito relacionadas à exibição principal requerida.

DICA

Os bons painéis comunicam com eficiência um histórico de dados. Os analistas de dados podem trabalhar com designers de gráficos visuais ou especialistas em interface/experiência do usuário para garantir que os dados comuniquem claramente as informações que os usuários finais querem ver da maneira como estão mais receptivos a vê-las.

DICA

Uma característica principal de um design do painel digital deve ser a riqueza e o impacto de seu visual. As exibições que valem a pena ver devem ser o objetivo do analista de dados ao projetar o painel. Elas devem ser concisas, grandes e arrojadas, com dados úteis que os usuários possam ler em qualquer tamanho de tela.

Escolhendo as Ferramentas Certas da BI para a FinTech

Uma FinTech funciona como uma facilitadora para bancos, seguradoras e financeiras. Ela ajuda os clientes a identificar as necessidades atuais e futuras e selecionar as melhores estratégias e ferramentas para manter seus negócios atuais e viáveis em um ambiente de mudanças dinâmicas.

Uma FinTech faz uma avaliação detalhada do cenário de uma empresa antes de recomendar um produto de software analisando as necessidades e os objetivos do cliente em relação aos produtos disponíveis. Portanto, é essencial que a FinTech tenha um bom conhecimento de trabalho das melhores aplicações/ferramentas disponíveis. A FinTech também deve ter infraestruturas pré-configuradas, APIs e conectores predefinidos para o melhor software de terceiros que o cliente pode escolher usar.

LEMBRE-SE

Ao determinar as melhores opções de software da BI, deve ser enfatizada a interoperabilidade dos diferentes requisitos em toda a organização. Também é importante entender o modelo de dados atual do cliente e ter opções viáveis para sugerir ao consolidar esses dados no futuro. Para determinar as melhores ferramentas de BI, a FinTech deve compreender as aplicações e os armazenamentos de dados usados para recuperar as representações consolidadas que a ferramenta de BI oferece.

Aplicações gerais da BI

As aplicações disponíveis da BI são inúmeras, e, no geral, não há uma solução "melhor". A Tabela 9-1 lista algumas das aplicações gerais da BI mais populares e fornece comentários rápidos sobre cada uma.

TABELA 9-1 Aplicações Gerais da BI

Produto	Notas
Tableau (www.tableau.com)	Nenhuma habilidade técnica requerida para usar as ferramentas pré-combinadas.
Microsoft Power BI (https://powerbi.microsoft.com/en-us/)	Líder na análise descentralizada.
ThoughtSpot (www.thoughtspot.com)	Interface baseada em pesquisas.
Qlik (www.qlik.com/us)	Análise e um bom roteiro.
Sisense (www.sisense.com)	Focado em empresas de pequeno e médio porte; faz mashups de dados.

(continua)

(continuação)

Produto	Notas
Salesforce Einstein Analytics (`www.salesforce.com/einstein-analytics`)	Aponte e clique dentro do salesforce.com; IA aumentada.
TIBCO Spotfire (`www.tibco.com`)	Muito extensível; um pacote completo; inovação no campo.
SAS Viya (`www.sas.com/en_us/software/viya.html`)	Pacote de análise predefinido; todas as visualizações padrão.
SAP Analytics Cloud (`www.sap.com`)	Conteúdo de análise pré-combinado.
Cognos (`www.ibm.com/products/cognos-analytics`)	Plataforma de visualização comercial baseada em IA.
Chartio (`www.chartio.com`)	Ferramenta colaborativa de painéis em tempo real.
MicroStrategy (`www.microstrategy.com`)	Terceirização em massa e abordagem gráfica semântica.

DICA

Ferramentas como o Microsoft Power Bi, Sisense, Chartio, Looker (veja a próxima seção) e Tableau oferecem muitos conjuntos de recursos para criar painéis simples ou muito complexos com exibições dinâmicas e interativas. Ao projetar com essas ferramentas, o analista de dados deve estar muito acostumado com o público-alvo, para evitar painéis complicados que assustam.

As boas aplicações devem dar suporte ao seguinte:

- Separação da análise e seu uso.
- Processo de fluxo de trabalho robusto.
- Provisionalmente em vários níveis de aplicações e dados.
- Entrega na nuvem (Plataforma como Serviço [PaaS]; veja o Capítulo 6 para obter detalhes).
- Capacidades de entrega, gerenciamento e auditoria fáceis.
- Interfaces para arrastar e soltar.
- Facilidade do gerenciamento de metadados.
- Escalabilidade.
- Ferramentas de visualização avançada.
- Capacidades de diversas publicações.
- Acesso multifator seguro aos dados.

DICA

Muitas soluções de BI vêm com conectores predefinidos para soluções líderes de mercado. Entenda a arquitetura de seu sistema ao avaliar as soluções de BI. Ter acesso a conectores predefinidos economizará tempo e evitará frustração ao mover os dados de e para outros sistemas.

Aplicações BI de nicho

Além das ferramentas de BI gerais, muitos produtos preenchem nichos específicos no mercado. A Tabela 9-2 apresenta um resumo.

TABELA 9-2   Aplicações BI de Nicho

Produto	Notas
Looker (www.looker.com)	Permite a modelagem dos dados e uma visualização padrão na nuvem.
Domo (www.domo.com)	Inteligência de nível sênior.
GoodData (www.gooddata.com)	Gerenciamento de dados hospedados na nuvem.
Yellowfin (www.yellowfinbi.com)	Uma nova oferta que inovou um componente de "storytelling"; tem ótima personalização individual da funcionalidade de análise.
Oracle Cloud (www.oracle.com/index.html)	Enfatiza aplicativos de análise e móveis.
Infor Birst (www.birst.com)	Warehouse de ponta a ponta.
Pyramid Analytics (www.pyramidanalytics.com)	Uma nova entrada; bons fluxos de trabalho; independente da plataforma.

182   PARTE 2 **Aprendendo a Tecnologia**

NESTE CAPÍTULO

» **Definindo o conceito de código aberto**

» **Percorrendo o processo de desenvolvimento do código aberto**

» **Verificando os prós e os contras do código aberto**

» **Examinando as soluções de código aberto**

Capítulo **10**

Examinando o Papel do Código Aberto

Cinco anos atrás, usar código aberto em um software licenciado era algo raramente visto no setor financeiro. Era considerado uma abordagem arriscada e, em muitas organizações, ameaçava a questão da propriedade e aumentava a preocupação com brechas de segurança e bugs. As instituições financeiras desconfiavam de qualquer software cuja propriedade ou licença não tinham na íntegra.

Voltamos rápido para o hoje e descobrimos que a complexidade nas necessidades do setor bancário e a precisão de uma velocidade em tempo real levaram muitas empresas a adotar o que já foi considerado uma inovação radical. O relaxamento do controle em torno do código aberto melhorou a capacidade da FinTech de resolver problemas e substituir os sistemas monolíticos arcaicos e pesados que existem no setor.

Um ponto de vista popular entre bancos e instituições financeiras atualmente é o de que eles devem participar diretamente dos aspectos centrais dos negócios que são essenciais para seu lucro e devem contar com FinTechs para criar e implantar sistemas de suporte que contribuam para esses aspectos centrais.

Várias mudanças específicas no setor financeiro (e no mundo dos negócios inteiro) abriram as portas para o código aberto. Por exemplo:

CAPÍTULO 10 **Examinando o Papel do Código Aberto** 183

- » O processo de desenvolvimento Agile agora é o processo escolhido, em oposição à metodologia em cascata, e com ele vem a entrega e o armazenamento na nuvem, o uso de microsserviços, uma integração mais simples e contínua e o desejo de um desenvolvimento de aplicação rápido (veja o Capítulo 4 para ter mais detalhes).

- » As empresas não querem ficar presas a um produto ou um revendedor específico. Elas querem ter liberdade para escolher as soluções melhores e mais rápidas a qualquer momento.

- » Com a expansão da FinTech, grandes empresas e bancos não estão mais ligados às antigas tecnologias.

- » Grandes empresas e bancos estão montando equipes menores e mais divididas geograficamente em todo o planeta para trabalharem juntas, e essas equipes são cada vez mais compostas de millennials, pessoas com atitudes diferentes sobre segurança e propriedade.

Tudo isso contribui para um mercado muito maior de produtos de fonte aberta e código. Este capítulo explora esse setor de software em pleno crescimento, avaliando os prós e os contras, vendo algumas soluções de código aberto atraentes.

Definindo Código Aberto

LEMBRE-SE

Como o nome implica, o código-fonte para um software de código aberto está disponível gratuitamente para qualquer desenvolvedor, que pode usar, compartilhar, alterar o código e compartilhar suas próprias modificações com outras pessoas. Ninguém que cria ou modifica o código recebe uma compensação direta. Os programadores são motivados por um desejo de melhorar e aumentar o pacote inicial, e o resultado é um funcionamento melhor e um software altamente interativo.

As próximas seções descrevem a comunidade de código aberto e comparam o software de código aberto com o gratuito.

Comunidade de código aberto

Quando uma organização adota um código aberto, ela aceita uma comunidade de usuários que melhora, revisa e conduz a criação desse código. Por natureza, a produção dessa comunidade não é específica para as necessidades de uma empresa, mas de empresas em geral e colaboradores individuais. Essa abordagem para o desenvolvimento demanda colaboração, controles, revisão contínua e teste. O código criado é flexível em sua construção e capaz de refletir muitos tipos diferentes de casos de uso em diversos setores.

Para garantir o sucesso de um projeto de código aberto, pessoas e empresas que utilizam esse tipo de código muitas vezes são motivadas a contribuir com recursos e receita para compensar os benefícios recebidos. A maioria dos projetos de maior sucesso tem comunidades e grupos de usuários que melhoram e dão suporte a pacotes conforme são modificados.

Gratuito versus código aberto

Algumas pessoas usam o termo *código aberto* alternadamente com *software gratuito*, mas não são a mesma coisa. Software gratuito é uma posição filosófica em torno do uso e da propriedade do código, já o código aberto é uma metodologia em torno do uso do código público.

Software gratuito

O programador Richard Stallman inventou o termo "software gratuito" em 1982 para indicar um processo pelo qual os desenvolvedores podiam usar gratuitamente um código específico sem qualquer restrição. Era basicamente uma permissão que o criador do código concedia para consentir a outros usuários o direito de usar, modificar, copiar e redistribuir qualquer coisa como parte desse pacote de software.

O uso da palavra *gratuito* nesse termo é mais sobre a liberdade de uso do que sobre o não pagamento recebido. Software gratuito, segundo os "Quatro Pilares da Liberdade" que foram codificados em 1986, significava que não havia restrições no tempo em que o código podia ser usado, o tipo ou a qualidade das modificações que podiam ser desenvolvidas. Também não havia necessidade de ter permissão para redistribuir esse código, original ou modificado, e nenhuma restrição quanto a quem podia receber esse código ou sua modificação. Essas liberdades também se estendiam ao uso do código-fonte dentro de qualquer código patenteado.

LEMBRE-SE

Mas essa liberdade não significa necessariamente que nenhuma licença é requerida. Um software gratuito pode ser licenciado destas maneiras:

» **Licença com direito de cópia:** O direito de cópia continua na permissão de direitos autorais e não permite que alguém adicione restrições que alterariam os direitos gratuitos de redistribuição ou estabeleça reivindicações de propriedade do código original ou de seu acréscimo.

» **Licença permissiva:** Existem dois tipos de licenças permissivas. Uma com restrições limitadas ou sem restrições quanto ao modo como o código pode ser alterado, e outra que requer uma notificação de direitos autorais e um aviso legal de responsabilidade incluído no pacote.

» **Licença sem direito de cópia:** Esse tipo tem restrições mínimas ou nenhuma.

CAPÍTULO 10 **Examinando o Papel do Código Aberto**   185

Uma licença de código aberto permissiva é do tipo sem direito de cópia, significando que permite o direito autoral de trabalhos derivados feitos com o código aberto.

Software de código aberto

Por outro lado, o termo *código aberto* se refere à metodologia em torno do uso do código gratuito assim que ele é modificado, usado, copiado ou distribuído. O código aberto se compromete a fornecer estes direitos:

- » São permitidos o uso público e a reutilização do código.
- » Modificações podem ser feitas e redistribuídas sem permissão.
- » Todas as iterações do código podem ser distribuídas gratuitamente.
- » Quaisquer melhorias na qualidade, na documentação ou no teste com base em casos de uso de um grande grupo de teste de desenvolvedores e usuários finais ficarão disponíveis como parte do código.
- » Esse código pode ser usado com outros códigos.

A motivação para o uso do código aberto, em vez do software gratuito, surgiu de um desejo comercial de abordagens colaborativas focadas em melhorar o desenvolvimento do software de código aberto em empresas e setores. Tal desenvolvimento permitiria que as empresas aproveitassem a expertise de desenvolvedores fora de suas organizações para a funcionalidade não central para seu produto ou necessidades. O código aberto é uma abordagem comercial para a colaboração e o desenvolvimento do código em setores para aplicações e necessidades gerais. O desenvolvimento ágil e a velocidade do mercado possibilitaram isso com o desenvolvimento de plataformas abertas flexíveis e linguagens funcionais do desenvolvedor orientadas a processos comerciais.

Outros tipos de software

O código aberto e o software gratuito não devem ser confundidos com *freeware*, que é um software de computador com propriedade e direitos autorais, mas disponibilizado para o usuário final com restrições de uso. Esse tipo de propriedade permite que os desenvolvedores controlem, distribuam e vendam seu esforço de trabalho em qualquer ponto. Muitas vezes, ele limita qualquer modificação no código oferecido e raramente fornece o código-fonte. Ele também fornece suporte e melhorias por um preço.

Outro termo às vezes jogado na mistura é *shareware*, que não é gratuito. Embora tenha sido oferecido gratuitamente no início, em geral é posicionado como uma cópia de avaliação com restrições específicas pelo tempo de avaliação, após o qual pode ser cobrada uma taxa pelo uso continuado.

Examinado os Processos de Desenvolvimento do Código Aberto

Por natureza, o processo de desenvolvimento do código aberto deve ser diferente dos modelos mais tradicionais. Até a determinação de iniciar um projeto de código aberto é diferente. Não é necessariamente nenhum setor comercial que orienta o desenvolvimento. Pode começar com a curiosidade do desenvolvedor, a necessidade de melhorar um código existente ou resolver um problema para uma grande base de usuários. Como as pessoas colaboram gratuitamente com o desenvolvimento do código, ocorrem mais opinião e discussão sobre a natureza do que é desenvolvido. O código aberto se desenvolve em uma democracia, que pode ser mais difícil de controlar.

Iniciando um projeto

Um projeto pode iniciar como um fragmento de código, uma distribuição de coleções de softwares semelhantes ou, o mais ambicioso, como o desenvolvimento de um sistema completo. Cada tipo de projeto de código aberto tem sua própria forma aceita.

LEMBRE-SE

A primeira etapa ao iniciar tal projeto é reunir e coletar todas as operações necessárias para manter o código. Os elementos importantes a considerar na configuração de um projeto incluem:

- » Você tem um modelo de licença que todos os participantes do projeto devem usar?
- » Você tem um site de projetos para coletar versões do software e dados associados? Escolheu ferramentas de suporte e desenvolvimento para usar e as disponibilizou no site do projeto?
- » Você fez um resumo do projeto por escrito que inclui sua finalidade, escopo e critérios de sucesso?
- » Você tem um esboço do processo que descreve o código, a coleção de documentações e os processos de revisão?
- » Existe um proprietário do projeto?

Discussão e documentação

O desenvolvimento de código aberto não serve para o processo de desenvolvimento em cascata. Os requisitos raramente são capturados antes do início de um projeto. Quando ocorre um lançamento, os voluntários começam a escrever a documentação, detalhando os requisitos e os resultados esperados. Subversion (SVN; `https://subversion.apache.org`), Concurrent Version System (CVS; `www.akadia.com/services/cvs_howto.html`) e Distributed Revision Control (DRC; `https://en.wikipedia.org/wiki/Distributed_version_control`) normalmente são usados como ferramentas de controle de versão. Ferramentas de publicação de documentação, como Docusaurus (`https://docusaurus.io/`), fornecem um site de documentação colaborativa que desenvolvedores e usuários afins podem usar [conteúdos em inglês].

A maioria dos projetos de software de código aberto (OSS) mantém um repositório confiável que coleta toda a documentação, pacotes, relatórios de erros e espaços do desenvolvedor. Apenas os mantenedores (revisores do código e supervisores do projeto) podem modificar o conteúdo desse repositório. Os desenvolvedores usam padrões abertos e convenções de desenvolvimento acordadas para todos os projetos de código aberto.

O processo de colaboração e depuração tem uma organização muito vaga. Não existe nenhum padrão real ou controle. Os usuários e a comunidade em geral testam o código e decidem sobre a direção das revisões e das correções.

O processo de desenvolvimento de código aberto se alinha bem com a abordagem Agile/microsserviços que muitas organizações FinTech adotaram (veja o Capítulo 4). As suposições em torno desse desenvolvimento seguem o modelo com microsserviços distribuídos, com pequenas equipes em locais diferentes trabalhando em pequenas partes da funcionalidade e o código passando por uma integração contínua. Os mantenedores revisam constantemente o código. Cada versão incorpora o feedback do usuário e as correções de bugs.

Desenvolvedores e usuários enviam solicitações de recursos. Os colaboradores de código discutem e priorizam diretamente a inclusão de cada solução. Essa abordagem consensual pode retardar a escolha de recursos, e não há nenhuma aceleração real sobre o que é incluído em qualquer pacote.

DICA

O OSS que faz parte de uma solução de software patenteada que uma empresa desenvolve deve ser atualizado no repositório do projeto de código aberto quando são adicionadas novas funcionalidades. Se isso for feito, a empresa não terá de monitorar e incorporar suas mudanças internas em cada versão. As alterações serão atualizadas automaticamente com cada versão de código aberto.

Transparência é o segredo do desenvolvimento do OSS. A arquitetura e o processo de desenvolvimento do design são transparentes para todos os desenvolvedores e usuários, e abertos à discussão. O processo completo conta muito com a revisão dos pares.

O processo de desenvolvimento de código aberto utiliza o conceito de "lançamento antecipado e frequente". A Figura 10-1 mostra o processo geral do desenvolvimento de código aberto. Note que cada etapa leva à próxima em um círculo externo, mas cada etapa também leva ao componente central: discussão e documentação.

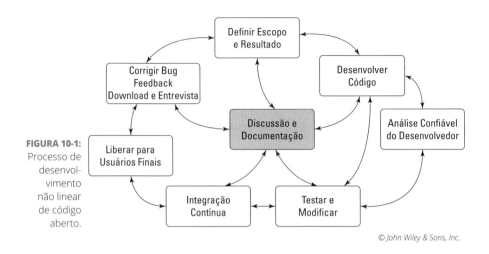

FIGURA 10-1: Processo de desenvolvimento não linear de código aberto.

© John Wiley & Sons, Inc.

Examinando os Prós do Código Aberto

LEMBRE-SE

São inúmeras as vantagens do código aberto para uma corporação, inclusive:

» Menor custo com hardware e software, inclusive uma diminuição geral no custo total da propriedade (TCO) devido a custos menores com configuração e operação.

» Maior utilização de funcionários. Os desenvolvedores internos lidam com o trabalho de alto valor específico da empresa e utilizam a aplicação geral já verificada ou o código disponível em repositórios de código aberto para o desenvolvimento não essencial.

» Nenhuma reinvenção. As empresas criam apenas a propriedade intelectual (PI), que é única de sua organização.

» Um aumento na base de conhecimento específica do desenvolvedor sem aumentar o número de funcionários.

» Como nas implantações na nuvem (veja o Capítulo 6), as equipes de desenvolvimento de código aberto são pagas apenas quando necessárias, não são funcionários em tempo integral.

» Teste e controle melhores do produto. O código é testado constantemente por um grande grupo de usuários em uma ampla variedade de casos de uso, resultando em um código melhor.

> » Aumento na velocidade de desenvolvimento e lançamentos mais frequentes. O código aberto utiliza o mesmo processo de desenvolvimento que os microsserviços e os processos Agile (veja o Capítulo 4), inclusive integração e teste contínuos.
>
> » Uma tecnologia de ponta pode ser entregue com um bom custo-benefício em áreas não centrais para a principal atividade da empresa, portanto, não seria necessário um grande orçamento para a inovação em um modelo tradicional.

As próximas seções detalham alguns benefícios.

Custo reduzido

Na verdade, nada é de graça. As empresas que utilizam código aberto em seu software patenteado, ou como aplicações que dão suporte a seus funcionários, ainda devem pagar pelo software. Esse pagamento apenas acontece de modos diferentes. Cada empresa precisa determinar as economias efetivas para o uso do código não patenteado em tempo e dinheiro e decidir se essas economias fazem do código aberto uma escolha melhor.

Mesmo que a implantação do código aberto diminua a despesa corporativa do software patenteado e também possa economizar tempo (e, a partir daí, dinheiro) no desenvolvimento do novo código, as empresas precisam analisar o custo-benefício a partir da estrutura do TCO.

O código aberto é eficiente quanto à operação, no sentido de implantar/criar apenas a funcionalidade necessária para a tarefa em mãos. Também é uma abordagem mais genérica para a implantação, o suporte e a manutenção. A funcionalidade generalizada é conhecida e compartilhada em setores e corporações, tornando o suporte mais barato e menos privativo por natureza. Não há preço fixo e nem muita negociação, pois o talento pode ser trocado.

DICA

Um dos testes mais fáceis para determinar o valor do software de código aberto versus patenteado tem relação com a longevidade e a solidez do código aberto. Se o software existe há vários anos, tem uma base de usuários forte e um bom portal da web com documentação escrita e muitas iterações; se consultores ou prestadoras de serviços realizaram negócios em torno dessa personalização e/ou manutenção, então provavelmente é uma aposta segura.

A colaboração com foco na comunidade é um conceito importante que conduz o código aberto. Para uma parte do código aberto ser aceita e suportada, deve ter uma comunidade que a adota e melhora. Algumas linguagens de codificação novas, mais extensíveis e que suportam um grupo maior de usuários são usadas para criar uma funcionalidade essencial.

A natureza desses usuários e desenvolvedores é fluida. Muitas vezes, são inovadores que buscam novas tecnologias e modos de melhorar suas habilidades. Em geral, qualquer oferta de código aberto funciona por causa de um acordo implícito em seguir as práticas recomendadas e padrões de desenvolvimento de software acordados universalmente.

Outra consideração ao escolher o código aberto deve ser se o desenvolvimento faz parte da atividade principal da empresa. Não economize nos componentes críticos da atividade principal. Mas, para funções secundárias, o código aberto faz muito sentido, sobretudo nos casos em que elas são bem padrões. Quanto mais genérica a aplicação ou o código, mais deve ser de código aberto.

Para um grande projeto ou uma aplicação com suporte interno, outra consideração importante é o tamanho e a complexidade da curva de aprendizagem para integrar o código de fonte aberta. Quando um projeto é complexo, a empresa deve considerar contratar especialistas com longa experiência em projetos de código aberto. Você pode ter de pagar pela reengenharia das partes do código que não funcionam para suas necessidades específicas. Se escolher um especialista interno, deve aceitar que haverá paralisações para treinar as pessoas nas aplicações e no software já estabelecido.

LEMBRE-SE

O código aberto pode não vir com a melhor documentação nem com as melhores metodologias de teste. Serão necessários pesquisa e teste de total integração.

Flexibilidade

O código aberto é flexível porque não foi criado a partir de uma estrutura de referência. Muitos casos de uso orientam sua criação. Não há uma máquina com fins lucrativos por trás, portanto, nenhum incentivo para alguém se prender rigidamente a um padrão patenteado que pode não ser o melhor executor. Grande parte do código aberto é independente da plataforma e, em alguns casos, também não depende da mídia. Usar ferramentas e componentes de código aberto remove as barreiras para a personalização.

DICA

A FinTech aproveitou sua natureza de código aberto para melhorar a implantação e a velocidade de integração. As ferramentas que os desenvolvedores de código aberto usam são basicamente as mesmas utilizadas no desenvolvimento da FinTech. Como esta, o código aberto inclui

- » Microsserviços e desenvolvimento Agile (veja o Capítulo 4).
- » Estratégias de API (Capítulo 4).
- » Processamento rápido com modos de computação CPU/GPU (Capítulo 4).
- » Sistemas de entrega na nuvem/web (Capítulo 6).
- » Inteligência artificial e aprendizado de máquina (IA/AM; Capítulo 12).

Liberdade

Como vimos antes neste capítulo, software gratuito é sobre a liberdade em torno do desenvolvimento, da distribuição, da replicação e da modificação dele. É um movimento, não um processo.

Como refletido nos princípios da Free Software Foundation (FSF; `www.fsf.org` [conteúdo em inglês]), os "Quatro Pilares da Liberdade" são:

> Liberdade para executar o programa como desejado, para qualquer fim.

> Liberdade para estudar como o programa funciona e alterá-lo, assim como sua computação, como quiser. O acesso ao código-fonte é uma pré-condição.

> Liberdade para redistribuir cópias para poder ajudar seu vizinho.

> Liberdade para distribuir cópias de suas versões modificadas para outras pessoas. Fazendo isso, você pode dar à comunidade inteira a chance de se beneficiar com suas alterações. O acesso ao código-fonte é uma pré-condição.

Velocidade de desenvolvimento

O código aberto utiliza princípios de desenvolvimento parecidos com os dos microsserviços (veja o Capítulo 4) e da implantação da nuvem (veja o Capítulo 6). Devido à interação altamente complexa de todas as partes móveis em um ambiente de desenvolvimento gratuito, é essencial fornecer um gerenciamento de projetos e uma estrutura DevOps no início de um projeto OSS. As economias de escala e as acelerações do desenvolvimento não podem acontecer a menos que um gerente de projetos tenha o processo. No código aberto, essa pessoa é geralmente referida como *mantenedor*. Também é essencial incluir SMEs (especialistas no assunto) como revisores e verificadores.

O desenvolvimento de código aberto torna um desenvolvedor mais eficiente. Compartilhar o código para projetos de código aberto torna mais sustentável o suporte e a manutenção dos sistemas ou do software que conta com tal código.

Muitas empresas grandes estão abrindo seu código-fonte para desenvolvedores externos. Apple, IBM, SAP e Microsoft são algumas gigantes da tecnologia que entraram na onda do código aberto. Elas fizeram isso para aumentar o alcance de seus produtos e a inovação deles dentro e fora da organização. GM, Ford e Google têm plataformas abertas que esperam acelerar o desenvolvimento e a inovação na área das novas tecnologias e da integração da IA. Com empresas mais antigas abrindo sua estrutura de desenvolvimento para estranhos, padrões mais atuais e dinâmicos serão codificados e utilizados de modo que tornarão mais rápidas e melhores a reutilização e a inovação do código aberto.

192   PARTE 2 **Aprendendo a Tecnologia**

A Figura 10-2 mostra como um projeto simples de código aberto pode se moldar em um sistema maior. As três seções demonstram a estrutura adicional que deve ser mantida conforme um projeto é transformado. É preciso mais supervisão quando se aumenta a complexidade da oferta.

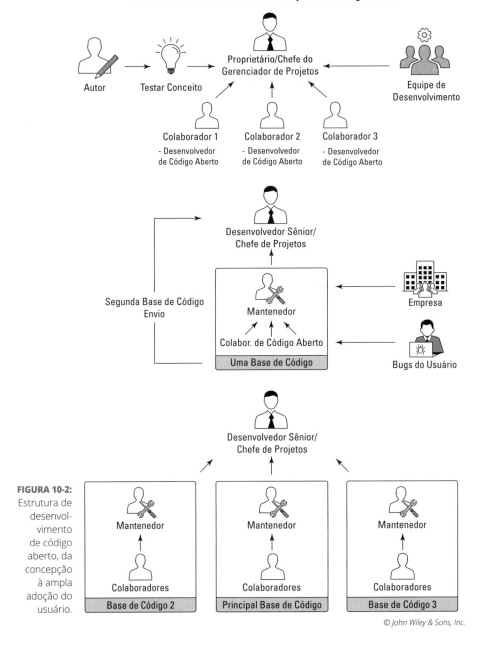

FIGURA 10-2: Estrutura de desenvolvimento de código aberto, da concepção à ampla adoção do usuário.

© John Wiley & Sons, Inc.

CAPÍTULO 10 **Examinando o Papel do Código Aberto** 193

Considerando os Contras do Código Aberto

O código aberto tem desvantagens, e elas o tornam inadequado para alguns usos. Suporte, documentação e segurança são três motivos para muitas organizações serem reticentes quanto ao uso do código aberto. Nas próximas seções, explicamos algumas das possíveis desvantagens.

Modelo de suporte pouco tradicional

Simplesmente abrir mão do controle e da propriedade do software patenteado é difícil para as empresas, em especial do setor bancário, e é igualmente difícil para elas entregar a manutenção e o suporte do software. Suporte é um componente crítico que demonstra integridade e credibilidade para funcionários e clientes.

O suporte do código aberto não segue um modelo tradicional. O desenvolvedor não tem a obrigação de dar suporte e manter esse código, uma vez que está no domínio público. O suporte, como existe, é basicamente mantido por voluntários, assim como a manutenção da documentação.

Por ironia, um dos argumentos mais atraentes do código aberto pode ser o mesmo motivo de as pessoas o temerem: o código é conhecido e visível para todos que querem vê-lo. Essa ironia também significa que, como usuário corporativo, as empresas podem negociar vários modos de garantir o devido nível de suporte e segurança para os componentes de código aberto usados por elas. Portanto, é possível ter uma abordagem mais criativa para o suporte.

LEMBRE-SE

As opções para o suporte do código aberto são:

» **Desenvolver expertise interna que dê suporte à nova funcionalidade:** Esse método pode funcionar bem se é uma aplicação completa ou um componente importante de uma base de código maior, mas não dará certo para partes menores da funcionalidade incorporadas no código patenteado.

» **Usar uma rede de suporte existente:** Algumas ofertas de código aberto mais antigas e complexas têm redes de serviço e suporte criadas em torno do projeto. Uma organização pode participar de uma licença de assinatura separada para dar suporte por um preço.

» **Contratar suporte de terceiros:** Como o código é visível para todos, muitas vezes é possível usar terceiros de forma pontual. Em alguns casos, é possível buscar suporte diretamente com o criador original do software pagando uma taxa.

> **»** **Adicionar suporte de fonte aberta a um contrato de suporte existente:**
> Algumas empresas grandes de suporte assumirão o suporte do componente
> de código aberto por um preço adicional. São empresas de suporte
> tradicionais com call centers e linhas diretas 24 horas, 7 dias da semana.
>
> **»** **Usar ferramentas de suporte:** Como parte da implantação do código
> que usa código aberto, as organizações podem utilizar várias ferramentas
> para um monitoramento contínuo e lidar com bugs em potencial. Essas
> ferramentas têm um custo e precisarão de alguém treinado em seu uso.

Tempo e recursos para manutenção

Quando um software é adquirido, normalmente vem com certificado e garantia de um certo nível de manutenção e suporte. Os revendedores que vendem essa manutenção muitas vezes também têm interesse em manter os clientes informados sobre as alterações no produto, para que obtenham novos contratos de serviço e lucro com as atualizações.

Mas, com o código aberto, não há incentivo para atualizar nem cliente representativo para lembrar aos participantes da organização sobre o risco em potencial de usar produtos desatualizados. Quando as pessoas ouvem "gratuito" ou "código aberto", pressupõem que não há custos. Mas, como apontamos neste capítulo, nada vem de graça. Um dos custos do código aberto ocorre quando a pessoa precisa alocar recursos e tempo para as atualizações da versão. Não fazer isso pode resultar em grandes tempos de inatividade e problemas de compatibilidade reversa.

Passou a ser responsabilidade do departamento de TI ou da equipe DevOps criar cronogramas para atualizações e revisões das novas ofertas da rede de código aberto. A instalação de ferramentas não garante as atualizações do software de código aberto.

Um setor secundário surgiu com o crescimento da comunidade de código aberto que dá suporte a iniciativas mais bem-sucedidas, como o Linux. Esses desdobramentos comercializados fornecem suporte e software de nível corporativo para aplicações e plataformas de código aberto.

A possibilidade de documentação desigual

Documentação é outro componente crítico, mas voluntário, do pacote de código aberto. É essencial que o site do projeto de código aberto inclua ferramentas que permitam a desenvolvedores e usuários adicionar documentação ao pacote em tempo real. Se o projeto foi bem definido e um mantenedor for responsável pela integridade do código e do pacote, os documentos deverão ter a devida qualidade (pelo menos na teoria).

CAPÍTULO 10 **Examinando o Papel do Código Aberto** 195

Dar suporte e fornecer uma documentação razoável é o maior interesse dos desenvolvedores. Eles querem que outras pessoas usem e melhorem seu código, mas as pessoas não podem fazer isso se os documentos são confusos ou estão indisponíveis. Como nenhum departamento ou indivíduo supervisiona a documentação, a qualidade dela pode ser muito desigual. Uma das reclamações constantes sobre o desenvolvimento de código aberto é a de que a documentação muitas vezes é confusa ou não existe.

O principal motivo de a documentação geralmente ser problemática para o código aberto é que os desenvolvedores subestimam seu valor e não passam nela o tempo que deveriam. Eles não são escritores, portanto, não sabem o que é requerido e não querem se afastar por muito tempo da codificação para aprenderem novas habilidades. Eles pressupõem equivocadamente que os usuários assumirão a responsabilidade de completar a documentação. Um problema associado é que, como a documentação não é priorizada, os desenvolvedores não fornecem nem explicam as folhas de estilo e os modelos, portanto, ela acaba sendo inconsistente.

DICA

Ao avaliar o código aberto, a qualidade e a quantidade de documentação devem ser uma preocupação básica. Para testar a documentação, primeiro examine o arquivo README, depois as instruções de erro e do texto de ajuda, assim como os comandos. Você também deve ver com que frequência a documentação é atualizada ou reescrita.

Os geradores de documentação (autodocs) incluem de forma programática uma documentação específica em tempo real. Grande parte desse tipo de documentação foca as necessidades do desenvolvedor e do implementador. Alguns geradores automáticos fornecerão docs de qualidade do usuário final.

DICA

O projeto deve capturar a documentação de vários pontos de vista:

» Um conjunto deve ser da perspectiva do usuário final e fornecer instruções passo a passo básicas.

» Outro conjunto de documentação deve focar o software em si e as necessidades do desenvolvedor.

» Um terceiro conjunto deve ser para implementadores e focar a implantação de terceiros e a manutenção do código.

Riscos à segurança

A mesma abertura que fornece flexibilidade ao código aberto muitas vezes também é um motivo legítimo para evitá-la. O uso do código aberto apresenta três tipos de riscos à segurança: legal, operacional e viral.

LEMBRE-SE

As principais perguntas de segurança quanto ao uso de qualquer software de código aberto são as seguintes:

» É realmente seguro?

» Se todos têm acesso ao código-fonte, por que as pessoas não podem usá-lo para hackear meu software patenteado ou rede?

» O que preciso saber sobre o software para tornar seu uso mais seguro?

» Como sei se o código foi bem escrito?

» Como sei que ele não plantará um vírus em meu código sem problemas?

Para ter respostas para essas preocupações, é preciso fazer seu trabalho de casa. Muitos sites anunciam o código aberto, e há muitos repositórios. Para proteger a organização, alguém precisa ser proprietário do processo de verificação e revisão de cada caso de uso e solução. As próximas seções detalham mais algumas dessas questões.

DICA

Antes de usar o software de código aberto, defina o que está tentando fazer. Algumas dicas:

» Crie regras claras sobre quem pode fazer o que na organização.

» Coloque processos em torno da verificação do código e do software.

» Atribua um proprietário que seja responsável por examinar as seleções.

» Verifique se o departamento jurídico examina todos os documentos escritos em torno do código ou do software antes de ser acordado ou instalado.

Como sei que meu código é seguro?

De cara, o software patenteado parece ser mais seguro que o código aberto, mas isso não necessariamente é verdade. O aspecto exato que preocupa as pessoas quanto ao código aberto é o que pode torná-lo *mais* seguro.

Qualquer código, patenteado ou público, tem certo nível de vulnerabilidade a alguma invasão. Tal invasão é resultado de uma codificação ruim ou processo descuidado. A diferença está no nível de controle que se tem sobre:

» O software patenteado é basicamente uma caixa-preta. Você deve confiar no revendedor de que ele é seguro e foi testado.

» O código aberto é testado, verificado, revisado e modificado diariamente, aumentando muito a probabilidade de uma vulnerabilidade ser descoberta. Se uma vulnerabilidade é encontrada, é do interesse da equipe de criação corrigi-la rápido, pois sua reputação está diretamente ligada ao produto.

Isso não quer dizer que o código aberto não seja o playground do hacker. No momento que uma vulnerabilidade é anunciada, a probabilidade de ela ser explorada dispara. O usuário final pode não ter ciência do risco, e a responsabilidade pela segurança é do departamento de TI ou dos desenvolvedores encarregados. As empresas podem lidar programaticamente com os avisos de segurança, contanto que, para isso, encarem a despesa extra de ferramentas ou da mão de obra. O uso do código aberto exigirá a definição de novas ferramentas para notificações de alerta e correções. O departamento de TI deve ser diligente ao gerenciar esses avisos de vulnerabilidade e correções. Infelizmente, neste momento, não há um banco de dados central de vulnerabilidades, portanto, os usuários do código aberto precisam ter um mecanismo adequado de alerta interno trabalhado por desenvolvedores e pela TI.

Como sei se o código foi bem escrito?

Como mencionado antes, uma diligência prévia é necessária ao instalar ou usar *qualquer* software, e o código aberto não é nenhuma exceção. Em geral, o software patenteado tem um conjunto de operações comprovado com rigor em torno do lançamento de qualquer pacote de software, e esses processos incluem o controle de qualidade. Por outro lado, os princípios da programação usados no código aberto não são padronizados e não há nenhum nível estabelecido nem norma quanto aos aspectos de qualidade do código.

Ter muitos olhos no código é um tipo de rede de segurança, mas o controle da qualidade normalmente não é o ponto forte de um desenvolvedor, e o fato de que não existe nenhuma abordagem regimentada para a aceitação torna a questão da qualidade uma preocupação contínua. Às vezes um código mais maduro é menos preocupante, porque houve tempo para corrigir os erros. O número de usuários, de revisões e atualizações do produto, a quantidade e os tipos de erros encontrados e corrigidos são todos indicadores da qualidade do produto e do nível de aceitação do usuário.

Ao escolher o código aberto, é essencial examinar os dados de uso e os logs de caso, que geralmente são robustos por causa do comprometimento da comunidade de usuários com a transparência.

Como sei que ele não plantará um vírus no meu código sem problemas?

Apenas políticas e procedimentos que garantem uma total revisão do código antes de qualquer lançamento podem lhe dar um nível de confiança em torno do código de fonte aberta. Como parte da diligência prévia de qualquer empresa, o histórico de versões e correções de erros deve ser a norma.

Para ajudar a reduzir o risco, considere alinhar suas equipes com grupos de usuários para o código aberto e fazer com que revisem regularmente os alertas de vulnerabilidade e as ferramentas em uso no setor.

Questões de sustentabilidade

As empresas que apostam no código aberto precisam confiar que o mercado de código aberto é viável e não se desintegrará com o tempo. Infelizmente, não há uma compreensão clara sobre como o código aberto será monetizado no futuro.

No mercado do usuário do software, um modelo gratuito não é totalmente entendido. Embora os usuários finais aceitem que o código é de fonte aberta, eles ainda esperam que funcionará perfeitamente e sem problemas. Como não há nenhuma propriedade, não existe ninguém na equipe para lidar com os problemas. Essas questões são todas lidadas por voluntários. Muitos usuários finais não entendem esse modelo e esperam que o código seja suportado como o software patenteado.

Um dos modos como o código aberto gera receita é por meio da venda de suporte e manutenção. É um jeito sustentável de manter os produtos. Porém, a maioria dos usuários de código aberto não paga e nem pagará por suporte. Então, como o modelo gratuito pode ser sustentado?

Se de fato o modelo é o de não cobrar pelo software de código aberto, então deve haver um meio de fazer os grandes reutilizadores, que se beneficiam financeiramente com o código, pagarem. Por exemplo, parece razoável que uma empresa que vende produtos com componentes de código aberto deva ser taxada de algum modo pelo uso desse código.

Questões de licença

Os possíveis tipos de questões da licença incluem:

» **Infração:** Há maior possibilidade de infração no software de código aberto (OSS) do que no software patenteado. Como nenhuma organização legal suporta o código aberto e ninguém se compromete com um código para um projeto aberto, é possível que ocorra a infração de um código patenteado. E mais, não há cláusulas de garantia para os usuários do código aberto, portanto, eles podem acidentalmente cometer alguma infração sem apelação para o provedor do código. Nesse caso, o usuário final teria de suportar o ônus total das sanções aplicadas.

» **Restrição da licença:** As exigências complexas da licença de código aberto são a responsabilidade mais perigosa para uma empresa. Se a corporação mistura seu código patenteado com o de fonte aberta de modo que oculte a propriedade do código patenteado, ele pode ser considerado como parte do OSS.

» **Conformidade da licença:** Quando se usa código aberto, cada componente, fragmento e aplicação tem sua própria licença. Essas licenças precisam ser examinadas e cumpridas de modo independente.

Outras preocupações a considerar

LEMBRE-SE

O código aberto atrai desenvolvedores inovadores. Eles não valorizam muito as abordagens mais tradicionais para um desenvolvimento sustentável e com suporte. Tecnologias rápidas e novas são seu ponto forte. Suas predileções têm certos desafios para as necessidades do mercado mais estável de longo prazo. Algumas questões em torno do processo de desenvolvimento em um mercado aberto ainda precisam ser totalmente articuladas ou resolvidas, inclusive:

- **Se todos têm voz, qual é a prioridade quando surgem desacordos? Há uma visão em comum?** A exata flexibilidade do modo como o código é modelado dificulta mais que se chegue a um consenso.

- **Existem padrões em comum?** Ao criar um código de qualidade, é preciso chegar a um acordo sobre o que é padrão.

- **Como os produtos obtêm mais prova de produção?** Mais código aberto está entrando no código patenteado, mas não existem ferramentas para facilitar isso. Os planos do projeto precisam incluir um planejamento para estender o código aberto no software patenteado.

- **E os sistemas existentes?** A mudança para o código aberto como uma base do desenvolvimento corporativo pode ser extremamente disruptiva. Podem ser necessárias novas habilidades.

- **Como você combina o melhor tipo, sistemas existentes e código aberto?** A integração do antigo e do novo não é fácil. Podem ser requeridos integradores para tornar a extração tranquila.

- **Como o antigo processamento de dados de código aberto será trabalhado para aceitar microsserviços e a nuvem?** O que era novo já ficou velho; talvez as estruturas de dados do código aberto precisem de novas alterações, que podem ser difíceis.

- **Temos expertise para lidar com as mudanças de tecnologia e demandas para acoplamentos mais fluidos?** Agora a ênfase no desenvolvimento precisa estar nos resultados comerciais e nos fluxos de trabalho, e pode não haver pessoal para lidar com isso.

Examinando as Soluções de Código Aberto

Como descobrimos anteriormente neste capítulo, as soluções de código aberto são blocos de código que podem ser consumidos de novo e reutilizados com interfaces padronizadas e dependências específicas. Elas podem ter complexidades variadas, desde fragmentos de código até sistemas inteiros. São extensíveis e facilmente inseridas em outras aplicações ou código. Essas soluções também podem assumir a aparência de microsserviços (veja o Capítulo 4).

As próximas seções explicam como desenvolver sua própria solução, encontrar ajuda e considerar a inovação de fonte aberta.

Desenvolvendo sua própria solução

LEMBRE-SE

Se você estiver desenvolvendo um programa de código aberto, primeiro deve criar um projeto de código aberto e hospedá-lo em um site da internet. Se estiver desenvolvendo ou usando um código aberto com código patenteado, deve tomar precauções para:

- » Marcar claramente a fonte.
- » Verificar se a licença é compatível com o caso de uso.
- » Ficar atento para atualizar e testar o código aberto conforme ele se desenvolve.
- » Corrigir bugs e republicar assim que possível.
- » Manter listas precisas de versões e inventários de todo o código aberto, como e onde ele reside.

Programas de gerenciamento de ativos de código aberto podem ajudar a manter e atualizar o código. Ao desenvolver um código aberto, você deve manter um repositório do código original e da versão.

A empresa tem obrigação de cumprir os termos da licença de cada parte do código aberto usado. Isso significa que deve haver regras para reabastecer o código original do projeto em sua fonte com qualquer alteração feita, não apenas no código patenteado da empresa.

DICA

Você deve investir no software que pesquisará automaticamente as atualizações para o código aberto usado e testar vulnerabilidades e problemas de segurança. Isso é executado em segundo plano e protege contra vírus e conflitos.

Para ter um desenvolvimento de código aberto bem-sucedido, o iniciador/designer/arquiteto do produto precisa passar um tempo criando um ambiente de desenvolvimento bem planejado, suportado por ferramentas, fácil de usar, acessível pela internet e viável.

LEMBRE-SE

Ao utilizar o código aberto, uma organização deve indicar um proprietário da manutenção, analisar todos os componentes de código aberto usados pela empresa e determinar uma política em torno da verificação e da implantação de qualquer componente de código aberto usado. O proprietário do processo de código aberto deve assegurar que dentro do processo haja controles em torno da versão, do teste e das correções de bugs. As regras para o uso do código aberto devem ser articuladas e revistas regularmente com todos os desenvolvedores e novos contratados. Isso deve ser feito para evitar conflitos de licenças, possíveis problemas de infração, conflitos com restrições, mal uso e uso redundante do código.

A empresa é obrigada a cumprir os termos da licença de todo o código aberto usado. Não fazer isso pode resultar em ações judiciais.

Não há, no código aberto, nenhuma política designada quanto à qualidade. Qualquer pessoa que o usa pressupõe que um padrão mínimo foi aplicado no produto disponível.

O processo de desenvolvimento do código aberto deve refletir o processo Agile (veja o Capítulo 4) e seguir os mesmos procedimentos de revisão do código patenteado. Os desenvolvedores devem utilizar as mesmas ferramentas usadas no processo Agile ou de microsserviços para a integração do código aberto, uso e manutenção. Para assegurar a consistência no código aberto, eles devem registrar todos os erros encontrados e corrigidos e atualizar o projeto de código aberto.

O maior ativo no uso do código aberto é o nível de envolvimento de usuários da comunidade. Apenas o código que tem uma comunidade ativa de usuários se desenvolverá e ficará melhor com o tempo.

O desenvolvimento de código tradicional, no qual cada grupo desenvolve apenas para si mesmo, muitas vezes resulta em um esforço duplicado. O código aberto acaba com esse problema permitindo que os desenvolvedores usem o código generalizado fora da organização, mantido e revisado nos setores. Para evitar a possibilidade de continuar com hábitos ruins no novo software, os desenvolvedores devem seguir um processo de revisão e manutenção incontestável, altamente visível e integrado para o código aberto que a organização consome. Isso inclui compartilhar frequentemente com os desenvolvedores uma lista de todos os componentes.

Encontrando ajuda para a solução certa de código aberto

Como mencionado antes neste capítulo, o código aberto tem muitas formas, desde fragmentos a aplicações e sistemas completos. Estão disponíveis sites que podem ajudar a encontrar o melhor código para as necessidades de uma organização. Em geral, esses sites são patrocinados por empresas que vendem serviços ou produtos que dão suporte ao código aberto ou suas comunidades.

DICA

Veja a seguir uma lista de alguns sites que oferecem download para o acesso a códigos abertos [conteúdos em inglês]:

- Bitbucket (https://bitbucket.org/) hospeda projetos.
- BLACKDUCK (www.blackducksoftware.com) é um site organizacional usado como repositório para projetos e dados que não são do desenvolvedor (como licenças, classificações do usuário e estatísticas de download).
- Tigris (www.tigris.org) foca a criação de software colaborativo para dar suporte a desenvolvedores. É um site de desenvolvimento de apps.
- SourceForge (https://sourceforge.net/) fornece, aos sites de projetos, ferramentas que ajudam no desenvolvimento rápido de código aberto e na manutenção.
- OSDN (https://osdn.net) é uma plataforma web de colaboração e código aberto que fornece serviços gratuitos para desenvolvedores, como repositórios CVS, sistemas de rastreamento de bugs e fóruns.
- FossHub (www.fosshub.com) é um portal da web que fornece links de download diretos para o software de código aberto.
- GitHub (https://github.com) afirma ser a plataforma mais usada, escalonável e segura dos desenvolvedores de código aberto. Ele hospeda projetos de mais de 2,1 milhões de usuários.
- LaunchPad (https://launchpad.net) é uma plataforma de código aberto que fornece ferramentas e interfaces de colaboração para desenvolvedores e usuários.
- Open Source Software Directory (https://opensourcesoftwaredirectory.com) é um sistema de gerenciamento de projetos de código aberto na web. É provável que também seja o diretório mais completo para os negócios "familiares" e tem um bom mecanismo de busca.

DICA

Além dos sites que dão acesso a downloads, existem organizações que foram decisivas para o desenvolvimento da filosofia de código aberto. As maiores e mais abrangentes organizações foram criadas em torno de OSS. Veja algumas [conteúdos em inglês]:

- **Open Virtualization Alliance (OVA; www.linuxfoundation.org):** Em 2013, a OVA se tornou um Projeto Colaborativo da Fundação Linux. Sua missão é "assegurar a expansão do conceito de software gratuito e de código aberto por meio de educação e assessoria técnica".

» **OpenStack (www.openstack.org):** É oferecida como uma infraestrutura de computação na nuvem gratuita e de código aberto, e foi um projeto de parceria entre a NASA e a Rackspace, a empresa que hospeda. Esse projeto surgiu para estabelecer uma abordagem padronizada para a infraestrutura baseada na nuvem que fosse fácil de implantar e infinitamente escalonável.

» **OpenPOWER Foundation (https://openpowerfoundation.org):** Uma colaboração entre IBM, Google, Mellanox, Tyan, NVIDIA e Microsoft, o OpenPOWER é realmente uma colaboração em torno do POWER ISA conduzido pela IBM. Essa fundação é um exemplo de grandes empresas, como a IBM, abrindo seu código para a comunidade de desenvolvimento para aumentar a adoção de seus produtos e arquitetura Power. Ele se tornou parte do Projeto Colaborativo da Fundação Linux. É um bom exemplo de crescimento privado por meio da colaboração de código aberto. Mas ele é único pois as licenças oferecidas são mais restritivas do que um modelo de "código aberto" verdadeiro.

Introdução da inovação aberta

Um dos grandes benefícios do código aberto é que ele promove a inovação em empresas e setores. Os desenvolvedores não ficam limitados às restrições de trabalhar para uma empresa com um conjunto de casos de uso. Agora as empresas maiores estão vendo um novo conceito que estende essa inovação, chamado *inovação aberta*.

LEMBRE-SE

Em termos conceituais, inovação aberta é uma mudança da inovação de código aberto total para uma forma mais tolerável de colaboração aberta nas organizações, com uma exposição direcionada e limitada do código-fonte. As empresas encorajam essa colaboração limitada nas vertentes corporativas, estendendo a desenvolvedores externos e internos. O resultado prático é a criação de soluções não cogitadas antes, uma inovação mais atual e tempo de entrada no mercado mais rápido com novos produtos. A inovação aberta, por natureza, é mais transacional e guiada por uma empresa específica para aumentar a inovação e os lucros em longo prazo. O OpenPOWER (mencionado na seção anterior) é um exemplo desse modelo em ação.

Como sempre, há compensações na inovação aberta. Não há controles centralizados (exceto, talvez, os casos de uso da licença) e nenhuma possibilidade de a empresa direcionar a natureza do desenvolvimento. A perda de controle é compensada por novos insights e abordagens de um novo olhar e maior segurança para a empresa abrir seu código-fonte a consumidores externos.

NESTE CAPÍTULO

» Entendendo o papel da FinTech no gerenciamento de dados

» Extraindo, transformando e carregando dados

» Lidando com dados do mercado e bancos de dados

» Verificando o histórico e a análise de dados

» Comparando dados estruturados e não estruturados

» Diferenciando SQL e NoSQL

Capítulo **11**

Entendendo o Básico do Gerenciamento de Dados

G *erenciamento de dados* é como as empresas consomem e protegem seus dados. Conforme as organizações ficam mais inteligentes e orientadas a dados, os processos de gerenciamento de dados também devem mudar.

As FinTechs e todos os sistemas financeiros tendem a processar grandes volumes de dados, que, muitas vezes, mudam de formas contínua e rápida. Processar dados com eficiência e extrair insights úteis para dar suporte à decisão é o maior objetivo de muitos sistemas FinTech.

LEMBRE-SE

Antes de criar uma estratégia eficiente e coerente de gerenciamento de dados, os empresários devem entender bem os dados, inclusive como são estruturados, como as pessoas os utilizam e como cuidar deles. Ao propor tal sistema de gerenciamento, veja algumas perguntas-chave a fazer:

- **Fontes e volume de dados:** Qual é a origem dos dados? Quantos dados e qual tipo é requerido de cada fonte?
- **Frequência de atualização:** Com que frequência devemos atualizar ou coletar novos dados?
- **Disponibilidade da recuperação dos dados:** Os dados devem estar disponíveis em tempo real? Qual a idade dos dados quando eles ficam disponíveis?
- **Proteção de dados:** Quais são as políticas em torno do compartilhamento de dados?
- **Processamento dos dados:** Os dados precisam passar por várias transformações antes de ser úteis?
- **Propriedade dos dados:** Qual é a fonte original dos dados e quem os tem?
- **Políticas de segurança dos dados:** Quem pode exibir os dados, modificá-los ou excluí-los?
- **Políticas de retenção dos dados:** Por quanto tempo os dados e quaisquer alterações precisam ser mantidos?

Com base nas respostas para essas perguntas, uma organização deve começar a criar políticas e procedimentos que dão suporte a suas necessidades e a seus objetivos. Este capítulo ajuda explicando as principais considerações e decisões envolvidas na terceirização, coleta, limpeza, filtragem, aumento, preservação e recuperação dos dados.

Papel da FinTech ao Ajudar as Empresas a Gerenciar Seus Dados

Como explicamos no Capítulo 14, a transição para a modernização e a reestruturação dos sistemas existentes é essencial para o futuro das instituições bancárias tradicionais. Uma questão importante que essas instituições enfrentam é a migração de seus dados para infraestruturas novas e mais abertas e a incorporação de dados não estruturados em sua inteligência comercial (BI; veja o Capítulo 9).

Você ficaria surpreso ao saber que a maioria das instituições financeiras mais antigas ainda opera na tecnologia mainframe? A migração dos sistemas existentes é repleta de perigos. A FinTech ajuda a atenuar esses riscos por causa de seu conhecimento especializado. Se você fosse CEO de um banco, não gostaria de utilizar um cientista de gerenciamento de dados para supervisionar a transformação para novas tecnologias e evitar o risco interno? Esse mesmo cientista, trabalhando em uma FinTech terceirizada, também pode fornecer insight sobre como acessar os dados não estruturados e permitir maior eficiência de entrada no mercado, gerenciamento de risco, desenvolvimento de novos produtos e melhor experiência do usuário para clientes.

LEMBRE-SE

O uso de FinTechs é o segredo do sucesso da migração de sistemas existentes e da melhor inteligência comercial por meio de uma avaliação em tempo real e mineração de dados.

Entendendo o ETL: Extrair, Transformar e Carregar

A primeira, e importante, etapa no gerenciamento de dados é *obtê-los*, ou seja, coletá-los onde eles residem e integrá-los no destino. Você deve extraí-los de seu local atual, transformá-los para que sejam compatíveis com o destino e então carregá-los no destino. Esse processo é conhecido como *extrair, transformar, carregar* (*ETL*, em inglês). Todas as três funções podem não ser necessárias em cada integração do sistema, mas pelo menos uma sempre é requerida.

As próximas seções explicam as três etapas principais do ETL e os requisitos de software.

Examinando as etapas

Extrair dados significa pegá-los em um sistema ou uma mídia de armazenamento (por exemplo, um banco de dados). Esse processo pode ser tão fácil quanto executar uma consulta SQL (que significa *linguagem de consulta estruturada*) e gravar a saída em um arquivo simples ou chamar uma API (interface para programação de aplicações) a partir de um sistema que gera um arquivo de saída.

Contudo, as extrações também podem ser mais complicadas. Às vezes, podem ser necessárias instruções SQL mais complexas, os dados podem precisar vir de algum protocolo de comunicação (por exemplo, a carga da transmissão de dados em uma fila de mensagens) ou combinações de várias chamadas da API em um sistema. A Figura 11-1 mostra um fluxo de trabalho ETL de alto nível para dados comerciais e de mercado.

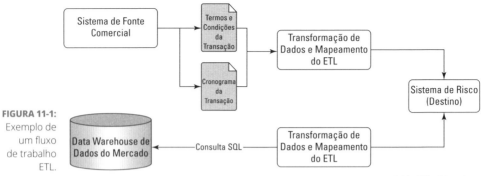

FIGURA 11-1: Exemplo de um fluxo de trabalho ETL.

© John Wiley & Sons, Inc.

LEMBRE-SE

Em geral, a *transformação* dos dados é a área mais complexa e intensa de uma integração do sistema. A transformação envolve pegar dados de entrada e alterá-los em um formato que um sistema abaixo ou usuário possa consumir.

Estruturalmente, uma transformação de dados pode converter a entrada de dados formatada como XML (Linguagem de Marcação Extensiva) em JSON (Notação de Objetos JavaScript), um formato de dados leve que usuários em geral podem ler e gravar. Tal conversão costuma envolver o mapeamento dos campos dos dados de entrada para os campos requeridos no destino, que podem conter o mesmo tipo, mas ter nomes diferentes. Às vezes, isso requer mapear vários campos de entrada para um campo de saída ou dividir um campo de entrada em vários campos de saída.

Outra transformação de dados crítica é contextual por natureza e requer que se manipule os dados de entrada em si. Por exemplo, nem todos os bancos de dados bancários armazenam informações de terceiros do mesmo modo. O Sistema A pode ter um correlativo chamado JPMorgan Chase, e o Sistema B pode representar o mesmo correlativo como JPMC. Quando os administradores mapeiam os dados do Sistema A para o Sistema B, podem precisar renomear os dados em cada registro em que aparece esse valor.

A etapa *carregar* deposita, em sua nova base, os dados extraídos e transformados. Muito parecido com a extração de dados, o carregamento pode ser feito de vários modos, como requerido pelo sistema de destino. Muitos sistemas especificaram formatos de dados e APIs documentadas para carregar dados. Uma mídia de armazenamento, como bancos de dados, pode requerer que se chame um procedimento armazenado ou uma SQL.

Requisitos do software ETL

LEMBRE-SE

Veja alguns requisitos da estrutura ETL comuns para assegurar um processo suave e sem problemas:

» O software deve conseguir lidar com os dados de entrada em vários formatos. No mínimo, eles devem incluir arquivos simples (.csv), XML, MS SQL (Microsoft SQL Server), Oracle e NoSQL (bancos de dados com linguagem de consulta não estruturada, como MongoDB ou Hadoop). O ideal é que o software também consiga consumir os dados usando APIs.

» O software deve conseguir realizar transformações de dados complexas. No mínimo, deve ser capaz de combinar dados de diferentes fontes, usar as fontes como recursos de pesquisa e modificá-los de acordo com uma fórmula externa (por exemplo, anexar uma coluna de data à linha de dados de uma tabela).

» O software deve conseguir registrar o processo de transformação e indicar qualquer erro no consumo dos dados.

» O processo de transformação deve poder ser executado programaticamente, ou seja, você deve chamar o processo como parte de uma aplicação ou um script separado.

» O software deve permitir a conexão com vários sistemas em um cenário corporativo. O ideal é que você consiga configurá-lo para acessar novos sistemas sem precisar mudar o código ou recompilar.

» O software deve conseguir enviar os dados do cliente transformados para vários formatos de destino. No mínimo, isso deve incluir um arquivo simples (.csv), XML, MS SQL, Oracle e NoSQL. Em um mundo ideal, a estrutura também deve permitir o upload programático e simples dos dados para sistemas via APIs.

» Embora alguns processos possam requerer expertise técnica para lidar com as transformações mais complicadas, a maior parte possível deve requerer pouca ou nenhuma expertise técnica prévia.

Algumas ferramentas ETL comuns incluem Talend, Informatica e Microsoft SSIS.

Gerenciando os Dados do Mercado

No setor financeiro, *dados do mercado* se referem aos dados que mudam com os mercados financeiros. Eles podem incluir dados relacionados a transações e preços para um instrumento financeiro, como ações, títulos, swap ou opções, que são reportados por um câmbio, uma câmara de compensação, uma plataforma de negociação, mercado OTC (venda livre) ou outra mídia de cotação. Como os dados do mercado mudam com o tempo e são aplicáveis apenas no período cotado, também é possível considerar dados de série temporal. Os dados do mercado são significativos apenas se coletados junto de dados estáticos e de referência subjacentes dos quais dependem.

Por outro lado, os *dados estáticos* não mudam com frequência. Exemplos incluem convenções, calendários e fusos horários. Eles podem precisar de versionamento com base na frequência com que podem mudar. Ter dados estáticos precisos é essencial porque os mesmos dados do mercado podem implicar ou significar muitas estatísticas diferentes sobre um instrumento, caso as convenções dos dados estáticos e/ou de referência subjacentes mudem.

As seções a seguir analisam a limpeza, a normalização, a segmentação e o armazenamento dos dados do mercado.

Limpando e normalizando dados do mercado

No setor financeiro, os mesmos dados podem ter diversos provedores, que podem usar convenções diferentes ao cotar dados iguais. Os dados do mercado cotados por muitos instrumentos semelhantes também podem usar um conjunto subjacente diferente de suposições. Como consequência, não é possível comparar e integrar os dados coletados de várias fontes e por diferentes instrumentos sem primeiro transformar os dados brutos em um formato comum. E mais, alguns pontos de dados podem ter dados obsoletos ou mal usados devido a ineficiências na coleta, portanto, pode ser preciso filtrá-los e limpá-los.

O processo de filtrar, ajustar e conectar os dados do mercado com base em certo critério para melhorar sua qualidade é chamado de *limpeza dos dados do mercado*. O processo de converter dados brutos em um formato de dados comum enquanto limpa, filtra, dimensiona e ajusta é chamado de *normalização dos dados*. A Figura 11-2 mostra as diferentes facetas da normalização e da limpeza dos dados.

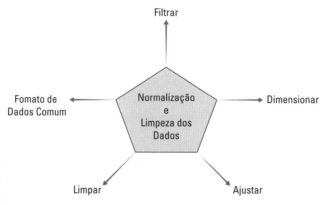

FIGURA 11-2: Métodos de normalização e limpeza dos dados.

Diferentes Aspectos da Normalização e da Limpeza dos Dados

© John Wiley & Sons, Inc.

PAPO DE ESPECIALISTA

Os dados brutos também podem ser aumentados com outros dados considerados úteis. Os dados precisam fornecer alguma informação básica requerida para determinar o valor e o risco nas operações financeiras. Suavização das curvas e superfícies de volatilidade para taxas e dados cambiais são um exemplo desse tipo de melhoria. E mais, certos campos de dados derivados obtidos durante o processo de normalização, como o cálculo da média e o desvio-padrão, podem ser salvos junto dos dados normalizados.

Segmentando e armazenando dados do mercado

Dados mal gerenciados causam problemas em cada estágio do processo de gerenciamento, em especial na recuperação e na eficiência do armazenamento. Uma abordagem simples para resolver esse problema é classificar ou separar os dados com base em diferentes parâmetros, como tempo, tipo de instrumento, provedores, classe do ativo, capturas de tela e regiões. *Segmentação dos dados* é a estratégia de dividir os dados em conjuntos lógicos que são mais fáceis de trabalhar. A segmentação é particularmente útil ao se trabalhar com dados do mercado, porque novos pontos de dados são adicionados constantemente e, com o passar do tempo, o conjunto de dados pode ficar enorme.

O tipo de processo de recuperação também dita como os dados podem ser segmentados. Veja exemplos dos diferentes tipos de segmentação:

» **Tempo:** Como os dados do mercado são dados de série temporal, faz sentido dividi-los por períodos de tempo. Criar um novo armazenamento/coleção por dia é um dos modos padrão do setor para segmentar os dados do mercado com base no tempo.

» **Classe do ativo e tipo de instrumento:** Segmentar os dados do mercado com base na classe do ativo e/ou tipo de instrumento otimiza a capacidade do usuário de manipular e armazenar os dados de modo significativo. Por exemplo, é possível separar as ações, os títulos e os preços das commodities.

» **Provedores:** Uma prática recomendada é manter separados os dados do mercado de diferentes provedores. Os provedores podem lidar e processar os dados de modo diferente, e seus dados podem refletir modos diferentes de expressar convenções e refletir diferentes suposições implícitas. Os dados do mercado normalizados podem ter um subconjunto ou um conjunto completo de dados do mercado que difere do oferecido por cada provedor.

» **Regiões:** Os mesmos dados do mercado podem ser registrados em diferentes regiões de fontes diversas. Por exemplo, a mesma ação pode ser listada em diferentes câmbios do mundo e várias moedas, ou, no caso dos provedores de dados do mercado, o preço da mesma ação pode ser recebido de diferentes fontes segmentadas por regiões.

» **Capturas de tela:** Pode ser útil recuperar dados com capturas específicas, como "fechamento de nyc" (uma captura do fechamento dos mercados de Nova York) e "abertura de nyc" (uma captura da abertura dos mercados de Nova York), e assim decidir segmentar os dados do mercado de acordo.

Lidando com Bancos de Dados

Tradicionalmente, as organizações armazenam seus dados em bancos de dados relacionais, como Oracle, Db2, Microsoft SQL Server, Sybase e PostgreSQL. Mas, com o advento de novos modelos de bancos de dados, os bancos de dados NoSQL agora estão ficando cada vez mais populares. Não importa o tipo de banco de dados usado, planejar um bom modelo ainda é uma das principais áreas de design em uma boa solução de gerenciamento de dados.

O design do banco de dados pode influenciar muitos aspectos do gerenciamento de dados, como facilidade de recuperação dos dados, tempo de recuperação, custo e volume dos dados com os quais a plataforma de gerenciamento de dados pode lidar. Como explicamos nesta seção, para superar tais limites, são usados tipos mais novos de sistemas integrados de gerenciamento de dados, como data warehouses e data lakes.

Data warehouses

Conforme as empresas continuam a crescer, elas coletam cada vez mais dados de diferentes fontes, como novos provedores, sistemas ERP (planejamento de recursos empresariais), sistemas existentes, sistemas internos etc. Com o tempo, elas podem acabar com vários sistemas independentes que não conversam entre si.

Veja modos de resolver a situação:

- » **Portabilidade dos dados:** Uma organização passa todos os dados coletados até o momento para o provedor mais recente ou a plataforma interna de gerenciamento de dados. Os antigos sistemas são desativados.

- » **Preparação dos dados:** Uma organização pode escolher extrair, transformar e carregar os dados da fonte original (contanto que seja mantida a fonte original) na nova solução de gerenciamento de dados, evitando assim os sistemas de gerenciamento existentes no dia.

- » **Data warehouse:** Um sistema data warehouse armazena dados de modo limpo e sistemático, com regras que possibilitam o acesso e a interoperabilidade. O warehouse pode coexistir com outros sistemas de gerenciamento de dados, atuando como uma ponte central que os diferentes sistemas podem usar para interagir entre si. E mais, os sistemas de armazenamento que os sistemas data warehouse usam são otimizados para grandes uploads e análises e podem vir com ferramentas integradas para gerenciá-los e analisá-los. Um exemplo é o Amazon Redshift.

CUIDADO

Usar vários data warehouses pode resultar na duplicação dos dados entre os sistemas de armazenamento warehouse e o outro sistema de gerenciamento que a organização utiliza. Esse problema costuma ser endereçado em bancos e seguradoras, em que muitos sistemas existentes e bancos de dados são entregues em muitas interfaces únicas e relatórios.

Data lakes

Data lake é uma solução de armazenamento de dados centralizada que pode guardar diferentes tipos de dados e tem ferramentas de análise integradas para trabalhar com os dados. Um data lake pode permitir que usuários e administradores consultem e analisem facilmente os dados, sem dependerem do tipo ou da fonte.

LEMBRE-SE

Data lakes e data warehouses não são sinônimos. Um data lake tem dados brutos que não foram processados nem definidos, e um data warehouse é um banco de dados definido que hospeda dados estruturados e limpos usados para operações e funções específicas. Diferentemente de um data warehouse, um data lake segue a abordagem de coletar todos os dados sem normalizar ou estabelecer todas as relações entre os diferentes conjuntos.

CUIDADO

Organizações podem analisar os dados de um data warehouse ou uma solução de banco de dados usando um sistema separado e compatível de análise de dados. Porém, a menos que as pessoas que criam e administram o sistema entendam muito bem os casos de uso dos dados, é provável que tal sistema tenha uma utilidade limitada. Uma integração coerente pode jamais ser conseguida entre os sistemas de armazenamento/recuperação de dados e o sistema de análise de dados. Para os casos de uso mais avançados e complicados, como o processamento de dados em tempo real (processamento de fluxo) e a análise em massa (big data), a integração perfeita dessas necessidades nem mesmo é viável.

Assim, um dos casos de uso de um data lake é fornecer uma solução de gerenciamento de dados integrada com módulos de análise dos dados. Tal sistema integrado pode realizar, em massa, vários tipos de análise: simples, avançada e personalizada. Os sistemas de armazenamento em um data lake são otimizados para vários casos de uso para os mesmos dados. E mais, a maioria das soluções data lake (como Metabase e Tableau) vem com vários tipos de relatório, visualização, aprendizado de máquina, ferramentas de correspondência de padrões e software de análise avançada para um uso fácil e adoção.

Na Figura 11-3, o diagrama mostra um sistema data lake interagindo com diferentes armazenamentos de dados, inclusive dados em tempo real, fornecendo uma análise integrada para todas as fontes de dados.

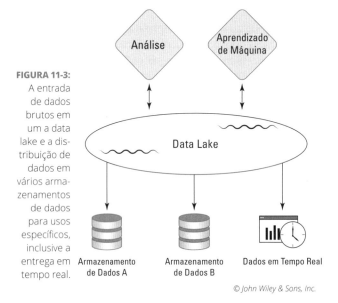

FIGURA 11-3: A entrada de dados brutos em um a data lake e a distribuição de dados em vários armazenamentos de dados para usos específicos, inclusive a entrega em tempo real.

© John Wiley & Sons, Inc.

Mantendo a Linhagem dos Dados

Linhagem dos dados significa estabelecer uma ligação entre os dados de origem e os dados derivados por meio da etapa de transformação para ser possível rastrear as várias etapas e identificar a fonte original dos elementos de dados.

Muitos tipos de análises históricas requerem capturas de dados exatas apresentadas no banco de dados de certo dia no passado. Para garantir a precisão dos dados, uma captura histórica deve ser mantida para cada operação de inserção/exclusão/atualização. Esse processo é chamado de *histórico dos dados*.

É possível adotar várias abordagens para lidar com o histórico dos dados. A melhor depende do tipo de banco de dados usado e do tipo de modelo de dados escolhido. Veja algumas maneiras de manter informações históricas para um banco de dados relacional:

» **Ter campos de validade com um log de auditoria:** Cada linha na tabela deve ter campos "válido desde" e "válido até". Em cada operação de inserção, o campo "válido desde" da nova linha é definido para ser a hora atual no momento da inserção, ao passo que o campo "válido até" fica em branco. Cada operação de exclusão marca o campo "válido até" para ser a hora atual, deixando intacta a linha no banco de dados. Cada atualização implementada é uma combinação de uma operação de exclusão mais inserção.

» **Criar tabelas de versão dos dados temporais/sistema:** Se o esquema (estrutura) de tabelas do banco de dados muda com o tempo, fica difícil usar campos de validade sem criar novas tabelas para um modelo de dados históricos. Para atender à necessidade de registros históricos, tabelas de capturas programadas podem ser criadas em certos intervalos (por exemplo, no início de cada dia). As tabelas antigas são preservadas (capturadas), e as novas se tornam as tabelas ativas. Esse processo também é feito para cada operação que altera o esquema atual da tabela. Assim, cada versão da tabela capturada pode ter seu próprio esquema. Muitos sistemas do banco de dados, como MS SQL Server e PostgreSQL, têm esse recurso predefinido no software.

» **Criar exibições e/ou procedimentos armazenados:** A aplicação pode permanecer independente do modelo de dados usado para a versão histórica dos dados. Isso é feito criando-se novas exibições e/ou procedimentos armazenados para chamar a aplicação.

CAPÍTULO 11 **Entendendo o Básico do Gerenciamento de Dados** 215

Para um banco de dados NoSQL, as técnicas são diferentes. Cada vez mais tipos de banco de dados NoSQL estão sendo extraídos e usados no setor financeiro. O tipo de dado encontrado no NoSQL tem quatro variedades principais:

» Baseado em colunas (como uma planilha do Excel).

» Baseado em documentos (como um formato de texto rico ou um doc padrão da Microsoft).

» Par de chave e valor (tabelas hash com tipos de chave e valores).

» Gráficos ou armazenamentos visuais (como Neo4j).

DICA

A utilização dessa forma de dados tem problemas únicos. Como a maioria dos bancos de dados NoSQL não tem um esquema fixo, não há necessidade de criar tabelas temporais sempre que ocorre uma mudança no esquema dos dados. Basta seguir a metodologia de ter campos "válido desde" e "válido até", como descrito antes, e temos um histórico dos conjuntos de dados. E mais, um campo auxiliar, chamado "id da versão", deve ser criado e usado pelo código de extração dos dados para modelar a entidade do banco de dados para a entidade do objeto no nível da aplicação.

Analisando o Big Data

A análise de dados começa identificando os parâmetros da análise usados. Esse processo é como um algoritmo de aprendizado de máquina identifica quais recursos e quantos deles o programa usa. Definir esses critérios pode ser fácil para um SME (especialista no assunto), mas alguns podem ser bem experimentais ou misteriosos.

Por exemplo, algumas estatísticas/parâmetros que uma análise requer podem ser derivados, e, para determinar sua utilidade, é preciso entender as correlações entre os parâmetros básicos e derivados, com o parâmetro melhor sendo analisado. Por exemplo, você precisaria de diferentes parâmetros derivados para determinar uma função de custos em comparação com uma simples visualização dos dados.

LEMBRE-SE

Veja as etapas para criar um roteiro do processo de análise de dados:

1. **Defina o objetivo da análise.**

    O objetivo que a equipe comercial determinou pode ser muito vago para estabelecer o objetivo final. Conceitos como "otimizar a produtividade" e "reduzir custos" são gerais demais e precisam ser divididos em objetivos menores e mais bem definidos, como "qual mesa de operações teve o maior retorno em capital no último trimestre". A finalidade dessa etapa é quantificar matematicamente o objetivo da otimização/análise.

2. **Separe os dados.**

   Os dados podem ser armazenados em formatos cuja correlação entre as diferentes entidades não seja aparente nem transparente. Para os dados da série temporal, um dos fatores adicionais para analisá-los é o tempo transcorrido (como uma das dimensões). É necessário um bom conhecimento do assunto nessa etapa.

3. **Analise.**

   Quando os dados são separados em um formato e os conjuntos de dados se adequam mais para a análise, é possível aplicar inúmeros algoritmos de análise e examinar os resultados quanto a insights quantitativos e qualitativos. Você pode usar os insights assim reunidos para aprimorar e melhorar as duas primeiras etapas e propor uma melhor análise.

Diferenciando Dados Estruturados e Não Estruturados

LEMBRE-SE

Pode haver várias fontes de dados em uma organização, algumas sendo inexploradas (por exemplo, logs de cliques em um site de e-commerce podem não ter sido extraídos como informações úteis). Com base em como os dados são obtidos/explorados, é possível dividi-los amplamente em três categorias diferentes:

» **Dados estruturados:** São recebidos de fontes bem estruturadas, como sistemas ERP e bancos de dados. Trabalhar com esses dados é bem fácil, porque em geral já estão limpos e filtrados, disponíveis em um formato pronto para o consumo.

» **Dados não estruturados:** Esses dados não estão em um formato de banco de dados estruturado e normalmente são abstratos, em um formato bruto. Na verdade, eles podem não estar coletados, armazenados ou analisados de imediato. Eles podem nunca ter sido coletados/explorados e armazenados porque foram considerados sem grande utilidade. Eles podem precisar passar por vários ciclos de limpeza, filtragem e outros ajustes para transformá-los em um formato armazenável e analisável.

» **Dados semiestruturados:** Esse tipo fica entre os estruturados e não estruturados. Podem estar prontamente disponíveis em uma estrutura vagamente definida ou uma estrutura de autodescrição, mas não em um armazenamento pronto para o uso ou formato de análise. Um exemplo pode ser os dados no formato JSON ou XML obtidos em um sistema existente. Pode ser preciso separar/remodelar esses dados em um formato padrão.

Comparando SQL e NoSQL

Os bancos de dados podem ser classificados como SQL (que significa *Linguagem de Consulta Estruturada*) ou NoSQL (como se pode adivinhar, significa *Linguagem de Consulta Não Estruturada* ou *Consulta Não Relacional*). Veja uma explicação rápida de cada um e suas diferenças.

Bancos de dados SQL

SQL é um conjunto de protocolos bem conhecido e muito popular para construir consulta do banco de dados. É a principal linguagem para qualquer operação em bancos de dados SQL e fornece uma interface muito eficiente para os diferentes tipos de operações do banco de dados. O SQL pode lidar facilmente com consultas complexas em várias fontes de dados.

Bancos de dados SQL, também conhecidos como *bancos de dados relacionais* (ou sistemas de gerenciamento de bancos de dados relacionais [RDBMS]), são uma categoria de bancos de dados que usa o SQL ou uma linguagem do tipo SQL para diferentes tipos de operações do banco de dados, como inserção e exclusão. Exemplos incluem MS SQL Server, Oracle e PostgreSQL. Historicamente, os bancos de dados SQL ficam na linha de frente das soluções do gerenciamento de dados. Os bancos de dados SQL armazenam os dados em objetos de armazenamento com esquema fixo chamados *relações* (ou *tabelas*). Todos os dados armazenados em uma tabela precisam seguir o mesmo esquema. Cada entrada de dados na tabela é chamada de *tupla* (*linha* ou *registro*).

Os bancos de dados SQL são otimizados para armazenar dados no formato normalizado onde as relações (tabelas) podem ser vinculadas a chaves externas. Por exemplo, uma tabela "Pedidos" e uma tabela "Detalhes do Pedido" poderiam ter uma relação entre si que vincula cada item solicitado a um pedido em particular.

São possíveis mudanças no esquema (estrutura) nos bancos de dados SQL, mas é uma operação cara, e todos os dados precisam seguir o novo esquema após a mudança. Por exemplo, se você muda o comprimento máximo de um campo, os dados devem ser verificados para assegurar que nenhuma entrada viola o novo limite.

É provável que você tenha ouvido o termo *refatorado* usado no contexto dos sistemas existentes. Refatorar um dado significa modificar seu esquema para melhorar e modernizar como ele é implementado. Conforme as aplicações são refatoradas e mais dados novos são armazenados com o tempo, os bancos de dados SQL podem ficar fragmentados em termos de normalização e precisar de um grande esforço para manter essa normalização. *Normalização* é a reestruturação dos bancos de dados para um conjunto predeterminado de normas para otimizar o desempenho.

218   PARTE 2 **Aprendendo a Tecnologia**

DICA

Os bancos de dados SQL não são bons candidatos para o cache de dados na memória (o armazenamento dos dados requerido com muita frequência na memória principal para aumentar a velocidade); o cache de dados deve ser trabalhado no nível da aplicação.

Bancos de dados NoSQL

Bancos de dados NoSQL são basicamente bancos de dados de armazenamento de documentos, objetos, gráficos ou largura da coluna. A maioria dos bancos de dados NoSQL populares inclui bancos de dados de documentos, como Mongo e Cassandra. Como indica o nome, diferentemente dos bancos de dados SQL, eles não têm uma linguagem do tipo SQL para os diferentes tipos de operações. Pelo contrário, a maioria dos bancos de dados NoSQL tem sua própria linguagem não padronizada para as operações DB (banco de dados), que difere de um banco de dados para outro.

Os bancos de dados NoSQL armazenam dados em objetos de armazenamento do esquema não fixo chamados *coleções*. Uma coleção equivale mais ou menos a uma relação ou uma tabela em um banco de dados SQL. Cada entrada de dado em uma coleção é chamada de *documento*, que equivale a aproximadamente uma tupla ou um registro. As consultas são focadas em documentos. Cada documento pode ser representado em uma estrutura de pares de chave e valor do tipo JSON.

Os bancos de dados NoSQL são otimizados para armazenar dados hierárquicos parecidos com os dados representados no formato JSON. Os dados NoSQL podem ser armazenados em cache com facilidade, pois cada registro representa um documento em um formato padrão (JSON) e é identificado com exclusividade.

Os bancos de dados NoSQL, diferentemente do SQL, são fáceis de adaptar às mudanças do esquema, e é necessário pouco esforço para otimizar o armazenamento e a recuperação dos dados. Como consequência, os bancos de dados NoSQL são bons para situações sem um esquema (estrutura) consistente em várias fontes de dados, em que as relações entre diferentes entidades de dados não são conhecidas previamente e espera-se uma mudança com o tempo.

CUIDADO

Os recursos de consulta disponíveis nos bancos de dados NoSQL não são muito avançados, e o banco de dados não é muito eficiente ao executar consultas complexas. Assim, o NoSQL não é uma boa escolha para situações em que é necessária uma análise de dados complicada.

220   PARTE 2 **Aprendendo a Tecnologia**

NESTE CAPÍTULO

» **Usando o poder da inteligência artificial**

» **Examinando o aprendizado de máquina**

» **Considerando os chatbots**

» **Avaliando fontes de dados alternativas**

Capítulo **12**

Adaptando-se às Futuras Tecnologias

A FinTech já mudou drasticamente o setor financeiro, e ainda há mudanças vindo por aí. Neste capítulo, explicamos algumas das novas e incríveis tecnologias que recentemente começam a entrar no setor e agitar as coisas, inclusive a inteligência artificial, o aprendizado de máquina, os chatbots e fontes de dados alternativas.

Aproveitando o Poder da Inteligência Artificial

Nos últimos anos, a inteligência artificial (IA) atraiu a imaginação pública com demonstrações fascinantes de aplicações novas e práticas. Reconhecimento de voz em dispositivos e apps de assistência virtual, reconhecimento facial em redes sociais e carros autônomos são apenas alguns dos exemplos mais conhecidos. Para as FinTechs, os casos de uso incluem gestão de investimentos com IA, análise de crédito, detecção de anomalias, redução de ruído nos dados, geração de dados e tomada de decisão autônoma, entre outros.

As próximas seções definem a IA, descrevem as redes neurais artificiais usadas na IA e explicam como ela funciona na FinTech.

UMA BREVE HISTÓRIA DA INTELIGÊNCIA ARTIFICIAL

Em muitos aspectos, a inteligência artificial (IA) não é a nova e incrível manchete dos dias atuais. Especialistas têm criado automações humanoides realistas desde, pelo menos, 1000 a.C. na China. Antigos egípcios e gregos criaram automações na forma de estátuas sagradas, que os adoradores acreditavam ser imbuídas de mente, sabedoria e emoção. O estudioso, inventor e engenheiro mecânico muçulmano Ismail al-Jazari fazia robôs programáveis no século XIII d.C.

A era moderna da IA começou nos anos 1950, com pessoas como John McCarthy, matemático de Stanford que inventou o termo. O objetivo era iniciar com computadores que pudessem jogar dama e xadrez usando os primeiros mainframes da IBM. A motivação desse esforço não era apenas o entretenimento, mas estudar e finalmente construir máquinas inteligentes como parte de nosso cotidiano, começando com casos de uso familiares para a maioria das pessoas para demonstrar uma tomada de decisão automática.

De fato, por décadas, demonstrações comerciais práticas da IA floresceram, sobretudo em jogos, como um meio de dar aos jogadores desafios confiáveis e uma ajuda plausível. Por exemplo, os fantasmas no *Pac-Man* (1980), Inky, Pinky, Blinky e Clyde, eram orientados por IA. Em 2010, o DeepMind, usando uma técnica chamada aprendizado por reforço (que veremos mais adiante), demonstrou como uma rede neural artificial (RNA) conseguia aprender a jogar *Breakout* no estilo Atari 2600 (1976). Jogos como esses e muitos outros tiveram um papel enorme na IA porque são divertidos e familiares e porque não arriscam vidas nem a sobrevivência. Ou seja, se a IA fracassa ou tem êxito, ninguém se machuca.

Tirando os jogos, o mundo acadêmico, as simulações, a fabricação e (é legítimo presumir) algumas aplicações de segurança nacionais sigilosas, a IA passou por repetidos ciclos de empolgação e antecipação, seguidos de desapontamento e preocupação. Os motivos desses "altos" e "baixos" da IA não são simples. Todavia, a tecnologia subjacente evolui rápido, e sabemos com décadas de estudo e experiência que alguns problemas da IA são bem mais desafiadores e variados do que pensávamos. Por exemplo, no início dos anos 1950, os pesquisadores de IA previram que os computadores jogariam xadrez no nível grão-mestre em uma década. Contudo, a máquina de xadrez da IBM, *Deep Blue* (1997), não derrotaria o campeão reinante, Gary Kasparov, até quase o final do século — cinquenta anos depois do esperado.

222   PARTE 2 **Aprendendo a Tecnologia**

Em 2017, a revista *Time* publicou uma edição especial, *Artificial Intelligence: The Future of Humankind* ["Inteligência Artificial: O futuro da humanidade", em tradução livre]. Cobria os grandes termos modernos da IA, como RNAs, processamento de linguagem natural, big data, computação quântica e singularidade de Kurzweil, que postula o surgimento de máquinas autoconscientes. Tais possibilidades despertaram a antecipação e a ansiedade no público em geral, e em alguns grandes cientistas e especialistas em tecnologia do planeta. Em 2015, Elon Musk, Stephen Hawking e conhecidos especialistas em IA publicaram uma carta aberta avisando sobre as consequências inesperadas apresentadas pela IA, que incluem perda de trabalhos, violação dos direitos de privacidade e discriminação entre os "riscos existenciais" da IA. Segundo o relatório "Transforming Paradigms: A Global AI in Financial Services Survey" [Paradigmas da Transformação: Uma IA Global na Pesquisa de Serviços Financeiros, em tradução livre], estudiosos da Universidade de Cambridge em 2020 descobriram que 47% das 151 empresas pesquisadas acreditavam que a IA agravaria as divergências, ao invés de reduzi-las, por exemplo, nas práticas de precificação e de concessão de crédito.

Definindo a IA

LEMBRE-SE

A definição de IA é bem simples: a automação de uma tarefa que se acredita precisar de "inteligência natural" para ser concluída. A pesquisa e o desenvolvimento da IA focaram tradicionalmente estas cinco áreas:

» **Robôs:** Os robôs usados na fabricação eram algumas das primeiras aplicações comerciais e bem-sucedidas da IA que representam uma abordagem interdisciplinar, incorporando processamento da informação, engenharia mecânica, engenharia de potência e ciência dos materiais. Hoje, os robôs são comumente utilizados em assistência médica, aplicação da lei, extração (por exemplo, descoberta de petróleo e gás e perfuração), drones de vigilância, exploração interplanetária, brinquedos e educação (por exemplo, LEGO Mindstorms), só para citar alguns.

» **Visão do computador:** Complementa a robótica, mas tem suas próprias aplicações especializadas em vigilância, reconhecimento facial, detecção de movimento por vídeo e veículos autônomos.

» **Processamento de linguagem natural (PLN):** É provável que a maioria das pessoas tenha experimentado o PLN por meio do atendimento ao cliente por telefone, no qual é possível usar comandos de voz simples e solicitações para navegar o sistema de menus. Essa mesma tecnologia também aciona dispositivos de assistência virtual (como Alexa, Google Assistant e Siri), leitura de e-mail e análise de contrato/conteúdo.

» **Sistemas especializados:** Normalmente, fornecem algum nível de suporte para decisões que emulam a tomada de decisão humana ao interpretar conjuntos de dados que podem incorporar, por exemplo, imagens digitais. Uma aplicação óbvia é no CAD (diagnóstico auxiliado por computador) para a assistência médica, mas os sistemas CAD também existem para a manutenção automotiva, solução de problemas em equipamentos, processamento do fluxo de trabalho, operações de comando e controle.

» **Vida artificial:** É uma ampla faixa de técnicas que observa a natureza para ter inspiração e dicas sobre como lidar com problemas difíceis. Há muitos casos de uso que incluem cronograma de transporte, design de circuitos, robôs de treinamento, criptoanálise, construção forense de composição facial etc. De interesse particular para as FinTechs são a avaliação de opções reais, a otimização de portfólios, o design de sistemas comerciais automáticos e a representação de agentes racionais em modelos econômicos, como o modelo cobweb, que busca explicar as flutuações de preços em dado mercado.

Analisando redes neurais artificiais

A Figura 12-1 é uma representação simplificada de uma rede neural biológica (RNB) que pode ser encontrada no sistema nervoso central. Os neurotransmissores se ligam a locais específicos do dendrito, causando mudanças de voltagem na célula. Essas mudanças percorrem o corpo celular, descendo pelo axônio até o terminal sináptico. Este libera neurotransmissores que se ligam aos dendritos dos interneurônios próximos. Essas redes aprendem potencializando as conexões entre os neurônios.

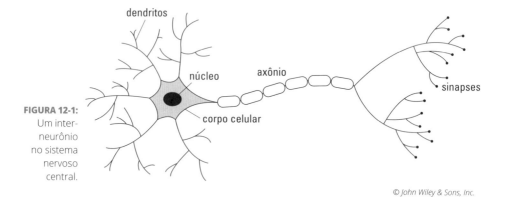

FIGURA 12-1: Um interneurônio no sistema nervoso central.

© John Wiley & Sons, Inc.

As redes neurais artificiais (RNAs) são modelos matemáticos de RNBs e são a essência de muitas aplicações de aprendizado de máquina (vemos o aprendizado de máquina posteriormente neste capítulo). O modo como as RNAs replicam os comportamentos vistos nas RNBs tem sido fonte de entusiasmo e especulação sobre o potencial da IA.

A Figura 12-2 mostra um tipo de RNA conhecida como perceptron multicamadas de alimentação direta. A RNA recebe dados do mundo via camada de entrada (nós X1, X2... Xn), integra as entradas na camada oculta (nós H1, H2... Hk) e envia os resultados finais para a camada de saída (nós Y1, Y2... Ym). A RNA aprende mudando os valores numéricos de pesos representados por linhas entre os nós das camadas. Essa classe de perceptron multicamadas de alimentação direta está entre a RNA mais simples e forma a base de muitas outras RNAs, como as arquiteturas de aprendizagem profunda que têm camadas ocultas ("profundas") complexas.

FIGURA 12-2: Representação de uma rede neural artificial (RNA), que é um perceptron multicamadas de alimentação direta. Tal sistema é inspirado por uma rede neural biológica (RNB).

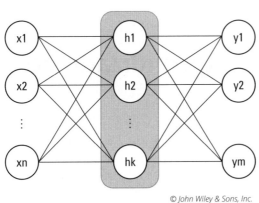

© John Wiley & Sons, Inc.

LEMBRE-SE

As RNAs representam uma abordagem conexiva com a IA, ou seja, é sobre as conexões entre os nós. Também há abordagens de população. Por exemplo, os algoritmos da colônia de formigas tentam imitar como elas aprendem com o controle descentralizado para encontrar comida e outros recursos. Os algoritmos genéticos usam técnicas de seleção natural para aprender com a sobrevivência do mais adaptado. Também existem as abordagens de Monte Carlo, bayesianas, árvores de decisão etc., cada uma aprendendo com seu método único. A IA tem muitas técnicas de aprendizado de máquina, e o desafio é saber adequar problemas e abordagens.

Explorando como a IA entra na FinTech

A IA se destaca em problemas que são inviáveis para enumerar todas as possíveis entradas e saídas. Muito do que ocorre no setor bancário é fixo e quantificável, portanto, a IA não serve. Por exemplo, você não usaria a IA para a validação do cartão de crédito, porque é só uma pesquisa simples no banco de dados. O banco conhece todos os cartões e seus números no arquivo. O aplicativo pode simplesmente pesquisar certo cartão de crédito no banco de dados para determinar o status e a disponibilidade do crédito.

LEMBRE-SE

Contudo, a IA é muito útil quando a tarefa é mais sutil. Por exemplo, considere a análise de crédito. Suponha que a tarefa seja monitorar o uso do cartão de crédito para cada conta, buscando padrões incomuns de compras que possam indicar o roubo do cartão. É um ótimo trabalho para a IA. Para fazer tais determinações, a IA considera padrões, isto é, transações, estabelecimentos, épocas do ano, locais, quantidades etc. Se ela nota algo anômalo, consulta o cliente e aprende com base na aprovação ou na rejeição dele quanto à transação. Com o tempo, a RNA (veja a seção anterior) se torna muito boa em monitorar o uso de cada conta e alertar os agentes de atendimento ao cliente sobre algo fora do comum para certo cliente.

Aproveitando o Aprendizado de Máquina

O aprendizado de máquina é uma subdisciplina da IA. As três classes gerais de aprendizado de máquina são os aprendizados supervisionado, por reforço e não supervisionado. Cada tipo é uma abordagem especializada com diferentes aplicações. Qualquer um desses algoritmos de aprendizado pode se encaixar facilmente na FinTech. A Figura 12-3 mostra um resumo.

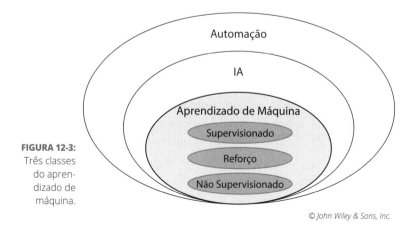

FIGURA 12-3: Três classes do aprendizado de máquina.

© John Wiley & Sons, Inc.

Aprendizado supervisionado

No aprendizado supervisionado, os desenvolvedores treinam a IA para fazer uma associação entre um rótulo e uma resposta correta correspondente. Em geral, o treinamento pode ser lento, e o objetivo é de que a IA aprenda com uma tolerância a erros aceitável. Em geral essa tolerância não é de 0% porque não é viável matematicamente. Uma tolerância a erros de 0% pode até ser indesejável, porque os desenvolvedores querem que a IA faça generalizações de rótulos para os quais não foram treinados, em vez de exagerar no ajuste dos dados.

Qualquer algoritmo de aprendizado de máquina mencionado antes pode se encaixar facilmente na FinTech. Veja um exemplo de como o aprendizado supervisionado pode ser adequado. A ideia para os mercados de capital pode ser usar uma abordagem sem modelo e orientada a dados para precificar derivativos, em vez de uma abordagem baseada em modelos. Um modelo pode ser muito específico matematicamente, mas medido com imprecisão quanto aos preços cotados. Muitas vezes, o modelo faz suposições simplificadas que omitem variáveis despercebidas ou não observáveis. Uma RNA poderia ser treinada usando o aprendizado supervisionado para precificar derivativos com base nas cotações observadas de como os mercados se comportam de fato, não como deveriam se comportar na teoria.

Aprendizado por reforço

No aprendizado por reforço, os desenvolvedores não têm rótulos nem respostas, mas um objetivo, que é treinar a IA para maximizar alguma recompensa. Em uma situação ideal, a IA aprende respostas cada vez mais corretas com base na otimização do sinal. O treinamento reforça o aprendizado com um feedback mais ou menos positivo. Por exemplo, poderíamos treinar uma IA para otimizar o processamento de dados enquanto precificamos um conjunto de portfólios para minimizar o desvio-padrão durante a execução. A entrada fornecida seria o número de instrumentos no portfólio e as tendências dos instrumentos no portfólio.

Aprendizado não supervisionado

O aprendizado não supervisionado não tem rótulos, respostas certas ou mesmo objetivos por si só. Pelo contrário, a IA descobre padrões existentes e adquire esse novo conhecimento sozinha. Por exemplo, os serviços de streaming de música inicialmente não sabem como oferecer músicas aos novos ouvintes, mas, com as escolhas feitas, os ouvintes dão sugestões ou dicas sobre suas preferências, e, com o tempo, a IA desenvolve um banco de dados do que o ouvinte *pode* gostar de ouvir. Ela pode reconhecer que, de manhã, um ouvinte costuma escolher uma música animada dos anos 1980 e, de noite, uma música lenta atual. A IA também poderia reproduzir músicas relacionadas (por exemplo, cool jazz) com base em padrões de ouvintes na mesma faixa etária, CEP ou hábitos de compra parecidos, que ela aprende com fontes de dados de terceiros.

CAPÍTULO 12 **Adaptando-se às Futuras Tecnologias** 227

Tirando o Máximo dos Chatbots

A maioria das FinTechs utiliza algoritmos de aprendizado de máquina já estabelecidos e simples, ao invés de soluções complexas. Podem ser tão básicos quanto uma análise de regressão, análise de cluster e previsão da série temporal. Mas em 1950, Alan Turing, um matemático inglês, propôs a ideia de um software sofisticado que atrai usuários por meio de uma conversa interativa. O "teste de Turing" pergunta aos usuários se eles estão conversando com uma pessoa real ou uma máquina. Se o usuário não consegue diferenciar, o bot passa no teste por ser "inteligente".

Algumas materializações do software no teste de Turing são sites que "conversam" com usuários no suporte ao cliente. Alguns sites de cliente fornecem um suporte de Nível 1 via serviço de chatbot gratuito, reservando o serviço premium com um agente humano para clientes com assinatura paga. Se a opção de suporte por chatbot é convincente e vantajosa, gratuita ou outra, está além do escopo deste capítulo. É suficiente saber que os assistentes virtuais representam a última geração no processamento de linguagem natural (PLN) do chatbot.

Os chatbots prometem se encaixar rápido na FinTech. Por exemplo, a Payjo fornece um "banco de conversação" fornecido por IA por meio de mensagens (por exemplo, mensagem de texto e Messenger do Facebook) para melhorar a experiência de banco digital. Os chatbots oferecem menores custos operacionais e de suporte para a empresa, respondendo a perguntas básicas, fazendo operações descomplicadas, venda cruzada e comunicação natural em tempo real com clientes. Esses bots também têm o potencial de aumentar a base de clientes fornecendo serviços de transcrição da fala e síntese àqueles com necessidades diferentes. Um chatbot bem projetado não depende do canal, pode interpretar facilmente diferentes linguagens, está disponível 24 horas por dia, 7 dias por semana, conhece instantaneamente as preferências do cliente e aprende continuamente com o feedback dele.

DICA

Para ter as últimas informações sobre chatbots, verifique a *Chat Bots Magazine* (https://chatbotsmagazine.com [conteúdo em inglês]).

Verificando Fontes de Dados Alternativas

Em boa parte da história moderna da IA, os conjuntos de dados foram variados, mas com pouco volume e complexidade em sua maioria. Por exemplo, o conjunto de dados da flor íris, que é uma referência para o aprendizado de máquina muito ensinado a alunos, tem apenas 150 registros cada, com somente cinco características: comprimento e largura da sépala, comprimento e largura da pétala e classificação da espécie da flor. Dados dessa natureza podem ser lidados em máquinas com código simples.

Mas, com o advento do big data, novas abordagens se tornaram necessárias e muitas vezes requerem sistemas paralelos e distribuídos (como Hadoop) para processar os dados. Veja alguns exemplos de conjuntos de big data:

» O satélite Landsat-8 fotografa a superfície terrestre a cada cinco dias, gerando dados óticos de alta resolução disponíveis online gratuitamente.

» Existem 990 registros da Receita Federal (EUA) que incluem 3 milhões de arquivos e centenas de recursos sobre as finanças de organizações sem fins lucrativos.

» Em 2019, havia mais de 200 milhões de sites ativos no mundo e uma estimativa de 200 bilhões de tweets ativos, todos disponíveis online gratuitamente.

PAPO DE ESPECIALISTA

A Data Science Central mantém uma lista de vinte recursos gratuitos para big data, que incluem data.gov, Departamento do Censo dos Estados Unidos, Portal de Dados Abertos da UE, data.gov.uk, dados públicos do Amazon Web Services, Facebook Graph, Google Trends e outros. Para a FinTech, existe o Google Finance, Financial Times Market Data, UN Comtrade Database contendo estatísticas de transações internacionais, World Bank Open Data, IMF Data — a lista é longa.

Segundo pesquisadores, um dos maiores obstáculos para a IA nas FinTechs é o acesso aos dados. Mas o ponto central vai além da mera quantidade. Por exemplo, alguns conjuntos de dados não têm valores, os valores são inválidos e/ou hackeados. Para que serve a IA se ela aprende com dados errados? Também há procedência, confiança, direitos, privacidade etc., tudo que precisa ser assegurado antes da análise para finalidades de IA.

Com todas essas questões endereçadas, os algoritmos da IA ainda não podem aceitar preços, CEPs, amostras de áudio etc. diretamente do mundo real. Primeiro os dados devem ser normalizados ou codificados na entrada, desnormalizados ou decodificados na saída para a interpretação humana. Por fim, se a IA for produzida, serão necessários recursos para processar os dados regularmente. Esse tipo de operacionalização não é simples de realizar por meio de uma infraestrutura dedicada ou serviços na nuvem e muitas vezes requer sistemas e engenheiros de processo.

Nas próximas seções, explicamos as fontes de dados alternativas: empresas e dispositivos usados, seu papel no setor financeiro, sua aquisição, conformidade e regulação.

Empresas e dispositivos envolvidos nos dados alternativos

Muitos recursos de big data são gratuitos, mas a qualidade e/ou formato nem sempre são garantidos ou estruturados para um processamento imediato. Desse modo, centenas de empresas se alinham para fornecer dados e/ou serviços de dados cobrando taxas, inclusive Google, Amazon, IBM, Microsoft, Oracle, Teradata e SAS Institute. Todas elas utilizam a IA para analisar e organizar os dados brutos em informações úteis.

As técnicas de IA se destacam ao identificar e extrair insights de conjuntos de dados grandes, complexos e interligados. A presença dos dispositivos, inclusive smartphones, câmeras, GPSs e outros dispositivos IoT (Internet das Coisas), levou a um grande aumento na quantidade e na faixa de conjuntos de dados alternativos. Alguns exemplos incluem navegar logs de atividades, dados de transações com cartão de crédito, posts em redes sociais, fotos, vídeos, dados do sistema de pontos de venda, dados sobre o clima, imagens de satélite, análises, comentários online e notícias locais.

Usando a IA para o reconhecimento de imagens e vídeos, o processamento da linguagem natural, algoritmos de aprendizado de máquina e a capacidade de computação na nuvem, agora muitos desses conjuntos de dados podem ser "extraídos" com eficiência. Os insights desses algoritmos alimentam sistemas especializados que ajudam na tomada de decisão.

Promoções de marketing no varejo e cartões de crédito vêm usando tais conjuntos de dados há muitos anos. Notoriamente, uma história circulou sobre a Target conseguir prever a gravidez antes de qualquer pessoa examinando os conjuntos de dados de transações do cliente. Embora a própria história seja duvidosa, conjuntos de dados alternativos e a IA têm sido indispensáveis para os processos comerciais de marketing no varejo.

Dados alternativos no setor financeiro

No setor financeiro, conjuntos de dados alternativos ajudaram empresas a preparar promoções precisas e direcionadas ou pré-qualificar pessoas com base em seu histórico de crédito, assim como em conjuntos de dados alternativos. Por exemplo, reunir um histórico de transações detalhado com informações demográficas e atividade nas redes sociais ajuda a prever a necessidade de uma pessoa para um produto de investimento ou uma maior linha de crédito. No setor de gestão de patrimônio, robôs consultores que contam com um grande conjunto de dados disponível estão ajudando a reduzir os custos da consultoria de investimentos personalizada e baseada em dados em relação aos modelos tradicionais dessa gestão.

230   PARTE 2 **Aprendendo a Tecnologia**

Embora os modelos de transação historicamente contem com dados financeiros tradicionais, como preços das ações e volatilidades, agora estamos vendo um uso crescente de conjuntos de dados alternativos, como redes sociais ou notícias, para uma análise do sentimento que ajuda a gerar um investimento alfa (retorno no investimento comparado com um índice do mercado). Na transação de alta frequência, ou qualquer atividade de transação que envolva altos volumes, os analistas quantitativos agora compram e adquirem conjuntos de dados alternativos que podem ajudar na tomada de decisão. Em uma era em que os mercados são muito orientados pela política, pode ser uma grande vantagem prever a política com base em estatísticas não oficiais de registros de farms a partir de dados de transações ou imobiliários de plataformas na web, como a Zillow, antes de as estatísticas oficiais serem publicadas.

Aquisição, conformidade e regulação

Historicamente, dados alternativos são coletados da fonte original, por exemplo, acessando logs de sites ou reunindo digitalmente notícias em sites afins. Mas agora os conjuntos de dados alternativos estão disponíveis em provedores especializados de dados, assim como muitos provedores de dados conhecidos, como Quandl ou Lexis Nexis.

LEMBRE-SE

No setor financeiro, é muito importante ter em mente os padrões relevantes de conformidade ao usar conjuntos de dados alternativos. Embora os padrões de conformidade e regulatórios em torno desses conjuntos de dados ainda estejam evoluindo, algumas regulações, como o Regulamento Geral sobre a Proteção de Dados (GDPR), na Europa, definem restrições claras para a captura, retenção e transferência de dados pessoais. Na verdade, a maioria das jurisdições tem regras ou leis de privacidade que cobrem a captura, a transmissão e o uso das informações de identificação pessoal (PII).

E mais, é preciso ter cuidado para não usar certos tipos de dados que podem levar a tendências no modelo e abrir a possibilidade de problemas éticos e jurídicos. Um exemplo é o uso da etnia ou da religião para a pontuação de crédito durante a aprovação de cartões ou concessão de empréstimo, que seria uma clara violação das leis.

232   PARTE 2 **Aprendendo a Tecnologia**

3
Trabalhando com FinTechs

NESTA PARTE. . .

Receba conselhos práticos sobre como entrar
no mundo FinTech criando uma solução FinTech;
comprando ou licenciando uma; ou fazendo
parceria com uma FinTech existente para cocriar uma
solução híbrida.

Veja dicas sobre como gerenciar a integração, escolher
um parceiro FinTech e investir em FinTechs.

> **NESTE CAPÍTULO**
>
> » **Mudando a empresa digitalmente**
>
> » **Investigando os motivos para criar ou comprar**
>
> » **Escolhendo um parceiro FinTech**
>
> » **Selecionando modelos de licença**

Capítulo **13**

Decidindo Quando Criar, Comprar ou Fazer Parceria

Uma empresa decide que precisa de uma parte do software. Assim começa uma discussão sobre criação tradicional versus compra versus parceria.

Para o que é possivelmente um grande gasto orçamentário, o processo de tomada de decisão pode ser subjetivo e inconsistente. Na maioria das organizações, grandes ou pequenas, um grupo de interesses defenderá com veemência uma abordagem ou outra, e todos acreditam estar certos!

Ao se deparar com uma importante decisão de negócios, como adquirir novos recursos de software, é útil começar perguntando: "Qual problema estamos tentando resolver?" Uma pequena startup entenderá seus problemas com muita clareza. Mas, conforme as empresas se expandem e requerem mais desenvolvimento tecnológico, é surpreendente ver quantas se esquecem dessa pergunta essencial e básica. Em muitos casos, a tomada de decisão se torna mais uma política interna do que uma solução do problema.

Uma decisão financeira maior sempre deve se basear em como atender melhor aos requisitos da corporação. E mais, as empresas precisam decidir o quanto o desenvolvimento é crítico para seus negócios e qual receita ou lucro pode gerar. Com base nessa avaliação, elas podem decidir sobre como é importante priorizar o desenvolvimento agora e se têm expertise na área para criar e manter a solução por si só.

CUIDADO

O que *não deve* acontecer é o departamento de TI interno decidir que pode implantar uma nova iniciativa de TI maior sem nenhuma expertise especial na área. Invariavelmente, o projeto levará mais tempo, custará mais e terá uma qualidade inferior em comparação com uma solução de terceiros.

Muitos projetos de TI acabam sendo uma combinação de criação e aquisição. A decisão pode se tornar mais arte do que ciência, descobrindo quais partes criar e quais comprar. Neste capítulo, mostramos os pontos a se considerar quando estiver se decidindo sobre o melhor modo de adquirir novos recursos de software. Embora alguns pontos possam parecer sensatos, muitas empresas negligenciam algumas considerações importantes.

Transformação Digital da Empresa

As decisões para "criar, comprar ou fazer parceria" fazem parte das estratégias gerais da transformação digital que instituições financeiras do mundo inteiro buscam atualmente.

Transformação digital é um ponto recorrente de debate na diretoria. Os analistas avaliam as empresas digitais de modo mais favorável do que as instituições financeiras tradicionais. Ao mesmo tempo, a maioria dos programas de inovação digital em grande escala falha, assim, os negócios veem a transformação digital como um importante fator de risco. Pesquisas mostram que 70% dos programas de mudança complexos de grande escala não chegam a seus objetivos estabelecidos.

LEMBRE-SE

Veja os principais motivos para o fracasso dos programas de transformação digital:

» **Ausência de propriedade e habilidades para a transformação digital no topo:** O CEO e a alta gerência da empresa devem conduzir sua transformação digital. O sucesso é determinado não só acompanhando os concorrentes comerciais, mas também adotando estratégias aplicáveis para competir com as gigantes da tecnologia e cooperar com as startups FinTech. As empresas que não têm a devida FinTech nem governança digital no comando provavelmente têm contínuos problemas complexos e onerosos.

» **Não mudar o modelo comercial quando é necessário:** Embora desenvolver e lançar novos serviços e produtos com lucro seja difícil, reinventar o modelo comercial de um banco ou do gerente de ativos é ainda pior. Muitas vezes, são necessárias alterações do modelo comercial porque o modo como a tecnologia muda afeta os processos sistêmicos. A alta gerência deve se envolver integralmente nas mudanças desse modelo, pois tais mudanças geralmente envolvem realocar capital em várias unidades comerciais. O novo modelo deve ser integrado em toda a instituição.

» **Falta de foco no cliente:** Muitas empresas focam os benefícios internos que as últimas tecnologias podem oferecer e se esquecem do principal motivo para a transformação digital do negócio: os clientes. Elas devem se perguntar "Por que estamos fazendo isso?" e entender que a grande prioridade é melhorar a experiência do cliente e fornecer-lhe maior valor.

» **Incapacidade de criar um ecossistema FinTech:** A McKinsey, uma das maiores firmas de consultoria de estratégia e gestão, sugeriu que as empresas que passam por desafios precisam considerar o poder dos ecossistemas, afirmando que "em 2025, quase um terço das vendas globais e totais virá de ecossistemas". Seu ecossistema FinTech é sua rede de relações com startups, scaleups, principais parceiros do setor, reguladores financeiros e comunidade de investimento. As instituições financeiras que desenvolvem estratégias focadas em uma plataforma digital precisam oferecer tecnologia e infraestrutura operacional para atrair as principais FinTechs, colaborar via APIs abertas e apresentar seus serviços (como uma oferta white label [terceirização de produtos/serviços], que incorpora a marca da instituição, ou sob a marca da FinTech) para os clientes da instituição.

» **Falta de habilidades:** Os funcionários devem ter o devido treinamento para entender e aplicar os benefícios da FinTech, apoiar as metodologias da startup e as estruturas de desenvolvimento Agile. Investir em um grupo diversificado e conhecedor que adotou tais habilidades pode ser uma vantagem competitiva fundamental.

» **Modelos de compensação que não recompensam a iniciativa empreendedora:** É importante que os "empreendedores" bem-sucedidos, ou seja, as pessoas que adotam uma iniciativa criativa para o bem da empresa, sejam compensados adequadamente. Porém, muitas instituições mantêm programas de recompensas tradicionais e sistemas de bônus, nos quais correr riscos e participar de programas de mudança efetivos não é muito valorizado. Tais organizações acharão que os funcionários melhores e mais brilhantes não julgarão atraentes as posições de transformação na empresa. Isso significa que as pessoas que se sobressaem nessas posições podem deixar a corporação, indo trabalhar em uma FinTech.

CAPÍTULO 13 **Decidindo Quando Criar, Comprar ou Fazer Parceria** 237

NUMERIX: A TERCEIRA MUDANÇA

O CEO da Numerix, Steve O'Hanlon, enfrentou vários desafios como diretor executivo em tempos de mudanças rápidas nos ambientes de mercado. Isso aconteceu quando testemunhamos as convicções de um homem e empreendedor nas linhas de frente e que, no final, transformou situações ousadas em oportunidades positivas, mesmo tendo de reinventar a Numerix. Como qualquer bom empreendedor, Steve tem grande confiança, desenvolvida com anos de liderança, experimentação, riscos assumidos e sempre fazendo grande pressão para o crescimento da empresa, mudando uma Numerix que lutava muito antes de 2004 para ser a primeira no setor a introduzir novas ofertas de análise de risco em 2009 em resposta à crise financeira global.

A meta de Steve era e atualmente é posicionar a Numerix como uma empresa dinâmica de tecnologia financeira, fornecendo uma plataforma de risco de última geração. Em 2015, a empresa mudou de novo, iniciando o processo de estabelecê-la como uma marca FinTech no mercado. Nessa época, Steve colocou a Numerix em uma direção que ampliava sua visibilidade como uma empresa de precificação e cálculo de risco para ser uma provedora de sistemas de gerenciamento de transações e risco únicos e disruptivos quanto ao status quo. Como exemplo, ele percebeu que os sistemas comerciais existentes eram muito caros e demorados para atualizar de uma versão maior para outra. As necessidades e as expectativas dos clientes bancários tinham mudado para respostas em tempo real e sob demanda. Como resultado, Steve fez a Numerix utilizar todas as inovações tecnológicas na área de fonte aberta para assegurar que a empresa não reinventaria a roda com certos aspectos da pilha de tecnologias, mas se desenvolveria nas áreas que oferecem uma vantagem competitiva. Assim, um objetivo do desenvolvimento da Numerix é desenvolver sua plataforma e principais aplicações do mesmo modo como qualquer oferta SaaS, para garantir upgrades dinâmicos, ocorrendo realmente enquanto as pessoas usam seus produtos. Na época da escrita deste livro, a Numerix vivenciava essa visão e oferecia os primeiros aspectos disso.

Essa mudança para uma identidade transformadora e disruptiva pode ser feita apenas por alguém que abrace e lidere a mudança na organização. Quando ocorre insatisfação com o presente, Steve adquire uma visão de como devem ser as coisas e desenvolve um plano para as etapas necessárias. Mas ele também entende que a mudança sai da zona de conforto, sendo por isso que promove uma cultura aberta e transparente que dê suporte aos funcionários da Numerix nas transições para aceitar as mudanças. Esses funcionários devem saber por que as mudanças são inevitáveis e importantes e por que a empresa como unidade precisa superar o obstáculo mental que tal mudança representa.

Motivos para Criar ou Comprar

Coloque-se no papel de CTO (diretor de tecnologia) em um grande banco. Sua arquitetura de tecnologia é muito antiga, nem você nem sua equipe de TI querem mudar rápido demais. Tirar o antigo sistema e substituí-lo imediatamente seria muito caro e arriscado. (Se der errado, você terá de procurar outro trabalho!) É preciso uma nova solução de tecnologia que resolva certo problema tecnológico ou atenda à certa oportunidade dentro de determinado orçamento e funcione com o antigo sistema existente.

A Tabela 13-1 resume o processo de tomada de decisão para a criação versus compra. Veja os detalhes nas próximas seções.

TABELA 13-1   ## Criação versus Compra

Quando Criar	Quando Comprar
Você quer controle sobre desenvolvimento e funcionalidades, inclusive sobre os requisitos regulatórios.	É essencial um software de terceiros para manter as operações do negócio.
Precisa de aplicações pontuais específicas do negócio.	O software disponível lida com seu problema, portanto, não é preciso reinventar a roda.
Seu problema é exclusivo da empresa e não há soluções de terceiros.	A aplicação pode ser usada em toda a organização e interage com os sistemas centrais.
Precisa resolver um problema específico em certo silo do negócio.	Você quer a maior flexibilidade e adaptação que vem com soluções prontas.
A empresa tem recursos para criar, manter e dar suporte a uma aplicação que é criada por uma equipe com relevante expertise e lealdade.	Seu departamento de TI não tem expertise relevante para criar, manter e dar suporte a uma aplicação personalizada. Esse departamento não tem tempo nem recursos para coletar continuamente o feedback do usuário e melhorar o software.
Uma aplicação personalizada dá à empresa uma vantagem competitiva sobre os concorrentes.	
Você deseja ser proprietário do código-fonte.	

Examinando os motivos para criar

Desenvolver um novo software pode ser caro, sobretudo se a criação é grande e complexa, e pode requerer uma grande equipe. Por tradição, muitos bancos escolheram a criação, argumentando que o desenvolvimento interno garante um resultado melhor. As equipes de TI internas concordam com esse raciocínio, tendo um interesse especial na segurança do serviço, e se alegram com a possibilidade de criar algo novo e interessante.

Mas é a melhor abordagem? Muitas vezes, não. Por quê?

» Uma pesquisa independente do Forrester Group mostrou que mais de 50% de todos os projetos bancários de experiência do cliente levaram mais tempo que o esperado para sua conclusão, resultando em gasto excessivo. Eles também descobriram que os projetos que utilizam (ou reutilizam) módulos criados internamente têm mais probabilidade de gastos excessivos.

» Ocorre um efeito dominó financeiro mais adiante no processo, conforme os projetos internos venham a precisar de mais correções e tenham custos altos de manutenção. Esse ônus contínuo requer tempo e recursos de uma equipe que deve ser focada em manter o produto atualizado com as alterações tecnológicas mais recentes. É inevitável que isso leve a uma inflexibilidade de arquitetura no software, com elementos demais sendo incorporados, resultando em frustrações interna e externa. E mais, como um projeto tem muito custo inicialmente, há a tendência natural de a gerência continuar dando suporte a ele, mesmo com custos de manutenção bem altos.

Portanto, se criar é tão difícil, por que uma empresa o faria? Dois motivos interessantes para criar são: (1) que o software criado o diferenciará muito de seus concorrentes; e (2) o que você quer não está disponível em terceiros e pode ser considerado uma extensão de uma aplicação interna existente.

Considere o problema que está tentando resolver desenvolvendo a tecnologia. É um problema em particular ligado de modos específicos à sua proposta de valor primária? Em caso afirmativo, ou se você precisa de uma solução exclusiva para seu negócio, então deve criar como uma aplicação pontual, específica para suas necessidades comerciais.

É claro que isso supondo que se tenha uma boa equipe de TI capaz de criá-la e mantê-la, portanto, você terá total controle sobre qualquer desenvolvimento e recursos. Ter controle é particularmente importante se a própria equipe precisa instalar, integrar, dar suporte e atualizar o novo software. Como sua equipe terá acesso ao código-fonte, ela pode identificar e corrigir qualquer erro internamente para reduzir o tempo de inatividade e liberar rápido atualizações que resolvam qualquer problema. E mais, no ambiente atual, muitas empresas ficam paranoicas quanto ao vazamento de dados, portanto, manter produto e dados em seu próprio ambiente e ter controle sobre sua própria cibersegurança são prioridades.

Algumas instituições financeiras também desejam ter controle do desenvolvimento patenteado que lhes fornece vantagem sobre seus concorrentes. Por exemplo, uma empresa pode ter algoritmos criados por suas equipes de analistas quantitativos internas que fornecem uma melhor execução de transações ou insight para o mercado. Nesses casos, mais custos são justificáveis para proteger a propriedade intelectual associada. Além disso, integrar uma solução externa nessa tecnologia existente pode ser um obstáculo em potencial à compra de uma tecnologia FinTech externa.

Examinando os motivos para comprar

Comprar é a melhor opção? Em muitos casos, sim, mas a resposta certa depende dos fatores explicados antes neste capítulo. Vejamos a perspectiva da "compra".

Os prós de comprar

LEMBRE-SE

Em primeiro lugar, o problema em particular que você tenta resolver está ligado de modos específicos à sua proposta de valor primária? Se não, ou se a resposta não é óbvia, então comprar uma tecnologia existente geralmente é a melhor decisão no ambiente tecnológico atual. Seus recursos internos devem ser dedicados a projetos que dão suporte direto às suas atividades principais.

A compra também pode liberar sua equipe de TI interna do ônus de obter e ficar atualizada com as últimas tecnologias. Em geral, as equipes de desenvolvimento internas estão menos acostumadas com o código requerido para uma nova iniciativa do que especialistas terceirizados e provavelmente subestimam recursos e o tempo necessários.

A compra pode economizar dinheiro, o que é importante no setor financeiro de hoje. As disposições relativas aos capitais próprios aumentaram para atender às obrigações regulatórias após 2008/2009, e as taxas de juros são baixas. Esses fatores levaram a uma retração nos balancetes dos bancos. As instituições financeiras não têm orçamento para financiar constantemente novas criações tecnológicas, portanto, não têm apetite para criar um software personalizado que reinventa a roda quando há algo pronto e disponível em terceiros.

Os contras de comprar

CUIDADO

É claro que comprar não é uma solução perfeita. Os custos da licença para implantar o software podem ser grandes, inclusive custos com manutenção anuais e upgrades da versão, ou novos módulos no futuro. E mais, escolher uma FinTech envolve riscos. Se escolher um provedor externo que basicamente não pode cumprir o projeto ou atender aos requisitos de performance ou segurança, você fica sem tempo e dinheiro. Para evitar isso, um processo de integração tortuoso pode ser necessário, no qual as FinTechs ficam sujeitas a uma diligência rigorosa do departamento de compras da instituição e uma auditoria completa de segurança da informação para garantir que atendam aos pré-requisitos da tecnologia, cibersegurança e/ou criptografia. Toda essa verificação aumenta um ciclo de vendas já longo e pode ser um grande desafio para a FinTech permanecer no negócio, aguardando as receitas associadas do contrato.

NUMERIX: ATENDENDO ÀS DEMANDAS CRESCENTES

Romper as barreiras mentais criadas pela crise financeira e suas soluções regulatórias subsequentes permitiu que a Numerix, em 2017, absorvesse e superasse os mercados inconstantes, desenvolvendo rapidamente produtos e serviços líderes do setor para atender às crescentes demandas.

Steve O'Hanlon viu isso como uma oportunidade para entender a concretização do século XXI do que tornaria a empresa mais bem-sucedida conforme a Numerix entrava na próxima década. Os maiores objetivos do plano de recuperação de Steve eram a estratégia de um novo produto, um foco maior em parcerias estratégicas com empresas tecnológicas complementares, o desenvolvimento de um pool maior de analistas quantitativos do setor, a utilização de engenheiros financeiros/software e arquitetos da plataforma de tecnologia e a criação de uma presença global mais significativa.

Não há dúvidas de que esses objetivos foram atingidos. Hoje, a Numerix é uma força global em FinTech, com mais de 20 escritórios, 700 clientes e 90 parceiros em mais de 26 países. Agora ela é reconhecida no setor por suas muitas inovações na pesquisa quantitativa e pilha dinâmica de capacidades de análise, tecnologia e serviços comerciais. A empresa tem orgulho de sua reputação de conseguir precificar e gerenciar risco de qualquer instrumento derivativo, desde produtos comuns até os mais exóticos e sofisticados. Os produtos e os serviços da Numerix são utilizados de muitas formas em vendas e compras, inclusive por bancos, corretores, seguradoras, fundos de cobertura e pensão e gerentes de ativos.

Como resultado, uma decisão de compra em potencial requer que comprador e provedor da FinTech avaliem com cuidado os benefícios da relação proposta. O comprador precisa ajustar os custos da licença para o produto em relação a uma criação interna. O provedor da FinTech precisa se sentir recompensado o suficiente pela licença e outras receitas para fazer a integração complexa imposta pela instituição. A real vantagem de ambos é o custo compartilhado do desenvolvimento entre todos os clientes da FinTech. Basicamente, esse compartilhamento permite que a FinTech continue desenvolvendo e melhorando o produto.

LEMBRE-SE

Em geral, uma FinTech entregará uma tecnologia melhor que a equipe interna, em grande parte porque tem mais conhecimento das exigências da nova tecnologia e pode entregar com mais agilidade (certos bancos top de linha com mais de 10 mil desenvolvedores podem ser exceções à regra). Isso não quer dizer que você não pode contratar especialistas em TI com as habilidades necessárias em data science, aprendizado de máquina, blockchain e outras tecnologias modernas, mas eles não seriam baratos, e você teria de mantê-los na folha de pagamento em tempo integral, mesmo sem usar sua mão de obra. Também teria de treinar seu pessoal nas tecnologias necessárias, com mais custos. Adquirir expertise de TI costuma ser muito melhor do que desenvolver uma expertise interna.

Equilíbrio entre software novo e existente

Os sistemas existentes são um grande problema para as instituições financeiras. Elas gastam muito dinheiro mantendo tais sistemas, que provavelmente não conseguirão lidar com as futuras necessidades dos clientes. Para sobreviver e prosperar na era FinTech, os serviços financeiros tradicionais colocaram os projetos de transformação digital no topo de suas agendas. Mas, embora a maioria das empresas reconheça a necessidade de transformar seus negócios com tecnologia, elas lutam para entender como implementar essa mudança e se afastar com segurança dos sistemas existentes.

Veja um exemplo bem público de falha ao migrar com êxito de uma plataforma existente. O TSB Bank no Reino Unido tentou migrar de seu sistema bancário principal e desatualizado para uma nova plataforma digital. Porém, o novo sistema falhou, resultando em um período de caos operacional e reclamações dos clientes que continuaram por mais de um mês. O problema era tamanho, que o CEO perdeu seu emprego e o Banco da Inglaterra (BoE) e a Autoridade de Conduta Financeira (FCA) publicaram um documento descrevendo a importância dos requisitos operacionais, avisando aos bancos que eles seriam multados se os problemas nos serviços durassem muito tempo. Temendo tal cenário para suas empresas, muitos líderes de TI adiaram a implementação de novos projetos de transformação digital, mesmo sabendo que precisavam das novas tecnologias para sobreviver.

LEMBRE-SE

Um planejamento estratégico completo é necessário para substituir os sistemas existentes por tecnologia moderna. Não é possível simplesmente abandonar os sistemas atuais. Na transição do antigo sistema para o novo, a nova pilha de tecnologias deve coexistir sem problemas com os sistemas de herança, pelo menos por um tempo. Muitos participantes estabelecidos usam FinTechs como sandboxes de desenvolvimento, examinando provas de conceito (ou provas de valor, como inventado mais recentemente), usando ambientes do tipo laboratório em soluções de nuvem híbridas. Conseguir testar em laboratório uma nova solução pode ajudar as organizações a planejar as atualizações do sistema e aplicar novas tecnologias em um ambiente "seguro".

Muitas instituições financeiras também investiram em APIs (interfaces para programação de aplicações). Elas podem especificar como os componentes de software devem interagir usando um conjunto de rotinas, protocolos e ferramentas para criar aplicações de software. Também permitem que bancos deem suporte a novas tecnologias com mais eficiência, trabalhem com FinTechs e desenvolvam suas próprias ofertas disruptivas. As empresas estabelecidas podem adicionar soluções mais ágeis em torno de seus sistemas principais existentes, como se fossem "satélites" em volta do núcleo. Os bancos podem adotar soluções digitais alternativas para substituir a tecnologia em silos, uma por uma. A tecnologia principal também pode ser combinada com soluções de FinTechs por meios de APIs para planejar produtos digitais prontos para o mercado.

Como parte dessa economia da API, algumas instituições financeiras e provedores maiores desenvolveram uma camada digital sobre suas plataformas existentes. Essa camada facilita a integração da API em muitas FinTechs, permitindo-as introduzir ou retirar ofertas digitais com base na resposta do mercado. Contudo, nesse ponto, o número de participantes estabelecidos que adotam com consistência tais abordagens ainda é bem limitado.

Encontrando um Parceiro FinTech

Escolher as FinTechs certas para se associar, o tópico desta seção, continua sendo um desafio para os bancos, porque eles ainda estão desenvolvendo sua cultura de inovação para o novo ambiente digital. Da parte deles, as FinTechs precisam articular melhor os benefícios claros de suas tecnologias e explicar bem como podem trabalhar com os bancos e fazer uma mudança. Ultimamente, mais bancos estão fazendo parcerias com FinTechs, motivados pela escassez de expertise interna e o desejo de economizar tempo e dinheiro. E mais, as barreiras de percepção que antes impediam que os bancos fizessem parcerias com as FinTechs parecem estar diminuindo conforme aumentam as parcerias.

CAPITAL DE RISCO CORPORATIVO E FinTech

Supondo que existe um ajuste, as entidades CVC (capital de risco corporativo) devem considerar ter uma participação minoritária nas FinTechs mais relevantes. Isso levaria ao reconhecimento completo da importância da tecnologia e orientaria um engajamento interno com a FinTech. Contudo, o CVC deve ser removido com a eficiência da FinTech, para que ela possa continuar administrando o negócio externo e possivelmente vender para concorrentes do CVC. O principal benefício que o CVC e seu banco fundador recebem é um menor tempo para a implantação no mercado. Isso lhes dá uma vantagem competitiva na entrega de um produto ou serviço, mas não deve impedir a FinTech de continuar a expandir seu negócio.

Em longo prazo, o cenário ideal deve ser um consórcio de bancos que detém participação no negócio. Todos desfrutariam de uma redução geral nos custos devido a um longo prazo eficiente e o retorno que a solução FinTech oferece. Então a FinTech pode distribuir as melhorias para seus outros clientes, que também podem se beneficiar da tecnologia.

Os resultados de tais parcerias foram combinados. Os bancos ainda desenvolvem o modelo de parceria com inovação, e existem também grandes impedimentos, como o tempo que leva para a integração da aquisição e a segurança da informação, e a dificuldade de definir contratualmente uma retenção de tecnologia com maior prazo. Esse processo de engajamento também é influenciado pelos diferentes tamanhos e culturas das respectivas organizações, embora muitos funcionários nas FinTechs tenham experiência bancária, portanto, deve ser possível encontrar expectativas alinhadas.

Como parte desse processo, os bancos estão orientando ou participando de muitas aceleradoras, incubadoras e programas de treinamento. Essas iniciativas asseguram que eles acessem precocemente a tecnologia e o talento sem ter uma participação acionária nas FinTechs. Tais medidas dão às FinTechs acesso a recursos, dados, espaço e oportunidade de networking para testar e exibir seu MVP (produto viável mínimo), às vezes levando a financiamentos também.

LEMBRE-SE

Não há uma abordagem melhor sobre como se relacionar com FinTechs. Contudo, embora os bancos estejam analisando cada vez mais tais firmas para promover a inovação, seja qual for o modo como escolhem a parceria, os bancos ainda lutam para implementar com sucesso a nova tecnologia. Muitos deles fazem promessas de uma abordagem de parceria, na qual um encarregado da inovação é empregado sem ter nenhuma competência ou orçamento. Essa situação resulta em uma lacuna em outras áreas da organização que têm problemas e orçamento. Como consequência, os bancos devem avaliar se seus modelos de parceria estão alinhados com suas metas e assegurar que os laboratórios de inovação lidem com os problemas das áreas comerciais pelos quais estão passando. Também é essencial que os bancos se comprometam a fornecer o orçamento necessário para implementar soluções, caso a prova de valor se mostre bem-sucedida.

DICA

Todas as instituições financeiras que buscam parceria com FinTechs precisam examinar os processos integrantes que seriam usados ao implantar a nova tecnologia. Os processos de aquisição e segurança da informação poderiam ser mais bem padronizados para grande parte da integração em todas as instituições financeiras. Em particular, a integração para uma prova de conceito deve ser imediata para que ambos os parceiros possam descobrir rápido (dentro de um mês ou mais) se há um ajuste.

Pesando os prós e os contras da parceria

É claro que qualquer projeto transformador envolve riscos, e os requisitos regulatórios asseguram que a alta gerência foque minimizar tais riscos. Mas *não* participar da digitalização do setor também tem seus riscos. Por exemplo, pense no que aconteceu com a Kodak, que se concentrou obstinadamente no filme fotográfico muito depois de as câmeras digitais tornarem as câmeras com filme obsoletas, mesmo com a câmera digital sendo inventada pela Kodak!

NUMERIX: ABORDAGENS INOVADORAS

De 2013 a 2017, a Numerix ficou parada na faixa dos US$60 milhões de receita anual. De fato, em 2016, a empresa teve sua primeira queda de receita desde 2004. A tendência de crescimento praticamente parou, e todos os funcionários conseguiam ver essa inversão. No começo de 2017, Steve O'Hanlon mudou todos os aspectos da empresa e, em uma série de reuniões abertas, disse aos funcionários da Numerix que o tropeço não era uma tendência, mas um teste, e que apenas os grandes encontram um meio rápido de se recuperar.

A Numerix falhou pela primeira vez, mas em 2017 se levantaria de novo. O esforço para romper a barreira dos US$70 milhões tornou-se tanto um obstáculo mental quanto comercial, sobretudo saindo de um ano ruim. Steve pressionou mais a cada dia de 2017, muito determinado a romper aquele teto. Como resultado das três iniciativas por ele introduzidas e comandadas, a Numerix conseguiu seu maior marco de receita, ultrapassando os US$70 milhões em receita no final do ano, e passou a garantir seu crescimento mais significativo de US$80 milhões.

As três iniciativas de Steve que levaram a esse sucesso foram:

- Direcionar a equipe de desenvolvimento para melhorar a pilha de soluções da empresa, com o mantra de ter inteligência em todos os níveis, identificando os novos e inovadores modos de os clientes e parceiros poderem aplicá-los. No centro da iniciativa, estava a melhoria do foco dos serviços comerciais gerais na plataforma, com grande ênfase nos fluxos de trabalho comerciais do usuário e padronização de interfaces do usuário para navegadores. Simplificando, a empresa cria softwares que os clientes adoram.

- Avançar com uma abordagem prática e direta ao integrar tecnologias e pessoas na cultura da Numerix. Isso levou à assimilação dos Sistemas Financeiros TFG na empresa (moldando diferentes pessoas e habilidades na cultura da Numerix), unindo com harmonia novas tecnologias e abordagens. O sucesso desse esforço não só forneceu à Numerix uma oferta líder de mercado única e de tempo real, mas também permitiu que a empresa se expandisse com mais afirmação no mercado de fundos de cobertura, explorando mais uma fonte de crescimento da empresa e receita extra.

- Criar e introduzir uma oferta de serviços gerenciados altamente competitiva. Hoje os participantes do mercado continuam enfrentando muitos desafios, como controlar os custos de TI, reduzir risco, melhorar a eficiência operacional e permitir uma maior escalabilidade. Eles descobriram que os serviços gerenciados, em comparação com um sistema local, fornecem um custo eficiente, suporte e o espaço necessário para alcançar seus objetivos.

> A agilidade permitiu à Numerix capitalizar rapidamente em sua tendência de crescimento em 2017, criando e implantando várias soluções tecnológicas por meio de uma nova plataforma de serviços gerenciados. Essa plataforma oferece muitas aplicações diversificadas em um formato de microsserviços para dar suporte aos requisitos de avaliação, risco e infraestrutura. Foi um esforço pioneiro, pois a Numerix estava tentando se tornar uma empresa de risco com a queda do banco Lehman. Hoje, trinta clientes contam com a Numerix para os serviços gerenciados, tornando esta a área de crescimento mais rápido da empresa.

LEMBRE-SE

Uma organização precisa ter uma ideia clara do que deseja conseguir com a transformação digital, em vez de pensar que mais engajamento melhoraria como mágica sua competitividade.

A princípio, uma instituição financeira deve se posicionar melhor quanto mais digitaliza os processos que melhoram a experiência do cliente e oferecer custo e fluxo de trabalho eficientes. Como explicamos antes neste capítulo, muitas vezes é lógico para uma instituição financeira fazer parceria com FinTechs, em vez de reinventar um produto com comprovação comercial em outras organizações. Esse é o caso se o produto não é essencial para uma vantagem competitiva e é um novo domínio de tecnologia para o qual a equipe da empresa não tem a expertise necessária.

Na nova economia da API, se os bancos asseguram seus processos de integração com a tecnologia central funcionando bem, eles podem determinar as melhores soluções para resolver seus problemas. Contudo, as soluções FinTech não são o paraíso para todos os problemas. Se os processos da empresa são ineficientes, automatizar ou digitar não corrigirá nada. As empresas devem rever suas operações diárias para determinar se os processos atuais são ineficientes e precisam de modificação. As empresas de serviços financeiros menores podem não ter esse problema, pois seus processos podem ser menos complexos.

As soluções das FinTechs tendem a ser específicas de certo problema que várias organizações têm. Se uma grande empresa requer uma solução personalizada para atender as muitas necessidades, é provável que não se beneficiará de uma parceria FinTech. Em geral, as soluções da FinTech não são fáceis de modificar, portanto, podem cobrir menos funções que uma solução interna e mais ampla do revendedor pode fornecer. E mais, a tecnologia FinTech mais nova pode ter uma interoperabilidade mais difícil com um software mais antigo ou existente do que uma solução personalizada teria.

Para as instituições financeiras maiores, criar um software personalizado, em vez de fazer parceria, ainda é o modo de ter soluções específicas quando é necessária maior personalização, e pode fornecer uma vantagem competitiva. Ao criar seu próprio software, também é possível a integração com um conjunto maior de APIs de diferentes parceiros, porque ele é projetado para aceitar especificamente tais requisitos. Contudo, tais empresas precisam ter uma cobertura suficiente da solução para que distribuam o custo de tais sistemas patenteados em muitas funções e clientes, justificando o tempo, os recursos e o dinheiro gasto para sua criação.

Pesquisando e explorando parceiros FinTech em potencial

As próximas seções mostram pontos sobre como pesquisar o que você precisa em um parceiro e onde encontrar os candidatos adequados.

Se uma parceria entre uma grande instituição financeira e uma FinTech vai bem, a instituição pode considerar investir na empresa e ter um acordo comercial para o uso dos serviços. Muitos exemplos mostram que bancos de investimento, ou um consórcio desses bancos, têm participação minoritária nas FinTechs para dar um suporte completo para seu engajamento, se não compram a FinTech diretamente, do mesmo modo como as BigTechs (como Google e Facebook) fizeram efetivamente "contrata-aquisições" (comprar empresas para recrutar e adquirir seus funcionários).

Fazendo uma pesquisa inicial

A pesquisa básica inicial ao procurar um parceiro FinTech deve focar as FinTechs que fornecem serviços de que a empresa precisa. Os parceiros em potencial podem ser investigados em áreas nas quais a empresa acredita não ter expertise interna, ou faz mais sentido compartilhar o custo do desenvolvimento da solução com terceiros.

A pesquisa secundária deve focar uma análise mais profunda, inclusive avaliar a força da pilha de tecnologias. A empresa deve determinar se a solução atende totalmente aos requisitos e avaliar a facilidade de integração em alguns dos sistemas essenciais internos. Também deve realizar uma análise mais profunda da empresa em si, inclusive a credibilidade dos fundadores, suas ofertas e a saúde financeira do negócio. É importante ter confiança de que a empresa existirá no ano seguinte, e no próximo.

Isso leva inevitavelmente a analisar o tamanho e o sucesso da empresa. Algumas instituições podem ficar contentes com a parceria com empresas embrionárias que desenvolveram uma solução específica de nova tecnologia, como o aprendizado de máquina. Outras instituições precisarão de um nível mínimo de receita recorrente anual e/ou funcionários, ambos podendo indicar que a empresa está relativamente bem estabelecida. É uma consideração, porque tais empresas devem conseguir expandir para atender aos requisitos da aquisição.

LEMBRE-SE

Os clientes em potencial também querem fazer uma revisão detalhada da segurança da informação na FinTech. Isso inclui pedir que respondam a um estudo profundo sobre sua tecnologia, explicando suas capacidades e avaliando a segurança da aplicação. Segurança é uma consideração importante, dado que o cliente implantará e distribuirá a aplicação em toda a organização.

Sabendo onde procurar

DICA

Muitas FinTechs afirmam fornecer uma solução para certos problemas, e nem todas têm capacidade e reputação. Assim, uma pesquisa geral na internet não é o modo mais eficiente de identificar as empresas certas. As instituições devem pesquisar os seguintes sites e fóruns para verificar as firmas mais relevantes e respeitadas com as quais fazer parceria [conteúdos em inglês]:

» **Bancos de dados:** Para as empresas em estágio avançado, examine os bancos de dados fornecidos por firmas como CrunchBase (www.crunchbase.com) ou PitchBook (https://pitchbook.com). Esses bancos de dados mostram o quanto a empresa cresceu até o momento e quais investidores fazem parte dessas rodadas. Certo banco que investe na empresa sugere que ele também usará seu produto.

» **Programas aceleradores:** Para as startups iniciantes, terceirizar programas aceleradores como o FinTech Innovation Lab da Accenture (www.fintechinnovationlab.com) ou TechStars (www.techstars.com) pode ser útil. Esses programas podem ajudar a encontrar empresas que já foram verificadas previamente como parte do processo para entrar neles.

» **Incubadoras:** Programas incubadores podem ajudar a encontrar empresas que têm programas estruturados para auxiliar o crescimento corporativo em certa área vertical/tecnologia sendo considerada.

» **Associações:** Veja as associações comerciais, como a Associação de Investimentos de sua região, ou iniciativas quase governamentais, como a Innovate Finance (www.innovatefinance.com) nos EUA. Elas têm vários membros FinTechs e administram sandboxes ou realizam hackathons em torno de certos problemas. Plataformas como FINTECH Circle (https://fintechcircle.com) também oferecem serviços de verificação personalizados para os agentes financeiros examinarem as FinTechs mais relevantes.

» **Listas de recompensas:** As principais FinTechs em certos setores ou regiões são destacadas em várias listas de recompensas como as estrelas em ascensão no mundo FinTech. Se uma empresa aparece entre os vencedores por vários anos e em diferentes premiações, essas FinTechs terão mostrado seu valor em várias ocasiões. Em geral, as recompensas também têm um elemento de verificação, pois um painel do setor terá indicado e/ou votado nas empresas mais relevantes.

NUMERIX: INICIATIVA E CULTURA DA EMPRESA

É fácil argumentar que apenas um CEO empreendedor poderia permitir que uma empresa desse uma guinada para reagir rápido às novas oportunidades do mercado. Essa resposta rápida requer novas estratégias comerciais e novos modos de pensar sobre a inovação tecnológica e sua adoção inicial. O segredo do sucesso de Steve O'Hanlon foi ampliar de modo contínuo e proativo suas visões segundo as tendências e as atividades nos mercados de capital além da simples aplicabilidade do software. Sua intenção era focar maneiras mais abrangentes de a Numerix poder ajudar o espaço inteiro de mercados de capital e ampliar as transações, otimizar a produtividade e a eficiência, melhorar o lucro e atender aos crescentes requisitos regulatórios.

Fazer tudo isso requeria um facilitador interno. O que é um facilitador? Adotar uma cultura FinTech que alimenta e promove a inovação e pensar de maneira não tradicional. Promover e manter um clima no qual o pensamento empreendedor, a geração de ideias, a exposição a riscos e a busca incessante por inovação são altamente encorajados ajudou a Numerix a atrair e manter os melhores talentos no setor, em várias funções.

O objetivo de Steve é continuar a disrupção no setor. Um modo de fazer isso é continuar consolidando a posição da Numerix como uma empresa dinâmica de tecnologia financeira que fornece uma plataforma tecnológica de última geração baseada no software CrossAsset premiado e líder do setor. Isso também ajuda a Numerix em seus esforços contínuos para mudar para uma posição como a líder criativa no setor FinTech.

Um desenvolvimento de destaque em 2017 foi a Oracle colaborando com a Numerix para desenvolver e colocar no mercado soluções que permitiam às instituições financeiras atender aos requisitos computacionais e comerciais necessários para a conformidade com as regras FRTB (que significa Revisão Fundamental da Carteira de Negociação). Como uma das maiores e mais poderosas empresas tech do mundo, foi uma grande honra a Oracle ter escolhido a Numerix como parceira para utilizar sua análise na nova solução de risco do mercado.

Os esforços empreendedores de Steve levaram a Numerix a inovar, entrar em novos mercados e transformar as antigas tecnologias. Ele posicionou a Numerix com um sucesso sustentável e provou mais uma vez que ela não é uma empresa que foge da reinvenção; pelo contrário, ela é adotada.

DICA

Esses fóruns podem ajudar a verificar suas descobertas iniciais. Para ter mais confiança no que descobriu sobre uma empresa, compare entre várias fontes para ter mais validações.

As empresas têm várias fontes para ajudar a identificar os parceiros certos para lhes dar uma solução. Mais instituições estão enfrentando seus próprios desafios ou programas internos que as ajudam a identificar as firmas relevantes antes de terem um requisito específico para manter FinTechs que forneçam a tecnologia interessante que está em sua mira.

Trabalhando com parceiros no desenvolvimento de soluções

Em 2017, aplicações móveis superaram os desktops como o canal mais popular para aplicar novos serviços em bancos. Isso iniciou uma aceleração nos investimentos da tecnologia para adaptar e competir com o novo ambiente digital. Os bancos sentiram a pressão para criar produtos financeiros tão acessíveis e convenientes quanto os produtos oferecidos pelas BigTechs, as gigantes de serviços ao cliente.

O incentivo para ser digital no cenário atual de desenvolvimento mais complexo, em que uma mudança precisa ser feita rápido, levou muitas instituições à abordagem para comprar e criar, ou seja, híbrida. Serviços e ofertas genéricos e não exclusivos do banco podem ser terceirizados em provedores especialistas com um produto testado. Isso resulta em um ciclo de desenvolvimento menor e tempo de entrada no mercado mais rápido. Também libera os recursos internos para se concentrarem em criar uma funcionalidade única para a oferta geral do banco. Os novos ambientes de economia da API e de funcionalidade também permitem uma maior combinação das duas abordagens.

LEMBRE-SE

A transformação digital não pode ser uma série de projetos pontuais. Como as necessidades e as expectativas do cliente estão sempre evoluindo, as soluções precisam acompanhar essa evolução. Terceirizar e estender os componentes reduz a personalização interna e distribui o custo com pesquisa e desenvolvimento entre os agentes externos. As APIs e uma abordagem de plataforma facilitam que os bancos adaptem os módulos externos às suas marcas e circunstâncias, tornando as correções das futuras necessidades menos difíceis. Isso evita a tendência de retornar projetos grandes e caros regularmente.

Descrevendo os Modelos de Licença

Um *modelo de licença de software* define como o produto será usado. Quais direitos o cliente terá ao usar o produto? Quantas pessoas ou dispositivos podem usá-lo simultaneamente? Como as atualizações e as novas versões serão recebidas e pagas? Qual suporte está incluído? Tudo isso está na licença.

Os provedores de software corporativo no setor de serviços financeiros têm utilizado tradicionalmente uma licença e um modelo de manutenção nos quais os clientes compram licenças por local ou usuário para determinado lançamento do produto. Porém, o SaaS (Software como Serviço, veja o Capítulo 6), um modelo de entrega de software no qual o software é hospedado no centro e entregue pela nuvem, ficou popular recentemente, e grande parte do setor migrou para um modelo baseado em assinatura. Na verdade, a Gartner, uma das maiores empresas de pesquisa e consultoria, prevê que todos os novos revendedores, e a grande maioria dos revendedores existentes, fornecerão modelos comerciais baseados em assinaturas, não importando onde é implantado o software.

Embora o modelo de assinatura seja o mais popular atualmente, está longe de ser o único modelo disponível. As próximas seções explicam os vários modelos de licença encontrados ao comprar os produtos FinTech.

Assinatura

Assinatura é exatamente isto: você compra o direito de usar o produto por um período de tempo fixo. As licenças de assinatura são renováveis, em geral anualmente, e incluem suporte e atualizações do software durante o período de cobertura. A licença termina automaticamente, a menos que seja renovada.

O modelo de assinatura simplifica o gerenciamento da licença, pois fornece a flexibilidade de pagar apenas pelo uso, aumentando e reduzindo as respectivas licenças alinhadas com a demanda. E mais, os upgrades e os novos recursos são lançados em tempo real, inseridos no preço mensal, assegurando que nenhum problema de compatibilidade ou desatualização ocorra. Um modelo de assinatura tem preço acessível e oferece um cronograma de pagamento previsível, que se torna parte das despesas operacionais.

O ideal é o modelo de assinatura permitir um custo inicial menor para o usuário e um ciclo de aprovação mais rápido para o provedor. Isso também permite licenças de curto prazo, com políticas sujeitas a correção na hora da renovação, e limita problemas com alegações de licenças duplicadas quando as máquinas são descomissionadas ou atualizadas. Ambas as partes se beneficiam com uma relação contínua entre cliente/revendedor, que inclui um diálogo regular em torno dos requisitos de uso.

Porém, em comparação com outros tipos de licença, o modelo de assinatura pode aumentar o ônus administrativo do gerenciamento da licença, pois requer que se mantenha, audite e gerencie o registro com precisão durante a vida útil da licença. E mais, alguns revendedores complicam o processo de precificação adicionando exigências de uso além da licença normal por usuário (ou por servidor). Em alguns casos, tais políticas podem ser adequadas para evitar o excessivo uso de dados, sobretudo quando esse uso acumula gastos maiores por parte do provedor de nuvem da empresa de software ou onde o serviço é especificamente relacionado a dados. Mas tais políticas podem criar dores de cabeça administrativas para o cliente, e deve ser feita uma auditoria abrangente e monitoramento para evitar o acúmulo de cobranças extras em excesso.

Vitalícia

Licenças vitalícias são as que não expiram para o uso de certa aplicação, em que o cliente não tem obrigação de pagar pelo suporte ou atualizar os serviços. Os usuários pagam uma taxa inicial, que assegura que "têm" o aplicativo/software (na verdade, eles não o têm, mas têm o direito de uso vitalício).

Contudo, no ambiente inconstante de hoje, embora as licenças vitalícias possam, a princípio, ser usadas para sempre, elas tendem a ter um ciclo de vida útil curto quando o software fica obsoleto. Como consequência, os clientes devem atualizá-las periodicamente para garantir a compatibilidade com outros aplicativos ou hardware suportado.

CUIDADO

Se você continuar a usar um produto que chegou ao fim de sua vida útil, não conseguirá fazer atualizações, correções e ajustes. Não receber atualizações de segurança pode expor uma empresa a riscos como vírus, spyware e outro software malicioso que pode roubar ou corromper os dados. Isso ocorre sobretudo quando os clientes acabam usando versões muito antigas do software para economizar dinheiro e escolhem abrir mão da manutenção. Então reclamam do provedor de software, cuja reputação pode ser manchada.

Outro problema das licenças vitalícias é que os clientes devem pagar pelo software antecipadamente, o que requer um gasto inicial maior. Assim, o custo antecipado para implantações maiores do software pode ser significativo e precisar ser atribuído a despesas de capital. Então, se desejam suporte, devem pagar mais anualmente. Em alguns contratos, a taxa de manutenção anual requerida chega a 20% ao ano em relação ao preço de compra inicial.

Prazo

Um *acordo de prazo* não é comprado diretamente. Porém, o usuário paga uma grande taxa inicial, que é geralmente baseada em uma taxa de licença anual multiplicada pela data de vencimento do prazo (em geral, cinco anos). Em quase todos os casos, o cliente precisa fazer um acordo de manutenção, que, para o prazo de cinco anos, normalmente é de 20% da taxa inicial única. Ao final do prazo, o usuário pode fazer upgrade e pagar por um novo prazo ou parar de usar o software.

Transações do código-fonte

Uma das perguntas importantes a se fazer sobre uma startup FinTech é se ela ainda existirá no futuro. Como é provável que as empresas menores tenham problemas de fluxo de caixa em curto prazo, as grandes instituições financeiras devem considerar os riscos associados a implantar o produto de uma startup em longo prazo, caso tenham um balancete menor.

DICA

Para ajudar a diminuir tais riscos, algumas empresas maiores requerem acesso ao código-fonte do produto de software como parte do contrato de licença. O modo tradicional de assegurar acesso é colocar o código-fonte na garantia, ou seja, elas colocam o software sob custódia ou confiança até uma condição específica ser atendida, como o proprietário original ir à falência ou a empresa ser comprada por outra. Um acordo de caução assegura que, se o revendedor não conseguir gerenciar o produto nem fornecer um serviço de suporte, o comprador terá acesso ao código para dar suporte a suas operações diárias, garantindo que não correrá riscos.

Ter acesso ao código-fonte também pode ser útil ao comprar em um provedor de software maior que requer uma manutenção de longo prazo e licença de suporte para dar assistência, atualizar ou reinstalar o software. Como o código-fonte requerido para a maioria das aplicações de software é único, os clientes podem pedir que as informações necessárias sejam colocadas na garantia. Se o provedor de software não conseguir cumprir um nível adequado de suporte para o produto de software, os clientes poderão ter acesso ao código via garantia. Oferecer uma garantia do software como uma opção assegura que os clientes sempre terão acesso a certa assistência em sua compra.

A garantia do código também é bem comum quando uma FinTech menor recebe um investimento de capital próprio de um investidor tradicional ou do capital de risco corporativo. Se a empresa entra em liquidação judicial, o investidor quer ter acesso às informações do software, inclusive a documentação e o código-fonte necessários para manter um nível de serviço no software. Para ter de volta parte de seu investimento, o investidor pode considerar a venda de um ativo para outro provedor ou para os próprios clientes, para manter o acesso ao produto.

Abordagem de código aberto

Como vimos no Capítulo 10, o software de código aberto tem um código-fonte que qualquer pessoa pode examinar, modificar ou melhorar, porque seu design e código são acessíveis publicamente. Os produtos de código aberto são baseados na troca aberta, em colaboração, protótipo rápido, transparência e merecimento, tudo levando a um processo de desenvolvimento para comunidades.

NUMERIX: SOZINHA

A primeira aquisição da Numerix ocorreu em 2017. Detalhamos esse evento e suas implicações no Capítulo 15. No momento, é suficiente informar que, após uma grande pesquisa e uma diligência prévia, a Numerix entrou em uma enorme estratégia de aquisição do TFG Financial Systems, cuja tecnologia em tempo real inigualável a fez deixar para traz seus concorrentes. Essa aquisição não só fez a Numerix avançar no microcanal de vendas do fundo de cobertura, como também a levou a avançar em uma oferta SaaS e nas novas tecnologias disruptivas em tempo real.

Como esse espaço está superlotado, a Numerix focou seu melhor diferencial, que continua sendo sua análise incomparável. Em 2019, ela foi reconhecida como defensora da mudança, criando e conduzindo atividades de liderança inovadoras que focavam a inovação e a tecnologia de disrupção que apontam as ineficiências existentes.

A estratégia da Numerix continua:

- Expandindo a aplicabilidade e a diversidade de sua pilha de soluções Oneview, e estratégias de implantação.
- Utilizando sua solução única de gerenciamento de risco e portfólio de diversos ativos em tempo real para capturar uma importante fatia do mercado no mercado de compra, com foco nos macrofundos de cobertura globais.
- Expandindo sua rede estratégica de parceiros confiáveis como parte de um esforço crescente de vender mais suas capacidades para mais mercados.

A cultura, o avanço tecnológico e o desejo infinito da Numerix de ser a melhor empresa de software do mundo abriram caminho onde poucas podem competir.

CUIDADO

Muitas FinTechs desenvolvem aplicativos patenteados com base em componentes de código aberto. Mas a sugestão de que um código aberto é gratuito é mal interpretada, pois usar um software de código aberto obriga as empresas a reconhecer o contexto legal do código aberto. Se uma empresa não cumpre as provisões de licenciamento para o código aberto, pode estar sujeita a processos judiciais. Para diminuir esse risco, as empresas precisam entender as condições da licença de código aberto e iniciar uma lista útil de práticas recomendadas. Os usuários do código aberto precisam seguir as condições da licença para cada pacote usado, inclusive os subcomponentes. E mais, os compradores de aplicações FinTech de código aberto precisam conhecer todos os usos, para que possam assumir responsabilidades, sujeitos às condições da licença.

Grande parte das licenças de código aberto é protegida por contratos, dos quais há apenas dois grupos principais: direito de cópia, que obriga os desenvolvedores a assegurar que qualquer código-fonte ou documentação possa ser obtida, e permissivo, que requer provisões mínimas, como o reconhecimento do autor.

As empresas devem ter uma licença e uma política de conformidade que cubra ambas as categorias. No mínimo, elas precisam:

» Manter uma documentação para as condições da licença relacionadas ao software de código aberto sendo usado, incorporando subcomponentes e dependências.

» Ter uma estratégia para conformidade que diferencie as licenças que têm exigências simples ou complexas, como a entrega do código-fonte.

LEMBRE-SE

Toda licença de software de código aberto tem obrigações de notificação. Ao distribuir um produto com código aberto, essas obrigações podem requerer que os desenvolvedores incluam um aviso simples de direitos autorais ou o texto completo da licença que regula o software.

As licenças com direito de cópia regulam como os desenvolvedores podem combinar o software de código aberto com o software operado de modo privado. *Direito de cópia* se refere ao termo muito conhecido, *direitos autorais*, e se diferencia dele. Direito autoral é uma linha que limita o direito de usar, modificar e compartilhar trabalhos criativos sem a permissão do detentor do direito. Por outro lado, em uma licença com direito de cópia, o autor declara o direito de cópia do trabalho e comunica que outras pessoas têm o direito de usar, modificar e compartilhar o trabalho, contanto que a reciprocidade da obrigação seja mantida. Resumindo, se os autores usam um componente com esse tipo de licença de código aberto, então devem também tornar seu código aberto para ser usado por outras pessoas.

DICA

Gerenciamento do Ciclo de Vida do Componente (CLM) é um processo que permite aos desenvolvedores usar kits cooperativos, informações e controle em cada fase do desenvolvimento da aplicação, endereçando o controle de risco da licença para uma abordagem em módulos. Essas ferramentas permitem que as empresas escolham os módulos licenciados aplicáveis durante o design e a elaboração:

» Reconhecer e controlar a licença do componente no estágio de criação para identificar os problemas rapidamente e evitar novos e caros trabalhos.

» Verificar as aplicações atuais para reconhecer as licenças e os requisitos com intuito de examinar as dependências em relação às políticas de conformidade corporativa.

NESTE CAPÍTULO

» **Examinando os desafios dos sistemas de herança**

» **Entendendo o processo técnico**

» **Simplificando com a arquitetura de microsserviços**

Capítulo **14**

Gerenciando a Integração com os Sistemas de Herança

A decisão de modernizar a tecnologia existente com componentes novos e mais funcionais tem sua importância. Uma transição suave de um sistema existente para um ambiente de componentes mais flexível pode requerer uma reescrita completa do código e levar anos.

É fundamental que a empresa que faz tal transação tenha um bom plano definido desde o início e comunique esse plano aos interessados e tomadores de decisão. Utilizar uma FinTech para ajudar a desenvolver esse plano pode economizar tempo e dinheiro, pois ela pode ajudar a identificar quais partes existentes devem ser convertidas e escolher o melhor método para tanto.

Este capítulo ajuda você a descobrir como avaliar seus sistemas existentes e propor um plano estratégico para atualizá-los, sozinho ou em parceria com uma FinTech.

CAPÍTULO 14 **Gerenciando a Integração com os Sistemas de Herança** 257

Entendendo e Resolvendo os Desafios das Infraestruturas de Herança

Um dos desafios mais importantes que o setor financeiro enfrenta é acompanhar as mudanças tecnológicas. Muitas vezes, sistemas em bancos, seguradoras e em outras instituições financeiras cresceram aleatoriamente, com pouca supervisão e pouca visão da integração global.

LEMBRE-SE

O termo *herança* geralmente se refere a qualquer sistema antigo em idade e funcionalidade, mas ainda importante para a corporação ou pessoa física. Essa definição se aplica a qualquer tecnologia, sistema de computador ou aplicação.

Pode ser difícil para uma organização saber quando é hora de modernizar os sistemas e quanto esforço deve ser empreendido na manutenção e/ou melhoria dos sistemas existentes. Conforme a tecnologia fica desatualizada, a capacidade de suportar tais sistemas fica cada vez mais difícil. As próximas seções mostram os desafios do sistema de herança e como lidar com eles.

CUIDADO

Todas as complexidades a seguir tornam problemático migrar um sistema existente e seus dados para um novo ambiente:

» Os sistemas existentes podem ser a base na qual os padrões de toda a funcionalidade subsequente foram arquitetados, portanto, resolver os efeitos na base inteira de usuários pode ser difícil de planejar e prever.

» Costuma ser impossível mudar esses sistemas antigos para suportar atualizações para os requisitos comerciais reais.

» Uma organização pode ter vários sistemas existentes, e um ou todos podem estar integrados perifericamente, pelo menos em fluxos de trabalho de outros departamentos.

» Alguns sistemas podem compartilhar seus dados de modo único e assíncrono.

Comparando sistemas antigos e modernos

Muitas vezes, os sistemas de herança são estruturas de arquitetura monolítica que não seguem as práticas comerciais atuais e não são flexíveis, dimensionáveis, resilientes e nem toleram falhas. Por outro lado, os processos modernos de desenvolvimento utilizam modos avançados de arquitetura, como a orientada a serviços ou de microsserviços em sua base. Essas modalidades fornecem muitas vantagens em relação às arquiteturas mais antigas (veja o Capítulo 4 para ter uma introdução aos microsserviços).

A Figura 14-1 compara um sistema de herança típico com um sistema de arquitetura com microsserviços. Com a estrutura monolítica, todas as chamadas vêm de um único banco de dados compartilhado. É um único ponto de falha. Significa que qualquer alteração em uma das partes de nível superior precisa encerrar a estrutura inteira. Por outro lado, cada serviço em uma estrutura de microsserviços é independente.

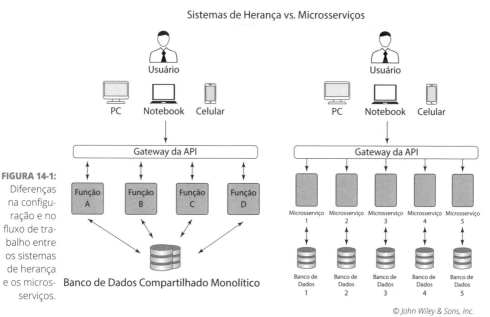

FIGURA 14-1: Diferenças na configuração e no fluxo de trabalho entre os sistemas de herança e os microsserviços.

© John Wiley & Sons, Inc.

LEMBRE-SE

Qualquer upgrade para novas tecnologias deve incluir a compreensão dos objetivos da empresa e de seu plano estratégico para o uso dos componentes, como microsserviços, estratégias de API (interface para programação de aplicações), entrega em tempo real, tecnologias de contabilidade distribuída, sistemas de entrega na nuvem ou na web e inteligência artificial/aprendizado de máquina (IA/AM). A Parte 2 deste livro explica esses componentes.

Determinando se um sistema de herança é velho demais

LEMBRE-SE

Um sistema existente normalmente é velho demais quando fica muito caro mantê-lo (ou, em alguns casos, encontrar substituições de hardware ou reparos) ou quando não pode ser estendido para atender aos requisitos regulatórios ou comerciais. Alguns sinais de que um sistema chegou ao fim de sua vida útil são:

- » O sistema não suporta mais as necessidades comerciais da organização e os usuários não confiam mais nos resultados produzidos.
- » O revendedor não suporta mais o sistema e/ou não há pessoal disponível de imediato que possa administrá-lo.
- » O sistema não é flexível e não consegue suportar as necessidades funcionais do usuário final. Não é possível lidar com os novos fluxos de trabalho ou requisitos comerciais.
- » O sistema não tem mais os controles de segurança necessários e trava com frequência.
- » O sistema não suporta uma mídia nova (como celular ou nuvem) e não opera com outras tecnologias novas.
- » Os custos operacionais do hardware e do software são altos.
- » A empresa depende de apenas um ou dois funcionários principais que sabem como manter o sistema.
- » O sistema foi escrito de um modo ou com um software obsoleto no momento.

Mas um software ser antigo não significa que precisa ser substituído. É importante entender o papel que cada aplicação tem na organização. Antes de determinar quais heranças devem sair, é preciso fazer uma avaliação completa das necessidades operacionais da organização e criar um plano de prioridades para a integração nas novas tecnologias.

DICA

Uma fonte desse conhecimento são os próprios usuários. Agora os usuários finais requerem o máximo possível de informações quase em tempo real, assim como a capacidade de adicionar rápido novos recursos. Devido à natureza monolítica, muitos ambientes existentes são incapazes de entregar o nível de desempenho que os usuários demandam: a qualquer hora, em qualquer lugar e em qualquer mídia. Ouça seus usuários e use suas sugestões e reclamações como um indicador.

Quando você tiver um inventário de todos os sistemas, será preciso mapear os casos de uso de cada sistema ou aplicação quanto às necessidades de crescimento da empresa. Um diagrama de mapeamento pode ser eficiente ao minimizar o tempo de inatividade de qualquer migração das antigas tecnologias para as novas.

Sua estratégia de avaliar e substituir um sistema existente deve incluir uma compreensão de seu plano de API geral, assim como suas estratégias de consolidação da nuvem e dos dados. Todas as abordagens operam entre si em um plano de desenvolvimento geral. Não é possível desenvolver uma abordagem de migração bem-sucedida sem entender as ferramentas que permitirão a expansão de sucesso dessas tecnologias no futuro.

Estimando o custo de não fazer nada

Os custos de manter os sistemas existentes aumentam consideravelmente, e esses custos para uma organização que não migra nem atualiza os sistemas existentes ficam claros. Considere o seguinte:

» Gasta-se mais tempo com suporte, manutenção e atualizações dos sistemas de herança, resultando no aumento dos custos. As estruturas monolíticas, diferentemente dos microsserviços, não podem apenas ser trocadas sem que o sistema inteiro seja desativado. A inatividade custa dinheiro e arrisca a reputação da empresa. Outro custo pode vir dos conflitos em potencial com cada atualização em departamentos inteiros da empresa, não apenas no sistema existente.

» Tentando economizar dinheiro mantendo os sistemas existentes, muitas empresas acham (ironicamente) que de fato acabam gastando um bom dinheiro tentando consertar os antigos sistemas para acelerar os tempos de computação e lidar com um aumento nas necessidades de armazenamento de dados.

» Os sistemas existentes também custam horas de trabalho para a empresa por causa de sua falta de automação. A maioria desses sistemas simplesmente não tem ferramentas para automatizar os processos, como fazem os novos sistemas.

» Um sistema de herança pode custar mais com pessoal, porque pode ser difícil encontrar pessoas para administrar e dar suporte.

LEMBRE-SE

Descobrindo como a FinTech pode ajudar

Uma empresa pode adotar várias abordagens possíveis ao migrar das plataformas existentes para plataformas, aplicações ou sistemas novos:

» Implantar tudo de uma vez, uma substituição total (abordagem Greenfield).

» Adotar uma abordagem gradual, em fases (abordagem Brownfield).

» Aplicar correções improvisadas quando necessário.

» Melhorar a tecnologia existente apenas quando não for mais viável.

» Não fazer nada e continuar adicionando nova tecnologia à antiga.

Para determinar a melhor abordagem, a organização precisa considerar o tempo para implementar versus a perda de negócios, assim como o custo geral para o negócio se não houver atualização. Se essa lhe parece uma equação complexa de resolver, você tem toda a razão.

Muitos bancos descobriram que faz mais sentido comercial fazer parceria com uma FinTech em cada etapa no processo, desde concluir a análise inicial até implantar as novas soluções. As FinTechs podem ajudar as organizações avaliando os benefícios de uma mudança em relação à disrupção nelas e podem fornecer mão de obra e supervisão para as implantações reais (veja o Capítulo 13 para obter detalhes sobre parcerias com uma FinTech).

É compreensível que muitas organizações relutem em substituir os principais sistemas que há muito tempo são essenciais para a estabilidade da empresa. A experiência em FinTech de terceiros acaba com parte do medo em torno dos projetos:

» Fornecendo pessoal para lidar com o trabalho pesado.

» Fornecendo gerenciamento de projetos especializado.

» Solucionando as interdependências do sistema e evitando os conflitos que impactam negativamente a organização.

» Examinando o código existente, assim como o sistema proposto, para assegurar que não haja perda de funcionalidade.

» Testando e documentando todos os componentes substitutos na rede inteira.

Planejando o sucesso

LEMBRE-SE

Se você trabalha ou não com um parceiro FinTech, é essencial ter um plano detalhado antes de implantar qualquer tecnologia nova. Verifique se seu plano inclui os seguintes pontos:

» Uma declaração do problema (declaração geral; por exemplo, a necessidade de automatizar o processo de pagamento online).

» Uma análise dos objetivos e dos benefícios do projeto.

» Uma revisão detalhada dos limites do projeto (como tempo e orçamento).

» Uma lista completa dos interessados e suas exigências.

» Uma compreensão da cultura, da estrutura e da governança da organização e uma compreensão do clima político no qual ocorrerá a mudança.

» Uma revisão das condições do mercado, que podem orientar as prioridades e o cronograma.

» Uma compreensão do melhor ambiente no qual hospedar o sistema (por exemplo, serviços gerenciados versus no local).

» Uma determinação para saber se a herança deve ser replanejada, substituída, encapsulada, hospedada de novo, ter nova plataforma ou ser remodelada (essa escolha afetará o tempo alocado e o custo).

Percorrendo as Etapas Técnicas da Atualização do Sistema de Herança

Trabalhar com sistemas existentes pode ser um desafio. A idade do sistema, a falta de documentação e, às vezes, a falta de pessoal são preocupações básicas, mas uma mudança transformadora também apresenta muitas dificuldades técnicas. Essas questões precisam ser isoladas e endereçadas ponto por ponto. As próximas seções examinam o cenário de integração do ponto de vista técnico.

Áreas importantes de preocupação

O gerenciamento de dados (veja o Capítulo 11) fornece um bom exemplo de um problema comum, mas grande. Muitos sistemas de herança não têm meios fáceis de trocar ou extrair dados. Em geral, os dados extraídos desses sistemas precisarão de transformações externas e/ou melhorias para que outros sistemas possam usá-los, e essas operações podem ser muito desafiadoras e demoradas. A extração de dados é uma área em que uma FinTech com expertise em gerenciamento de dados pode economizar muito tempo.

Outra preocupação é que os sistemas existentes costumam ser escritos em uma linguagem antiga e não lidam com a era digital em geral. Muitos sistemas bancários foram escritos em linguagens como COBOL, que não representa mais as habilidades do novo pool de funcionários. Cada vez menos codificadores estão disponíveis e conseguem fornecer as capacidades de codificação necessárias para dar suporte aos sistemas de herança.

DICA

Usar APIs pode ser útil ao adicionar fluxo de trabalho ou funcionalidade comercial a um sistema existente. As APIs podem fornecer processos comerciais sem causar disrupção no resto da saída produzida pelo sistema para outros usuários. Ao atualizar um sistema, você deve executar testes para assegurar que o sistema existente e a nova funcionalidade proposta possam conversar entre si. Usar microsserviços e APIs pode permitir a integração de pequenos serviços na estrutura de herança monolítica.

Montando seu plano

Depois de conhecer os prováveis problemas de atualização, a primeira etapa na preparação de uma integração/migração começa com um plano. Estamos falando aqui sobre um plano técnico, não sobre as considerações comerciais mencionadas antes neste capítulo, ou seja, é sobre "como", e não sobre "por quê". Você deseja fazer as melhores escolhas tecnológicas para dar suporte à integração.

LEMBRE-SE

O plano técnico deve incluir estes componentes:

» Um inventário da tecnologia que inclui a pilha completa de tecnologias do sistema existente, linguagem de programação e qualquer problema com suporte ou desatualização.

» Uma auditoria da arquitetura, que ajuda a determinar o nível de substituição ou reestruturação necessário no produto de herança.

» Uma revisão do código quanto à qualidade.

» Uma revisão dos processos anteriores de controle de qualidade (CQ) e logs de teste.

» Recomendações sobre a abordagem adequada a se adotar. Deve ser uma substituição geral, uma abordagem gradual em fases, uma correção improvisada, uma substituição apenas dos componentes ultrapassados ou uma estratégia de não fazer nada?

Montando a equipe

Em geral, os serviços de implementação envolvem muitas atividades e entregas. Veja exemplos dessas atividades em empresas que operam no setor financeiro:

» Avaliação do sistema de herança.

» Documentação dos requisitos comerciais.

» Engenharia financeira.

» Personalizações do modelo e do conteúdo.

» Dimensionamento e instalação do hardware do produto.

» Integração dos sistemas.

» Processamento personalizado antes e depois.

» Relatório personalizado.

» Suporte de teste do usuário.

» Gerenciamento de projetos.

Naturalmente, tudo isso não segue com a entrega em si, portanto, será preciso pessoal adequado para cuidar da situação. A Tabela 14-1 descreve as pessoas típicas para um projeto de migração da financeira. Consultores FinTech podem preencher essas funções; outros precisarão vir de dentro da organização.

TABELA 14-1   ## Pessoal no Projeto de Integração

Função	Cargo	Responsabilidade Principal
Executivo	Vice-presidente sênior, chefe dos serviços profissionais	Dá uma direção estratégica para o projeto e ajuda a resolver os itens que se agravaram.
Funcionário regional	Vice-presidente, serviços profissionais	Dá uma direção no nível básico.
		Examina o progresso com os patrocinadores do projeto do cliente.
		Gerencia riscos/problemas em geral.
		Garante a satisfação do cliente.
Gerente de implementação	Gerente de projetos	Dá a direção do projeto e supervisiona a equipe e seu progresso.
		Coordena os vários recursos e as tarefas.
		Programa os recursos com base no plano e nas necessidades do projeto.
		Serve como um ponto de contato diário para todas as atividades do projeto.
		Gerencia o plano do projeto.
		Monitora o progresso feito nos marcos do projeto e nas entregas.
		Fornece relatórios de status semanais e outros artefatos do projeto, mantendo as atualizações do projeto em um repositório compartilhado.
Equipe de projetos	Engenheiro financeiro	Planeja e configura os modelos (calibração e precificação) em todas as classes de ativos.
		Realiza testes de engenharia financeira (EF) nos modelos.
		Ajuda a avaliar as opções de modelagem do cliente quando necessário.
Equipe de projetos	Analista de negócios	Planeja as especificações funcionais e os fluxos de trabalho e traduz os requisitos comerciais em soluções adequadas do sistema.
		Trabalha com engenheiros financeiros para criar e comparar modelos.
		Chefia o Teste de Integração do Sistema/Teste de Aceitação do Usuário (TIS/TAU), inclusive a criação do teste e casos de uso.

(continua)

(continuação)

Função	Cargo	Responsabilidade Principal
Equipe de projetos	Desenvolvedor	Executa tarefas relacionadas a extrair, transformar e carregar (ETL).
		Gerencia a integração do sistema e a interface.
		Gerencia o desenvolvimento da personalização.
		Fornece suporte durante o TIS/TAU.

Implementando o plano

LEMBRE-SE

Depois de colocar o plano em ação, você pode começar as primeiras etapas para fazer uma integração/migração sem problemas usando estas práticas recomendadas:

» Consiga a adesão de todos os envolvidos e da alta gerência.

» Avalie as necessidades de atualização no nível arquitetural e escreva bons casos de uso, que serão utilizados para determinar o sucesso dos benefícios.

» Confirme se a estratégia recomendada do plano técnico é a escolha mais adequada.

» Use o melhor processo de desenvolvimento desde o começo e crie uma estrutura em torno de seu uso continuado. Inclua o teste, a documentação e a integração contínua como uma parte padrão da metodologia.

» Desenvolva uma nova funcionalidade a partir de novas abordagens, como microsserviços e APIs.

» Crie treinamento para a nova tecnologia e um plano de retirada do sistema de herança.

A Figura 14-2 mostra um roteiro gráfico para um projeto de migração. A cada fase, da descoberta até a existência, são necessárias várias etapas e proprietários para garantir os resultados esperados.

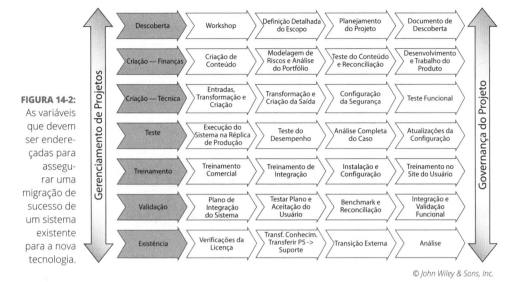

FIGURA 14-2: As variáveis que devem ser endereçadas para assegurar uma migração de sucesso de um sistema existente para a nova tecnologia.

© John Wiley & Sons, Inc.

Evitando armadilhas

O maior erro que uma empresa comete com uma integração/migração já foi cometido também por centenas de outras empresas, e elas poderiam dizer o que evitar. Mas como é provável que você não tenha contato em todos os lugares, resumiremos o que aprendemos em anos no setor FinTech.

CUIDADO

Os projetos de integração/migração de dados falham com frequência por estes motivos:

» **Não entender as necessidades dos envolvidos e não chegar a um consenso entre eles sobre as prioridades do projeto:** É essencial fazer reuniões no começo e sempre, e fazer provas reais frequentes conforme o escopo do projeto é determinado e definido.

» **Não se comprometer com a abordagem de modernização da arquitetura:** É preciso haver um responsável técnico que assuma o sucesso do projeto.

» **Falta de adesão da alta gerência:** Nem é preciso dizer que, se você não consegue um defensor na alta gerência, o projeto fracassa. Ter um comprometimento com o orçamento é o primeiro indicador da seriedade do envolvimento.

» **Pouca informação e omissão dos consultores técnicos ou equipes FinTech de terceiros:** Isso está ligado à necessidade da adesão da alta gerência e de um responsável técnico com poder de veto.

» **Falta de um gerente de projetos e planejamento do projeto:** Um gerente de projetos é obrigatório para qualquer grande projeto de modernização.

> » **Não fazer uma auditoria/revisão completa, no início do projeto, de sistemas, ambientes e interfaces do usuário afetados:** Deve ser a etapa número um. Deve haver uma checklist e um roteiro de prioridades no início.
>
> » **Objetivos do projeto mal definidos e casos de uso vagos ou irreais:** Isso leva de volta às etapas descritas na seção anterior "Planejando o sucesso". Se seguir essas etapas, deverá haver um plano transparente para todos e que seja verificado pelos envolvidos na entrega.

Simplificando a Integração com a Arquitetura de Microsserviços

Como mencionado neste capítulo, muitos sistemas monolíticos existentes devem ser substituídos para a integridade da empresa. A maior velocidade de entrada no mercado e maiores flexibilidade e interoperabilidade são benefícios atraentes que orientam essa transformação.

LEMBRE-SE

Para ser atualizado tecnologicamente, qualquer upgrade deve incluir serviços modernos e tecnologias, inclusive tecnologias na nuvem, microsserviços, lançamentos de APIs, incorporações de código aberto, mecanismos de entrega em tempo real, aplicações de contabilidade distribuída, automação e abordagens de inteligência artificial. A Parte 2 deste livro cobre essas tecnologias.

Recentemente, a demanda de um futuro desenvolvimento tem focado as necessidades de integração computacional na lógica comercial, e a maioria dos sistemas existentes monolíticos não consegue fazer isso. Microsserviços, APIs e tecnologias na nuvem são necessários para conectar os usuários a seus dados e atender às suas necessidades de computação. Essas novas aplicações baseadas em negócios são conectadas no nível do serviço.

As próximas seções explicam os benefícios da arquitetura de microsserviços e suas opções para a migração do microsserviço.

Vantagens do microsserviço

Os microsserviços oferecem muitas vantagens ao substituir os sistemas monolíticos existentes, inclusive:

> » A separação da função em módulos distintos. Essa separação se encontra não apenas na funcionalidade, mas também na natureza da manutenção do microsserviço. As equipes de desenvolvimento são separadas, assim como os cronogramas de lançamento, e nenhum módulo interfere na capacidade do outro de funcionar ou ser entregue separadamente.

- » Integração, teste e desenvolvimento contínuos são os princípios básicos dos microsserviços. Os desenvolvedores enviam seu código várias vezes por dia. Esse código é validado com compilações e ambientes de teste automáticos.

- » Melhor controle de correção de bugs. As versões frequentes do código e o teste contínuo resultam em uma melhor revisão do código, identificação mais rápida e solução dos problemas.

- » Flexibilidade da linguagem de desenvolvimento. Os microsserviços utilizam novas linguagens flexíveis, como Python, que são acessíveis por desenvolvedores e usuários da mesma forma.

- » Facilidade de escalabilidade, estruturas padronizadas de microsserviços e conteinerização para uma rápida implantação.

- » Serviços altamente coesos (função com função parecida), com baixo acoplamento (compartilhamento de dados bem definidos em uma estrutura simples do banco de dados).

- » Código com planejamento ideal e arquitetura que permite a vários usuários receberem os mesmos dados sem erro.

- » Modularidade infinita. Os microsserviços são criados para otimizar a modularidade usando os princípios de design que combinam conjuntos de funções com baixo acoplamento.

- » Construção nativa na nuvem. Os microsserviços seguem o conceito do usuário definindo o método de entrega. Portanto, todo novo desenvolvimento deve ter entrega em dispositivos móveis e na nuvem como um requisito.

Opções da estratégia de migração

Um plano de migração pode ser estruturado de duas maneiras: revolucionária (big bang) ou evolucionária (improviso)

- » O método *revolucionário* cria um novo sistema a partir do zero com um limite de término e uma transferência. Esse método é rápido de implementar, mas pode ser bem disruptivo.

- » O método *evolucionário* é um processo de modernização em fases, como mostrado na Figura 14-3. Essa abordagem leva mais tempo, mas o efeito final é menos disruptivo.

A Figura 14-3 mostra as diferentes etapas que podem ser utilizadas em uma revisão de herança. Conforme subimos a cadeia, o esforço e os benefícios aumentam. APIs, nuvem, extensibilidade e microsserviços orientam esses benefícios.

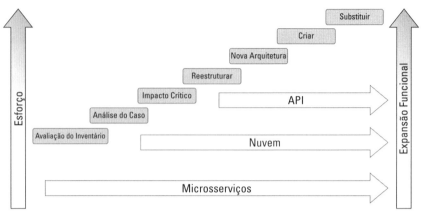

FIGURA 14-3: As etapas que podem ser seguidas em uma migração e o maior esforço necessário quando aumentam as demandas funcionais.

© John Wiley & Sons, Inc.

DICA

Os dois métodos têm prós e contras. Você pode fazer a escolha certa analisando, com base nas necessidades que considera, se a implementação, a velocidade e a disrupção mínima são mais importantes, e então criando o devido plano de migração correspondente.

Esse plano também determinará qual tipo de estratégia de transformação é necessário para a tecnologia existente em questão. As opções são:

» **Replanejar:** Trabalhar com o código e alterá-lo para aproveitar as melhores capacidades na plataforma.

» **Substituir:** Encontrar a melhor opção e escrever um novo código para refletir todos os casos de uso necessários.

» **Revisar:** Reutilizar extensivamente o código existente. Esse método usa APIs para aumentar a funcionalidade e as interfaces do usuário. É a abordagem mais rápida e barata, mas transfere os problemas herdados do antigo código.

» **Hospedar de novo:** Mover o mesmo código e a mesma funcionalidade para uma nova infraestrutura. Nada muda com a funcionalidade nessa abordagem; a única alteração é no modo de acessar.

» **Recolocar na plataforma:** Fazer mudanças mínimas para aumentar uma funcionalidade com base nas novas capacidades da plataforma.

» **Remodelar ou reestruturar:** Otimizar o código existente sem necessariamente afetar as funções externas.

LEMBRE-SE

Seja qual for a opção escolhida, é importante analisar de novo e com frequência os casos de uso e as tecnologias disponíveis. Para ser eficiente no futuro, uma organização deve ficar a par das tecnologias atuais e pesar os custos em relação aos benefícios do upgrade.

NESTE CAPÍTULO

» Reunindo uma equipe transformadora

» Estabelecendo expectativas e cronogramas reais

» Apoiando os agentes de mudança

» Mantendo os bons funcionários durante a mudança

» Investigando a tomada de decisão baseada em dados

» Dividindo em silos

Capítulo **15**

Preparando Sua Equipe para um Projeto Bem-sucedido

O sucesso ou o fracasso de qualquer projeto FinTech depende das mesmas questões básicas: se o projeto é totalmente gerenciado e controlado na empresa ou se é terceirizado por completo ou em parte. É claro que a complexidade aumenta quando há mais pessoas envolvidas. Portanto, é muito importante definir claramente as áreas de colaboração e controle quando várias empresas estão envolvidas, para que os gerentes de projeto possam trabalhar juntos e com eficiência em diversas empresas e áreas.

LEMBRE-SE

Como mencionamos nos capítulos anteriores (em particular no Capítulo 13), o envolvimento bem-sucedido de parceiros FinTech em um projeto começa descobrindo-se por que a ajuda deles é necessária. Você tem de conhecer o escopo das atividades requeridas e o nível de experiência interna com os quais trabalha. As pessoas na FinTech são mais bem empregadas em áreas em que nenhum especialista está disponível, nas quais é essencial o tempo de entrada no mercado ou em que não há nenhuma disposição interna para mudanças.

CAPÍTULO 15 **Preparando Sua Equipe para um Projeto Bem-sucedido**   271

Este capítulo o ajuda a se preparar para trabalhar com uma FinTech primeiro colocando em ordem sua própria casa. Nele, você descobre como montar sua equipe interna de transformação, gerenciar o cronograma, apoiar os agentes de mudança e reter os melhores e mais brilhantes funcionários mesmo no estresse que envolve a mudança.

Montando uma Equipe Transformadora

O primeiro passo para identificar as pessoas terceirizadas certas é determinar as necessidades e as capacidades de sua empresa. O que você está tentando fazer e de qual tipo de ajuda precisa? Isso é importante porque diferentes FinTechs têm diferentes pontos fortes e fracos. Algumas podem ser muito melhores na modernização de sistemas, ao passo que outras podem se sobressair na substituição completa deles. Algumas FinTechs podem fornecer mão de obra para uma integração, já outras podem fornecer software e integração. A realidade é que raramente é possível ter soluções prontas que "corrijam" todos os problemas de herança e várias fontes de dados com perfeição sem revisão e integração extensas. As FinTechs fornecem especialistas e a melhor tecnologia.

Criar um RFP (Pedido de Proposta) é a primeira etapa necessária ao encontrar um parceiro FinTech. Esse documento deve descrever as áreas que você deseja terceirizar, o software que pode requerer e as qualidades que o possível parceiro terceirizado deve ter. Para reunir as informações necessárias para escrever um RFP eficiente, você deve concluir uma revisão completa das diferentes habilidades necessárias para o projeto e avaliar quais estão disponíveis na equipe atual. É provável que o projeto tenha muitas áreas, sobretudo as que envolvem novas tecnologias, nas quais os benefícios de terceirizar serão maiores do que o desenvolvimento interno. Independentemente do projeto inteiro ser terceirizado para parceiros FinTech ou dividido entre recursos internos e externos, a empresa envolvida deve ter pessoas comprometidas e responsáveis pelas interações e pelo sucesso do projeto em geral.

LEMBRE-SE

É possível ter uma boa base para um projeto transformador bem-sucedido, alocado internamente ou com recursos FinTech, com o seguinte:

» Consiga total adesão da alta gerência, assegurando que ela entenda os custos e os requisitos de pessoal.

» Identifique e mobilize os principais envolvidos.

» Identifique o proprietário/chefe do projeto.

- » Identifique e instale um conjunto de ferramentas para ajudar no desenvolvimento e nos objetivos de controle.
- » Identifique a equipe dedicada a focar o projeto.
- » Identifique as áreas nas quais há ativos internos insuficientes para lidar com os requisitos de desenvolvimento.
- » Identifique as áreas mais bem atendidas quando terceirizadas.
- » Desenvolva uma equipe completa de implantação.

Saiba mais sobre como realizar as tarefas dessa lista nas próximas seções.

Recrutando os membros certos da equipe

Para atribuir as pessoas certas às principais posições da equipe FinTech, você deve entender a natureza das várias funções. Esta seção explica alguns fatores-chave a serem buscados nos possíveis membros da equipe.

LEMBRE-SE

Se os recursos externos da FinTech estão envolvidos, um chefe da equipe interno precisa participar da seleção dos recursos de terceiros, assim como da equipe interna. O chefe da equipe interno ou o gerente de projetos interno deve ter o direito de recusar os recursos que não parecem ter as habilidades certas nem o apetite cultural.

A posição de chefe da equipe talvez seja a mais crítica a preencher, pois sua visão e habilidade orientarão o processo inteiro, inclusive recrutando outros membros para a equipe. Os bons chefes de equipe:

- » **Conhecem o objetivo final:** Eles têm uma visão sobre o que é necessário e como isso deve ser posicionado e conduzido.
- » **Assumem riscos:** Eles entendem que, em alguns casos, operarão em um território desconhecido e podem determinar quando um risco vale a incerteza.
- » **São inspiradores:** Eles passam empolgação em relação aos objetivos e recrutam visando a mudança.
- » **Têm um bom olhar para o talento:** Eles têm um bom conhecimento sobre o trabalho, as habilidades necessárias para o projeto e as pessoas na organização que podem preencher as posições.
- » **Administram bem:** Eles estabelecem expectativas altas, mas razoáveis, e seguem até atingir os objetivos.

Todos os outros membros internos da equipe também são importantes e devem ser escolhidos com cuidado. As pessoas com inclinação empreendedora funcionam bem nesses grupos de trabalho mais transformadores. Os bons membros da equipe terão estas qualidades:

» Dedicação à mais alta qualidade que podem entregar.

» Capacidade de trabalhar bem com outras pessoas e conseguir o melhor de seus colaboradores.

» Confiança de que seus pensamentos e ideias são respeitados na organização.

» Crença de que ser dedicado aos resultados do projeto é um diferencial individual na carreira.

» Desejo de ensinar ao resto da empresa sobre os benefícios desse trabalho.

Contando com a comunicação

É importante ter equipes que se comunicam bem com pessoas de fora do projeto FinTech. Assim, elas compartilham informações cuja recepção pode ser testada. Elas podem esclarecer a estratégia da empresa, identificar os desafios e soluções e explicar o roteiro e as próximas ações. Todos os envolvidos, assim como os participantes do projeto, são "agentes de mudança". Eles devem ter uma mensagem clara e consistente, que é rapidamente compartilhada com pessoas de fora do grupo. Isso ajuda os externos a se preparar para a mudança.

É essencial o alinhamento dos objetivos entre os diferentes departamentos envolvidos no projeto e também qualquer FinTech que fornece a tecnologia, o software ou os serviços. O uso de "scrums" e reuniões frequentes deve fazer parte do exercício diário. Os observadores externos do processo, que não estão diretamente envolvidos mas são afetados de forma indireta, devem ser convidados para o debate com regularidade. O uso de reuniões com toda a empresa e avisos eletrônicos pode ajudar a manter informados todos os curiosos e aqueles que estão nervosos, e deve ajudar a manter os boatos no nível mínimo. O modo como a mudança é administrada é analisado nas próximas seções.

Mudando o paradigma da liderança

Historicamente, a maioria das empresas expandiu de modo hierárquico, com áreas isoladas de controle de dados e relatórios lineares. Mas muitas delas basicamente estão mudando para uma estrutura mais ágil que espelha a mudança nos processos de desenvolvimento e métodos. O desenvolvimento de mudanças do mercado e de uma empresa precisa orientar a necessidade crescente de tempos de resposta mais rápidos e propriedade mais flexível dos processos.

As mudanças nos conceitos da organização também criaram alterações no modelo de liderança. Uma equipe transformadora é flexível. A organização deve recompensar a inovação e a proatividade, não uma descoberta de solução reativa. A colaboração e a facilidade de comunicação nas equipes autônomas e focadas são essenciais para o sucesso de qualquer projeto. A liderança em um grupo também deve ser fluida, dependente da tarefa e das habilidades das pessoas. Consenso e teste do status quo são a nova regra.

LEMBRE-SE

O novo paradigma para criar equipes transformadoras inclui:

- Criar equipes pequenas, de vários departamentos e independentes.
- Capacitar as equipes para agir de modo autônomo.
- Esperar revisões e análises frequentes das abordagens adotadas.
- Esperar inovação e informações orientadas pelo design do cliente.
- Contar com o cliente como parte da equipe de tomada de decisão.
- Capacitar o desenvolvimento de um bom ecossistema de parceiros.
- Encorajar uma mudança consistente e repetida na organização.
- Adotar o compartilhamento de conhecimento.
- Ter um conjunto completo de ferramentas compartilhadas.
- Verificar se há um entendimento claro das regras em torno do engajamento.
- Verificar se as conquistas são comemoradas e a ação certa é recompensada.

LEMBRE-SE

Quando as FinTechs se envolvem em projetos transformadores, elas devem operar como se fossem um braço interno, não externo, da organização que as contratou. O segredo é situar a FinTech no local e ter pessoas comprometidas que interajam diretamente com a equipe interna. As tarefas descritas na lista anterior devem ser estabelecidas como diretrizes não só para os internos, mas também para as pessoas externas. A FinTech deve ter um gerente de projetos devidamente nomeado que interage com os chefes internos e é responsável pelos mesmos objetivos. Ele deve ter todas as tarefas, objetivos e prazos delineados e definidos, e um documento de requisitos que recompensa ou penaliza o terceiro por não ter um bom desempenho. A melhor combinação para o sucesso é recompensa e punição.

Atribuindo funções

Você pode recrutar membros da equipe para posições específicas já em mente, mas também pode integrar pessoas primeiro e decidir suas funções exatas e responsabilidades depois. As equipes de maior sucesso são as que não têm uma ideia rígida sobre a "descrição do trabalho".

NUMERIX: LIÇÕES APRENDIDAS

Sempre há um ponto de inflexão quando uma empresa deve tomar a decisão sobre a hora de adquirir novas empresas, em vez de continuar a expandir naturalmente. Todas começam a crescer maximizando os talentos e as habilidades de seus funcionários e seguindo um plano de desenvolvimento estratégico. Mas, em algum ponto, a empresa precisa acelerar a expansão financeira, controlar novas áreas de desenvolvimento indisponíveis com a mão de obra atual ou colocar novos produtos no mercado mais rápido. Esses objetivos levam a alta gerência para a próxima etapa do planejamento: aquisição ou fusão, comprar ou criar.

Uma área de ênfase do coautor Steve O'Hanlon, CEO da Numerix, foi interagir ativamente com grandes bancos do mundo inteiro para posicionar a tecnologia da plataforma e a análise da Numerix como um marco da inovação e da escalabilidade dos bancos. O possível resultado final da parceria com os principais clientes é um movimento contrário e disruptivo para as arquiteturas existentes que capacitam muitos bancos hoje e absorvem as novas áreas de crescimento da empresa.

Outro marco em seu plano ambicioso para a Numerix foi buscar aquisições. Nesse sentido, 2016 foi um ano de destaque. Como empreendedor e empresário, Steve sempre fica atento a outras oportunidades. Durante o inverno de 2016, ele viu uma oportunidade de inovação e diferencial, passou a fazer negociações e, em fevereiro de 2017, a Numerix adquiriu a TFG Financial Systems, uma empresa de avaliação em tempo real, gerenciamento de risco e serviços de integração. Sua tecnologia, quando integrada nas capacidades da Numerix, fez a empresa ultrapassar seus concorrentes com uma jogada tecnológica estratégica de última geração que ninguém mais tinha. A aquisição também permitiu uma entrada imediata em um novo mercado para a Numerix: o setor de fundos de cobertura.

Consistente com seu estilo de gestão, Steve compartilhou seu plano com toda a empresa. Ele pediu o apoio não apenas de sua equipe sênior, mas também de todos os funcionários, e os levou juntos em sua jornada para a funcionalidade e maior geração de receita. Para a integração de uma nova empresa na Numerix, Steve sentiu que era essencial que os funcionários entendessem a motivação por trás da aquisição versus um crescimento natural contínuo. Também foi essencial que a empresa escolhida preenchesse o vazio não apenas na tecnologia, mas também nas habilidades da empresa.

Segundo Steve: "Fizemos uma boa diligência prévia em muitas empresas que reivindicaram o direito de entregar recursos no mercado em tempo real. Foi bem documentado quantas instituições financeiras tentaram desenvolver sistemas em tempo real sozinhas e fracassaram. Enquanto isso, sistemas fechados, como o SecDB, operavam em torno de linguagens patenteadas e um modelo de dados existente, e os revendedores das soluções escolhidas ficavam contentes em criar sistemas de shell parecidos sem a maturidade do modelo de dados e análise. Como um moderno sistema de transações e risco que utiliza um gráfico de dependência

276   PARTE 3 **Trabalhando com FinTechs**

> dinâmico, o Numerix Oneview é o SecDB de última geração. Criado com componentes padronizados, como o Python, e um moderno modelo de dados padrão do mercado, a Numerix fornece uma tecnologia parecida com o que empresas como Goldman Sachs e JP Morgan têm, mas continua independente e imparcial."
>
> O Numerix Oneview Asset Management, antes TFG Complete, forneceu à Numerix uma solução completa, em tempo real, de SaaS pronta para uso. Eles logo começaram a trabalhar com novas e inúmeras instituições de compra, inclusive fundos de cobertura que operavam macroestratégias globais, doações, fundos de pensão e fundos soberanos.
>
> A aquisição também teve um papel nos futuros planos da Numerix, continuando a fazer a transformação digital.

A propriedade vem com uma comunicação e objetivos claros. Se os objetivos são claros e os membros da equipe são capacitados para assumir o resultado, muitas vezes fica nítido qual membro da equipe deve assumir responsabilidades e tarefas específicas. O chefe interno e o chefe de projetos FinTech externo devem entender os membros individuais de suas equipes e o que motiva cada um para terem excelência pessoal.

LEMBRE-SE

No início de cada projeto, todos os membros da equipe, internos e terceirizados, devem debater sobre os requisitos e os resultados, identificando as habilidades e as capacidades de cada membro. O chefe do projeto deve entender os pontos fortes de cada membro e traçar seu comprometimento com o projeto. Os membros da equipe devem ser encorajados a sair de suas zonas de conforto e receber ferramentas que os permitam ser bem-sucedidos. Reuniões de avaliação frequentes são muito recomendadas. O chefe da equipe deve conseguir falar diretamente com os supervisores, caso falte alguma habilidade, e recorrer a um pool maior de talentos internos ou externos da organização, quando necessário.

Durante a coleta dos requisitos e a criação da descrição do trabalho, um entendimento total do pessoal necessário será desenvolvido. Mais expertise pode ser necessária conforme o andamento do projeto, mas as necessidades básicas de uma FinTech geralmente estão em certas áreas de especialização técnica que residem fora da instituição que interage com a FinTech. Muitas vezes, essas posições estão nas áreas do gerenciamento de dados, programação da aplicação, desenvolvimento de interface (API) e microsserviços, segurança da nuvem e facilitação, entre outras. A instituição deve estar preparada para disponibilizar, para o projeto e a equipe FinTech, os membros da equipe com conhecimento único dos sistemas existentes.

Definindo Expectativas e Cronogramas Realistas

Manter nos trilhos os projetos de transformação é uma arte, sendo ainda mais difícil quando muitos departamentos diferentes e recursos FinTech de terceiros estão envolvidos. É fundamental que todos saibam suas funções e responsabilidades, e reuniões frequentes são um requisito absoluto. Segundo a empresa de consultoria e pesquisa global Gartner, a quantidade de iniciativas que falharam ou atrasaram em 2005 ficou acima dos 30%; hoje são 68%. Gerenciar a mudança e manter o interesse e o comprometimento são essenciais para o sucesso de todos os projetos de transformação. Qualquer terceirização utilizada em um projeto desses deve ser vista como uma extensão da organização para a qual se está trabalhando, e isso deve ser levado em conta para a lista de resultados e os padrões.

CUIDADO

Alguns motivos típicos para a falha de um projeto:

» Desalinhamento dos objetivos estratégicos, requisitos técnicos e objetivos comerciais.

» Definição ruim de sucesso. Os recursos humanos da FinTech devem estar envolvidos e comprometidos com os objetivos do projeto.

» Falta de responsabilidade. Definir prêmios positivos por alcançar metas específicas e compensações negativas por não alcançá-las pode ser um modo de incentivar mais os terceirizados.

» Estabelecimento ruim de cronogramas e monitoramento de metas. É essencial o gerenciamento de projetos em todos os recursos, internos e terceirizados.

» Investimento insuficiente em ferramentas que tornariam o projeto mais controlado. Todos os recursos devem usar as mesmas ferramentas.

» Gerenciamento de projetos ruim e falta de atribuição consistente das responsabilidades dos envolvidos.

» Falta de comprometimento e foco do responsável crítico pela equipe.

» Perda dos principais defensores na alta gerência.

LEMBRE-SE

Alinhar uma empresa com o melhor parceiro FinTech para lidar com algumas tarefas e a administração dos projetos de transformação assegura melhores resultados para o sucesso. É fundamental definir as expectativas no início.

O chefe do projeto é responsável por definir necessidades e objetivos claros. Esses objetivos vêm da coleta de requisitos abrangentes e da formulação da declaração de trabalho (SOW) compartilhada interna e externamente. Todos os envolvidos devem participar dos estágios de planejamento de qualquer projeto, e o processo de aprovação deve incluir todos os que têm alguma propriedade.

Depois de criar um documento de requisitos que inclui casos de uso, critérios de teste e processo de aprovação, assim como um SOW de alto nível, a próxima etapa é criar um cronograma realista e atribuir responsáveis a cada componente do plano. É melhor dividir qualquer projeto grande em unidades menores ou fases, e cada uma delas deve ter uma lista de marcos associada. Estimativas sobre a mão de obra necessária e disponibilidade de tempo são uma parte integral para o sucesso de um projeto e devem ter flexibilidade. Há várias ferramentas disponíveis para controlar e supervisionar esses objetivos. Muitos chefes de projeto usam o Microsoft Project (um ótimo guia para ajudar é o *Microsoft Project 2019 For Dummies*, de Cynthia Snyder Dionisio, sem publicação do Brasil).

Cada plano deve incluir critérios de aceitação do usuário, atualizados e desatualizados, e documentos de design. Você também deve determinar as interdependências entre os diferentes casos de uso e a funcionalidade requerida, incorporando-os ao plano do projeto. Publique o plano em um site compartilhado e atualize-o regularmente com todos os envolvidos.

Desenvolver planos de projetos e cronogramas de entrega realistas é essencial para o sucesso do projeto. Entregas perdidas e comprometimentos irreais com o projeto desmoralizam a equipe, assim como os envolvidos internos e externos. Para garantir um resultado bem-sucedido, você deve passar um tempo no desenvolvimento inicial de um plano sólido que possa ser aumentado mais adiante, com revisão constante e monitoramento das tarefas.

O cronograma e os compromissos esperados de um parceiro FinTech devem ser totalmente capturados no SOW, e deve haver consequências negativas às falhas em atender aos objetivos. Isso pode incluir o pagamento de taxas.

Apoiando Agentes de Mudança

Agentes de mudança são as pessoas ou equipes que fazem mudanças na organização, e podem ser internos ou externos à organização. Às vezes, tal agente pode ser um único funcionário que defende uma modificação específica do processo. Em outras, uma empresa pode contratar terceiros para agir como agentes nas mudanças organizacionais em grande escala. Em qualquer nível de mudança instituído, deve haver adesão da alta gerência.

NUMERIX: LIDERANDO A DISRUPÇÃO NOS MERCADOS DE CAPITAL

Fundada em 1996, a Numerix desenvolve tecnologia de mercados de capital, sobretudo no espaço de transação de derivativos. Ela ajuda as empresas a melhorar suas receitas, lucrar e reduzir o risco, fornecendo soluções de software avançadas para precificação, modelagem, avaliação e gerenciamento de risco precisos de vários tipos de derivativos. Seu faturamento de 2018 foi de US$8,1 milhões, superado em 2019 em mais de US$12 milhões.

Os participantes do mercado de derivativos enfrentam inúmeros desafios e precisam de ferramentas para ajudá-los a navegar as complexas condições do mercado e atender aos requisitos regulatórios móveis. Eles precisam atualizar os sistemas para atender à transformação necessária de fazer negócios hoje e no futuro. Steve O'Hanlon respondeu incorporando a Numerix a um catalisador de inovação e aborda os desafios que os participantes do mercado encaram como problemas que a Numerix deve corrigir melhor e mais rápido que qualquer concorrente.

A missão de Steve para a Numerix é fazer disrupção nas tecnologias existentes e nos processos comerciais nos mercados de capital via tecnologia de ponta para dar aos clientes uma vantagem estratégica em seus mercados, permitindo que façam mudanças lucrativas na estratégia comercial. Com sua mentalidade empreendedora voltada para a criatividade, firmeza e desejo insaciável, Steve tornou a Numerix essencial nos mercados de capital. Sua rigidez diante das mudanças do mercado e pressões competitivas é incomparável. Steve foca a empresa nas principais áreas que agregam valor e tornam os clientes da Numerix bem-sucedidos, levando-os a renovar, atualizar e raramente desistir.

Os concorrentes da Numerix dependem dela também. Muitos veem necessidade de incorporar a análise da Numerix a suas próprias estruturas de tecnologia, para ampliar o escopo e a qualidade das ofertas de mercado em si.

A Numerix está muito bem posicionada na comunidade de vendas (bancos de investimento), o que representa 70% de seu faturamento total anual. Portanto, em termos de atividade atual, a empresa agora desenvolve novas linhas de produtos que podem ajudá-la a se tornar mais dominante também na comunidade de compras (por exemplo, gerentes de ativos e fundos de cobertura), uma vez que elas representam apenas 30% de seu faturamento total com licenças.

As etapas que a Numerix executa para assegurar seu sucesso ao modelar e fazer parceria com instituições são:

- **Ser líder nas tecnologias transformadoras da FinTech:** Regulação e necessidades internas de bancos e outras organizações demandam plataformas totalmente integradas que entregam os mesmos dados consistentes e saídas a todos os usuários.

- **Utilizar e selecionar novas tecnologias:** A Numerix "usa seu próprio produto". Como uma empresa que iniciou como uma catalisadora de ideias intelectuais, ela tem talento para desenvolver tecnologias de ponta. Ela adotou o código aberto, microsserviços, novas linguagens de desenvolvimento e processos de desenvolvimento mais flexíveis, que aumentam sua velocidade de entrada no mercado. Ela fornece ofertas de nuvem montadas previamente e fáceis de integrar, apostando no desenvolvimento rápido de inteligência artificial e aprendizado de máquina. A posição do blockchain no mercado e sua posição certa no futuro do setor financeiro são atualmente uma área de interesse e pesquisa.

- **Tornar os dados homogêneos e transparentes:** A necessidade de digitalização transparente quase em tempo real é conduzida por dados claros e confiáveis. A Numerix fez parceria com os melhores na área de normalização de dados e pode entregar resultados em qualquer lugar, de qualquer modo e a qualquer momento.

Os agentes de mudança dão orientação vinda de uma posição favorável. A maioria deles representa os melhores e mais vanguardistas pensadores de uma empresa ou uma divisão, e já são respeitados na empresa por outras funções de liderança. Eles têm conhecimento técnico, que se traduz em encontrar soluções de modo proativo, e são reconhecidos como líderes carismáticos. Quanto mais os agentes de mudança sabem sobre os trabalhos individuais necessários para o projeto, mais fácil é para eles conseguir a adesão da equipe. As FinTechs costumam merecer o respeito necessário porque são contratadas como agentes de mudança. Em geral, esse agente pode ser o chefe interno do projeto, embora nem sempre seja o caso.

Os agentes de mudança são autorizados pela alta gerência, mas também são responsáveis por entregas específicas. Se eles focassem um projeto em tempo integral, os departamentos tradicionais onde já trabalharam provavelmente ficariam estremecidos. A alta gerência deve antecipar a disrupção da mão de obra e disponibilizar uma equipe substituta.

DICA

Como os agentes de mudança de uma empresa são ativos valiosos, seus planos profissionais precisam fazer parte do plano geral da empresa. Você não quer que outras empresas os roubem! Os agentes bem-sucedidos devem ser recompensados quando o projeto termina com oportunidades de melhoria, como treinamento formal e maior responsabilidade.

Um agente de mudança deve ter as seguintes qualidades e encorajá-las em outros membros da equipe:

» Capacidade de pensar com criatividade.

» Desejo de cometer erros, mas identificá-los rápido, modificando as abordagens.

» Capacidade de entender os limites pessoais do grupo e buscar conhecimento especializado fora do paradigma normal do setor.

» Capacidade de ouvir críticas com a mente aberta e permitir que outras pessoas apresentem suas preocupações.

» Disciplina para garantir que o foco e as prioridades do projeto estejam alinhados com as necessidades da empresa.

» Desejo de assumir a responsabilidade de decisões não populares que promovem os objetivos da empresa.

Retendo Bons Funcionários Durante a Mudança

Em algum ponto da carreira, todos os funcionários imaginam se o futuro com seu empregador atual ainda é o melhor caminho a seguir. *Posso desenvolver meu total potencial aqui? Meu trabalho é seguro, com todas essas mudanças ocorrendo nos últimos tempos? Posso ser melhor em outro lugar?*

Neste momento e nesta economia, os concorrentes e os headhunters tentam sempre roubar os bons funcionários, e estes podem ficar especialmente vulneráveis a essas tentativas quando a organização passa por uma grande mudança, porque temem o desconhecido que tal mudança trará. Os empregadores devem entender esses temores e fazer o que podem para minimizá-los. As próximas seções podem ajudar.

DICA

Depois de um projeto de transformação prologado, pode ser benéfico contratar alguns funcionários da FinTech terceirizada que trabalharam na transformação. O contrato assinado com a empresa terceirizada provavelmente terá uma cláusula determinando como e sob quais circunstâncias isso pode ser feito.

Por que os funcionários vão embora

Os funcionários vão embora porque podem ter uma destas preocupações:

- » Nenhum plano de carreira claro.
- » Falta de respeito ou confiança na equipe de gerenciamento ou na direção da empresa.
- » Nenhuma capacidade de aprender novas habilidades.
- » A compensação não é suficiente pelo esforço.
- » Desequilíbrio entre vida profissional e privada.
- » Adequação cultural errada.
- » Falta de reconhecimento pelo trabalho bem feito.
- » Medo de ser criativo.
- » Medo de arriscar a reputação.

Quando as preocupações são entendidas, é possível criar políticas e práticas claras que ajudam os funcionários a desenvolver planos de carreira viáveis. Todos os funcionários devem ser encorajados a desenvolver um plano de metas de cinco anos, que eles compartilham com o RH e seus supervisores imediatos. Eles também devem ser encorajados a se aproximar dos superiores da organização e pedir orientação.

DICA

Instituir entrevistas de desligamento que façam perguntas sobre as percepções e as experiências dos funcionários que saem também pode ajudar a criar políticas que diminuam a probabilidade de saídas parecidas no futuro.

Estratégias de retenção que funcionam

As empresas com bons números de retenção fazem isso dando um suporte ativo ao desenvolvimento de carreira de cada funcionário. Alguns modos como elas podem ajudar os funcionários a crescer e ter sucesso em suas posições incluem:

- » Criar programas que encorajam e recompensam a criatividade.
- » Desenvolver planos de carreira claros com marcos para a realização.
- » Criar programas de incentivo para recompensar uma formação acadêmica contínua.
- » Assegurar que a estrutura de pagamento faça sentido. Os funcionários sempre conversam, e todos querem ser conhecidos adequadamente pelo trabalho realizado.

- » Fornecer aos principais funcionários incentivos extras por excederem as expectativas.
- » Oferecer aos novatos orientação para ajudá-los a se ambientar na organização.
- » Reconhecer que os mais jovens podem não trabalhar bem em construções hierárquicas mais antigas. Para os millennials, foi comprovado que tornar o trabalho divertido e oferecer horas de trabalho flexíveis aumenta a produtividade.
- » Criar uma declaração de missão que seja entendida na base de funcionários e ressoe fora da empresa também. Todos querem trabalhar para uma empresa que representa algo, é a melhor em algo ou se esforça para ser a melhor.

DICA

O uso de pesquisas internas periódicas para identificar quais recompensas, políticas e programas de incentivo funcionam melhor em uma organização. Diferentes tipos de empresas e até grupos diferentes em uma empresa podem responder a incentivos motivacionais diferentes. Por exemplo, em uma empresa de alta tecnologia, um tempo flexível e o suporte para fazer pesquisa em um projeto de pets pode motivar um desenvolvedor mais que o dinheiro.

Planos de carreira e mudança organizacional

Em geral, os seres humanos, por natureza, são avessos ao risco. Para ajudar os funcionários a ficar confortáveis com a mudança (inclusive mudanças da FinTech), a equipe de gerenciamento deve entender o risco para os funcionários (e definir o nível de conforto da empresa com ele), priorizar e classificar o risco e desenvolver meios de lidar com o risco inesperado por meio de processos definidos. A mudança pode ser menos assustadora se os funcionários sabem que há um processo que cobre como ela é identificada, evolui e é mitigada.

Algumas alterações do trabalho que podem ocorrer durante a mudança organizacional incluem:

- » **Promoção vertical:** Subir um degrau é quase sempre bom, mas os funcionários podem temer maiores responsabilidades e a possibilidade de fracassar. O empregador deve debater com o funcionário sobre os possíveis resultados, inclusive as "hipóteses". Por exemplo, se é possível que o funcionário volte para sua antiga posição, caso a nova não dê certo; saber isso pode acalmar.

» **Recolocação horizontal:** Às vezes, o funcionário só está no trabalho errado em relação a suas habilidades e deve ir para uma posição diferente, e ele precisa entender por que a gerência considera ser esse o melhor movimento. Claro, tal movimento funciona apenas se o funcionário concorda com a avaliação e sabe que os chefes e a empresa em geral darão suporte.

» **Redefinição do trabalho:** Muitas vezes, forças externas podem fazer um trabalho ser redefinido, como uma mudança no processo devido a atualizações tecnológicas. Tais mudanças podem ser difíceis para os funcionários, pois eles estão confortáveis na antiga função e talvez sejam bons nela. É importante que o funcionário entenda como a mudança é crítica para o sucesso da empresa, de modo a não parecer arbitrária e uma disrupção indesejada.

» **Mudança temporária:** Uma empresa pode precisar pedir que alguns funcionários mudem suas funções temporariamente conforme implementam um novo sistema em fases. A posição pode acabar sendo permanente ou não, dependendo de fatores além do controle deles. Para ajudar os funcionários a se sentirem mais seguros com a situação, os empregadores precisam informá-los que eles não serão demitidos nem dispensados, caso a posição não dê certo como permanente.

Entendendo a Tomada de Decisão Orientada por Dados

Ser proprietário dos dados, mineração e manutenção são todas partes necessárias da estratégia corporativa. Usar os dados corretamente, e se alinhar estrategicamente com esse uso, permite que as empresas prevejam o futuro crescimento com mais eficiência, descubram áreas de novo crescimento e aperfeiçoem operações para maximizar os lucros. É uma nova ciência, e muitas vezes terceirizada para pessoas especializadas e FinTechs.

Quanto mais limpos são os dados que sua empresa controla e usa, melhor uso a alta gerência pode fazer deles. As empresas mais antigas têm grande armazenamento de dados brutos que poderiam ajudá-las a tomar decisões mais embasadas se soubessem como acessá-los. Como vimos no Capítulo 9, a inteligência artificial ajuda a gerência a utilizar esses silos de dados com mais eficácia com a criação de painéis e relatórios obtidos em um conjunto de armazenamentos de dados.

LEMBRE-SE

O uso de dados para tomar decisões comerciais é chamado de *Tomada de Decisão Orientada por Dados (DDDM)* e se baseia em coletar e avaliar os dados em padrões de análise que orientam a empresa em seus principais objetivos comerciais. Essas decisões devem ser guiadas por algoritmos que criam uma saída com base em métricas e valores. As empresas podem usar os dados para fazer um relatório quantitativo ou qualitativo. Os *dados qualitativos* são contextuais e não definidos por números, e os *dados quantitativos* são estatísticos.

Para a DDDM ser bem-sucedida, deve ocorrer o seguinte:

» Os dados devem ser limpos e precisos.

» A matriz usada para interpretar os dados deve ser revista quanto a alterações nas práticas recomendadas e necessidades do mercado.

» Deve ser testada em relação a tendências e expectativas preconcebidas.

Agora existem ferramentas que disponibilizam relatórios e gráficos focados em toda a organização. Elas facilitam identificar tendências e tomar decisões mais orientadas ao negócio do que nunca.

NUMERIX: GERENCIANDO COM AQUISIÇÕES

A decisão de adquirir uma empresa é repleta de percalços em potencial e não deve ser iniciada sem muita pesquisa e verificação dos fatos.

Na aquisição da TFG Financial Systems em 2017, a Numerix deu seu primeiro passo para se afastar do crescimento natural e adotar uma estratégia de crescimento mais robusta, que incluía a aquisição. Ela fez isso para atacar uma nova área de crescimento de receita e expandir sua tecnologia.

É seguro continuar com o crescimento natural se você teve sucesso com ele. A Numerix sempre foi ágil e astuta ao entender as tendências mostradas no mercado e maximizar seus pontos fortes. Assim, dobrou seu crescimento anual, mas realmente enfrentou um limite no horizonte. A Numerix viu a aquisição como um modo de expandir em outras áreas lucrativas.

É fácil ser complacente com o crescimento quando ele é natural. Com uma empresa de pequeno a médio porte, o crescimento é tranquilo e há poucas variáveis. E a empresa é bem conhecida. Os limites e os ativos de seus membros são entendidos, e os resultados podem ser antecipados e são sustentáveis. É fácil controlar a mensagem e passar uma visão consistente que todos compreendem, interna e externamente. Contudo, em certo ponto, isso não é o suficiente.

A Numerix entendeu que, para ser disruptiva e transformadora no mercado, e manter sua vantagem competitiva, precisava de sangue novo, novas tecnologias e novos caminhos nos quais vender seus produtos, e viu a aquisição como uma rota rápida para esses fins.

Ela procurou uma empresa pequena que tinha algumas tecnologias atraentes e de ponta que a lançaria em novos canais de vendas. A TFG Financial Systems ofereceu à Numerix a entrada no micromundo do fundo de coberturas por meio de seu sistema de gerenciamento de risco em tempo real, P&L e posição. A TFG tinha uma tecnologia nova de última geração: capacidades do gráfico de dependência centrais em seu software de gerenciamento de risco SaaS e portfólio, e uma estrutura de tecnologia. A Numerix sentiu que essa nova tecnologia forneceria capacidades de processamento essenciais de tempo real, distribuídas e orientadas a eventos na solução corporativa de riscos e transações do Numerix Oneview.

A tecnologia de gráficos da TFG também pode ser central nas futuras versões da plataforma corporativa Numerix Oneview. Sustentando a arquitetura de tecnologia da Numerix, o Numerix Oneview se tornou o único provedor independente de transação e risco em tempo real, com uma fonte de dados e análise para o risco na linha de frente e no escritório médio.

Por fim, uma aquisição deve ser uma negociação de ganho mútuo. As culturas devem funcionar tão bem quanto a tecnologia. Uma diligência prévia é essencial, e uma comunicação aberta e clara é o segredo do sucesso. Alguém precisa assumir o processo que integra não só a tecnologia, mas também as pessoas, em uma visão coesa da "nova" empresa e da nova visão.

Dividindo os Silos

Quatro palavras que nunca devem ser ditas em uma empresa: *Não é meu trabalho.* As pessoas que se escondem atrás da descrição de uma função para determinar quanto trabalho fazem não focam o sucesso da instituição nem as necessidades dos colegas. Tais indivíduos são um risco, mas nem sempre isso é totalmente culpa dos funcionários. A empresa tem a responsabilidade de passar uma cultura de trabalho que desencoraje essa atitude.

As organizações bem-sucedidas e muito engajadas encorajam e capacitam os funcionários para serem agentes de mudança. Como princípio, elas recompensam e reconhecem as pessoas pela iniciativa.

A alta gerência de uma empresa dá o tom da cultura corporativa. Um líder que deseja realizar o que pode ser considerado um trabalho subalterno dá o exemplo de que todo trabalho é digno de atenção e todos devem ser feitos com a melhor qualidade possível. Os CEOs que se responsabilizam também podem manter as outras pessoas no mesmo nível de excelência.

Um silo é uma representação da síndrome do "não é meu trabalho". Muitas vezes, as grandes empresas encorajaram estruturas em silos porque acreditam que elas facilitam um melhor controle e respostas mais rápidas. Contudo, em longo prazo, os silos impedem o crescimento e a criatividade. Eles se formam quando departamentos e grupos isolados afastam as informações de outras áreas, para assegurar seu próprio status contínuo ou porque simplesmente não percebem que elas podem ser úteis para outros departamentos. Tal falta de transparência normalmente começa como parte da cultura corporativa geral. Quando é criado um silo, ele impacta todos os aspectos da organização, contamina a moral geral da empresa e impede uma corporação eficiente.

Veja algumas etapas simples que você pode adotar para destruir a mentalidade que cria silos:

- » Crie uma declaração de missão e conjuntos de metas para toda a empresa.
- » Torne transparente o objetivo em todos os departamentos.
- » Use ferramentas de colaboração para aumentar a produtividade.
- » Forme grupos de transação menores entre os departamentos que compartilharam entregas e responsabilidade.
- » Ofereça treinamento nos departamentos e junte os funcionários sempre que possível.
- » Comunique-se com muita frequência em equipes e no nível corporativo.

LEMBRE-SE

Parte do processo necessário para dividir em silos começa com respeito. Ouça e compartilhe as opiniões dos funcionários e mostre as diferenças de opinião como oportunidades de crescimento. Uma empresa em evolução abraça a diversidade de pensamento com ação, e, nela, as discordâncias podem levar a soluções criativas.

NESTE CAPÍTULO

» **Entendendo os diferentes tipos de investimento**

» **Analisando os veículos do investidor**

» **Fazendo uma diligência prévia em um investimento em potencial**

» **Estudando as estratégias de crescimento da empresa**

» **Examinando a cultura**

Capítulo **16**

Investindo nas FinTechs

Muitos bancos investem estrategicamente em FinTechs para se proteger da disrupção, mas muitos também colaboram com FinTechs para ter ganho mútuo.

As empresas de capital de risco (VC) buscam as FinTechs mais diferentes que possam se tornar as próximas disruptoras na norma dos serviços bancários, e as empresas de capital privado (PE) procuram a corporação que possa acumular muitos "diamantes brutos" para criar uma empresa de capitalização de mercado grande, significativa e multibilionária. Vencedores e perdedores ajudarão a definir o setor financeiro nas próximas décadas.

Investir em FinTech pode ser como um jogo de azar, mas há meios de aumentar as chances de ganhar. É basicamente o que as VCs e as PEs fazem todos os dias. Elas tentam administrar os vencedores e reduzir o risco para melhorar seus retornos. É claro que cada startup FinTech deseja pegar o smart money ["dinheiro inteligente", em tradução livre], e este deseja empresas que tenham planos comerciais viáveis, credibilidade ou linhagem para negócios sustentáveis e lucrativos.

Neste capítulo, explicamos quem investe, como identificar as futuras FinTechs em ascensão e como competir com as VCs e as PEs mais conhecidas no setor. Este capítulo descreve as etapas necessárias para encontrar os veículos corretos de investimento FinTech e fazer uma diligência prévia para que as chances fiquem a seu favor.

DICA

O mundo dos investidores e investimentos está mudando como resultado da revolução FinTech; essa área da FinTech aplicada no setor global de gestão de investimentos é chamada de WealthTech. Para ter mais informações, verifique *The WealthTech Book* ["Livro da WealthTech", em tradução livre], de Susanne Chishti e Thomas Puschmann.

Entendendo os Participantes

LEMBRE-SE

Ao decidir se deseja investir no espaço FinTech, é preciso considerar as diferenças entre investimentos para o consumidor (por exemplo, a empresa que fabrica seu app financeiro móvel favorito) e investimentos FinTech para empresas (por exemplo, a empresa que fabrica o software interno que um banco usa para gerenciar as contas do cliente):

» Na área B2C (business-to-consumer), algumas FinTechs lutam para fazer disrupção no setor fornecendo novos apps financeiros diretamente para os consumidores. Esses apps são atraentes porque são mais fáceis, rápidos e baratos de usar do que aqueles que as instituições financeiras tradicionais *(beneficiadas)* fornecem.

» O espaço B2B (business-to-business) foca as FinTechs que procuram colaborar, em vez de fazer disrupção, com as instituições existentes fornecendo produtos que aumentam sua eficiência, sua flexibilidade e seu lucro. As beneficiadas, por sua vez, fornecem novos produtos para os clientes.

» Também há o meio-termo, conhecido como B2B2C (business-to-business-to-consumer). Na B2B2C, as FinTechs vendem suas ofertas para as beneficiadas, que então produzem white labels (renomeiam) de cada oferta como sendo próprias e vendem aos clientes. Se você dirige um carro, teve essa experiência, porque a montadora não fabricou todas as peças. Pelo contrário, ela as compra de um fornecedor e, com elas, monta o carro (e você nunca saberia o nome do fornecedor). O mesmo acontece atualmente nos bancos: eles montam muitas soluções FinTech de empresas FinTech e colocam seus nomes e marca nelas.

Como essas entidades tentam levantar fundos, e como utilizam o financiamento, pode ser muito diferente. Entender a diferença entre os tipos de entidades ajudará a explorar suas opções de investimento e decidir onde colocar seu dinheiro.

Desafiando as instituições financeiras

Como mencionado antes, algumas FinTechs focam a disrupção do cenário financeiro existente, ao passo que outras reconhecem que precisam colaborar com os participantes existentes para aproveitar seu tamanho e distribuição.

As FinTechs que fornecem serviços de tecnologia para consumidores ou pequenos clientes (B2C), em grande parte em forma de apps (aplicativos) para celulares, agem mais provavelmente como desafiantes das instituições financeiras, pois as pessoas podem tomar a decisão de compra para os produtos em si.

São inúmeros os tipos de apps FinTech B2C e suas funções. Inicialmente surgiram muitos aplicativos em meios de pagamento (PayTech). Desse ponto, o câmbio foi uma transição natural para as transações internacionais. Isso levou a provedores de empréstimo com pontuação de crédito mais sofisticada. Mais recentemente, bancos concorrentes bem desenvolvidos ficaram populares, alguns para dispositivos móveis apenas. As empresas de robôs consultores, também no espaço de gestão de patrimônio e InsurTechs, estão competindo pela contratação de seguros.

Essas FinTechs fazem a disrupção dos pequenos negócios com maior margem de lucro das instituições financeiras estabelecidas. Resta saber o quanto esses modelos comerciais são sustentáveis em longo prazo, assim como se pode haver consolidação entre eles ou se eles podem ser comprados por agentes estabelecidos.

Oferecendo soluções colaborativas para instituições financeiras

As FinTechs que fornecem serviços de tecnologia para instituições financeiras estabelecidas provavelmente agem mais como colaboradoras. Elas se baseiam muito em torno de processos do fluxo de trabalho ou tornam os processos manuais mais eficientes. Historicamente, grandes instituições financeiras gastaram centenas de milhares de dólares, talvez bilhões, em tecnologia que lhes dá uma margem, melhora a conformidade ou ajuda a cortar os custos. Mas, conforme as margens diminuíram, as taxas de juros permaneceram baixas e os requisitos de adequação de capital aumentaram, as grandes instituições estão menos inclinadas a continuar criando elas mesmas tudo e buscam serviços compartilhados.

As FinTechs permitem que as instituições foquem sua principal tecnologia e procurem as melhores ofertas nas áreas de tecnologia, onde não precisam de uma vantagem competitiva. A adoção desse modelo ainda é relativamente nova, mas a demanda parece crescer.

A adoção da FinTech desafia a abordagem cultural da organização tradicional e sua capacidade de mudar, sobretudo quando considerada como parte de uma colaboração com instituições financeiras estabelecidas. A FinTech também adotou os aspectos culturais de uma perspectiva mais ampla da sociedade. A "onda de dinheiro" que deve inundar o mercado de investimento nos próximos anos está focada em considerações ambientais, sociais e de governança (ESG). As empresas estão investigando como podem se tornar mais responsáveis socialmente, de uma perspectiva ética, mas permanecendo competitivas em um ambiente em que consumidores e investidores buscam motivos para dar suporte, ou não, a certa sociedade.

Por isso, novos empreendedores FinTech estão respondendo com produtos que promovem a mudança cultural, a inclusão financeira e a diversidade. Isso ressoa em alguns investidores já descritos, mas também revelou novos investidores de "impacto" focados na responsabilidade corporativa e no ROI (retorno sobre o investimento).

Navegando o Cenário do Investidor

Sua posição na hierarquia de investimentos geralmente dita qual acesso você tem a certos investimentos e qual pode ser seu apetite pelo risco. Também é assim para os diferentes veículos de investimento no cenário de investidores FinTech. As próximas seções destacam alguns dos veículos de investimento mais comuns.

LEMBRE-SE

Os CEOs da FinTech precisam conhecer muito bem seus possíveis investidores e escolher os melhores em termos de capital, oportunidades de crescimento comercial e de saída em longo prazo.

Financiamento coletivo

Financiamento coletivo é um modo de as pessoas investirem coletivamente em um negócio esperando um possível lucro ou recompensa respondendo a um lance postado em um site de financiamento coletivo. Tal financiamento pode ser muito estimulante para os novos investidores, pois eles podem apoiar startups jovens e interessantes e ajudá-las a levantar o dinheiro de que precisam para expandir. Muitas vezes, diversos bancos rejeitarão os empréstimos dessas primeiras startups, portanto, esses investimentos podem ser muito arriscados.

Existem vários tipos de financiamento coletivo:

» **Baseado em empréstimo:** O empréstimo P2P (peer-to-peer) é fornecido por uma taxa de juros definida (como Lending Club e Funding Circle).

» **Baseado em recompensa:** O dinheiro é investido em troca de retornos não monetários, em geral amostras do produto desenvolvido. É o tipo de financiamento coletivo em sites como Kickstarter e Indiegogo.

» **Baseado em investimento:** Isso requer que sejam recebidas cotas em troca do investimento, que é o foco deste capítulo.

PAPO DE ESPECIALISTA

O financiamento coletivo baseado em investimentos é mais comum na Europa (em particular no Reino Unido, com empresas como Crowdcube e Seedrs) e, mais recentemente, na Ásia. O investimento baseado em recompensa é mais popular nos Estados Unidos devido às regulações em torno dos requisitos do investidor, embora a Lei JOBS (de maio de 2016) tenha estendido as oportunidades de financiamento coletivo de ações online nos EUA.

A exata natureza do financiamento coletivo é adequada aos investimentos do tipo B2C porque as pessoas podem se referir a mais de uma aplicação para consumidor (veja a seção "Entendendo os Participantes" para ter mais informações). O produto desenvolvido pode ser algo que nós mesmos usaríamos. Então, as empresas podem levantar uma quantia de dinheiro relativamente pequena com centenas ou mesmo milhares de investidores, o que, no total, lhe dá um aporte decente.

CUIDADO

As plataformas de financiamento coletivo têm opções de muitas empresas que precisam de dinheiro para expandir. Os sites mais populares tornam divertido e agradável navegar as empresas interessantes e seus produtos, portanto, facilitam que você abra seu bolso. Mas você nunca deve investir o dinheiro que não pode perder, porque é possível não tê-lo de volta; deve investir apenas no que entende bem.

A diligência prévia que os pequenos investidores fazem é relativamente pequena, dados os fundos investidos. Porém, as empresas em tais plataformas aumentaram a quantidade de informação fornecida, dando certa padronização em torno do tipo de apresentações ao investidor produzidas. As plataformas também têm obrigação de assegurar o processo da diligência prévia antes de permitir que as empresas se registrem em seus sites. O modelo de financiamento coletivo é tão novo que dados bons ainda não estão disponíveis para entender como a maioria das empresas em tais plataformas atua do ponto de vista do ROI (retorno sobre o investimento).

Poucas empresas B2B estão disponíveis nos sites de financiamento coletivo, sobretudo as FinTechs, pois as tecnologias B2B não são tão atraentes de cara para os investidores casuais. É mais "divertido" investir em um novo equipamento eletrônico revolucionário do que na tecnologia requerida para os processos do fluxo de trabalho em uma instituição financeira. E é por isso que precisamos de investidores anjos! Continue lendo.

Investidores anjo

Um *investidor anjo* é credenciado e fornece apoio financeiro, networking, expertise comercial e outros suportes para uma pequena startup em troca de uma participação no capital social. Os investidores anjo normalmente são sofisticados e experientes, com um elevado patrimônio líquido e muito capital disponível.

É muito provável que eles invistam em negócios com uma renda prévia e que buscam um capital inicial, pois tendem a investir em negócios em que sentem poder agregar valor por meio de sua expertise no setor e rede/contatos na área. Portanto, em geral, os investidores anjo assumem mais riscos do que as empresas de capital de risco mencionadas na próxima seção (inclusive investindo seu próprio dinheiro) e investem mais por empresa do que os investidores individuais de financiamento coletivo.

Contudo, os anjos não são apenas guardiões. São profissionais experientes, na maioria, que normalmente assumem posições como diretores não executivos em empresas nas quais investem ou prestam consultoria e networking para facilitar as oportunidades das empresas. E mais, muitos anjos investem coletivamente como grupo ou sindicato, dado certo tema, como FinTech, ou em grupos aleatórios que se reúnem sob a orientação de um anjo que atua como o investidor principal.

A primeira rede de anjos da Europa focada em FinTech foi criada em 2014 pela FINTECH Circle (`https://fintechcircle.com` [conteúdo em inglês]), na qual as melhores startups FinTech tentam vender para investidores anjo FinTech experientes. O processo da aplicação é muito competitivo e normalmente começa com um formulário online, no qual as melhores empresas são escolhidas e convidadas para os Dias de Seleção, quando se apresentam para investidores FinTech especializados. As sete melhores empresas são selecionadas para se apresentar na Rede Anjo da FINTECH Circle.

Em alguns países europeus, em particular no Reino Unido, os investidores coletivos e anjos recebem descontos/deduções fiscais em seus investimentos nas startups. É como um incentivo para alguns investidores ficarem mais ativos nesse espaço e melhora a relação entre risco/recompensa para tais investidores. Em outros países, como nos EUA, é mais comum que as próprias startups recebam deduções fiscais por sua pesquisa e investimentos em desenvolvimento.

DICA

Pesquise quais benefícios fiscais você terá como investidor e/ou empreendedor no início. Isso pode tornar seus investimentos muito mais atraentes/rentáveis. Veja alguns recursos [conteúdos em inglês] e pesquise em sua região:

» `www.gov.uk/guidance/venture-capital-schemes-apply-to-use-the-seed-enterprise-investment-scheme`

» `www.gov.uk/guidance/venture-capital-schemes-apply-for-the-enterprise-investment-scheme`

» `https://startupsusa.org/issues/taxes/`

Capital de risco

As empresas de capital de risco fazem o mesmo que os investidores anjo, mas em uma corporação. Em vez de investir seu próprio dinheiro, os VCs (capitalistas de risco) são pagos para investir o dinheiro de outras pessoas.

Os gerentes dos fundos de risco, conhecidos como parceiros gerais (GPs), normalmente são investidores com anos de experiência e têm participações minoritárias nas empresas em fase inicial. É o que fazem na vida, diferentemente dos investidores nos sites de financiamento coletivo ou investidores anjo. Os GPs são bons em investir ou perdem seus empregos.

Os capitalistas de risco recebem dinheiro de pessoas com um patrimônio líquido elevado, family offices [escritórios de consultorias para administrar patrimônios] e corporações, todos se tornando parceiros limitados (LPs) nos fundos. Cada LP procura um retorno diversificado e mais alto do que pode conseguir com investimentos menos arriscados, normalmente por um período fixo de até dez anos. Os GPs recebem taxas de gestão (em geral 2% dos fundos gerenciados) para explorar e investir nos tipos certos de investimento, realizar uma diligência prévia e gerenciar o portfólio resultante.

PAPO DE ESPECIALISTA

É comum que GPs e suas empresas cobrem uma taxa de carregamento (por exemplo, 20%) do desempenho do fundo (a taxa de gestão e a taxa de desempenho são comumente referidas como "2 e 20"). O resto do lucro (por exemplo, 80%) é distribuído para os LPs. Mas muitos fundos têm de conseguir uma *taxa mínima*, ou seja, uma taxa de retorno que os investidores devem receber antes de os gerentes dos fundos receberem sua taxa de carregamento. Por exemplo, o acordo de um fundo pode especificar que os LPs devem receber de volta o capital investido, além de uma porcentagem de rendimento anual acordada, antes de o GP ter seu retorno.

CAPÍTULO 16 **Investindo nas FinTechs** 295

Para reduzir os LPs que um fundo atende, normalmente é preciso um bom investimento mínimo, colocando tais fundos fora do escopo da maioria dos investidores comuns. Para investir em VCs, você deve ser muito rico ou investir diretamente via fundo que atende como um dos LPs; isso é chamado de estrutura "fundo de fundos".

LEMBRE-SE

Como estão investindo com o dinheiro de outras pessoas, os VCs tendem a investir em negócios relativamente estabelecidos, com certo nível de receita recorrente anual ou mensal, no nível da Série A de captação de recursos ou posterior. A Série A geralmente é o primeiro aporte dos VCs; a Série B é o segundo aporte; a Série C, o terceiro; etc. O financiamento coletivo e os investidores anjo muitas vezes investem em rodadas iniciais ou pós-iniciais que vêm antes da Série A.

Por fim, algumas empresas VC mudam seu foco para investimentos nos estágios posteriores (chamados de financiamento de scaleup), pois o ROI para muitos fundos foi menor que o antecipado. Em geral, os investidores VC devem antecipar que quatro em dez empresas falirão e outras quatro em dez poderão retornar o dinheiro investido. As duas empresas que restam precisariam retornar dez vezes ou mais para conseguir o tipo de retorno esperado. As empresas muito bem-sucedidas são chamadas de unicórnios, um termo que se refere às startups que conseguiram uma avaliação de mercado de US$1 bilhão.

Para proteger seus interesses, é mais provável que as VCs demandem ações preferenciais por seu investimento e recebam veto ou direitos minoritários de investimento que não estão disponíveis para outros investidores. Elas também tendem a agir como o principal investidor em um aporte, ditando assim a avaliação, o dinheiro total levantado e os termos do investimento. Esses termos podem incluir uma avaliação prévia do dinheiro da empresa, anterior ao investimento, e uma avaliação posterior, que inclui os fundos adicionados à avaliação prévia. Por exemplo, uma empresa que levanta US$1 milhão em uma avaliação prévia do dinheiro de US$10 milhões terá uma avaliação posterior de US$11 milhões.

Capital de risco corporativo

Como o nome sugere, as empresas de *capital de risco corporativo* (CVC) são como as empresas VC normais, mas investem em nome de certa empresa. Portanto, sua motivação inicial é investir em empresas que darão alguma forma de benefício estratégico para a empresa, imediato ou futuro. Assim, tendem a ficar nas empresas em estágio posterior que podem trazer uma receita e/ou lucro imediato. Algumas CVCs também pegam dinheiro fora, onde os LPs investem junto com elas. Mas tais fundos podem ter o foco dividido entre fornecer um bom ROI a todos os investidores e entregar um benefício estratégico para a empresa principal.

Por exemplo, suponha que seu banco tenha um fundo de risco corporativo. Ele pode decidir investir em uma FinTech antes de implementar seu app FinTech para milhões de consumidores globalmente. O banco deve decidir se separará de imediato os fundos disponibilizados como CVC ou retirará os fundos do balancete do banco para dar suporte ao investimento. *Retirar* se refere a coletar os fundos quando ocorre um investimento, com base em um acordo de que tais fundos estarão disponíveis quando o CVC solicitá-los.

Essa decisão pode ter um grande impacto no compromisso com o investimento ou, pelo menos, na percepção de compromisso. Os funcionários que gerenciam o CVC não são necessariamente recompensados do mesmo modo que um VC comercial, em relação às taxas de gestão e desempenho. Portanto, os incentivos, e daí o compromisso, podem ser questionados.

DICA

Os bons investidores VC devem ganhar muito dinheiro, pois compartilham a taxa de desempenho. Mas o gerente que administra um CVC não terá pagamentos ilimitados. Se alguém fosse motivado pelo dinheiro, provavelmente desejaria administrar seu próprio fundo VC. Dito isso, a princípio, os CVCs devem ser parceiros de risco melhores para as FinTechs do que os VCs normais, porque têm uma vantagem competitiva devido à expertise na área, conhecimento dos mercados, redes de clientes e tecnologias. Além disso, seu balancete melhor os torna investidores mais pacientes. Eles não buscam apenas crescimento mútuo, mas também benefícios estratégicos, como sinergias diretas com os negócios da empresa que motivam mais crescimento da receita extra e avaliação.

Porém, nem todos os CVCs aproveitam esses benefícios. Os envolvidos internos podem questionar a capacidade da startup de entregar ou sugerir que eles podem criar a mesma coisa internamente. Aqueles que têm sucesso seguem o mantra de que "retirar e substituir" não é a solução para gerenciar os antigos sistemas existentes e que "núcleo e satélite" é uma estratégia melhor.

É claro que as FinTechs precisam considerar se um investimento minoritário do CVC lhes dá a injeção de capital em curto prazo necessária para atender às aspirações de expansão junto com a "nave-mãe" corporativa. Elas podem achar que se alinhar muito com uma grande infraestrutura corporativa reduz sua capacidade de escalabilidade em outras infraestruturas corporativas concorrentes devido a uma paranoia em torno do acesso a dados confidenciais. E mais, a saída óbvia pode ser a total integração na empresa do CVC, que pode não dar o mesmo retorno que a venda do produto no mercado aberto.

Capital privado

Historicamente, os fundos de capital privado (PE) são vistos como mais parecidos com os gerentes de ativos tradicionais do investimento privado. Eles tendem a investir em empresas em estágio muito posterior que já têm uma boa receita e, portanto, são investimentos menos arriscados (a Blackstone comprando a maioria das ações na Refinitiv é um exemplo recente). Poucas FinTechs são grandes o suficiente para se qualificar nesse sentido, portanto, a atividade PE é mais encontrada em outros setores comerciais.

Os PEs têm uma estrutura parecida com os VCs, no sentido de que envolvem GPs e LPs. Porém, os pools de capital levantados para tais fundos tendem a ser muito maiores, pois as avaliações corporativas das empresas investidas são muito mais altas, considerando a maturidade, a receita e o lucro delas. Em geral, os fundos PE têm um período fixo de investimento, variando de sete a dez anos. Existem taxas de gestão e desempenho parecidas (2% e 20%, respectivamente), no entanto, quando pessoas com patrimônio líquido ultra-alto e instituições investem fundos substanciais, muitas vezes as taxas são negociáveis.

Os fundos PE também podem dar suporte a investimentos, como aquisições alavancadas, aquisições de gestão e reestruturação da empresa, pelos quais normalmente assumem participações majoritárias ou diretas em uma empresa e usam a dívida para financiar grandes transações, com o ônus resultante de pagar essa dívida com a empresa. Então podem nomear a gerência para tornar a empresa mais lucrativa e valiosa, podendo incluir vender partes do negócio em uma estratégia de "a soma das partes sendo maiores que o total". Como alternativa, podem sair do investimento por meio de uma venda comercial para um comprador estratégico (por exemplo, a Blackstone vendendo posteriormente suas ações na Refinitiv para a Bolsa de Valores de Londres) ou outra empresa PE, ou podem registrar a empresa em uma bolsa de valores via oferta pública inicial (OPI).

Fazendo uma Diligência Prévia

Depois de conhecer os maiores tipos de investidores (descritos antes neste capítulo), é possível considerar quais empresas esses investidores podem procurar e quais critérios de avaliação podem usar.

É importante fazer sua própria pesquisa para determinar se está fazendo um investimento viável. É o caso se você é um investidor privado monitorando algumas oportunidades de financiamento coletivo ou um gerente de portfólio em um grande fundo de capital privado. É claro que o nível da pesquisa será diferente, mas os princípios são os mesmos:

» Sua pesquisa primária inicial deve focar as empresas que endereçam áreas nas quais você tem interesse em investir. Por exemplo, você deve decidir se está interessado em oportunidades de varejo ou corporativas, e se deseja limitar sua pesquisa a certo setor comercial que considera ter potencial de crescimento.

» Sua pesquisa secundária deve focar mais a fundo as empresas individuais. Será preciso determinar se há um mercado real para seu produto, o tamanho da oportunidade no mercado e a força da pilha de tecnologias. A pesquisa secundária permite entender o negócio em si, a credibilidade dos seus fundadores e o potencial de sua oferta.

As próximas seções examinam os vários tipos de pesquisa que você deseja fazer ao avaliar um investimento FinTech em potencial e como os investidores podem analisar os dados coletados.

Realizando uma pesquisa primária

A pesquisa primária serve para encontrar investimentos que atendam aos seus critérios. Portanto, é claro que a primeira etapa desse processo é determinar quais são seus critérios de fato.

Você pode querer começar examinando onde uma empresa fica na cadeia de valor geral: é B2C, B2B2C ou B2B? Em outras palavras, qual é o setor de mercado geral que a empresa visa? (Veja a seção "Entendendo os Participantes" para ter mais informações.)

Depois de escolher um setor geral, sua próxima etapa é determinar se deve focar certa área vertical, como WealthTech ou RegTech (vistas no Capítulo 1), ou áreas específicas da tecnologia. Os exemplos podem incluir inteligência artificial (IA; Capítulo 12) ou blockchain (Capítulo 7). Você também pode optar por uma combinação de dois ou mais elementos da tecnologia.

Então, deve decidir sobre o tamanho e o sucesso atual da empresa. Financiamento coletivo ou investidores anjo podem ficar contentes em investir em empresas no estágio inicial com uma receita prévia, mas podem querer que elas sejam qualificadas para certos incentivos fiscais, de preferência disponíveis para o investidor. VC, PE e CVC normalmente requerem um nível mínimo de receita recorrente anual e/ou número de funcionários, que podem indicar que a empresa é relativamente estabelecida e tem uma trajetória de crescimento que sugere que pode expandir.

DICA

Há um grande universo de FinTechs por aí, portanto, uma pesquisa na internet certamente não é o modo mais eficiente de identificar as empresas certas. Examine a lista de fontes de pesquisa no Capítulo 13 para ter ideias sobre onde buscar.

Fazendo uma pesquisa secundária

Depois de ter identificado algumas empresas de interesse, é hora de fazer sua própria diligência prévia para assegurar que as empresas atendam aos seus requisitos. Veja uma checklist geral para usar como ponto de partida:

- » Elas estão produzindo uma solução real para certo problema ou uma solução de tecnologia que *procura* por um problema?
- » A solução de tecnologia se diferencia o suficiente das soluções existentes ou cria mais eficiência e/ou receita?
- » Qual é o modelo comercial diferenciado e o quanto é sustentável?
- » A quais requisitos regulatórios, se houver, o negócio precisa atender? Existem licenças ou aprovações a serem obtidas?
- » Qual é o mercado endereçável para a solução? Uma porcentagem pequena desse mercado ainda é interessante o bastante para tornar a solução viável?
- » Onde está a concorrência atual ou provável para a solução? A FinTech tem uma abordagem superior o bastante para diferenciá-la da concorrência?
- » O produto tem mais probabilidade de fazer uma disrupção ou colaborar com as ofertas das instituições financeiras existentes? Os fundadores são claros nessa direção?
- » Qual é a abordagem de vendas para a solução e quais desafios fornece? Por exemplo, para B2C, o quanto é crítica a otimização do motor de busca (SEO)? Para B2B, qual é a duração do ciclo de vendas requerido para instituições financeiras maiores?
- » Qual é a tração atual em termos de vendas existentes e pipeline em potencial?
- » Quais são as receitas previstas atuais e a estrutura de custos afim que criam a taxa de queima esperada e a runway associada para a empresa?

DICA

A *taxa de queima* de uma empresa é o gasto mensal regular requerido para mantê-la no negócio. *Runway* é a duração do tempo pelo qual uma empresa pode sobreviver antes de precisar de mais financiamento. A runway é determinada dividindo-se os fundos atuais disponíveis para a empresa pelo gasto mensal regular. É claro que algumas empresas começam reduzindo seus custos conforme se aproximam do final da runway, para deixar mais tempo para a receita ou oportunidades de financiamento.

- » Quem está na equipe? Que credibilidade e/ou experiência e rede essas pessoas têm? Elas têm as personalidades certas ou química? Elas trabalharam juntas antes?

LEMBRE-SE

Para alguns investidores, a equipe é o fator mais importante, substituindo as outras análises. A empresa pode ter um ótimo produto, mas, se a equipe não está alinhada ou a química está errada devido a ambições respectivas ou porque o estímulo não combina, as pessoas podem não conseguir atingir seus objetivos coletivamente. Problemas com os fundadores ocorrem com uma frequência surpreendente, talvez pelo estresse de atender aos objetivos de curto prazo com recursos limitados. Buscar pessoas que no passado trabalharam juntas com sucesso pode ser um indicador-chave. E mais, entender os desafios pessoais dos fundadores e a capacidade de se apoiarem enquanto desenvolvem a empresa, ou seja, constroem do zero apenas com suas economias pessoais, pode ajudá-lo a avaliar a situação geral.

» Qual é a avaliação antecipada do negócio? Dinheiro antes e depois? Quanto financiamento é necessário para qual intervalo de tempo custear o negócio até os próximos marcos ou necessidades de financiamento?

» Qual é o plano de saída de longo prazo para o negócio? Por exemplo, os fundadores esperam uma venda comercial ou uma oferta pública inicial (OPI)?

Analisando os dados

Alguns investidores podem pegar todos ou alguns dos indicadores do mercado primários e secundários, usá-los para pontuar cientificamente as empresas e criar uma matriz objetiva para avaliar as empresas certas nas quais investir.

Outras empresas focam mais a diversificação. Elas calculam o número ideal de empresas para dar certos níveis de retorno, e esses cálculos podem levá-las a diversificar em setores verticais, tipos de tecnologia, temáticas e até regiões geográficas para conseguirem um portfólio combinado que dará o melhor ROI com o menor perfil de risco.

Algumas desenvolveram o negócio em torno de investimentos com pontuação objetiva baseada em fatores de pesquisa de mercado secundários, e os investidores pagarão por tais pontuações para simplificar seu processo de diligência prévia.

Além disso, algumas plataformas de investimento ativaram algoritmos de aprendizado automático para combinar certas FinTechs com investidores em série estabelecidos no setor vertical ou tema, alertando os investidores quanto às empresas que buscam levantar fundos.

Muitas vezes, fatores de inteligência artificial/aprendizado de máquina são aplicados nesse estágio para estabelecer uma abordagem científica. Mas, como mencionado antes, personalidades e líderes também podem ser um elemento-chave para o sucesso em algumas empresas, e isso é mais difícil de quantificar.

DICA

Para saber mais sobre como é usada a inteligência artificial e os benefícios dos serviços financeiros, consulte *The AI Book* ["O Livro da IA", em tradução livre], de Susanne Chishti, Ivana Bartoletti, Anne Leslie e Shân M. Millie.

Avaliando as Estratégias de Crescimento de uma Empresa

Ao considerar em quais FinTechs investir, é importante entender a estratégia de crescimento de uma empresa (com a ajuda das seções a seguir). Essas informações podem ajudar a discernir se uma pequena empresa conseguirá expandir e ficar maior. Muitas startups não conseguem atingir seu potencial de crescimento, encontrando e mantendo um platô ou finalmente falindo.

Estudando a concorrência

Um modo de decidir sobre a escalabilidade de uma FinTech é estudando seus concorrentes em potencial (esses concorrentes podem ser encontrados examinando aceleradoras e listas de premiação da FinTech, ou a empresa pode estar em concorrência direta para vendas regularmente). Como essas empresas cresceram e o que a empresa em questão pode aprender com isso?

Entender a concorrência também pode ajudá-lo a avaliar a saturação do mercado. Qual é o tamanho do mercado e a que ponto ele está sendo atendido? A complexidade do produto permite que diversos produtos concorram e vençam nesse espaço? Qual é a PVU (proposta de venda única) da empresa?

Ouvindo os clientes

Muitos investidores pedirão o contato de alguns clientes da FinTech para entenderem como eles usam o produto e se esse uso é consistente com os objetivos da empresa. Uma receita recorrente tem um grande peso ao determinar a viabilidade e a avaliação da empresa. Assim, pode ser útil entender a importância do produto e o quanto o cliente é "apegado" a ele.

A capacidade de entrar no mercado e aumentar as vendas é vital também ao expandir o negócio. Entender como o produto é distribuído e entregue, assim como compreender o que o cliente antecipa no atendimento e no futuro desenvolvimento do produto, é essencial.

Perguntando sobre a tecnologia

Dados todos os recentes avanços da tecnologia, pode ser difícil que os investidores entendam totalmente a pilha de tecnologias de uma empresa. Ela faz o que a FinTech afirma fazer? Qual a escalabilidade da arquitetura e da infraestrutura, caso o negócio expanda rápido?

DICA

Alguns investidores usarão especialistas técnicos do setor para fazer à FinTech as perguntas certas para determinar o diferencial ou a viabilidade da tecnologia. Entretanto, algumas empresas independentes começaram a produzir pontuações objetivas e padronizadas sobre as FinTechs que elas vendem aos investidores (por exemplo, veja `www.thedisruption house.com/technology-providers` [conteúdo em inglês]).

Inspirando inovação

Um fundador pode iniciar sua própria FinTech a partir de uma ambição para criar um produto mais eficiente e inovador em relação ao que existe atualmente. Essa ambição precisa ser contagiante, não apenas ao vender a visão do fundador para um investidor, mas também para atrair funcionários talentosos que queiram se juntar à jornada de crescimento do negócio.

Para expandir, as empresas precisam transmitir uma paixão que outras pessoas seguirão. Essa inspiração e paixão são importantes para a mão de obra millennial de hoje; é provável que as empresas encontrem habilidades relevantes para a nova tecnologia entre eles. É por isso que alguns investidores consideram a equipe, sua competência e sua credibilidade importantes ao determinarem quais empresas têm capacidade de crescimento.

Considerando a Cultura de uma Empresa

A FinTech inteira é culturalmente mais progressiva do que o setor financeiro tradicional (ou pelo menos sua reputação). As FinTechs e os projetos estão caminhando para uma maior inclusão e diversidade. *Inclusão* significa encontrar meios de ajudar mais pessoas a participar por completo de uma experiência. Para as FinTechs, isso significa ajudar mais consumidores a se qualificar e usar produtos financeiros.

As FinTechs podem ajudar a promover mais inclusão financeira, sobretudo no espaço do consumidor/varejo. Alguns produtos que as FinTechs fornecem tornam o banco acessível para pessoas de baixa renda, que podem ter um crédito ruim ou acesso limitado a bancos físicos. Disponibilizar serviços bancários via smartphone, não apenas em desktops e notebooks, melhora mais a acessibilidade ao serviço, pois, hoje, a maioria das pessoas tem esses aparelhos. E qualificadores objetivos e orientados a dados para empréstimos e outros produtos podem dar mais oportunidades a clientes que são tradicionalmente discriminados em processos de avaliação tendenciosos feitos por pessoas.

A inclusão financeira também é um tema importante nos mercados emergentes, nos quais grande parcela da população não tem contas bancárias. Pelo contrário, essas pessoas usam créditos no telefone para pagamentos, referidos como dinheiro móvel. Por exemplo, a M-Pesa é um serviço de transferência de dinheiro lançado pelas maiores operadoras de rede móvel (Vodafone junto com Safaricom e Vodacom) no Quênia e na Tanzânia. O serviço de celular também é usado para microfinanciamento, em particular na zona rural.

DICA

A quantidade de produtos e instituições que apoiam tais atividades provavelmente aumentará conforme tais produtos sejam aprovados no mercado e aumentem as atividades corporativas socialmente responsáveis.

Apesar da percepção de que a grande maioria dos fundadores de FinTechs é branca, tem em torno de 30 anos e possui barba, a diversidade de funcionários é muita alta. Ao trabalhar para uma startup, você pode ter baixa renda até a empresa ter sucesso, e muitos imigrantes e alunos estão acostumados a viver com pouco dinheiro! Brincadeiras à parte, existe uma grande correlação entre habilidades na ciência da computação e funcionários e alunos do exterior. Muitos imigrantes acabam trabalhando para startups FinTech, o que naturalmente aumenta a diversidade da mão de obra.

O número de mulheres fundadoras aumentou recentemente, mas ainda há espaço para melhorar nessa área. Em 2018, 93% dos investimentos em tecnologia na Europa foram recebidos por equipes fundadoras compostas só de homens. As equipes só com mulheres receberam 2% dos investimentos feitos pelo Capital de Risco Europeu, com as startups compostas de homens e mulheres recebendo apenas 5% do financiamento. A Business Angel Association, do Reino Unido, afirma que apenas cerca de 15% da população total de anjos são mulheres. Sua pesquisa destaca que de 30% a 50% do portfólio de investimentos feitos por mulheres investidoras são para mulheres fundadoras, embora só 7% dos parceiros das principais empresas de investimento do mundo sejam mulheres. Contudo, os investimentos em mulheres empreendedoras provavelmente aumentarão conforme a porcentagem de mulheres anjos continua a crescer; por exemplo, 40% das FinTechs no grupo 2020 Barclays/Techstars Accelerator têm mulheres fundadoras.

Muitas startups FinTech têm ambições de expandir no exterior, e uma mão de obra diversa também é um reflexo claro dessa realidade. O fato de que funcionários internacionais sentem ter menos a perder também pode levar a uma mentalidade de assumirem maior risco e a uma disposição mais empreendedora, o que pode ser útil em um ambiente FinTech.

NESTE CAPÍTULO

» Explicando a aplicabilidade da FinTech para a diretoria

» Analisando o futuro da FinTech

» Nomeando redes, aceleradoras e incubadoras

» Falando sobre fusões e aquisições

Capítulo **17**

Entendendo o Objetivo da FinTech

Como vimos neste livro, a tecnologia está orientando a inovação e a disrupção nos serviços financeiros. Bancos e instituições financeiras terão de adotar a tecnologia e a inovação se quiserem ter sucesso nos próximos anos.

Em geral, o setor bancário se recuperou da crise financeira e as novas regulações resultantes exigiram que os bancos melhorassem sua adequação de capital para evitar uma reincidência. Mas, em um ambiente com taxa de juros pequena, as margens de lucros ficam reduzidas e as perspectivas de lucros encolheram. Eles também têm mais gastos ao atenderem aos novos critérios regulatórios requeridos para garantir um sistema financeiro seguro. Como consequência, as instituições financeiras tiveram de considerar novos modelos comerciais, inclusive diferentes estruturas de precificação, reduções de custos e, talvez, uma consolidação.

CAPÍTULO 17 **Entendendo o Objetivo da FinTech** 305

A nova onda de digitalização no setor faz as pessoas se sentirem otimistas e motivou até as instituições mais tradicionais a desenvolver planos de inovação. O cenário é propício para a disrupção, revolução e transformação.

LEMBRE-SE

As FinTechs tiveram muito sucesso ao implementar espaços de pagamento online e novas plataformas de concessão de crédito, mas isso é só o começo. As instituições tradicionais temem que a FinTech ofereça serviços financeiros de última geração bem mais baratos, e esse é um temor muito realista. Esse medo leva os bancos a fazerem uma disrupção voluntária em suas próprias práticas e estruturas antes que outra pessoa atue neles. Faltam poucos anos para as pequenas instituições do consumidor concorrentes, como bancos apenas online, desafiem as funções econômicas completas de um banco tradicional. O "gênio digital" saiu da garrafa.

As FinTechs têm alguns desafios no horizonte. Quanto mais perto elas chegam de replicar totalmente as ofertas de um banco, mais supervisões regulatórias têm de enfrentar, o que será desafiador e caro para elas. Os reguladores examinarão o modelo comercial de uma empresa e determinarão se ela precisa de uma licença para realizar serviços bancários ou de pagamento. As instituições financeiras ou FinTechs precisarão fornecer serviços eficientes, rentáveis e, acima de tudo, seguros para atender aos requisitos da base de clientes.

Então qual é o objetivo da FinTech? Quem ganhará no final? Serão as startups FinTech que farão a disrupção do mercado? Serão as BigTechs gigantes que aplicarão tudo que sabem sobre plataformas sociais e de e-commerce nos serviços financeiros? Ou serão os beneficiados que aprenderão a reagir? São perguntas muitíssimo importantes nos setores financeiro e da FinTech, e muitas vezes debatidas nas mídias sociais. Este capítulo considera alguns fatores envolvidos para responder a essa pergunta e explica os possíveis resultados.

Explicando a FinTech para a Diretoria

Nós mesmos fazemos parte da diretoria, portanto, podemos avaliar os malabarismos que CEOs e diretores de instituições financeiras devem fazer. Há uma pressão constante para tudo: maximizar receitas, reduzir custos, reduzir funcionários, qualificar funcionários, substituir sistemas bancários centrais existentes, fazer parcerias e adquirir tecnologias ou FinTechs. É realmente um malabarismo, porque não é possível fazer tudo de uma só vez. Quando são colocados recursos em certas métricas de desempenho e financeiras, o outro lado piora.

Nas próximas seções, explicamos os desafios que a diretoria financeira enfrenta e damos orientações sobre como ela pode se adaptar ao uso da FinTech.

Observando os desafios que a diretoria financeira enfrenta

A diretoria prefere o máximo possível de informação e dados para que boas decisões sejam tomadas. Um insight maior ajuda a "eliminar" o risco. Mas pontos de dados confiáveis costumam não existir, em especial quando entramos nos territórios desconhecidos da inovação. Isso pode levar a diretoria a hesitar em agir, aguardando até que mais informações sejam disponibilizadas. Mas até que esse momento chegue, a concorrência saiu na frente e já é tarde demais.

Outro desafio para a diretoria é medir o ROI (retorno sobre o investimento) dos programas de transformação FinTech. Isso é muito difícil, pois depende de muitas variáveis e de como foi definida a linha de base com a qual o resultado final será comparado. Alguns membros da diretoria também veem a FinTech como uma atividade temporária, o que fica aparente com perguntas como "Quando o investimento na tecnologia é concluído?" e "O que a equipe técnica fará depois?". A diretoria precisa entender que a tecnologia não é um investimento em tempo hábil e uma atividade em um plano do projeto. Para serem competitivas, as empresas devem focar a tecnologia continuamente.

Na maioria das instituições financeiras, a alta gerência fica ansiosa monitorando o ambiente competitivo móvel com serviços financeiros. A transformação digital é um item constante na pauta das reuniões, dado seu impacto em potencial no resultado. Portanto, todas as instituições financeiras passarão por programas de transformação digital. Mas a pesquisa McKinsey mostrou que 70% de tais programas falharam ou não atingiram os objetivos estabelecidos.

Uma inovação transformadora conta com colaboração, participantes compartilhando ideias e concordando com pontos problemáticos comuns. Isso fica cada vez mais aparente no setor FinTech, com vários relatórios sugerindo que as empresas terão de pensar em termos de ecossistemas, com uma porcentagem crescente de vendas globais sendo realizadas.

Algumas instituições financeiras e revendedores estão criando estratégias baseadas em plataformas, em que fornecem a plataforma operacional para permitir que as FinTechs se integrem via APIs (interfaces para programação de aplicações) abertas e forneçam suas ofertas (via nome de marca do banco como um serviço white label ou operando com sua própria marca) para os clientes do banco. Um ecossistema FinTech bem-sucedido permite que os bancos coordenem o desenvolvimento da startup e da scaleup. Eles precisam criar sua própria comunidade ou fazer parceria com empresas, como aceleradoras ou incubadoras (veja o Capítulo 13 para saber mais sobre parcerias).

Ter um bom ecossistema permite que as instituições se movam rápido e tenham a vantagem do primeiro movimento. O foco deve estar em experimentar e analisar os ciclos iterativos, desenvolver produtos viáveis mínimos (protótipos) em períodos de tempo menores e diminuir os tempos de criação e lançamento nas ofertas B2C (business-to-consumer) e B2B (business-to-business). Mas, para criar tal ambiente flexível, as instituições financeiras precisam rever sua aquisição e seus processos de integração. Em muitas organizações, processos desatualizados reprimem a grande maioria das iniciativas não sendo rápidos e ágeis o bastante. Pode levar mais de seis meses para organizar uma prova de conceito, e, a essa altura, as partes envolvidas já seguiram em frente.

O motivo final para a FinTech ser tão importante para a diretoria das instituições financeiras é que ela orienta as avaliações da empresa. No passado, havia quase uma ligação direta entre a capacidade de ganhos e o lucro de uma empresa, e seu valor e avaliação finais. É claro que a avaliação orienta as decisões dos acionistas, porque ajuda a levantar dinheiro em avaliações mais altas na próxima rodada de financiamento (para as empresas privadas) ou é um sinal público de aprovação e confiança na futura estratégia para as empresas registradas no mercado de ações.

Porém, como vimos no recente boom tecnológico e de FinTechs, a ligação e a correlação positiva entre os ganhos antes dos impostos e as métricas do lucro, comparadas com a avaliação de uma empresa, se partiram. No mundo tech atual, as empresas que dão prejuízo com plataformas de tecnologia convincentes são vistas como muito mais valiosas do que as instituições financeiras lucrativas com arquiteturas de tecnologia ultrapassadas. Os dirigentes precisam convencer a comunidade investidora de que seu potencial para futuros ganhos ficou mais forte com uma estrutura de tecnologia expansível.

LEMBRE-SE

As entidades financeiras reguladas podem não focar apenas a maximização de sua avaliação dos acionistas a todo custo, que é o que a maioria das gigantes tecnológicas e FinTechs não reguladas parece focar. Elas também devem atender a todos os requisitos regulatórios. É por isso que a regulação muitas vezes é um impedimento para as maiores instituições financeiras, porque dificulta muito mais sua capacidade de inovar e experimentar (vá para o Capítulo 3 para saber mais sobre regulação).

Adotando a transformação digital

Digitização é o processo de converter informações de um formato físico em um digital ou algo não digital (analógico) em uma representação digital, para automatizar processos ou fluxos de trabalho. Ela permite que os negócios automatizem a coleta e a utilização dos dados. Como consequência, são as informações que você digitaliza que importam, não os processos pelos quais isso é feito.

Digitalização é o processo de utilizar a digitização para melhorar mais os processos comerciais aplicando tecnologia e informação para transformar as operações comerciais. A digitalização ajuda a criar uma cultura digital, usando informações digitais no centro, para permitir que o negócio seja mais eficiente, produtivo e lucrativo.

LEMBRE-SE

Ao passo que a digitização e a digitalização são basicamente para a tecnologia, a *transformação digital* foca usar ganhos de eficiência e produtividade para atender melhor ao cliente por meio da mudança cultural na organização. A transformação digital envolve examinar todos os aspectos do negócio e determinar uma nova estratégia de crescimento com base em novos modelos comerciais que podem levar a um novo ambiente de mercado. Assim, a transformação digital não é apenas uma série de projetos de digitalização. Ela requer que uma organização adote a mudança, tornando-a uma competência central do negócio para que a nova cultura oriente um foco de ponta a ponta no cliente.

A grande maioria dos programas de transformação digital falha devido à estrutura de muitas instituições financeiras formada por silos comerciais consolidados, que criaram uma cultura de não colaboração. Uma estrutura corporativa inflexível age como uma barreira para uma cultura inovadora. Então, qualquer estratégia que incorpora uma transformação digital precisa ser orientada pelo CEO e pelos principais gerentes.

Infelizmente, a maioria dos líderes não sabe como conduzir a transformação digital. Eles conquistaram suas posições mostrando grande conhecimento na gestão de modelos comerciais tradicionais, mas não estão bem preparados para a economia de plataforma da concorrência digital. Poucos líderes têm um bom conhecimento FinTech ou da transformação digital, nem experiência para mudar uma cultura tradicional encorajando atitude empreendedora e comportamento cooperativo da alta gerência até a base. Portanto, fica difícil manter o impacto da transformação devido à falta geral de envolvimento dos funcionários.

Muitas instituições digitalizaram seus produtos e soluções, mantendo clientes pequenos e corporativos em curto prazo. Todavia, essas soluções costumam ser tentativas desarticuladas ou iniciativas táticas que não exploram o total potencial da transformação. Os chefes dos silos existentes as veem como disruptivas e lhes dão menos prioridade.

Já é um desafio criar e promover novos produtos e serviços com lucro, e ao mesmo tempo introduzir um novo modelo comercial só piora as coisas. Tais decisões são tomadas na diretoria, pois muitas vezes requerem realocação de capital em várias unidades comerciais, como varejo, corporação, banco de investimento, gestão de ativos e banco privado.

Alterar digitalmente uma instituição requer planos estratégicos abrangentes, não um foco estreito em novos produtos e serviços. Plataformas associadas e conjuntos de dados devem ser integrados na instituição. Algumas instituições sobreviverão e desenvolverão modelos comerciais digitais alternativos, mas outras reagirão tarde demais e entrarão em falência ou terão de mudar para mercados especiais.

Desenvolvendo habilidades digitais

É justo dizer que a maioria das instituições financeiras tem deficit de habilidades. É preciso entender as metodologias enxutas das startups e as estruturas de desenvolvimento ágeis, porque são as habilidades requeridas ao guiar e empregar grandes programas de transformação digital nas instituições financeiras. E mais, ter uma equipe diversa e experiente com essas habilidades, incorporando muitos talentos empreendedores, é uma vantagem competitiva essencial para qualquer instituição. O desenvolvimento de talentos e habilidades via cursos de aperfeiçoamento da FinTech, por exemplo, pode desenvolver a força de inovação em uma organização para que a empresa possa analisar e responder corretamente à disrupção digital (veja o box seguinte para saber mais sobre cursos).

LEMBRE-SE

Quando a equipe conseguir reconhecer e implementar as metas da transformação digital, será necessário que seja recompensada adequadamente. Modelos de pagamento ultrapassados e sistemas de bônus veem os riscos assumidos e a implementação de iniciativas de mudança como menos valiosos que as receitas produzidas na linha de frente. Em tais ambientes, os melhores e mais brilhantes funcionários não considerarão atraente promover uma transformação corporativa da perspectiva da carreira. Eles já têm de lutar com a burocracia imposta por pessoas que não querem a mudança. As empresas devem recompensar os líderes da transformação digital pelos riscos profissionais e pessoais que eles assumem e devem verificar se eles sabem que têm total apoio do CEO e da equipe de alta gerência. Do contrário, mais empreendedores poderão abandonar o barco e começar sua própria FinTech ou agir como consultores ou diretores não executivos para as FinTechs existentes.

As organizações precisam descartar as estruturas de gerenciamento verticais e hierárquicas e partir para equipes multidisciplinares que colaboram e trabalham juntas. Os gerentes devem se adaptar aplicando sua experiência relativa ao histórico organizacional e à cultura e utilizando sua expertise para tomar decisões comerciais definitivas. Pensamento criativo e experimentação, análise de dados e interpretação e desenvolvimento estratégico são algumas das principais habilidades que a gerência deve desenvolver no futuro.

As habilidades digitais requeridas em uma instituição focarão os cientistas de dados que podem integrar práticas de inteligência artificial (IA) e aprendizado de máquina (AM) em uma organização. A abordagem ideal é criar equipes internas de especialistas no produto e engenheiros que entendem a aplicação da IA/AM, trabalhando de perto com as equipes que entregam serviços ao cliente. Essas estratégias também precisarão de dados não estruturados, em que o processamento da linguagem natural do AM pode entregar resultados, junto de mais conclusões de IA dos dados estruturados (veja o Capítulo 12 para saber sobre IA).

CURSO DE APERFEIÇOAMENTO FINTECH PARA ALTA GERÊNCIA

Um banco de médio porte tinha um CEO muito progressista que publicara em seu relatório anual que a transformação digital era a grande prioridade do banco nos próximos três anos. Mas não houve clareza sobre o que isso realmente significava em relação a ser um banco de atacado, que combina bancos de varejo, comercial e de investimento, banco de transações, atividades de gestão de patrimônio/banco privado, tudo em uma marca.

A diretoria e a alta gerência participaram de Curso de Aperfeiçoamento da FINTECH Circle, que explicou as opções estratégicas que o banco tinha de considerar com base em várias tendências FinTech e cenário competitivo de mudança. As equipes de liderança utilizaram metodologias de inovação corporativa e desenvolveram várias novas propostas comerciais durante o curso, assim como montaram um roteiro para implementar as novas propostas de valor.

O curso desafia os participantes a eliminar o pensamento em silo que normalmente existe nas grandes instituições financeiras e formar equipes multifuncionais para entenderem bem os pontos problemáticos do cliente que existem e desenvolver soluções possíveis que possam ser testadas em um ciclo iterativo (o Capítulo 15 tem mais informações sobre a divisão em silos).

Nesses cursos, os gerentes de serviços financeiros acabam entendendo a urgência da mudança, conseguem desenvolver uma visão sólida de suas opções estratégicas e adquirem um kit de ferramentas para realizar a transformação digital.

Embora alguns analistas tenham focado os desafios de usar a IA e o AM para um futuro trabalho profissional, essas tecnologias oferecem grandes oportunidades para promover novos campos de expertise e entrega. O principal desafio para a gerência é reconsiderar meios de desenvolver e equilibrar as ferramentas de tecnologia que surgem. Os gerentes de sucesso devem entender o data science e os fatores humanos, como empatia e inteligência emocional.

Os gerentes devem desenvolver abordagens sistemáticas para utilizar a transformação digital da estratégia, dos processos e das tecnologias de uma instituição. Eles precisarão introduzir estratégias para gerenciar a mudança e ajudar a equipe a se adaptar em um ambiente proativo. Isso sugere que terão de tomar decisões com base em uma análise preditiva real ou voltada para o futuro, em vez de decisões baseadas em fatos históricos.

Entendendo como participar

Muitos diretores de serviços financeiros há muito tempo aprenderam os fundamentos do negócio, as regras financeiras e as habilidades de planejamento estratégico, e, em grande parte da carreira deles, essas habilidades continuaram a atendê-los. Muitos executivos de instituições financeiras demoraram para reconhecer a ameaça da digitalização e da nova situação competitiva. Eles têm um bom insight das práticas comerciais tradicionais e dos setores, mas os princípios que serviram bem no passado estão muitas vezes em conflito com a economia da nova plataforma da BigTech (empresas tech muito grandes que fornecem produtos e serviços em vários setores) e da FinTech, seus principais concorrentes. A transformação digital é um ponto comum de debate na diretoria conforme é reconhecido que a empresa está ficando para trás em relação às que já se digitalizaram.

A administração das instituições financeiras deve aprender como participar desse novo ambiente, no qual só manter o ritmo com os concorrentes não é o suficiente. Elas devem também entender como competir ou fazer parceria com a BigTech e colaborar com as startups e as scaleups FinTech. Claro, esse conselho também pressupõe ser aberto a novas ideias e desenvolvimento. Os diretores devem entender como desenvolver a digitalização como uma força de inovação no modelo comercial atual e como se adaptar proativamente ao novo ambiente digital. Sem uma equipe de liderança forte da FinTech e da transformação digital, as empresas lutarão para competir, e é possível que sejam cometidos vários erros complexos e caros que podem ser impossíveis de corrigir no futuro. Assim, muitas instituições criaram uma nova função, a de diretor digital, para conduzir a transformação requerida.

CUIDADO

Ser atualizado tecnologicamente é importante, mas ficar na vanguarda absoluta da nova tecnologia, não. Ao contemplar a transformação digital, não foque muito a tecnologia radical mais recente, porque o equilíbrio entre risco/recompensa não é ideal nesse ponto.

Também há o risco de que os diretores esqueçam a principal razão para transformar digitalmente o negócio: os clientes. Eles precisam entender que ficar focado no cliente requer que a instituição teste, avalie e modifique sua abordagem para combinar ou ultrapassar as expectativas do cliente, mudando sempre que necessário. Tal receptividade do cliente também requer que a diretoria adote uma nova cultura aberta que encoraje e permita que os funcionários não tenham medo de tentar e falhar ao buscar a inovação.

Entretanto, essas diretorias precisarão pensar em termos de ecossistemas. As instituições financeiras devem fornecer tecnologia e plataformas operacionais, o ecossistema subjacente, que as FinTechs podem conectar via APIs abertas e apresentar seus serviços aos clientes (sem marca sob o nome da instituição ou com sua própria marca). Um ecossistema FinTech bem-sucedido permite que as instituições interajam de modo significativo com startups e scaleups tecnológicas, provedores, investidores, reguladores, provedores de serviços e, claro, clientes. Assim, é preciso criar seus próprios ecossistemas ou fazer parceria com empresas que criaram tal ecossistema. Isso permite que as instituições se movam mais rápido e desenvolvam uma vantagem de aprendizado. Os objetivos devem ser redução dos tempos de criação e lançamento nas abordagens B2C e B2B.

LEMBRE-SE

Transformar não significa retirar e substituir os sistemas existentes da noite para o dia. De modo sistemático, as instituições importantes não devem correr o risco de não cumprir suas obrigações, sejam quais forem. Desenvolver um modelo radial deve ser o principal objetivo. Em tal modelo, a equipe interna continua a manter e desenvolver os sistemas centrais ("o eixo"), enquanto faz parceria com parceiros FinTech satélite ("os raios") para entregar a tecnologia requerida e cumprir os desafios digitais.

Investigando o Futuro da FinTech

Em geral, a tecnologia está em constante desenvolvimento, e muitas tecnologias novas estão sendo aplicadas no setor de serviços financeiros. Esta seção destaca algumas dessas novas tecnologias e como as FinTechs estão colocando-as em ação.

Métodos de autenticação

A autenticação biológica (*biometria*) é o futuro da autenticação, com métodos como reconhecimentos facial e de voz, exames de retina e impressão digital ainda mais precisos e largamente implantados:

>> Em particular, a biometria de voz representa um grande passo para eliminar senhas e tornar a autenticação mais confiável e conveniente para o cliente. Para ativar o reconhecimento de voz, um cliente deve registrar uma frase que precisa ser dita em voz alta ao fazer login. Os clientes gostam porque são reconhecidos mais rápido e não precisam responder a outras perguntas de segurança. As empresas gostam porque o suporte técnico recebe menos pedidos de ajuda.

CUIDADO

Mas, embora os bancos afirmem que a autenticação por voz é mais segura que a leitura digital, há algumas preocupações sobre o aumento rápido em tais tecnologias modernas. A biometria de voz é aceita, na teoria, pois cada pessoa tem uma voz única, mas a pesquisa atual ainda se baseia em uma amostra relativamente pequena. E mais, não está certo ainda como o ruído de fundo pode limitar os atributos da biometria de voz.

» Outras instituições empregam a tecnologia de reconhecimento facial para autenticar os clientes quando concedem acesso a apps de bancos no celular. Para configurar o reconhecimento facial, o banco faz uma foto do cliente como parte do processo de integração, e ela é comparada com a imagem obtida com a câmera do dispositivo móvel quando alguém tenta entrar no dispositivo.

» O reconhecimento de íris também é comum. Com essa tecnologia, a câmera do dispositivo captura uma imagem dos olhos da pessoa e analisa os padrões únicos na área circular em torno da pupila. A autenticação multifator pode combinar os reconhecimentos facial e da íris, também monitorando o piscar e o movimento dos olhos. Essa camada adicional de segurança ajuda a impedir fraudes, pois o vídeo de um usuário não conseguiria piscar nos momentos certos.

» O reconhecimento de digital é outra das principais opções de autenticação biométrica disponível. Ele existe há mais tempo e é o meio mais comum usado na maioria dos dispositivos digitais, em parte porque é barato de implementar.

Os clientes podem ter a opção de fazer login em um app usando seu método preferido (voz, face ou digital) ou podem excluir a biometria e inserir um PIN ou uma senha.

Tirando essas opções biométricas, outra abordagem para a autenticação multifator é o uso da identificação do dispositivo, em que um token criptografado é enviado do dispositivo para a instituição, que então é comparado com a ID do dispositivo inserida na hora do registro.

Tecnologia de voz

A tecnologia de voz se tornou comum nas casas, com os consumidores conseguindo falar com geladeiras inteligentes, termostatos, veículos e muitos outros dispositivos. Assistentes de voz, como Alexa, Google Home e Siri, também mudaram como as pessoas obtêm informações usando dispositivos móveis e sistemas de gerenciamento doméstico. As pessoas se sentem cada vez mais à vontade ao falar com computadores, não com seres humanos, para fazer coisas.

Espera-se que em breve a tecnologia de voz transforme também o setor financeiro. A Gartner Research sugeriu que todos os bots IA controlarão 85% das interações de atendimento do cliente em um futuro próximo.

Muitos bancos procuram usar a tecnologia de autenticação por voz com assistentes virtuais controlados por voz. Em tal sistema, os clientes conseguiriam fazer um pagamento falando com o app do smartphone. O app não só autenticaria os usuários pela voz, como também seguiria seus pedidos para fazer o pagamento.

314 PARTE 3 **Trabalhando com FinTechs**

Conforme a inteligência da máquina fica melhor no reconhecimento de voz e na conversação, negócios estão aplicando-a de muitas formas diferentes, desde a segurança biométrica até chatbots úteis (veja o Capítulo 12). Embora os limites tecnológicos do passado tenham atrasado a aceitação do consumidor quanto a essas tecnologias, inovações radicais introduzidas nos últimos cinco anos possibilitaram uma ampla adoção.

É certo que o uso da tecnologia de voz aumentará no futuro recente, enriquecendo mais as experiências do cliente com dispositivos digitais. O reconhecimento de voz se tornará uma parte integrante das transações diárias, fazendo a ponte nas conversas entre pessoas e máquinas.

Inteligência artificial

Inteligência artificial (IA) é um termo geral que se refere a um grupo de tecnologias de computação e métodos que permite a computadores tomar decisões racionais adaptadas em resposta a condições muitas vezes imprevisíveis. Os elementos da IA (analisados em mais detalhes no Capítulo 12) incluem o processamento da linguagem natural (PLN), o aprendizado de máquina (AM), agentes inteligentes e a tomada de decisão racional. O processo envolve desenvolver sistemas que podem realizar diversas tarefas básicas melhor e com mais eficiência do que as executadas tradicionalmente por pessoas. A IA está se desenvolvendo em um ritmo sem precedentes devido a progressos em big data e tecnologias de computação na nuvem (veja o Capítulo 6), ambos facilitando que sejam armazenadas grandes quantidades de dados e se beneficiando do acesso à capacidade de computação elástica.

O AM é, de fato, um subcomponente da IA, mas também é um aliado natural. Ao passo que a IA envolve treinar uma máquina para aprender com uma grande quantidade de dados estruturados inseridos com algoritmos, o AM adapta o padrão do programa com base no que aprende. Por exemplo, ele tem um papel importante nas ferramentas que as empresas usam para analisar os dados ou identificar as atividades inteligentes e suas aplicações para organizações e gerenciamento. Portanto, o AM é uma das abordagens mais comuns e eficientes para realizar a IA.

CUIDADO

Porém, ainda há muitos desafios para concluir e manter uma implementação bem-sucedida. Alguns incluem o gerenciamento de dados (como acessar dados de fontes não relacionadas em um data lake em comum), a infraestrutura da TI e o emprego do talento humano essencial para implantar a tecnologia, pois a complexidade dessas tecnologias aumentou consideravelmente.

E mais, a quantidade de aplicações em diferentes segmentos do cliente teve um progresso considerável. No início, o aprendizado de máquina era usado basicamente para tomar decisões de crédito em portfólios de varejo com base nos dados estruturados que as instituições financeiras já tinham sobre seus pequenos clientes. Atualmente, essa análise é estendida a corporações maiores e setores atacadistas, em que os dados estruturados são combinados com várias fontes de dados não estruturados nos quais o processamento da linguagem natural pode ser utilizado, inclusive feeds de notícias e dados internos e externos da cadeia de suprimentos. Para fazer mais avanços, os conjuntos de dados devem ser unificados nas instituições para permitir uma tomada de decisão mais abrangente.

Identificando Redes do Setor, Aceleradoras e Incubadoras

Várias instituições patrocinam incubadoras, aceleradoras e hackathons para encorajar a experimentação tecnológica e fornecer consultoria, conexões e orientação para startups FinTech. Pode ser um benefício mútuo para instituições e startups participarem. Para as FinTechs, em particular nos setores muito regulados, é mais sensato alavancar a infraestrutura das grandes instituições financeiras e o gasto com investimentos.

FinTech Innovation Lab

Administrado pela Accenture, o FinTech Innovation Lab (FIL; `www.fintechinnovationlab.com` [conteúdo em inglês]) ajuda as startups a fazer conexões com tomadores de decisão importantes nas organizações parceiras (muitas das maiores instituições financeiras) e conseguir insights valiosos para acelerar seus negócios mudando de nível. Iniciado em 2012, o FIL é um programa acelerador global com centrais em Londres, Hong Kong e Nova York.

O FIL insere as startups em uma comunidade de colegas, consultores, especialistas e instituições financeiras parceiras que podem se tornar clientes e investidores no futuro. A rede nesse ecossistema apresenta insights, feedback dos mentores e suporte dos influenciadores de financeiras globais. As startups ambiciosas recebem três meses de orientação, networking e consultoria, que as ajudam a melhorar e testar suas propostas de valor.

O melhor é que também é gratuito para as startups. A Accenture não cobra taxas nem participações acionárias. Sua intenção é encontrar meios de dar suporte a seus clientes no setor de serviços financeiros, dando uma oportunidade para eles participarem e aprenderem com as FinTechs.

FinTech Startupbootcamp

O FinTech Startupbootcamp(www.startupbootcamp.org [conteúdo em inglês]) é um programa global que dá suporte a empresas inovadoras no setor de serviços financeiros. O programa é operado de Amsterdã ao México e Mumbai, com o principal sendo realizado tradicionalmente em Londres. Eles têm um grande grupo de parceiros que dão acesso direto a uma rede internacional dos mentores, sócios e investidores mais relevantes no setor. Os parceiros incluem empresas como Bertelsmann, Lloyds Banking, Mastercard, Rabobank e Route 66. Eles fornecem ainda expertise, canais de exposição, APIs e acesso à sua rede FinTech de profissionais do setor no mundo inteiro.

Também ajudam os fundadores tech em fase inicial a expandir rapidamente suas empresas fornecendo espaço físico e um financiamento inicial, pelos quais recebem uma participação acionária em troca. O programa de Londres agora tem um novo formato e foca as empresas em crescimento com os programas Scale e CoLab. O último também trabalha especificamente com organizações parceiras para fornecer uma exploração específica e programas dedicados para instituições individuais com um problema identificado buscando uma solução inovadora.

Techstars

Techstars (www.techstars.com [conteúdo em inglês]) é um programa global que dá suporte a empresas inovadoras em vários setores. Dá acesso a recursos financeiros, humanos e intelectuais para empresas de portfólio na aceleradora para conduzir seu sucesso. Uma vez aceita em uma aceleradora Techstars, cada empresa recebe um investimento de US\$100 mil em nota conversível. A Techstars fornece US\$20 mil dessa quantia, geralmente usada para financiar os gastos do participante durante o programa. Em troca, a Techstars recebe 6% da reserva simbólica (as reservas retidas para os fundadores e a empresa no lançamento da rede) e 6% de ações da empresa (em uma base totalmente diluída, emitida como ações comuns) até a empresa levantar o financiamento de capital próprio fixado de US\$250 mil ou mais (um financiamento qualificado). A Techstars desenvolveu um programa FinTech específico em Londres, Nova York e Tel Aviv em parceria com a Barclays Accelerator.

No final do programa acelerador de três meses, a Techstars organiza um dia para demonstrações, em que cem a duzentos investidores anjo e capitalistas de risco (VCs) são convidados para ouvir as startups venderem suas empresas. E mais, a Techstars Ventures tem US\$265 milhões sob gestão e um terceiro fundo (US\$150 milhões) que é usado para coinvestir com as comunidades de anjos e capitalistas de risco.

FINTECH Circle

FINTECH Circle (https://fintechcircle.com [conteúdo em inglês]) é uma rede global com mais de 130 mil empreendedores, investidores, profissionais do setor financeiro, estudiosos, representantes do governo e provedores de solução FinTech, que produz conteúdo e atualizações sobre as últimas tendências da FinTech. Ela fornece inúmeros serviços para diferentes participantes no ecossistema FinTech.

Sua rede de anjos, estabelecida em 2015, foi a primeira plataforma de investimento focada em FinTech na Europa, e seus investidores já passaram por três saídas durante esse período. O ecossistema da FINTECH Circle permitiu que ela colaborasse em três best-sellers: *The FinTech Book* ["O Livro da FinTech"], *The WealthTech Book* ["O Livro da WealthTech"] e *The InsurTech Book* ["O Livro da InsurTech", todos em tradução livre].

Mais recentemente, a FINTECH Circle expandiu para os cursos de formação, com Cursos de Aperfeiçoamento FINTECH Circle presenciais e cursos FinTech online, cobrindo tópicos como fundação de uma FinTech, inovação corporativa e transformação digital, WealthTech, InsurTech, RegTech, LegalTech, PayTech e blockchain/criptomoeda. Também fornece um programa de aceleração externo para ajudar as empresas a desenvolver equipes internas e treinar seus próprios empreendedores internos.

Por fim, a FINTECH também realiza uma conferência FinTech Bridge na China, que é a única dedicada a investimentos FinTech e transações comerciais entre a China continental e o Reino Unido/Europa.

Level39

Level39 (www.level39.co [conteúdo em inglês]) pertence exclusivamente ao Canary Wharf Group em Londres e foi lançado em março de 2013. Ele dá suporte a empresas de rápido crescimento, fornecendo acesso a clientes de primeira linha, talentos e infraestrutura. Eles estabeleceram uma comunidade tech bem conectada, dando acesso a um espaço de trabalho bem equipado no Canary Wharf, um calendário de eventos completo e alguns mentores e instalações bem estabelecidos, tudo visando ajudar na expansão dos negócios.

PAPO DE ESPECIALISTA

O Level39 cresceu e tem uma aceleradora de 80 mil m², distribuída em três andares (24º, 39º e 42º) no Canary Wharf, em Londres.

Reflexões sobre Fusões e Aquisições

Naturalmente, o objetivo da FinTech incluirá muitas fusões e aquisições conforme o setor amadurece. Algumas perguntas importantes:

> **As instituições financeiras continuarão a coinvestir ou comprar FinTechs diretamente para lhes fornecer uma vantagem competitiva no final?** É interessante notar que todas as gigantes BigTech fizeram várias aquisições com os anos para ficarem à frente dos outros.

> **As FinTechs maiores comprarão as menores?** Essa abordagem já foi vista com revendedoras tradicionais maiores que compram os concorrentes de médio porte. Será interessante ver se isso se estende a elas comprando empresas menores que desenvolvem uma tecnologia nova e inovadora do mesmo modo que as BigTechs fizeram no espaço tecnológico puro.

> **As gigantes da tecnologia comprarão as FinTechs?** As BigTechs podem considerar comprar as FinTechs que são provedores de tecnologia apenas e colaboram com instituições financeiras maiores, em vez de comprar FinTechs que são disruptivas e as expõem potencialmente à supervisão regulatória.

A resposta rápida para todas as perguntas é *provavelmente sim*. Houve grandes investimentos em FinTechs menores nos últimos anos em escala global, e é possível que essa tendência continue. As próximas seções explicam dois tipos de fusões e aquisições: estratégias de consolidação e risco corporativo.

PAPO DE ESPECIALISTA

Os Estados Unidos são o país líder no investimento FinTech, com US$9,37 bilhões investidos em 477 transações, segundo a Innovate Finance e o relatório da London & Partners. O Reino Unido vem em segundo lugar, com US$2,29 bilhões em 142 transações. Alemanha, China e Suécia completam os cinco primeiros em termos de valor da negociação. Mas, em relação às cidades, é interessante observar que São Francisco atualmente é a maior cidade na América do Norte no valor de negociação, não a cidade de Nova York, ao passo que Londres continua sendo a maior cidade na Europa, em termos de valor e número de transações, e teve mais transações individuais que São Francisco (114 versus 80).

Consolidação

Consolidação é a fusão de duas entidades corporativas separadas para formar uma maior. Ela pode resultar em sinergias de custo e receita que levam a maiores economias de escala. A consolidação faz muito sentido comercial onde as empresas são complementares por natureza, portanto, aumentam seu portfólio de produtos e alcance do cliente ou quando as empresas querem assegurar uma maior participação no mercado em certa área do produto. O setor de processamento de pagamento já experimenta os efeitos da consolidação comercial.

PAPO DE ESPECIALISTA

Durante a primeira metade de 2019, três transações foram responsáveis por US$87 bilhões em valor de negociação. As três transações principais foram a aquisição da Fidelity National Information Services do Worldpay por US$43,6 bilhões, a transação First Data de US$22 bilhões da Fiserv e a compra da Total System Services por US$21,2 bilhões da Global Payments. Essas consolidações, por si só, são responsáveis por mais da metade do recorde de US$120 bilhões em valor de transação divulgado na primeira metade de 2019. Essa tendência de tamanhos maiores de transações também foi destacada à medida que 65% das transações registradas ultrapassaram US$100 milhões na primeira metade de 2019. Fora das três grandes transações de pagamentos, o software financeiro corporativo é o maior subsetor FinTech, com mais de 75% do valor de negociação restante e perto de 50% de todo o volume negociado, com 98 transações no total.

Parece natural que a consolidação ocorrerá entre algumas FinTechs menores, mas sempre haverá questões em torno de avaliações, estrutura de liderança e visões estratégicas que deixarão os fundadores relutantes em abrir mão de seus filhotes. Anjos, VCs e outros investidores podem ressaltar as áreas em que a consolidação pode levar a um resultado mais bem-sucedido para as empresas. Os fundadores podem preferir "pegar o dinheiro e correr", caso recebam uma oferta atraente por suas ações.

Porém, o resultado mais provável é que as firmas maiores determinarão que adquirir novas empresas, para conjuntos de produtos específicos ou capacidades das equipes, é mais eficiente do que criar internamente um produto competitivo. E mais, como no exemplo do setor de pagamentos, criar sinergias com redução dos custos ou economias de escala sempre será uma opção. Muitas FinTechs em estágio inicial focam uma parte específica do fluxo de trabalho ou da gestão do ciclo de vida de uma questão maior, portanto, não passarão a ter um valor de unicórnio por si só. Assim, uma venda comercial para outra entidade com um conjunto de produtos complementar pode oferecer um caminho a seguir.

As empresas maiores precisam decidir se estão mais bem posicionadas para integrar tais firmas em um estágio inicial, talvez comprando de cara uma participação minoritária e aproveitando essa participação, ou se os VCs e as empresas de capital privado são melhores para criar uma estratégia de migração para firmas em seu portfólio.

Estratégias do capital corporativo

Muitas instituições financeiras, bancos de investimento em particular, têm um fundo dedicado para canalizar o capital de risco corporativo (CVC). Como explicamos no Capítulo 16, os CVCs são um subconjunto do capital de risco no qual o financiamento vem de fundos corporativos, em vez de agirem como terceiros que gerenciam o dinheiro em nome dos investidores externos. Os CVCs tendem a ser mais estratégicos por natureza, e não puramente focados no ROI, portanto, devem investir em negócios menores especificamente relevantes e vantajosos para terem uma visão estratégica da entidade principal.

Para tanto, eles preparam um fundo dedicado, geralmente com pelo menos US$100 milhões disponíveis para levantar certos investimentos, ou investem diretamente a partir de seu próprio balancete. Ter um fundo dedicado pode sugerir que eles têm uma equipe dedicada que estará focada apenas no portfólio, mas depende da estrutura da instituição. Algumas instituições têm equipes de inovação ou digitais dedicadas que contribuem nesse processo com uma equipe de investimentos estratégicos maior. Mas, dependendo da instituição, também podem ser mais avessas ao risco e preferir investir mais tarde no ciclo de vida do financiamento, talvez após a Série A, para assegurar que a FinTech tenha tração e desenvolvimento suficientes para atender aos seus requisitos.

CUIDADO

A vantagem para a FinTech é que ela ganha um acordo comercial e um acordo de investimento do CVC, e pode acessar a expertise e a rede (inclusive a distribuição de clientes) da instituição financeira. Os CVCs podem oferecer conhecimento e acesso a clientes em potencial, mas a FinTech precisa ter cuidado para não ficar subordinada à entidade maior e não conseguir receber o suporte externo necessário para expandir seus negócios. E mais, as empresas devem estar cientes de que estão expondo sua propriedade intelectual a um concorrente em potencial. Embora tais riscos sejam cobertos por acordos jurídicos, eles representam um fator ao determinar o parceiro CVC certo e formular as expectativas em ambos os lados.

Agora, a grande maioria dos bancos tem uma oferta CVC, com alguns sendo mais proativos que outros. Além disso, alguns focam mais as atividades aceleradoras/incubadoras para indicar empresas de tecnologia interessantes com as quais fazer parceria, em vez de fazer investimentos diretos. É possível que essa tendência se desenvolva mais na gestão de ativos e nos domínios dos seguros.

322   PARTE 3 **Trabalhando com FinTechs**

A Parte
dos Dez

4

NESTA PARTE. . .

Determine se os sistemas financeiros existentes precisam de correção ou substituição.

Decida se criar ou comprar um sistema FinTech faz mais sentido.

Incorpore o código aberto às soluções FinTech.

NESTE CAPÍTULO

» **Contando muito com improvisos**

» **Resolvendo a incompatibilidade e a compatibilidade reversa**

» **Lidando com dados diferentes e o risco da planilha**

» **Examinando a latência e a demanda por mais suporte**

» **Vendo muitos talentos diminuindo e oportunidades de mercado perdidas**

Capítulo **18**

Dez Sintomas de uma Tecnologia de Herança Ruim

Devido aos custos percebidos, ao medo da possível disrupção comercial e ao apego a sistemas de herança familiares, muitas instituições financeiras ficaram relutantes em tocar em seus dinossauros monolíticos. Já vimos alguns casos em que as organizações tentam aplicar correções improvisadas nos sistemas de herança desde os anos 1980!

Se as organizações financeiras com sistemas antigos não fazem uma substituição rápida, elas podem acabar ficando ultrapassadas. Mas como saber quando chegou a hora de fazer um upgrade? Veja alguns sintomas de um sistema desatualizado que precisa de reestruturação. Para ter mais informações sobre os sistemas de herança, veja os Capítulo 13 e 14.

Sobrecarga Improvisada

Muitas instituições escolheram seguir o caminho de menor resistência em sua tecnologia, ou seja, não mudam nada até ser absolutamente necessário, então fazem a menor alteração possível. Em curto prazo, pode parecer que fazer só o mínimo necessário para manter a funcionalidade requerida pelo usuário final é uma estratégia econômica e razoável, mas isso pode resultar em muitos custos ocultos que, quando contabilizados, não agregam valor. E também pode resultar em clientes insatisfeitos e funcionários frustrados.

Se isso descreve a situação de sua empresa, é hora de agir. O problema só vai piorar com o tempo. Seu primeiro passo é avaliar o sistema atual e desenvolver uma estratégia para melhorá-lo (atualizando/corrigindo ou substituindo). A melhor abordagem adotada depende do escopo da mudança requerida. Você adicionará algumas linhas de código, substituirá tudo de uma só vez ou fará algo intermediário? A natureza da mudança é revolucionária (tudo junto) ou evolucionária (gradual)?

Como indica seu nome, o método revolucionário é mais radical. Ele requer uma revisão coordenada de como a mudança afetará o usuário geral, a infraestrutura e a organização. Os dois tipos de estratégias de implantação revolucionária são recriar e substituir (veja o Capítulo 13):

» Na estratégia de substituição, o sistema existente basicamente fica offline por completo, e uma tecnologia totalmente nova é colocada em seu lugar.

» A abordagem de reconstrução utiliza o sistema existente apenas como ponto de referência, e um novo sistema fica dentro da infraestrutura baseada na nova tecnologia.

A abordagem evolucionária é um método bem planejado, menos radical e incremental de modernização dos antigos sistemas de herança. É menos intrusiva e arriscada. Mas também pode ser uma solução improvisada, e, como um curativo de emergência, pode doer ao ser retirado. É possível atenuar os problemas em torno do suporte e da manutenção de um sistema de herança com uma destas cinco abordagens evolucionárias: revisão, novo host, nova plataforma, remodelada ou replanejada.

LEMBRE-SE

É importante entender bem o sistema existente antes de qualquer alteração. Você precisará conhecer suas funções, casos de uso, população de usuários e qualquer funcionalidade pendente ou problemas. Os interessados no sistema devem ajudar a determinar como qualquer substituição ou modernização afetará as necessidades comerciais críticas atendidas. Inclui considerar as necessidades comerciais não atendidas nas quais um novo sistema poderia possivelmente ajudar e entender como os sistemas associados contam com o sistema existente.

Falta de Compatibilidade Reversa

Compatibilidade reversa é a capacidade de o novo código/hardware/software funcionar com formatos de dados e aplicações mais antigos. Isso é essencial para a viabilidade contínua do sistema de herança quando a nova tecnologia interage com ele.

Hoje, os bons programadores entendem que devem considerar a compatibilidade anterior com sistemas de herança quando planejam novos sistemas. Infelizmente, esse não era o foco da programação no passado, então muitas tecnologias existentes não foram criadas com nenhuma compatibilidade, e a maioria dos sistemas antigos não reconhece as linguagens nas quais o novo código é escrito. Como consequência, embora os novos sistemas possam ser construídos para ser "compatíveis com a versão anterior", isso não garante que os sistemas de herança funcionarão bem com eles. Um sistema de herança costuma ser uma compilação de fragmentos únicos de código entremeados com sistemas corporativos formatados importantes e maiores. Existem milhões de linhas de código, e a maioria é mal documentada e com qualidade verificada de forma inconsistente. É um problema fazer upgrade em tais ambientes.

Um modo de aumentar a compatibilidade de um sistema de herança é utilizando uma camada "wrapper" [integração] que fornece uma nova funcionalidade e extensão por meio de APIs (interfaces para programação de aplicações). O teste pode ser mais complicado quando esse modo de expansão é usado, porque o novo código não deve ser apenas compatível com o sistema de herança, mas também ter compatibilidade anterior com as APIs.

CUIDADO

Muitas vezes, o antigo código não é extensível, e isso limita a capacidade de criar uma nova funcionalidade com um wrapper. Se o código não é compatível com versões anteriores, as duas versões do código serão inoperantes e gerarão erros, falhando quando chamadas. A única solução é remover e reescrever o código.

Incompatibilidade com Outros Sistemas

Antes de poder modernizar ou substituir um sistema de herança, você precisa entender como ele interage com outros sistemas na infraestrutura. É preciso realizar testes para confirmar a natureza das trocas entre os sistemas. Eles chamam os mesmos bancos de dados? Acessam os bancos de dados de modos iguais ou diferentes? Compartilham serviços da web? Seu sistema chama as APIs de outro sistema? Seu sistema de herança chama fontes de dados externas? Outros sistemas chamam as fontes de dados de seu sistema de herança?

Determinar o nível e as áreas de interação entre os sistemas não tem de ser difícil, mas é demorado. Se você não tiver essa diligência prévia, correrá o risco de fazer uma disrupção em outras opções ou corromper os bancos de dados.

Não é suficiente isolar outros sistemas envolvidos no compartilhamento da infraestrutura ou dos dados; você também deve entender a natureza das trocas. Algumas perguntas a fazer são:

- » A troca é bidirecional?
- » Quais dados no banco de dados são acessados ou trocados?
- » Quais funções e operações são chamadas?
- » Quando ocorrem essas chamadas ou trocas, e com que frequência?
- » Os serviços compartilhados são realizados do mesmo modo ou de uma maneira compatível?

CUIDADO

Algumas ferramentas podem ajudar a mapear esses usos, mas, se você não determinar essas relações manualmente ou com alguma automação, sua estratégia de substituição ou modernização não funcionará de forma integrada.

Dados Diferentes

Integrar dados dos sistemas existentes na nova tecnologia não costuma ser simples nem fácil. Muitos sistemas de herança não incorporam o software de gerenciamento de dados e são escritos em formatos não padrão do banco de dados. Se você está substituindo ou modernizando o sistema de herança, ainda terá de entender como os dados são lidados, armazenados, acessados e gravados nesse sistema para assegurar que não fiquem comprometidos. Scripts procedurais e arquiteturas do banco de dados remodeladas muitas vezes são requeridos. As estruturas do banco de dados com as quais está lidando entre os sistemas de herança e novo podem ser bem diferentes. Por exemplo, um pode ser um banco de dados relacional, e o outro, um sistema orientado a objetos ou um arquivo XML. É possível gerenciar tais diferenças definindo limites que o ajudem a evitar conflitos em um banco de dados diferente.

Antes de poder determinar o nível de envolvimento necessário, você deve fazer uma auditoria para saber como os dados são usados e armazenados. As perguntas que essa auditoria deve responder incluem:

- » Qual é o volume de dados a ser lidado?
- » Onde os dados estão armazenados atualmente?
- » Como você aumenta a disponibilidade dos dados sem afetar o desempenho geral do sistema?
- » Qual é o modelo de segurança regulatório requerido, e ele atende a nova informação de identificação pessoal (PII) regulada no país?
- » Como os dados são usados?
- » Como você extrai o valor do usuário final dos dados armazenados?

LEMBRE-SE

Ao determinar a estrutura dos dados, você deve levar em consideração os outros sistemas que podem estar compartilhando esses dados com o sistema de herança. Algumas áreas de dados para se preocupar ao planejar a modificação ou a descontinuação dos sistemas existentes são:

- » Qual é a qualidade dos dados?
- » Como os dados são formatados?
- » Quantos bancos de dados diferentes existem e quais são suas estruturas?
- » Quando os dados são acessados e como?

Risco da Planilha

As planilhas são uma ótima ferramenta para a transformação de dados. Se você coloca dados em uma planilha, pode aumentá-los, transformá-los via fontes de dados alternativas e desenvolver modelos de análise personalizados. Em uma pesquisa recente feita pela Deloitte, descobrimos que 80% de todas as empresas usam planilhas como motivação para funções comerciais essenciais.

CUIDADO

Embora seja uma ótima solução, uma planilha não é uma boa mídia para o armazenamento de dados permanente e em grande escala. O uso generalizado, não monitorado e descontrolado de planilhas para a análise e o gerenciamento de riscos pode ser um problema, porque normalmente planilhas individuais ficam fora do data lake principal, dificultando o monitoramento. A maioria dos bancos ou financeiras não sabe quantos relatórios são gerados a partir de planilhas não monitoradas na organização. Normalmente, nenhum inventário é feito sobre como e onde essas planilhas são usadas e mantidas. Sempre há um risco de o criador da planilha sair da empresa, e, nesse caso, a concepção e a metodologia por trás da construção do modelo podem se perder para sempre.

Outros riscos incluem:

» As planilhas tendem a erros de entrada dos dados e geralmente não são revisadas por colegas. Desde a aprovação da lei Sarbanes-Oxley (EUA), as empresas enfrentam pressão para controlar, revisar e monitorar a computação do usuário final. Para entender e diminuir os riscos, as organizações fazem avaliações e mantêm listas de inventários. Como todas as entradas nessas planilhas são manuais e muitas vezes a saída é levada para outras planilhas ou adicionada a sistemas de registro manualmente, a chance de erros é alta. As planilhas de uso constante "endurecem" com o tempo, e qualquer erro pode se tornar um componente básico da saída. Quando os erros nas planilhas são permitidos sem uma revisão de colegas, a alta gerência acaba tomando decisões com base em dados falhos em potencial e agravando as decisões incorretas com o tempo.

» Nem sempre as planilhas também são protegidas corretamente. Elas circulam com facilidade em uma empresa e, às vezes, seguem para contatos externos sem muita consideração com a confidencialidade. Com a aprovação de leis protegendo internacionalmente a PII, esse tipo de compartilhamento descuidado pode deixar a empresa vulnerável a multas e ações ordinárias individuais associadas a violações de privacidade.

As planilhas são prioridades nas listas de itens dos auditores para uma revisão devido a preocupações regulatórias. As empresas precisam estar preparadas para assegurar auditores que entendam os riscos de armazenar os dados dessa forma. Enfrentando o problema de frente, fazendo uma revisão e criando política e procedimentos para limitar os riscos, uma empresa talvez possa driblar parte da responsabilidade associada ao uso da planilha.

Como é provável que as planilhas continuarão a ser predominantes no espaço financeiro, as empresas estão desenvolvendo novas soluções para diminuir os riscos. Algumas soluções permitem flexibilidade no sistema e fornecem conexões controladas e auditáveis com terceiros. Esses benefícios aumentam muito o valor de uma solução, atendendo a um conjunto maior de necessidades do usuário individual. Se o valor básico de seu sistema é ser produzido fora dele em planilhas, isso é um sinal claro de que seu sistema de herança pode ter ultrapassado sua utilidade.

Você pode realizar algumas etapas simples para limitar parte da exposição operacional a riscos associada ao uso da planilha. Por exemplo, ter servidores de somente leitura e um documento de processo anexado requerido pode proteger de alterações acidentais e da perda da pessoa-chave. Criar um comitê de supervisão que fornece regras claras da política sobre o uso da planilha, de manutenção, de controle de versão e de segurança é essencial para a boa governança. Toda planilha que se torna institucionalizada deve seguir diretrizes de formatação bem definidas e ser revisada periodicamente. Os usuários devem receber treinamento para a criação de planilhas.

As aplicações de planilha têm recursos que ajudam a diminuir alguns riscos em uma planilha individual. Por exemplo, o Microsoft Excel inclui controles de auditoria e versão, e é possível centralizar e limitar o acesso aos arquivos compartilhados com o SharePoint.

Veja um resumo das etapas realizadas para entender, priorizar e limitar a responsabilidade:

1. **Defina os riscos e o escopo da computação do usuário final na organização.**

2. **Determine a política e os procedimentos em torno do uso e da versão das planilhas que devem ser usadas institucionalmente pela empresa.**

3. **Crie controles, monitore-os e revise-os quanto à adesão.**

4. **Analise a possível substituição das planilhas usadas em operações críticas.**

A definição dos controles começa ao entender as responsabilidades e as necessidades da governança, instruindo os responsáveis, criando um processo em torno da restrição de risco e priorizando os riscos para garantir que a primeira correção endereçe as áreas de maior vulnerabilidade.

Latência

Latência é a quantidade de tempo que se leva para uma solicitação ir do cliente para o servidor e voltar. Muitas condições podem aumentar a latência, inclusive a configuração da rede, o volume de chamadas dos dados, os modelos de cache, as aplicações autônomas, a arquitetura do sistema, a idade do hardware e a velocidade da internet.

As principais causas de problemas na latência são:

- » Número de saltos entre os dispositivos e o servidor.
- » Afunilamentos de dados.
- » Formatação dos dados.
- » Distribuição da CPU (unidade de processamento central)/GPU (unidade de processamento gráfico).
- » Baixa prioridade da carga de trabalho.
- » Conexões físicas versus Wi-Fi.
- » Problemas de configuração.

LEMBRE-SE

Se seu sistema tem latência e isso não é um problema, ótimo. Nem todo sistema precisa de tempos de resposta ultrarrápidos. Mas se os usuários ou os clientes reclamam da latência, pode ser sinal de que é o momento de um upgrade. Os problemas de latência não eram importantes durante o desenvolvimento de muitos sistemas de herança, porque o desempenho em tempo real é uma demanda relativamente nova no mercado. Há uma década, os desenvolvedores não priorizavam o desempenho, a otimização do banco de dados nem a maximização do fluxo de trabalho ao codificarem. Os sistemas não eram estruturados para maximizar a produtividade. Por outro lado, os novos sistemas são muito sensíveis à latência.

Aumentando a Demanda por Suporte e Manutenção

Nem sempre é fácil dar suporte a um sistema de herança. Conforme os sistemas envelhecem, eles podem ficar mais estáveis devido a menos alterações, mas também ficam mais frágeis e menos confiáveis. A base de conhecimento muitas vezes fica limitada a alguns engenheiros antigos e especialistas no serviço. A documentação no sistema completo costuma ser pequena. As atualizações podem ser difíceis e têm suporte ruim.

Em algum momento, o custo de manter um software ou um hardware antigo começa a superar os benefícios de mantê-lo. A empresa de consultoria e pesquisa global Gartner estimou que o custo de manutenção e suporte de um sistema personalizado pode exceder seu orçamento para desenvolvimento em menos de cinco anos.

Veja algumas questões comuns no suporte dos sistemas de herança:

>> Não existe uma equipe de suporte prontamente disponível já treinada. Ou, se existe, mantê-la pode ser difícil, porque não há um plano de carreira claro para ela.

>> Não existe uma comunidade de usuários constituída e nenhuma base de conhecimento mantida com facilidade.

>> Quando surgem problemas, os desenvolvedores não estão mais disponíveis para diagnosticá-los e corrigi-los.

>> Não há incentivo para melhorar o sistema, porque ele está quase no fim de sua vida útil.

>> É provável que a base de código seja grande e difícil de gerenciar.

>> As correções podem precisar de que o sistema inteiro seja encerrado.

>> Conforme o sistema envelhece, as paralisações podem aumentar.

>> Não há ferramentas disponíveis, exceto as que os desenvolvedores internos criaram.

>> Os upgrades podem ser muito complicados.

>> Se os desenvolvedores usaram wrappers de API para aumentar a funcionalidade do sistema, pode ser difícil determinar onde está um problema específico.

Ganhos de Curto Prazo e Problemas de Longo Prazo

Como explicamos antes neste capítulo, muitas vezes as pequenas correções não fornecem soluções de longo prazo. Embora revisar e hospedar de novo sejam as abordagens de modernização mais rápidas e baratas disponíveis para o dilema da herança, podendo oferecer benefícios em curto prazo, isso tem um grande custo operacional.

Aconselhamos que seja feito um inventário das metas da empresa e uma análise do custo-benefício ao atualizar antes de tentar uma correção de curto prazo. Um plano completo em fases que o coloca em uma posição final livre do sistema de herança e permite novas tecnologias normalmente é uma estratégia bem mais eficiente.

Um Pool de Talentos que Diminui

Como apresentamos no Capítulo 14, manter e dar suporte a um sistema existente pode ser difícil por causa do pool de talentos, que diminui com o tempo, sobretudo se tal sistema é escrito em uma linguagem de codificação ultrapassada. Como um exemplo, vários desses sistemas são em COBOL, uma linguagem comum desde o final dos anos 1960 até o início de 1980. Muitos desenvolvedores que já usaram essa linguagem agora estão aposentados. A Tabela 18-1 mostra algumas informações sobre o envelhecimento da comunidade de desenvolvedores COBOL.

TABELA 18-1 Desenvolvedores com Habilidades em COBOL

Porcentagem de Desenvolvedores Disponíveis	Idade dos Desenvolvedores Disponíveis
52%	45-55 anos de idade
34%	35-45 anos de idade
7%	+55 anos de idade
5%	25-35 anos de idade
2%	Idade desconhecida
100%	

Oportunidades de Mercado Perdidas

O setor bancário não se comprometeu com nenhuma inovação maior desde o começo do sistema ATM, nos anos 1980, nem com os sistemas de herança com os quais lidam, que foram desenvolvidos na época. A falha do setor em acompanhar as expectativas do usuário e a nova tecnologia deixou muitas instituições vulneráveis ao roubo de clientes feito por novos paradigmas disruptivos, como criptomoedas, bancos startups online e as gigantes tech com dinheiro e inclinação para entrar na briga.

Os clientes atuais esperam ter informações sob demanda, interfaces do usuário adequadas a seus estilos de vida e capacidades de autoatendimento. A maioria dos sistemas de herança não é compatível com essas novas demandas. Mesmo o celular universal não pode ser utilizado em seu total potencial por meio dos sistemas de herança. A funcionalidade que as APIs e os wrappers oferecem não é suficiente para acalmar os desejos dos usuários por resultados imediatos.

É provável que a robótica e a inteligência artificial (veja o Capítulo 12) tenham um papel na experiência bancária do futuro, e o custo dessas mudanças tecnológicas será compensado por uma diminuição de 10% a 30% da equipe de retaguarda. Segundo Pat Patel, da *Payment Week*, "O suporte dos sistemas de herança é responsável por 15% a 25% do gasto total com TI para o setor bancário". As estimativas anteriores colocavam esse número em 50% a 70% do gasto total com TI. Qualquer economia financiará uma parte do custo de migração ou modernização. Ao converter para sistemas mais amistosos para o usuário, as empresas também economizarão ao diminuírem os custos com manutenção e suporte.

LEMBRE-SE

Pode ser uma tentação ver um sistema de herança como "gratuito", porque seu gasto de capital inicial está lá atrás no passado. Mas, para explorar os custos em potencial ocultos ao manter tais sistemas, faça a si mesmo as seguintes perguntas; e, se a resposta for sim para algumas delas, seu sistema não é "gratuito" e está impactando o resultado final:

» Os sistemas de herança estão reduzindo a produtividade dos desenvolvedores e da equipe de TI?

» A equipe que dá suporte aos sistemas precisa criar soluções alternativas?

» Você está perdendo negócios por não responder aos clientes com rapidez suficiente?

» Seu custo anual com suporte é maior que o custo para substituir o sistema inteiro, inclusive hardware e software?

» Quanto custa a equipe que mantém a herança operando?

» Qual é o risco para a receita se o sistema de herança não conseguir operar?

>> O sistema de herança pode dar suporte ao crescimento antecipado da empresa? Por quanto tempo?

>> O sistema interage com outros sistemas internos e externos com facilidade?

>> O sistema pode ser auditado como requerido pelas regulações e pela política da empresa?

>> Qual é sua estratégia de crescimento para o futuro? Ela requer uma plataforma mais flexível e aberta?

>> O sistema de herança se adapta facilmente aos serviços na web?

As novas instituições bancárias online podem oferecer aos usuários finais as escolhas que eles querem no suporte ao cliente e no autoatendimento. Essas novas abordagens de banco virtual estão começando a roubar uma fatia de mercado das estruturas mais tradicionais. Os bancos também começaram a sentir os limites devido à falta de velocidade de colocar no mercado novos produtos e serviços. Os dados em silos tornam difícil que o setor financeiro tire valor de suas trocas de clientes.

A porta para sair com apenas uma mudança mínima pode se fechar rápido, pois as agências regulatórias dos bancos também começaram a ver as vulnerabilidades da segurança nos sistemas dos bancos de herança, e essas vulnerabilidades, junto das leis de privacidade, podem ser a gota d'água para a herança.

> **NESTE CAPÍTULO**
>
> » Decidindo quando criar versus comprar um app FinTech
>
> » Entendendo os processos de criação e compra
>
> » Agilizando a criação com o código aberto e revendedores
>
> » Fazendo as perguntas certas

Capítulo **19**

Dez Perguntas para Determinar entre a Criação ou a Compra

Comprar ou criar uma nova tecnologia FinTech é uma questão delicada com interessados e pontos de vistas inflexíveis. Mas o mistério por trás do problema pode ser resolvido fazendo-se algumas perguntas-chave sobre sua situação, o que endereçamos neste capítulo. Saiba mais sobre a decisão de criação versus compra no Capítulo 13.

LEMBRE-SE

Seja qual for sua escolha, o sucesso é orientado por um planejamento completo e comunicação clara.

Esta Funcionalidade É Essencial para o Negócio?

Trabalhar com uma FinTech permite que uma organização foque as operações essenciais e terceirize o resto. Sempre que uma empresa pensa em implantar novas tecnologias ou funcionalidades, a primeira pergunta a se fazer é se a nova iniciativa é essencial para o negócio. Se não for, empregar fontes FinTech de terceiros é quase sempre o melhor caminho.

LEMBRE-SE

Coloque seu dinheiro para desenvolvimento na criação do código que ofereça um diferencial no mercado. Se não é essencial para seus objetivos financeiros, você está roubando dinheiro de outras áreas da empresa que gerará receita. Mesmo que tenha a maior equipe de desenvolvimento, se o que é desenvolvido é periférico para a área de expertise dela, o efeito final é que o software rapidamente ficará ultrapassado e obsoleto. Identificar o que é central para o negócio é o segredo do sucesso.

A Aplicação É Exclusiva?

Não perca tempo nem dinheiro criando o que já existe. Não faz sentido, financeira ou operacionalmente, para uma empresa criar aplicações padrão, como sistemas CRM (gestão de relacionamento com o cliente), RH e folha de pagamento, sistemas de gestão de tempo, aplicações de licenças etc.

Por outro lado, se a aplicação que deseja é única e original, você não a encontrará na lista de produtos de terceiros. Para ter os recursos e as capacidades desejadas, você mesmo pode ter que criá-los ou começar com algo genérico e adaptar ao seu caso de uso. A última opção costuma ser a melhor aposta; é uma proposta muito menos assustadora modificar uma aplicação existente do que começar do zero. Encontrar aplicações extensíveis, que são usadas por muitas operações ou se integram facilmente com outras aplicações e podem compartilhar bancos de dados é um ponto muito positivo para uma empresa de rápida expansão. Tal aplicação pode crescer com as necessidades da organização, precisando de menos suporte especializado.

DICA

Se você escolhe seguir o caminho da modificação de terceiros, é preciso assegurar que isso possa ser feito contratualmente e que a aplicação essencial de terceiros continuará a ter suporte e ser atualizada. Uma análise completa das APIs (interfaces para programação de aplicações) disponíveis para o produto é essencial.

Qual Abordagem É Mais Econômica?

Criar ou comprar: qual apresenta o melhor valor? Não é uma questão simples de responder, devido a todos os custos adicionais envolvidos em criar e comprar.

Aparentemente, a questão parece óbvia. Comprar é dez vezes mais barato do que criar. Em outras palavras, custa dez vezes mais criar um sistema do que comprar um equivalente. E os custos com manutenção também são mais altos para os sistemas criados internamente; de 40% a 60% a mais em sete anos do que o mesmo modelo do revendedor grande, completo e modificado. Isso é devido principalmente à economia de escala, porque um revendedor pode criar um sistema uma vez e vendê-lo a muitos clientes, ao passo que, se você mesmo cria um sistema, você é seu único cliente.

Por outro lado, comprar envolve seus próprios custos, inclusive os específicos do desenvolvimento, antes e depois, e taxas anuais, com manutenção e suporte, na duração do contrato. Dito isso, um dos argumentos mais convincentes para comprar é que você não precisa lidar com sistemas de herança e a tecnologia comprada é atualiza constantemente com o tempo.

Comprar um software significa pagar adiantado pela licença e (geralmente) pagar de novo todo ano pelo suporte. As taxas de licença podem não ser apenas para o software, mas também para os periféricos necessários ao suporte do software.

DICA

Examine os custos projetados de um contrato vigente nos últimos sete anos para determinar os custos totais de uma compra versus os custos totais de um desenvolvimento interno. Você também precisa refletir sobre o custo de implementar o software. Os revendedores fornecerão as estimativas. Acrescente 10% a essas estimativas para os custos ocultos e internos.

Esta Aplicação Deve Ser Criada?

Veja os principais pontos de decisão para saber se deve criar uma aplicação:

- » **Natureza da aplicação:** Se é única e/ou essencial para sua atividade principal, crie. Se esse não é o caso, compre.
- » **Necessidade de controlar a natureza da aplicação:** Criar internamente significa que você tem mais controle e privacidade. A privacidade pode ser um problema se é importante que o código não seja compartilhado com outras organizações.

» **Custo para criar, manter e dar suporte:** Quase sempre, é mais barato comprar, como explicamos na seção anterior.

» **Riscos envolvidos no desenvolvimento e na manutenção:** Se você não pode encerrar o sistema ou se não tem uma equipe interna para dar suporte, deve comprar (mais sobre os riscos na próxima seção).

A disponibilidade de ofertas SaaS (Software como Serviço) robustas ultimamente mudou as coisas em favor de comprar ou assinar para muitas organizações. O SaaS mudou muito a necessidade de as organizações terem, criarem ou manterem um software genérico. O SaaS normalmente é alugado com uma assinatura. É oferecido na nuvem, o que o torna universal e se dimensiona com base nas exigências computacionais e do usuário. Esse modelo é muito atraente para organizações pequenas e startups.

Tudo é uma troca. No debate sobre criar versus comprar, quanto controle você tem é inversamente proporcional ao custo. Comprar o produto é menos caro do que criá-lo, mas você tem menos controle sobre a direção, a distribuição, o foco e o suporte de um produto com licença de terceiros do que tem sobre um produto único criado internamente.

Quais São os Riscos de Criar versus Comprar?

Pode ser difícil determinar o risco associado à estratégia de criar versus comprar, porque existem muitos riscos em potencial e cada um com suas próprias incertezas:

» Se você cria, o tempo para entregar é o maior risco. O devido gerenciamento do projeto pode ajudar a diminuir o risco de não cumprir as datas de entrega. A perda do prazo é um problema menor ao comprar, porque o software já está criado e precisa apenas ser integrado ao sistema.

» Ao comprar, a falta de acesso ao código-fonte pode ser um risco. Você deve contar com o revendedor para lidar com as preocupações, corrigir os erros no devido tempo e desenvolver uma nova funcionalidade em resposta às suas solicitações. Se o revendedor não atende às suas necessidades de suporte, você pode acabar ficando preso a ele devido ao contrato ou porque seria caro demais mudar para um revendedor diferente.

LEMBRE-SE

Por causa da retenção de informações pessoais, das leis de privacidade e de controles regulatórios específicos do país, o gerenciamento de dados e a visibilidade são preocupações crescentes. Se você permite que outro revendedor armazene e gerencie seus dados, é importante escolher um que o manterá bem informado sobre o que acontece com seus dados e quais riscos de segurança sua rede pode ter. Se gerencia seus dados internamente, deve ser responsável por cumprir todas as regulações e arcar com os custos administrativos.

Quando o Código Aberto Faz Sentido?

É possível aproveitar os benefícios do sistema de um revendedor e evitar algumas responsabilidades incorporando aplicações de código aberto ao software fornecido pelo revendedor ou criado internamente. Com o código aberto (tratado no Capítulo 10), você consegue chegar a uma base de usuários que excede muito seu próprio grupo específico. O software é testado de modos que sua equipe não o faria. O código aberto é gratuito para adquirir, mas não totalmente gratuito para usar devido aos custos associados, como integração, suporte e manutenção. Como os custos com suporte e manutenção podem ser grandes, é fundamental que o projeto de código aberto escolhido seja verificado e esteja maduro, com um grupo de usuários ativo e colaboradores.

O código aberto também ameniza a questão de alguns elementos de controle. Sua equipe pode desenvolver um trabalho personalizado para uma funcionalidade crítica que não existe atualmente no pacote de código aberto. Também pode liberar atualizações de modo automático, aproveitando as alterações que os desenvolvedores fora da empresa fizeram. Sempre contribuindo com o novo código para o projeto, a empresa do usuário tem garantida a compatibilidade reversa e ciclos de atualização mais curtos.

Diferentemente do código do revendedor, o código aberto não é uma caixa-preta. Ele utiliza os processos de desenvolvimento mais recentes e flexíveis, como microserviços e nuvem habilitada.

DICA

A comunidade de código aberto é robusta e deve ser utilizada ao se fazer uma diligência prévia em qualquer projeto recebido. Veja alguns sites que podem ser usados para avaliar um projeto [conteúdos em inglês]:

- » Bitbucket (https://bitbucket.org/)
- » Tigris (www.tigris.org/)
- » SourceForge (https://sourceforge.net)
- » OSDN (https://osdn.net)
- » Freecode (http://freshmeat.sourceforge.net/)

- FossHub (www.fosshub.com)
- GitHub (https://github.com)
- LaunchPad (https://launchpad.net)
- Open Source Software Directory (https://opensourcesoftwaredirectory.com)

Você deve pesquisar fóruns de discussão antes de escolher qualquer projeto de código aberto. Quando finalmente reduzir sua seleção, a seguinte lista deve ser usada para determinar qual é a melhor opção:

- Ele tem uma grande base de usuários?
- Tem uma boa reputação?
- Opera em conjunto?
- Requer uma habilidade especializada para usar ou manter? Em caso afirmativo, isso pode custar caro.
- Tem uma documentação suficientemente bem escrita?
- Tem uma boa rede de suporte? Essa rede inclui uma comunidade e opções de suporte pago.
- Com que frequência o código foi atualizado desde sua criação? Qual é a atualização mais recente?
- O site do projeto tem um bom tráfego e é bem mantido?
- A licença de código aberto associada é claramente definida com o produto?
- Existe um grupo maior ou empresa que dá suporte ao desenvolvimento do projeto?

LEMBRE-SE

A frequência das atualizações do código, a longevidade do projeto, a boa documentação e um grupo grande de usuários e suporte são indicadores claros de um projeto de código aberto bem-sucedido.

342   PARTE 4 **A Parte dos Dez**

Quando a Criação Faz Sentido?

Se alguma das seguintes perguntas é essencial para o sucesso da organização, criar é sua melhor escolha:

» O software tem uma funcionalidade especializada de que apenas sua empresa precisa?

» O software precisa ser personalizado? Dinamicamente?

» O controle de dados, a segurança e a privacidade são obrigatórios?

» A saída ou o fluxo de trabalho é específico do caso de sua empresa?

» Você pesquisou e não encontrou um software que resolva seu problema crítico?

» Sua empresa tem recursos de TI e desenvolvedor para criar e manter o software?

LEMBRE-SE

Os benefícios da criação podem ser resumidos em uma palavra: controle. Ao criar, você tem o código e a funcionalidade desenvolvidos.

As responsabilidades em potencial de criar são bem claras. Sua empresa pode não ter internamente a expertise para a criação, e você não saberá até a conclusão se ela atende a todos os objetivos. E mais, como o software é exclusivo da empresa, será preciso um treinamento especializado do usuário.

Como Podemos Acelerar a Criação?

Um modo de acelerar a criação é desenvolver um sistema híbrido que combine componentes de terceiros com algum desenvolvimento interno. Alguns exemplos de sistemas adequados para essa colaboração são:

» Sistemas CRM (gestão de relacionamento com o cliente).

» CMS (sistemas de gerenciamento de conteúdo).

» Sistemas de automação do processo comercial.

» Solução de software de e-commerce.

» Portais comerciais.

Como exemplo, Salesforce.com talvez seja uma das melhores ofertas de software SaaS para personalizar uma funcionalidade pronta para o uso. Ele permite que os clientes criem seus próprios processos personalizados ou contratem desenvolvedores terceirizados para desenvolver applets que oferecem uma funcionalidade melhor. O Salesforce.com tem a responsabilidade da infraestrutura fornecida, disponibilizando ferramentas para a empresa e o usuário final personalizar.

Para o sucesso dessa colaboração, o revendedor deve montar um conjunto muito preciso dos requisitos, dos objetivos e das entregas. Um gerente de projetos especialista é o segredo para cumprir o cronograma, junto de uma declaração específica do trabalho.

Outro modo de agilizar o desenvolvimento é adotar o DevOps, que é uma nova disciplina que automatiza as operações padronizadas e os processos usados pelas equipes de desenvolvimento e controle de qualidade. É resultado de pequenas equipes multifuncionais usadas no código aberto, em microsserviços e no desenvolvimento Agile. O DevOps serve para automatizar processos de modo controlado, desenvolvendo uma integração contínua e ambientes de implantação. A automação e a integração contínua facilitam que as equipes de diferentes organizações e em locais diversos trabalhem juntas em tempo real.

As APIs (interfaces para programação de aplicações) no software de terceiros tornam mais fácil e rápido implantar o código terceirizado, pois permitem que os desenvolvedores internos colaborem com revendedores terceirizados e projetos de código aberto com facilidade. Os desenvolvedores internos podem usar APIs para criar camadas de funcionalidade sobre a caixa-preta terceirizada ou disponibilizar o software deles para outra pessoa sem revelar os segredos da corporação.

Quando a Compra Faz Sentido?

Assim como há indicadores claros para quando a criação faz sentido, também existem indicadores para a compra. Esses motivos são o inverso da compra.

LEMBRE-SE

Uma das perguntas mais importantes é: "Para quando você precisa da funcionalidade?" Se a resposta é "agora" ou "muito em breve", então comprar é a solução.

Você também deve comprar se uma ou mais das seguintes situações ocorre:

» A funcionalidade é universal e usada nas empresas.

» Não é a funcionalidade essencial requerida para motivar o sucesso da empresa.

» Está fora da área de competência da empresa.

- » Não é econômico criar ou manter.
- » O desenvolvimento desvia a mão de obra que poderia trabalhar em uma funcionalidade mais essencial, assim, tira dinheiro da empresa.
- » Já existem aplicações no mercado que podem ser implantadas, prontas para o uso, são maduras e sem bugs, com suporte e rede de usuários.

As vantagens e as desvantagens de comprar devem ser aparentes ao examinar a especificação e o documento de escopo. Alguns motivos para comprar incluem economias de escala, expertise do domínio focada, implantação rápida, manutenção e suporte contínuos, documentação e QA completos, grandes grupos de usuários e suporte externo e custos previsíveis conhecidos.

CUIDADO

Assim como a criação, a compra tem responsabilidades próprias. Ao comprar, você não tem nada e depende totalmente do fornecedor. Você não tem controle sobre a integridade dos dados. Não é possível ditar os níveis de segurança e não se pode conduzir as áreas da nova funcionalidade. E, se o revendedor sair do negócio, você poderá perder o suporte do software e não conseguir obter atualizações.

DICA

Se a aplicação escolhida é importante para a operação diária ou o resultado da empresa, você pode querer criar um componente de garantia nos termos do contrato.

Também há riscos ocultos envolvidos na compra. Considere estas possibilidades:

- » O processo RFP (pedido de proposta) pode falhar e o produto pode não corresponder às necessidades da empresa.
- » Se a aplicação está sendo integrada em outro sistema, pode haver problemas de compatibilidade.
- » Pode levar mais tempo do que o previsto para a implantação.

Como Escolhemos um Revendedor e um Produto?

Na compra de um software, o revendedor é tão importante quanto o produto em si. Veja se o revendedor escolhido:

- » Tem economias de escala.
- » Dá suporte e treinamento.
- » Tem habilidades focadas que orientam o desenvolvimento e a funcionalidade da aplicação.

- » Tem um histórico comprovado por fornecer a funcionalidade necessária.
- » Planejou o software para ser flexível e funcionar em conjunto.
- » Oferece revisões e atualizações regulares, tornando o software viável no futuro.

LEMBRE-SE

Muitos revendedores oferecem vários produtos de software a escolher. Antes de finalizar sua decisão de compra, você deve se familiarizar bem com o software, suas capacidades e possíveis desvantagens, inclusive quaisquer áreas em que o revendedor não forneça um bom suporte. Veja uma lista parcial de perguntas que você deve fazer sobre o software e o revendedor sendo considerados:

- » Com que frequência o software é atualizado?
- » Como é o processo de atualização?
- » Existe um treinamento gratuito do software? Se não, qual tipo de treinamento e custo estão disponíveis?
- » Qual é o nível de suporte durante a implantação? E após a implantação?
- » Quais relatórios estão disponíveis para o uso imediato?
- » Com qual software o sistema interage?
- » Quais são os requisitos de hardware?
- » Qual é a capacidade da nuvem?
- » Qual é a capacidade para dispositivos móveis?
- » Como é feita a integração dos dados?
- » Qual é seu roteiro para a futura funcionalidade dos produtos? Até onde vai esse roteiro?
- » Qual é seu modelo de segurança? Já houve uma violação?
- » Quais certificados seu sistema e sua equipe têm? Você tem um relatório SOC (controles de serviço da organização)? Qual é seu plano de recuperação de desastres? Ele foi testado?
- » Qual é seu plano de gerenciamento de dados e qual é seu processo de eliminação dos dados?

NESTE CAPÍTULO

» **Pensando no modelo comercial e na integridade da comunidade**

» **Avaliando o suporte técnico e a segurança**

» **Sabendo o que esperar das auditorias do código**

» **Examinando a confiabilidade do software de código aberto**

» **Registrando os custos ocultos, as atualizações e os upgrades**

» **Considerando as possíveis entradas de hardware e as implicações legais**

Capítulo **20**

Dez Considerações ao Usar uma Tecnologia de Código Aberto

Se você for usar um código aberto em sua organização, é essencial ter um plano bem pensado. Existem muitas partes complexas e fatores a se considerar ao desenvolver uma estratégia de código aberto. Este capítulo resume alguns fatores que podem fazer a diferença em como você quer prosseguir. Vá para o Capítulo 10 para ter informações completas sobre a tecnologia de código aberto.

Seu Modelo Comercial

Antes de determinar o lugar do código aberto no plano da empresa, examine com cuidado o modelo comercial dela, as necessidades atuais e os futuros objetivos. Uma FinTech pode ajudar a identificar quais tecnologias estão disponíveis, quais são as novas tendências no setor e para quais futuras áreas de crescimento você pode planejar.

Você também deve refletir sobre o que o código aberto pode oferecer e como essas ofertas se encaixam nas metas da empresa. Alguns dos benefícios mais convincentes que o código aberto pode oferecer possivelmente incluem:

- » Agilizar o desenvolvimento e o tempo de entrada no mercado.
- » Reduzir os custos indiretos.
- » Remover a redundância.
- » Aumentar a eficiência.

Mas esses benefícios não se materializam por mágica. A empresa deve adotar uma abordagem ampla para o uso de código aberto e o gerenciamento em sua estrutura. Isso inclui ter processos de versão e provisão e levar em conta a tolerância geral da empresa à supervisão.

DICA

Conforme uma empresa desenvolve sua estratégia, deve convidar e encorajar a informação dos funcionários. Os objetivos de todos os envolvidos devem se refletir no plano. O feedback dos opositores e dos otimistas é tão importante quanto aquele dos reais adeptos do código aberto, pois eles podem ajudar a antecipar e superar as objeções.

Integridade da Comunidade de Código Aberto

Lembre-se de que um dos grandes benefícios em potencial do código aberto é o grande grupo de usuários especialistas que compartilham expertise e atualizações entre si. Portanto, uma consideração importante ao examinar certa solução de código aberto é até que ponto você terá acesso a tal comunidade.

DICA

Veja algumas referências fáceis para avaliar a integridade de uma comunidade de código aberto:

- Até que ponto o site do projeto está bem desenvolvido?
- Os proprietários do site do projeto organizaram com cuidado os recursos e as ferramentas fornecidas?
- Existe um sistema de tíquetes?
- A documentação é bem idealizada e atualizada com regularidade?
- Quantos lançamentos existem e por quantos anos?
- Ocorreram quantas bifurcações no código?
- Quantos colaboradores existiram ao longo do tempo?
- Quantos usuários existem?
- Quanto o código é conhecido fora da base do projeto?
- Houve colaboradores/doações financeiras ao longo do tempo para manter e desenvolver mais o projeto?
- Algum usuário corporativo grande contribui com o código ou seu suporte?
- Quantos mantenedores existem?
- Quanto o código mudou com o tempo?
- Existe alguma estatística disponível sobre o ROI (retorno sobre o investimento) do código?
- Quantas organizações contribuem para esse projeto?
- Com que frequência há novos lançamentos?
- Com que frequência há uma revisão do código?
- Quantas regressões houve ao longo do tempo?
- Quantos bugs?

Um bom site do projeto deve conseguir responder a todas essas perguntas.

Suporte Técnico

Como explicamos no Capítulo 10, o código aberto não segue o modelo de suporte tradicional. Nenhuma empresa é responsável pelo suporte após o desenvolvimento. Pelo contrário, uma comunidade de usuários e desenvolvedores assume gratuitamente a responsabilidade de fornecer suporte e correções de bugs.

LEMBRE-SE

O suporte técnico para o código aberto pode ser problemático se o código não tem uma comunidade de usuários ativa, como mencionado na seção anterior. Tal comunidade pode oferecer informações e suporte que permitem a uma empresa implantar um código aberto estável de modo lógico e sistemático. Os fatores que listamos podem indicar de forma segura a estabilidade e a qualidade do código, porque apontam que existem pessoas que cuidam do código e de sua viabilidade. Você deve fazer uma diligência prévia e pesquisa para determinar a integridade da comunidade e, por associação, as possibilidades de conseguir um bom suporte técnico.

Lembre-se de que a comunidade de suporte de usuários online não é a única opção para conseguir suporte técnico. Se você está implantando um sistema de código aberto completo versus utilizando um pequeno fragmento de código, sua expectativa de suporte pode ser diferente, e você pode optar por abordagens diferentes:

» Para as grandes implantações, pode ser vantajoso ter um suporte interno. A pessoa que dá suporte também pode ser o desenvolvedor que integrou o sistema na rede da empresa. Se você trabalha com uma oferta de código aberto madura, uma rede de serviços e suporte pode ter se desenvolvido em torno do projeto e pode estar disponível por um preço. Se for o caso, pode haver vários candidatos para preencher a função de suporte. A mesma diligência prévia é requerida ao determinar o melhor provedor de serviços, como aconteceu ao selecionar inicialmente o código aberto. Também existem grupos de assistência que dão suporte a todo tipo de código aberto por uma taxa de assinatura anual.

» Nos projetos menores, pode ser possível subcontratar o suporte diretamente do proprietário/criador ou mantenedor do projeto. Há ferramentas que você pode licenciar que informam sobre a integridade do código em um ritmo constante.

CUIDADO

Se você incorpora o código aberto em seu software patenteado, deve avaliar o risco de não ter controle em relação aos níveis de suporte e correção de erros para o código aberto incluído.

Segurança

Dependendo de como você pretende usar o código aberto, seu nível de segurança disponível pode ser irrelevante, crítico ou algo intermediário. É importante conhecer os requisitos de segurança da empresa e, então, compará-los com o que o produto ou o código oferece.

Uma consideração importante é até que ponto o código foi testado/aprovado quanto a ataques de segurança. Existem várias ferramentas para "falhas e análise" prontas para o uso que produzem relatórios de segurança estáticos. Elas mostram os possíveis problemas no código e os informam ao mantenedor do projeto.

Ao examinar um portal do projeto e sua documentação, é importante notar se é possível informar bugs, examinar os protocolos de segurança e verificar quaisquer relatórios de vulnerabilidades. As vulnerabilidades devem ser incluídas nas notas de lançamento.

CUIDADO

Algumas vulnerabilidades são extremamente comuns e identificadas de imediato, e qualquer bom processo de desenvolvimento as evita. Encontrar tais vulnerabilidades em um produto de código aberto após o lançamento pode indicar um desenvolvimento descuidado.

LEMBRE-SE

O mundo do código aberto não tem nenhuma padronização do controle de qualidade, portanto, todo o código aberto vem "como está". Você não deve lançar nem usar nada que o processo QA da empresa não tenha validado.

DICA

E mais, nenhum banco de dados central lista as vulnerabilidades do código aberto. Mas existe um National Vulnerability Database (NVD) que coleta as vulnerabilidades quando são conhecidas; veja `https://nvd.nist.gov` [conteúdo em inglês]. Infelizmente, esse banco de dados muitas vezes aponta as vulnerabilidades para os hackers, que então as exploram. Grande parte do código aberto implantado é verificado comparando-o com esse banco de dados, manualmente ou usando ferramentas automáticas, e qualquer vulnerabilidade encontrada é corrigida rapidamente. Alguém na organização deve ser responsável por examinar esse banco de dados e fazer qualquer alteração necessária semanalmente.

Auditorias do Código

Como mencionado no Capítulo 10, muitas organizações hesitam em usar o código aberto por causa da possibilidade de riscos operacionais e de segurança. Tais riscos podem ser minimizados com auditorias regulares e rigorosas do código.

Essas auditorias são importantes por dois motivos: elas mostram qualquer preocupação de segurança em potencial e qualquer problema de infração possível. Uma organização deve não só ter políticas que regem a seleção, a verificação e a revisão do software, mas também deve demonstrar uma compreensão das possíveis interdependências envolvidas no uso real e na implantação em uma estrutura maior.

Em geral, os auditores procuram mais do que uma simples planilha como prova da devida supervisão. Para sobreviver a uma auditoria do código aberto, uma empresa deve demonstrar que instruiu seus desenvolvedores nos processos corretos a seguir antes de usar até mesmo uma única linha do código aberto. Também deve haver um repositório central de todos os contratos associados ao código aberto que o setor jurídico examinou.

LEMBRE-SE

Manter-se a par dos lançamentos do código aberto é essencial para sobreviver com sucesso a uma auditoria do código aberto. As políticas e as ferramentas de uma empresa devem requerer uma análise regular desse código. A principal finalidade é verificar se o código foi atualizado com as versões mais recentes e se vulnerabilidades e erros conhecidos reportados foram corrigidos. Essa análise deve incluir:

- Listar todos os componentes de código aberto, a versão no produto e a versão mais atual disponível.
- Uma lista das vulnerabilidades associadas aos componentes.
- Uma data programada na qual resolver qualquer problema crítico.

Confiabilidade

Ao selecionar o software ou o código aberto, a futura viabilidade é uma grande preocupação. O código aberto é viável apenas se houver bases de usuários e colaboradores dedicadas. O código aberto, como todos os outros, tem um ciclo de vida, portanto, é comum que a quantidade de desenvolvedores diminua com o tempo, contanto que o consumo do projeto não reduza.

DICA

É possível estimar com facilidade o valor do código aberto apenas usando ferramentas de busca padrão da internet. Há também suporte a debates sobre o código aberto por meio de postagens em blogs e artigos que discutem projetos.

Restrinja sua seleção a três possíveis candidatos usando esta checklist. Se seu candidato a código aberto responde positivamente a estas perguntas, passará na maioria das auditorias internas e externas:

- » **Tem uma grande base de usuários?** Em caso afirmativo, é possível que tenha um bom suporte e uma boa probabilidade de vida longa.
- » **Tem boa reputação?** Reputação não é tudo, mas é importante.
- » **Funciona em conjunto?** Você deseja usar o código com facilidade.
- » **Requer uma habilidade especializada para usar ou manter?** Em caso afirmativo, a manutenção pode ser cara.
- » **Tem documentação suficiente e bem escrita?** Como os colaboradores para o código aberto têm habilidades variadas, o exame da documentação é essencial. Na verdade, o uso da documentação para dar suporte ao código deve ser parte do controle de qualidade (CQ) feito no código aberto antes de ele ser incorporado à produção.
- » **Usou padrões de código aberto?** O código baseado em padrões de código aberto e de práticas é mais fácil de manter.
- » **Tem uma boa rede de suporte?** Uma rede de suporte pode incluir não apenas uma comunidade de usuários e desenvolvedores, mas também opções de suporte pagas.
- » **Com que frequência o código foi atualizado desde sua criação? Qual é a atualização mais recente?** É melhor quando frequente.
- » **O site do projeto tem um bom tráfego e é bem mantido? Ele mostra uma boa governança e participação da comunidade?** Uma verificação das notas de lançamento e das estatísticas do usuário pode ajudar a determinar isso.

» **A licença de código aberto associada ao projeto é definida com clareza?**
O setor jurídico deve examiná-la, e você deve assegurar que não ocorram conflitos com outros contratos de código aberto.

» **Existe um grupo maior por trás do desenvolvimento do projeto?** Uma empresa grande que conta com o código ou contribui regularmente com ele é uma vantagem.

Após examinar o campo geral dos projetos de código aberto, você deve aplicar um conjunto menor de critérios para determinar o melhor código para suas necessidades. Muitas ferramentas da internet podem ajudar a avaliar o código aberto; elas podem ser encontradas com uma busca simples por ferramentas usadas para gerenciar tal código. Fossa (`https://fossa.com/`) e GitHub (`https://github.com/` [conteúdos em inglês]) são bons pontos de partida, mas você precisar fazer uma diligência prévia lendo as avaliações dos usuários.

Depois de concluir sua análise e descobrir três possíveis candidatos, deve conseguir detalhar uma lista de atributos para determinar o melhor.

Custos Ocultos

O código aberto é interessante porque há uma compreensão implícita de que é "gratuito". Mas, como dissemos, nada é realmente de graça. Você precisa entender a oferta de código aberto e as necessidades da organização antes de conseguir entender seus custos em potencial.

À primeira vista, parece ser uma economia desde o início, porque você não paga nada pela licença e pelo uso do código. Há custos com o hardware, a manutenção, o suporte e despesas jurídicas, mas também pode ser mais em conta em comparação com as ofertas corporativas de terceiros.

As estratégias na nuvem (veja o Capítulo 6) e o uso de plataformas de código aberto podem eliminar parte dos custos indiretos com a rede. Embora o uso desses itens não seja gratuito, no sentido de que há custos associados ao desenvolvimento e à implantação, eles devem ser bem mais baratos do que o equipamento interno que a empresa tem. Existem também outros benefícios não visíveis ao usar um código aberto. Por exemplo, o tempo de desenvolvimento mais rápido é real, e o benefício é quantificável.

Para entender e gerenciar os custos, veja as seguintes áreas da configuração e da manutenção, em que pode haver custos de propriedade, e determine meios de controlá-los e estendê-los antes de se decidir.

354   PARTE 4 **A Parte dos Dez**

Os custos com a configuração incluem:

» **Hardware:** Examine o site do projeto quanto às recomendações de hardware e verifique se tem elas à mão. Se não, o custo do hardware precisará entrar no orçamento.

» **Integração:** O tamanho do projeto determinará o tamanho da equipe. Se é uma aplicação, podem ser necessários recursos externos. Crie um plano de projeto da implantação. Analise as interfaces e a operação conjunta. Podem ser requeridos especialistas.

» **Substituição:** Se é uma estratégia de substituição (veja os Capítulos 13 e 14), você deve entender quais componentes são necessários. A transferência de dados pode ser demorada e requerer especialistas.

» **Personalização:** O código aberto não significa um "tamanho único" pronto para o uso. Você deve orçar os custos do desenvolvedor para modificar o código ao adequá-lo a suas necessidades únicas.

» **Treinamento:** Um novo software implica um novo treinamento e, talvez, uma desaceleração da produtividade.

A manutenção inclui:

» **Atualizações:** Alguém precisará monitorar com rigor o site do projeto quanto a correções e lançamentos disponíveis e se encarregar de aplicá-los.

» **Personalização:** Qualquer personalização no código que sua organização fizer precisará de suporte durante a vida útil do produto.

» **Suporte:** Os suportes do usuário e do desenvolvedor devem estar disponíveis durante a vida útil do produto.

DICA

Ao escolher um software de código aberto, preste muita atenção nessas áreas, que podem levar a despesas extras:

» **Interfaces:** Devido a interfaces do usuário ruins, documentação escassa e inconsistente e falta de treinamento, pode haver mais tempo gasto nas funções administrativas com alguns produtos de código aberto.

» **Reclamações do suporte:** Devido à falta de suporte indicado e à documentação inconsistente, sua equipe interna pode passar mais tempo solucionando problemas.

» **Correção de bugs:** Como nem todos os projetos de código aberto têm uma abordagem padronizada para o CQ e o teste de regressão, a própria equipe interna pode ser responsável por encontrar e corrigir os bugs.

> **Desenvolvimento adicional:** Após ter implementado uma solução de código aberto, você pode achar que precisa de mais desenvolvimento do código devido a algum problema inesperado, como um desempenho ruim da rede.

> **Extensibilidade:** Não há garantias de que um código será viável no futuro. A única garantia que você pode ter é a de que o código foi baseado na arquitetura flexível mais recente em qualquer linguagem utilizada com facilidade.

Atualizações e Upgrades

Com novas versões, os programas ganham nova funcionalidade, correções de bugs e maiores níveis de segurança e uso. Mas, com o código aberto, também há um motivo mais urgente para que as atualizações e os upgrades obrigatoriamente sejam atuais: o código é aberto para todos. Qualquer um pode ver quando surgem problemas, inclusive os hackers, que buscam vulnerabilidades que possam explorar.

CUIDADO

Como mencionado antes neste capítulo, assim que uma vulnerabilidade é encontrada, é publicada no projeto e, depois, nos sites que listam todas as vulnerabilidades do código aberto. Essas listas abastecem os hackers. Por sorte, é possível usar ferramentas como Zoho (www.zoho.com), Bugzilla (www.bugzilla.org) e MantisBT (www.mantisbt.org [conteúdos em inglês]) para verificar se você não perdeu alguma atualização e examinar o código aberto atualmente usado quanto a vulnerabilidades e à gravidade delas. Com um responsável interno para corrigir os problemas conforme eles ocorrem e enviá-los de volta para o projeto, é possível lidar com a manutenção e a segurança com um risco mínimo.

LEMBRE-SE

As atualizações e as novas versões devem passar pelo devido controle de qualidade. Como no código aberto nenhum padrão é estabelecido quanto a esse controle, é responsabilidade de sua empresa ver se o padrão do código aberto atende aos padrões de qualidade da empresa.

Quando fizer uma atualização ou um upgrade, observe que a compatibilidade reversa não é considerada. O teste é um requisito para se proteger dos erros fatais causados pelos conflitos da versão. O problema da compatibilidade fica mais complicado quando existem vários usos de diferentes projetos de código aberto. Em tais situações, você deve testar os componentes de código aberto no ambiente real onde funcionam, não em isolamento.

Para não correr o risco de ataques de vulnerabilidade e incompatibilidade da atualização de terceiros, sua empresa precisará adotar uma abordagem controlada para as atualizações e os lançamentos. O controle deve incluir uma revisão semanal de todas as atualizações de código aberto. Você pode automatizar esse processo usando ferramentas de gerenciamento de código. Todos os problemas de segurança e as correções de bugs devem ser priorizados para atualizações imediatas, segundo seu nível de gravidade. A nova funcionalidade deve ser priorizada segundo as necessidades do negócio.

DICA

Deve haver um repositório central que os desenvolvedores usam para todo o código aberto. Limitando a acessibilidade a esse código a um repositório, você evita a possibilidade de equipes diferentes usando versões diferentes.

As análises educativas de todos os produtos de código aberto em uso devem ser compartilhadas com as equipes de desenvolvimento com uma frequência programada.

Possível Impacto do Hardware

A demanda cada vez maior por computação em tempo real levou empresas a buscarem ambientes de computação baratos. Como servidores virtuais e mecanismos de busca rápidos na nuvem estão substituindo sites de servidor clássicos, é importante entender os custos envolvidos em sair de ambientes físicos locais.

As FinTechs estão em boa posição para aconselhar os membros do setor financeiro sobre as táticas e as estratégias usadas para reduzir os custos operacionais e ainda entregar uma análise quase em tempo real nas áreas em que são solicitadas.

A velocidade provavelmente não é um requisito para 80% do armazenamento de dados e da manipulação que acontecem na maioria das financeiras. Assim, o código aberto muitas vezes foi pioneiro na área de redução de custos ao criar e facilitar os sistemas operacionais "gratuitos".

PAPO DE ESPECIALISTA

Antes de 1974, não havia conceitos, nem mecanismos, para o direito autoral do software. Todo software era de domínio público. Normalmente, o código-fonte era entregue com qualquer produto de software. Nos anos 1950 e 1960, o desenvolvimento do software era um evento de colaboração entre estudiosos, governo e pesquisadores. É claro que essa posição mudou rápido com o aumento do software patenteado e a necessidade de as corporações protegerem seus direitos.

PAPO DE ESPECIALISTA

O primeiro sistema operacional de código aberto e funcional com um kernel foi lançado em 1991 como um projeto Linux. O Sun Microservices e o Apache logo seguiram o exemplo. O projeto do servidor web Apache era tão eficiente que monopolizou o mercado com, pelo menos, 70% de participação do mercado.

Naturalmente, há custos associados à criação do hardware, o que tornou os projetos de desenvolvimento de hardware de código aberto um desafio. Mesmo com seu sucesso, o servidor web do Apache e o Tophat são financiados apenas pelo patrocínio corporativo e pelas conferências de usuários.

Com os limites de custos em torno da criação do hardware livre (FOSH), os projetos FOSH contam com a comunidade para criar um hardware com base nas propriedades intelectuais desenvolvidas (como layouts de dados, esquema de circuito integrado, desenhos mecânicos etc.). A comunidade acadêmica orientou a criação e o desenvolvimento do FOSH até o momento. Os artefatos de desenvolvimento do hardware são capturados via linguagem de descrição do hardware (HDL).

Mas utilizar o código do software de código aberto com SOs de código aberto e ferramentas disponíveis de segurança e eficiência pode resultar em grandes economias. As reduções dos custos foram relatadas em até 44% nos custos do hardware com base em estratégias inteligentes em torno do código aberto, implantações baseadas na nuvem e servidores virtuais.

DICA

As empresas que esperam conseguir tais reduções devem fazer mudanças na política e nos procedimentos. Por exemplo, elas precisam implantar ferramentas que monitorem a integridade do sistema e precisam implementar uma computação sob demanda e um provisionamento do fluxo de trabalho. O Open Compute Project (OCP), um grupo recém-formato, assumiu o desafio de criar um hardware que cuidará com mais eficiência da necessidade de lidar com grandes quantidades de dados em alta velocidade de computação. NASA, Rackspace e Goldman Sachs iniciaram esse grupo em 2011, e ele tem a adesão corporativa. Visite www.opencompute.org [conteúdo em inglês] para ter mais informações.

Como resultado de muitas empresas grandes trabalhando juntas, recentemente ocorreu uma mudança em massa no modo como elas usam os servidores. Em vez de um único servidor com muitas funções diferentes empilhadas, a nova abordagem é dividir as tarefas em um servidor que executa unidades menores que operam tarefas limitadas com eficiência e rapidez. É algo como a mudança para microsserviços (veja o Capítulo 4). Naturalmente, essa nova abordagem precisa ser examinada e implementada ao longo do tempo para ser econômica.

Uma das características mais notáveis de um projeto de código aberto como o OCP é a incrível velocidade em que ocorre o desenvolvimento. Agora o desafio pode ser acompanhar todas as mudanças da nova tecnologia. Uma boa FinTech pode ajudar nisso.

Considerações Legais

Os contratos de código aberto/licença gratuita testam a complexidade da boa governança e o cumprimento legal. Infelizmente, não há um contrato genérico disponível para o código aberto.

Outra camada de complexidade fica aparente ao se examinar todos os contratos de código aberto que uma empresa usa. Os contratos costumam ter problemas de interoperabilidade entre si. E, por fim, o uso internacional do código aberto pode levantar outras restrições legais, que devem ser entendidas e resolvidas.

Ao examinar as licenças associadas ao código aberto, preste muita atenção ao seguinte:

- » Não deve haver direitos de auditoria que alcancem a rede de uma organização diretamente.
- » Não deve haver multas associadas à implantação acidental do código aberto sem licença.
- » Veja se você pode adquirir uma garantia externa para o código aberto usado. Não há garantias no código aberto. Se você o utiliza, a responsabilidade é sua como usuário.
- » Veja se existem conflitos no uso de bibliotecas no código aberto.
- » Verifique se não há requisitos para fornecer uma notificação por escrito da propriedade inicial ou da criação do código dentro do código.
- » Veja se não há restrições quanto ao uso do código patenteado com o código aberto.

Verifique o projeto de código aberto quanto a ações legais pendentes. Seus direitos não são protegidos caso uma ação judicial seja iniciada em um projeto; seu direito de uso pode ser obstruído.

Deve haver um treinamento regular sobre as políticas em torno do uso e da manutenção do código aberto para usuários e desenvolvedores.

O direito de cópia é a versão mais comum de um contrato de licença de código aberto. Ele permite que qualquer pessoa mude o código, mas aquele que a empresa desenvolve como parte desse código aberto não pode ser remontado como um software de terceiros ou patenteado. Com o direito de cópia, qualquer pessoa que faz mudanças no código deve disponibilizar para todos a nova iteração.

As licenças sem direito de cópia permitem que os desenvolvedores façam alterações no código, inclusive mantendo a modificação como patenteada. Os puristas do código aberto não gostam dessa versão porque ela viola o espírito do código aberto e restringe o compartilhamento de toda a funcionalidade conforme ele é desenvolvido. É claro que as corporações gostariam de manter o controle sobre o que pagam para os desenvolvedores criar. Portanto, o código sem direito de cópia é mais aceito nas corporações e em projetos que precisam de uma adoção rápida e universal. Um dos problemas no desenvolvimento de código sem direito de cópia é que a nova funcionalidade pode não ser retornada para o projeto, podendo resultar no uso e no crescimento do código original sendo reprimido devido à bifurcação.

Manter um diretório de todos os componentes de código aberto na organização não é uma tarefa fácil. Junto dos componentes, você também deve controlar os requisitos da licença e entender a possibilidade de conflitos entre as licenças. Há centenas de diferentes licenças de código aberto, e o licenciado deve cumprir os termos de cada acordo aceito.

DICA

A quantidade de código aberto integrada no código patenteado vem crescendo exponencialmente. Na análise mais recente, cerca de 60% de todas as empresas usam código aberto de um modo ou de outro. Se você usa código aberto em sua empresa, não é mais possível fazer isso manualmente. Software Composition Analysis (SCA) é uma ferramenta relativamente nova que mantém relatórios de inventário que listam as licenças associadas a cada código e suas vulnerabilidades conhecidas. Ela examina automaticamente o código em relação aos bancos de dados conhecidos de vulnerabilidades do código aberto. A SCA faz isso escaneando o código durante a criação ou quando ele é autorizado. Ela examina o código sempre que ele é executado e testa a interoperabilidade na base de código maior. Tal ferramenta se tornará mais crítica conforme as regras da governança se expandirem e a auditoria do código aberto se tornar obrigatória. Uma lista bem completa das aplicações SCA gratuitas e licenciadas pode ser encontrada em `https://owasp.org/www-community/Free_for_Open_Source_Application_Security_Tools` [conteúdo em inglês].

LEMBRE-SE

Um dos medos iniciais em torno do uso do código aberto no software patenteado ainda permanece hoje. O amplo alcance dos contratos de código aberto é uma perda em potencial de propriedade do software patenteado, caso tal código seja incorporado sem querer ao código aberto. Essa preocupação pode ser atenuada apenas pelo processo de desenvolvimento com "práticas recomendadas", revisão e vigilância.

Apêndice

Criando uma FinTech do Zero

Interessado em criar sua própria FinTech? Este apêndice, com algumas dicas práticas, está aqui para ajudá-lo a começar.

LEMBRE-SE

Desejamos a você boa sorte em sua tentativa de desenvolver sua startup FinTech! Será um teste de paciência e perseverança, e com certeza você nunca trabalhou tanto em sua profissão, mas o verdadeiro empreendedor aceitará esses desafios e terá a satisfação de encarar os altos e baixos pelo caminho.

Escrevendo um Plano de Negócios

O sucesso nos negócios começa com uma ideia, mas ela não será suficiente. A métrica real do sucesso está nos detalhes, e eles se encontram em um bom plano.

Milhares de boas ideias flutuam por aí todo dia, mas poucas acabam sendo colocadas em produção. Por quê? Principalmente porque escrever um bom plano de negócios é só a primeira etapa de muitos obstáculos psicológicos que você deve superar para ter sucesso no negócio. Quando finalmente conclui o plano e pede que as pessoas mais próximas leiam e comentem sobre sua eficiência, está pronto para iniciar a maior parte: executar o plano.

LEMBRE-SE

Os bons planos de negócios são documentos vivos. Eles devem ser construídos para ser alterados quando necessário e compartilhados com frequência. O grande perigo que ronda muitos empreendedores em potencial é que eles visam seu próprio ponto de vista. Como diz o ditado, "Você pode saber o que sabe, mas o que *não* sabe é que é sempre o problema". Envolvendo outras pessoas no plano, você cria sua base e amplia os investimentos emocional e intelectual dos outros em seu projeto.

DICA

Para ter mais ajuda nos planos de negócios, verifique a última edição do livro *Business Plans Kit For Dummies*, de Steven D. Peterson, Peter Jaret e Barbara Findlay Schenck (sem publicação no Brasil).

Fazendo a pesquisa

O primeiro passo na criação de um negócio é a pesquisa. Se você tem uma boa ideia, é provável que outras pessoas também já a tenham tido. Portanto, antes de dedicar muito tempo e energia a um conceito que já teve seu dia, é preciso pesquisar a viabilidade do que está tentando realizar.

A pesquisa começa com o mercado. Seu produto/serviço FinTech já existe? Você tem um toque único ou diferencial que torna sua ideia melhor do que as ideias por aí? Entrar no negócio é como voltar para a escola. Você deve mergulhar em todos os aspectos do setor, do mercado e do produto antes mesmo de determinar se é necessário um plano.

Se você encontrar produtos ou serviços parecidos, não perca a coragem. Com calma, aprenda como os outros abordaram o problema para o qual você tem uma solução. A maioria dos estreantes não consegue sobreviver. Os seguidores aprendem com o que ocorreu antes deles e trabalham em uma nova abordagem interessante que pode resultar em ser o líder e o pioneiro.

Determinando o público e a estrutura

Um bom plano de negócios é um roteiro que pode ser usado para guiar uma jovem empresa no futuro. Você deve escrever seu plano de negócios para, pelo menos, quatro públicos diferentes: financiadores, tecnocratas, especialistas em marketing e, por fim, implementadores do plano.

Para alcançar esses públicos, você pode ter de criar quatro planos estratégicos diferentes, cada um visando os apetites e os interesses do grupo que pretende influenciar. Um plano escrito para levantar dinheiro enfatizará diferentes aspectos do negócio, ao contrário do plano escrito para um gênio em tecnologia ou alguém que você está tentando atrair para trabalhar na empresa. Os banqueiros se interessam pelos demonstrativos de lucros e perdas, e o tecnocrata está interessado no novo software atraente que você tem ou está usando.

A estrutura de um plano de negócios é simples, tendo estas seções básicas:

- » Um sumário da execução, que é uma visão geral/sinopse dos principais pontos apresentados no resto do documento.
- » Um histórico comercial e a descrição da empresa, inclusive as realizações gerais e os principais interessados. Uma declaração da exclusividade dos produtos, da empresa e dos diferenciais fica bem aqui. Liste qualquer recompensa recebida.
- » Uma declaração da missão, uma descrição dos objetivos da empresa e uma explicação de como irá atendê-los.

- » Um gráfico da organização e perfis de gerenciamento. Ele deve incluir um plano para o crescimento e uma estimativa das futuras necessidades de funcionários.

- » Os produtos/serviços oferecidos. Esta seção deve incluir qualquer tração, histórico de vendas e especificações técnicas dos produtos.

- » Uma análise do mercado que mostra o valor total dele e qualquer posicionamento mostrado atualmente, assim como no futuro.

- » Uma estratégia de marketing e vendas. Como você capturará o mercado? Qual sua projeção de crescimento nesse mercado (com base em qual métrica)? É uma seção muito importante. Quais objetivos reais você tem e como irá realizá-los? Sua abordagem de vendas deve incluir o tipo de estrutura de vendas e qualquer protótipo do contrato.

- » Suas necessidades de financiamento atuais e com projeções de três a cinco anos.

- » Suas projeções financeiras. Ligue isso às necessidades financeiras e à análise do mercado. Inclua os custos esperados, fluxos de caixa e rentabilidade, e associe tudo de novo às suas necessidades de financiamento.

- » Apêndices contendo qualquer documento de referência, como contratos, locações, descrições do trabalho ou manuais técnicos.

Algo que separa os revolucionários dos idealistas é sua capacidade de entender onde seus produtos se encaixam no mercado. Um plano de mercado concreto ajuda a enfatizar a abordagem sensata do criador do plano. Seu plano de marketing deve mostrar a estratégia completa, desde novos produtos até a venda cruzada e o reposicionamento. O plano também deve incluir um plano de marketing do conteúdo. Informe como capturará os clientes. Seu plano também deve incluir os devidos orçamentos para cada iniciativa.

LEMBRE-SE

Como disse o famoso poeta escocês Robert Burns em seu poema "Para um rato", "Os melhores planos de ratos e homens por vezes fracassam". Queremos evitar essa possibilidade desagradável. Para tanto, é preciso assegurar que:

- » Suas projeções financeiras sejam realistas.
- » Você não prometa coisas que não possa cumprir.
- » Sua pesquisa seja boa.
- » Você identificou com precisão seu público.
- » Você não deu informação demais e de modo difícil.
- » Você entenda o mercado e sua distribuição dentro dele.
- » Conheça seus concorrentes e tenha uma estratégia para mitigá-los.

>> Identificou seus pontos fortes e fracos com precisão.

>> Foi consistente em todas suas projeções e seus números.

>> Criou planos focados para públicos diferentes.

Desenvolvendo um Protótipo

Todos nós achamos que temos ótimas ideias, mas o que acontece quando nos comprometemos com um desenvolvimento e entendemos tudo errado? Isso acontece, e com mais frequência do que você pensa. O protótipo é um modo de evitar o risco de se comprometer demais e testar suas suposições no mercado.

A FinTech e os desenvolvedores de software em geral adotaram o uso do protótipo porque ele agiliza o desenvolvimento do projeto, reduz os custos e interage cedo com os usuários finais.

Parceria com clientes

A Numerix, LLC, deu um toque interessante ao conceito de protótipo. Ela torna seus clientes parceiros no desenvolvimento. A vantagem dessa abordagem é que você se compromete com os usuários externos e tem um primeiro cliente garantido.

Por exemplo, no começo de 2018, a Numerix conseguiu um novo cliente, com sede na Suíça, que queria alavancar a pilha de tecnologias da Numerix desde a camada mais inferior (análise) até a superior (interface gráfica do usuário ou GUI). O cliente queria um Sistema Comercial de Produtos Estruturado, e a Numerix ajudou no design. Ela usou sua plataforma (pilha de tecnologias), chamada NXCORE, para acelerar a criação de um sistema comercial.

Se fosse criado internamente ou por meio de uma empresa de serviços externa desde o início, tal esforço teria levado de dois a três anos e custaria US$10 milhões ou mais. A Numerix conseguiu trabalhar com esse banco em janeiro de 2018, explicar seus requisitos e lançar o produto em setembro de 2018, com uma fração do custo. A oferta resultante foi tão boa que, em janeiro de 2019, a Numerix o tornou um de seus produtos oficiais, e outros clientes o compraram. "Criar uma vez e implantar em muitos" é o lema da Numerix.

Entendendo o processo e as desvantagens

LEMBRE-SE

O protótipo permite testar as suposições e que os usuários finais forneçam insights sobre a funcionalidade proposta. Os microsserviços e os processos de desenvolvimento Agile tornam o protótipo mais rápido e eficiente. Não há muita diferença entre desenvolvimento normal e protótipo, exceto pelo limite de escopo da funcionalidade e a velocidade das iterações.

Um processo básico de protótipo tem estas etapas:

1. **Crie um caso de uso ou um documento dos requisitos.**
   É um documento de viabilidade mínima do produto.

2. **Crie um modelo para assegurar a precisão da entrada/saída e as interfaces do usuário.**

3. **Dê aos clientes acesso ao protótipo e colete o feedback deles.**

4. **Crie uma segunda iteração com base no feedback.**
   O processo continua até os usuários concordarem com a viabilidade do produto.

Os protótipos descartáveis, como implica o nome, são construídos rapidamente para que sejam repetidos. Eles são criados para testar e eliminar a funcionalidade. O protótipo funcional, por outro lado, é uma abordagem muito coesa. Ele aprimora e reutiliza o protótipo em várias iterações, em todo o processo, até o modelo de produção final.

CUIDADO

Mas o protótipo também tem inúmeras desvantagens a entender e amenizar:

» É fácil acabar em uma situação complicada ao se fazer o protótipo. O desenvolvedor está em contato direto com o usuário final, e isso pode consumir seu tempo, porque os objetivos do usuário podem ser mal definidos.

» O desenvolvedor pode confundir o protótipo com o produto final e se ligar emocionalmente a ele.

» Não existe um gerente de projetos responsável por gerenciar os custos, portanto, as atividades do protótipo podem exceder muito o orçamento original, a menos que haja supervisão.

Operando Fora do Alcance

Ao criar uma startup FinTech para desenvolver uma ideia inovadora que ninguém mais parece ter considerado, você deve operar fora do alcance, no "modo silencioso", pelo maior tempo possível.

Proteger seus esforços secretos de desenvolvimento é desafiador, mas pode também recompensar:

» Um desafio é que, basicamente, você está sozinho, talvez com uma ou duas pessoas refletindo sobre a empresa e o problema do mercado. Você pode não ter todo o talento certo à sua volta. Todavia, está para abrir novos caminhos, e manter o anonimato é essencial para montar uma FinTech disruptiva.

» O outro desafio é que não é possível testar o terreno com sua ideia, e você pode não seguir direto para uma oferta. Outros empreendedores provavelmente estão tentando descobrir como resolver o mesmo problema, mas você não pode trabalhar com eles, porque está tentando ser discreto. Talvez eles não estejam querendo operar no modo silencioso; eles podem estar colocando suas energias primeiro em entrar no mercado, depois se protegendo do olhar público. Sua busca agressiva pelo status de ser o primeiro a entrar no mercado pode reprimir as empresas que buscam seguir mais metodicamente no modo silencioso, forçando-as a brincar de gato e rato.

A vantagem de operar no modo silencioso é que você pode pensar sobre o problema muito antes de os outros o terem identificado. Se você tem uma pequena equipe central certa que pode colocar um produto no mercado com tempo e custo razoáveis, então, como operador no modo silencioso, pode ser o pioneiro e assegurar grandes somas de capital de uma comunidade de investimento que pode acelerar o produto e a posição da empresa no mercado, gerando, assim, grande riqueza para os fundadores e os investidores.

As empresas de capital de risco são as últimas com as quais conversar sobre sua ideia disruptiva em geral, mesmo que você tenha um protótipo e esteja buscando uma rodada de financiamento inicial. Tais empresas podem apoiar as pessoas sem problemas em sua própria rede para replicar a ideia da empresa no modo silencioso.

Levantando Capital

O processo de levantar capital (mais detalhado no Capítulo 16) funciona de modo diferente, dependendo do tamanho e da natureza da empresa envolvida.

O capital pode vir com um alto custo. Em geral, os novos negócios começam pegando dinheiro com a família ou amigos. O financiamento coletivo é uma nova abordagem do "velho oeste" para terceirizar uma startup. Mas, dito isso, o financiamento coletivo no setor financeiro EMEA (Europa, Oriente Médio e Ásia) está bombando, com participantes muito sérios que são controlados por suas agências regulatórias, como a Autoridade de Conduta Financeira no Reino Unido. O financiamento coletivo na região EMEA é um modelo comercial muito bem estabelecido e respeitado. Dois exemplos são Seedrs (www.seedrs.com/) e Crowdcube (www.crowdcube.com/ [conteúdos em inglês]).

Apenas fornecendo a viabilidade de uma jovem empresa as startups podem começar a assegurar uma maior quantia de dinheiro inicial. Algumas delas iniciam a empresa com uma ótima ideia e um cliente que financia a iniciativa. O cliente obtém um produto inovador a um custo razoável, e os fundadores da startup não abrem mão da participação acionária, e ainda ganham um parceiro ao definir o produto perfeito.

O próximo nível de injeção de capital vem dos "anjos", dos investidores privados e, então, dos capitalistas de risco:

» Os anjos são apenas pessoas ricas que querem ganhar um direito extra com as startups que parecem ter potencial.

» Os investidores privados tendem a querer grandes retornos pelo risco assumido. Eles procuram empresas com credenciais sólidas e, talvez, algumas tecnologias novas.

» Os capitalistas de risco são muito mais críticos ao analisar as empresas nas quais investem. Eles querem uma situação financeira mais consolidada e levam muito mais tempo para concluir o processo de análise. Muitas vezes, requerem mudanças operacionais significativas quando investem.

Empréstimos de bancos tradicionais podem ser disponibilizados para alguns. Eles seguem um processo parecido com o dos capitalistas de riscos, e podem ter demandas específicas quanto ao modo como o dinheiro pode ser usado.

As empresas públicas maiores têm a capacidade de levantar dinheiro usando capital de terceiros ou capital próprio. O capital próprio vem do valor crescente das ações e dos dividendos, e o capital de terceiros vem dos empréstimos com rendimento de juros.

APÊNDICE **Criando uma FinTech do Zero** 367

"O Futuro da FinTech Pós-crise do Corona?"

Seja você otimista ou pessimista, há uma ampla aceitação de que é improvável que os serviços financeiros, se não o mundo, voltem ao "antigo normal", e novos modos de trabalhar e atender aos clientes parecem inevitáveis. Como vemos neste livro, o conceito do "antigo normal" já estava em transição. A história nos lembra que uma crise, ou qualquer abalo no sistema, age inevitavelmente como um catalisador de mudança. A crise do pontocom no início de 2000 gerou a criação das gigantes BigTech, como Facebook e Google, ao passo que a crise financeira global de 2008/2009 estimulou o desenvolvimento da FinTech em si. O coronavírus apenas aumentou a urgência e a priorização que motivam a inovação. Ele fornece uma bancada de testes para o "novo normal". O que a crise do corona pode produzir e o que significará para a atual comunidade FinTech?

A visão otimista foca o princípio de que o modelo FinTech está bem colocado para "enfrentar a tempestade", porque o custo total de suas operações é relativamente baixo devido a um modelo operacional enxuto, sistemas mais baratos e flexíveis e uma infraestrutura criada para expandir com resiliência. Os requisitos que o trabalho flexível implica destacaram a necessidade de as instituições financeiras maiores adotarem estratégias na nuvem de modo significativo, adotarem serviços ágeis e interagirem com seus clientes por meio de experiências digitais melhores. A aceitação da funcionalidade da nuvem e do SaaS (Software como Serviço) — que pode ser operada com custos baixos de infraestrutura, que aumenta com o uso e comprovou suas credenciais de cibersegurança — permite que os produtos sejam desenvolvidos e corrigidos com rapidez. Na verdade, o que estamos vendo, mesmo no início da Fase 1, é o que antecipamos e debatemos neste livro. Embora a FinTech esteja bem posicionada para percorrer ambientes dispersos e implantações rápidas, bancos e outras instituições financeiras estão sentindo o peso das estruturas monolíticas e de sistemas de herança que não atendem bem às necessidades mais flexíveis desse "novo normal".

As FinTechs inteligentes estão usando o coronavírus como uma oportunidade para testar a escalabilidade e a flexibilidade dessas novas tecnologias, assim como para fortalecer as práticas recomendadas e maximizar a produtividade do grupo em ambientes de trabalho descentralizados.

LEMBRE-SE

As instituições financeiras antes apoiaram da "boca para fora" esses benefícios, mas questionaram sua segurança, por mais que a necessidade de trabalho flexível tenha facilitado mais sua adoção (embora os principais provedores da infraestrutura de nuvem incluam BigTechs como Amazon, Google e Microsoft)!

Historicamente, a relutância delas se deve a sua incapacidade de ser ágil o suficiente para inovar com velocidade, mas também a uma "cultura de culpa", que se sobrepôs às preocupações internas com o desenvolvimento da tecnologia, mantendo controle sobre a burocracia das aquisições e os requisitos cruéis da segurança da informação. Algumas ainda precisam ser endereçadas após a Covid-19 para permitir que os bancos colaborem totalmente com as FinTechs. A importância disso é enfatizada pelo potencial confirmado da inteligência artificial (IA) ao ser mais amplamente implantada para dar suporte aos novos negócios. São claros os benefícios que a IA pode trazer para muitas áreas, como algoritmos de investimento, para melhorar a gestão do portfólio; e análise preditiva, para apoiar as linhas de crédito e fortalecer a detecção de fraudes e apoiar as funções administrativas em seus futuros planos comerciais. A regulação em torno da nova tecnologia será um possível obstáculo à adoção de tecnologias, como a IA, e dará suporte às barreiras culturais históricas.

DICA

Assim, a pandemia também deve ser um catalisador para que os reguladores continuem com iniciativas como o Open Banking [Banco Aberto], que obriga os bancos a adotarem o novo ecossistema de tecnologias.

A visão pessimista é a de que veremos uma "luta pela qualidade", levando os clientes a retornarem para nomes familiares e conhecidos que são percebidos como uma "aposta mais segura" em tempos difíceis. Após a crise financeira de 2008, os consumidores foram obrigados a experimentar novas alternativas digitais. Mas a crise atual pode fazer os consumidores voltarem para instituições financeiras tradicionais conforme buscam confiança em nomes mais conhecidos e aceitam uma atitude de aversão ao risco. Isso pode ter um grande impacto em alguns dos unicórnios mais recentes, como o concorrente e os neobancos, empresas de pagamento, especificamente em torno da troca de transações e das transferências cambiais, das plataformas de concessão de crédito P2P (peer-to-peer) e das FinTechs B2C em geral. Isso resultará em alguns insucessos e na consolidação entre as FinTechs conforme elas preservam o dinheiro e o capital de giro, onde possível, cortando custos, ao invés de expandirem mais o negócio, o que leva à queda de receita.

As empresas B2B defenderão que a digitalização se desenvolverá muito mais rápido que o previsto, antecipando anos de progresso tech para as instituições financeiras à medida que elas também buscam economizar custos, melhorando a jornada digital dos clientes. Relativamente falando, isso é apoiado também pelo fato de que o setor financeiro ainda está defasado em relação aos setores verticais, como as telecomunicações e as redes sociais, em sua adoção digital.

CUIDADO

No entanto, com o advento da Covid-19, vimos o retorno do financiamento da FinTech para o nível de três anos atrás. As possíveis mudanças no cenário de investimento, pelo menos em curto prazo, verão as empresas de capital de risco e capital privado apoiando empresas em seus portfólios existentes, porém com mais cautela quanto a dar suporte a novos empreendimentos, sobretudo o financiamento inicial ou nas séries iniciais.

As rodadas de financiamento para a FinTech em estágio posterior terão prioridade, com aquelas que se levantaram um pouco antes da pandemia mais bem posicionadas para "enfrentar a tempestade" e buscar oportunidades. Com relação às que surgiram agora, as avaliações de algumas delas diminuíram muitíssimo conforme os investidores se tornaram mais rigorosos e mantiveram seus "fundos de guerra". Antes da Covid-19, havia um apetite crescente das divisões de capital de risco corporativo das instituições financeiras para comprar ativamente ações nas FinTechs promissoras. Quando sairmos da crise, isso se acelerará, ou as BigTechs aproveitarão as capacidades das FinTechs em suas ofertas de nuvem, como parte de uma estratégia maior da FaaP (FinTech como Plataforma)?

Quando Winston Churchill formava as Nações Unidas após a Segunda Guerra Mundial, ele disse: "Nunca desperdice uma boa crise." Isso também pode ser aplicado à pós-crise da pandemia que enfrentamos hoje. Dessa crise surgem a inovação e a oportunidade, e é inevitável que o "novo normal" nos serviços financeiros precisará de novos modos de trabalhar e interagir com os clientes, e a adaptação precisará de transformação digital. Uma postagem cínica recentemente enviada nas redes sociais pergunta:

Quem guiou sua transformação digital? A) CEO, B) Diretor de marketing ou C) Covid-19.

E o CEO da Microsoft, Satya Nadella, disse há pouco tempo: "Vimos dois anos de transformação digital em dois meses."

A conclusão geral é a de que, embora os elementos do setor FinTech estejam sob estresse, há uma enorme oportunidade para os beneficiados e as FinTechs "colaborarem para a inovação".

Índice

A

abordagem
  evolucionária, 326
  revolucionária, 326
Acordos de Nível de Serviço (SLA), 117
agências reguladoras, 44
agente de mudança, 279–282
  qualidades, 282
Agile, metodologia, 76–77
Alibaba, plataforma de e-commerce, 27
alor condicional em risco (CVaR), 113
  alor em risco (VaR), 113
Amazon Web Services (AWS), 31
ambientes, 79
análise preditiva, 14
Ant Financial, 27
aplicação descentralizada (DApp), 100–103
apps
  herança, 159
  híbridos, 158
  matadores, 159
  móveis, 158
  nativos, 158
  web, 158
aprendizado
  de máquina, 226–227
  não supervisionado, 227
  por reforço, 227
  profundo, 36
  supervisionado, 227
arquitetura de microsserviços, 268
Arquitetura Orientada a Serviços (SOA), 81
Ásia-Pacífico, região, 47
Asio, biblioteca, 72
assinatura, modelo, 252
ativos, gerenciamento, 37

auditoria, 352
  dados, 329
autenticação
  métodos, 313–314
  multifator, 69
autodocs, 196
autoprovisionamento, 134

B

Back-end móvel como Serviço (MBaaS), 123
banco
  de dados
    consultas, 173
    gerenciamento, 87
    relacional, 212
  digital, 159
big data, 12
BigTech, 31
  gigantes, 23
  parcerias, 33
  regulação, 34
biometria, 313
Bitcoin, 106
BitPay, 106
blockchain, 12
  benefícios, 104
  consórcios, 109
  descentralização, 147
  híbrido, 146
  permissionado, 108
  privado, 146
  público, 146
  segurança, 149
  transparência, 153
bloqueio do interpretador global (GIL), 72
Brexit, 42
  regulação financeira, 49
business-to-business (B2B), 12
business-to-business-to-consumer (B2B2C), 12

business-to-consumer (B2C), 12
business-to-government/regulador (B2G), 12

C

C#, 72
C++, 72
cadeia de suprimentos, 154
capacidade, planejamento, 98
capital, 367
  de risco, 295
  de risco corporativo (CVC), 296
  privado, 298
capitalistas de risco, 367
cargas computacionais assíncronas, 132
chamada de procedimentos, 72
chatbot, 228
cibersegurança, 25
Circle, 106
  Jeremy Allaire, 106
cloud bursting, 98
código aberto, 184–204
  ajuda, 202
  atualizações, 356
  benefícios, 348
  comunidade, 349
  contrato, 359
  custos, 354
  desvantagens, 194
  dicas, 197
  direitos, 186
  licença, 199
  produtos, 254
  riscos à segurança, 196
  suporte, 194
  vantagens, 189
  vulnerabilidades, 351
coleções, 219

compatibilidade
    reversa, 327
compra
    contras, 241
    prós, 241
computação
    na memória, 98
    na nuvem, 12
    quântica, 12
      spin, 110
    sem servidor (SC), 123
computador quântico, 109
concessão de crédito peer-to-peer (P2P), 12
concorrência, 302
confiança pública, 24
configuração
    custos, 355
consenso, 143
    Ethereum, 143
    prova de atividade, 143
    prova de participação delegada, 143
    prova de trabalho, 143
consolidação, 319
conteinerização, 80
contratos inteligentes, 107
coronavírus, 368
CPUs e GPUs
    comparação, 88
    núcleo, 89
crédito P2P (peer-to-peer), 369
criptografia, 129
crise financeira de 2008, 41
    regulamentação, 161–163
    União Europeia, 50
CrossAsset, software, 9
cubo Fintech, 10
cultura corporativa, 287

D

dados, 33
    carregar, 208
    classificação, 128
    de série temporal, 210
    do mercado, 210
    estados comuns, 130
    estáticos, 210
    estruturados, 170

extrair, 207
histórico, 215
leis de proteção, 138
limpeza, 210
limpeza e melhoria, 86
linhagem, 215
não estruturados, 170
normalização, 210
portabilidade, 40
qualitativos, 286
quantitativos, 286
refatoração, 218
segmentação, 211
semiestruturados, 217
tipos, 85
transformar, 208
validação, 86
data
    lake, 58
    warehouse, 176–177
declaração de trabalho (SOW), 279
Desafio Pepsi, 19
desempenho
    monitoramento, 134
desenvolvimento rápido de aplicativos (RAD), 73
desintermediar, 25
DevOps, 344–345
digitalização, 308–309
digitização, 308–309
dinheiro móvel, 39
direito
    autoral, 256
    de cópia, 359
Diretiva de Mercados de Instrumentos Financeiros (MiFID II), 41
disrupção, 20
documentação, 195

E

e-commerce, 33
ecossistema, 307
elasticidade, 132
empresas
    capital de risco (VC), 289
    capital privado (PE), 289

entrega em tempo real, 64
e-payment, 160
equipe
    características do chefe, 273
    características dos membros, 274
    de inovação, 14
era digital, 14
escalabilidade, 131
estado de superposição, 110
Estados Unidos
    órgãos reguladores financeiros, 48
    regulação, 47
estratégia de crescimento, 302–303
estrutura de dados descentralizada (DDS), 101
Ethereum, site, 107
ETL, 207
    requisitos, 209

F

facilitador, 250
financiamento coletivo, 12
FinTech
    Circle, 318
    definição, 9
      mudança, 63
    dimensões, 10
    Innovation Lab, 316
    parcerias, 244–251
    serviços de tecnologia, 291
    sites e fóruns, 249
    startups, 23
    subcategorias, 35
    tecnologias, 64
    termos importantes, 20
firewall corporativo, 124
fonte aberta, 21
fork, 151
    hard, 151
    soft, 151
freeware, 186
Função como Serviço (FaaS), 123

372   **FinTech Para Leigos**

funcionários, 283
fundo de fundos,
estrutura, 296
Fundo Monetário Internacional
(FMI), 45

G
gerenciamento
de dados, 205–219
do Ciclo de Vida do
Componente (CLM), 256
gestão
de patrimônio, 160
de Relacionamento com o
Cliente (CRM), 121
Grande Recessão, 43

H
hard fork, 148
hardware
inteligente, 154
livre, 358
Heisenberg, princípio de
incerteza, 111
herança, 258–270
monolítica, 263
sistemas, 258–262
hipervisor, 99
tipos, 133
hipotecas subprime, 26
falência, 28
host dedicado, 125

I
implantação, plano, 262
inclusão, 303
Indicadores-chave de
desempenho (KPIs), 67
informação de identificação
pessoal (PII), 128
Infraestrutura como Serviço
(IaaS), 107
inovação
aberta, 204
tecnológica, 38
instância dedicada, 125
InsurTechs, 35–38
integração/migração
armadilhas, 267

práticas
recomendadas, 266
integrações ponto a ponto, 63
inteligência
artificial (IA), 221–226
definição, 223
elementos, 315
InsurTechs, 38
nas Finanças, 36
comercial (BI), 169
Intel Inside, estratégia, 15
interface
do usuário (IU), 164
Gráfica do Usuário
(GUI), 165
componentes, 165
estrutura, 165
para programação de
aplicações (API), 63–66
estratégias, 64–66
RAML, 67
RESTful, 67–68
segurança, 68
Internet das Coisas (IoT), 12
investidor
anjo, 294–295
privado, 367
investimento, 293–304
diligência prévia, 300
pesquisa primária, 299

J
JavaScript, 72

L
latência, 332
LegalTech, 36–40
Lei
de acesso à informação
(RTI), 139
de localização de dados
(DLL), 138
Dodd-Frank, 41
Geral de Proteção de
Dados (LGPD), 55–56
Level39, 318
Libra, moeda digital do
Facebook, 32

licença
direito de cópia, 256
permissivo, 256
tipos, 185
vitalícia, 253
Lift and shift, 140
linguagem
de programação
Julia, 95
Turing, 107
Linguagem
de programação, 72–73
Python, 93–95
prós e contras, 94
R, 96
liquidação integrada, 108
loop de evento, 70

M
manipuladores de
mensagens, 70
mantenedor, 192
manutenção, 355
máquinas virtuais (VM), 121
Máquina Virtual de Baixo Nível
(LLVM), 95
mecanismo
do fluxo de trabalho, 167
mecanismos
ETL, 174
mentalidade app, 157–158
metadados, 131
método Monte Carlo, 8
microsserviços, 76–79
desafios, 80
vantagens, 79
migração
abordagens, 261
dos sistemas, 207
revolucionária ou
evolucionária, 269–270
mineração, 106
de dados, 161
modelagem de crédito, 108

Índice 373

modelo
de dados preditivos, 174
de licença de software, 251
de licença vitalícia (PLM), 11
de negócios baseados em plataformas, 12
radial, 313
modularidade, 77
monitoramento da atividade comercial, 176
Monte Carlo
metodologia, 112
simulação, , 90
mudança organizacional, 284

N
negociação de alta frequência, 108
normalização, 218
nós de computação, 143
NoSQL, 216
banco de dados, 219
Numerix
evolução, 11–12
história, 8
nuvem, 115–140
características, 117
estratégia, 127–136
híbrida, 125
privada, 123
pública, 124

O
Open Compute Project (OCP), 358
organização autônoma descentralizada (DAO), 145
órgãos reguladores dos EUA, lista, 48

P
pagamentos, 39
painéis digitais, 178
dinâmicos, 178
estáticos, 178
paradigma, 94
paralelismo quântico, 112

parceiros
gerais (GPs), 295
limitados (LPs), 295
parceria
pesquisa básica, 248
PayTech, 35
Pedido de Proposta, 272
peer-to-peer (P2P), 100
pesquisa, 362
pilha científica, 94–95
plano
de negócios, 361
técnico, 264
plataforma
de Comunicações como Serviço (CPaaS), 123
de pagamento, 31
PoS, protocolo, 100
PoW, protocolo, 100
prazo, acordo, 253
privacidade de dados, 44
processamento
analítico online (OLAP), 172
cubo, 172
dimensão, 172
medida, 172
de linguagem natural (PLN), 223
processo
em batch, 83
em cascata, 74
projeto
elementos, 187
falhas, 278
propriedade intelectual (PI), 189
protocolo de consenso, 100
protótipo, 364
descartável, 365
funcional, 365
prova de participação (PoS), 143
provedor
de serviço de pagamento (PSP), 53
de serviço na nuvem (CSP), 118

Q
Quatro Pilares da Liberdade, 185
qubits, 109
superposição, 111

R
RAD, processo, 80
reação antitruste, 34
realidades aumentada e virtual, 12
reconhecimento
de digital, 314
de íris, 314
facial, 314
rede
de Longa Distância (WAN), 120
distribuída, 100
Global de Inovação Financeira (GFIN), 52
neural artificial (RNA), 225
privada virtual (VPN), 130
RegTech, 35
regulação, 41–58
Regulamento Geral sobre a Proteção de Dados (GDPR), 40
requisitos regulatórios, 162
retorno sobre o investimento (ROI), 292–293
Richard Stallman, programador, 185
Risco
Grego, 26
mercado, 54
robôs consultores, 14
runway, 300

S
SaaS (Software como Serviço), 340
sandboxes regulatórios, 42
segmentação
tipos, 211
seguradoras, 37
segurança, 351
Senior Managers and Certification Regime (SMCR), 46

serviço aos clientes, tipos, 118
   Infraestrutura como
     Serviço (IaaS), 119
      características, 120
   Plataforma como Serviço
     (PaaS), 121
      características, 122
      Plataforma de Dados
       como Serviço
       (dPaaS), 122
      Plataforma de
       Integração como
       Serviço (iPaaS), 122
   Software as a Service
     (SaaS), 120
      características, 121
setor de serviços financeiros
   disrupção, 23–40
shareware, 186
silo, 288
sistema
   de entrega na nuvem, 64
   de gerenciamento de
     identidades (IMS), 136
   de herança
     suporte, 333
   de informações gerenciais
     (MIS), 170
   ultrapassado
     sinais, 259
smart money, 289
software
   acelerar criação, 343
   assíncrono, 71–72
   baseado em eventos,
     71–73
   código aberto, 341
   comprar, 339
   criar, 240
   gratuito, 185
   revendedor, 345

Software Composition
   Analysis (SCA),
   ferramenta, 360
   software de código aberto
   (OSS), 188
SQL, 170
   banco de dados, 218
Startupbootcamp, 317
subprime, crise, 26
supernós, 143
supervisão
   macroprudencial, 50
   microprudencial, 50
suporte técnico, 350
swaps de crédito (CDS), 9
Sybil, ataque, 148

T

taxa
   de licença inicial (ILF), 11
   de manutenção anual
     (AMF), 11
   de queima, 300
TechFin, 27
Techstars, 317
tecnologia
   de contabilidade
     distribuída (DLTs), 116
   de software de
     fornecedores, 46
   de voz, 314
   dos mercados de
     capital, 35
   financeira, 9
tempo computacional
   redução, 98
Teoria do Caos, 8
teste de Turing, 228
títulos hipotecários (MBS), 9

tokenização, 130
tolerância a falhas
   bizantinas, 147
   de colisão, 148
Tomada de Decisão Orientada
   por Dados (DDDM), 285
transformação digital, 309–313
Tratado de Assistência Jurídica
   Mútua (MLAT), 139
tupla, 218

U

UML, diagrama, 167
União Europeia
   PSD 1, 53
   PSD 2, 53
   supervisão financeira, 50
unicórnios, empresas, 296

V

Vale do Silício, 28
valor, 25
virtualização, 99
   tipos, 132
Visual Basic, 72
visualização de dados, 175

W

Wall Street, 28
WealthTech, 35–37
white label, 290

376   FinTech Para Leigos

Projetos corporativos e edições personalizadas dentro da sua estratégia de negócio. Já pensou nisso?

Coordenação de Eventos
Viviane Paiva
viviane@altabooks.com.br

Assistente Comercial
Fillipe Amorim
vendas.corporativas@altabooks.com.br

A Alta Books tem criado experiências incríveis no meio corporativo. Com a crescente implementação da educação corporativa nas empresas, o livro entra como uma importante fonte de conhecimento. Com atendimento personalizado, conseguimos identificar as principais necessidades, e criar uma seleção de livros que podem ser utilizados de diversas maneiras, como por exemplo, para fortalecer relacionamento com suas equipes/ seus clientes. Você já utilizou o livro para alguma ação estratégica na sua empresa?

Entre em contato com nosso time para entender melhor as possibilidades de personalização e incentivo ao desenvolvimento pessoal e profissional.

PUBLIQUE
SEU LIVRO

Publique seu livro com a Alta Books.
Para mais informações envie um e-mail para: autoria@altabooks.com.br

 /altabooks   /alta-books   /altabooks   /altabooks   /altabooks

CONHEÇA OUTROS LIVROS DA **PARA LEIGOS**

Todas as imagens são meramente ilustrativas.

Mineração de Criptomoedas Para Leigos — DevOps Para Leigos

Programando Excel VBA Para Leigos — Design Thinking Para Leigos

Feng Shui Para Leigos — Astrologia Para Leigos

Criando Games em 3D — Excel Fórmulas & Funções Para Leigos

Este livro foi impresso nas oficinas gráficas da Editora Vozes Ltda.,
Rua Frei Luís, 100 – Petrópolis, RJ.